JN416924

컴퓨터구조와 ARM 프로세서 프로그래밍

구본근 · 김영택 · 박진섭 · 이화민 지음

HS 도서출판 한산

머리말

이 세상에 컴퓨터 구조를 설명하는 또 하나의 책을 선보입니다. 몇 년 전에 집필한 컴퓨터 구조 교재의 개정판을 편다는 가벼운 마음으로 시작을 했는데 수정하는 내용이 점저 많아져 결국에는 새로운 책을 집필하게 되었습니다. 그럼에도 불구하고 짧지 않은 시간과 노력의 결과로 이 책을 세상에 내어 놓는 저자들의 마음속에는 '이 책이 독자들에게 도움을 줄 수 있을까'라는 부담감과 함께 책의 내용에 대한 책임감이 자리 잡고 있습니다. 그러나 이미 판매되고 있는 '컴퓨터구조'와 관련한 수많은 책들 가운데 이 책 한권을 더하면서 독자들에게 선택의 폭을 조금 더 넓혀 주었다는 것과 독자들 중에 누군가는 이 책을 통해 컴퓨터 구조를 이해하는 데 도움을 받을 것이라는 생각으로 부담감과 책임감을 조금 희석시켜 봅니다.

최근의 사회 인프라는 IT를 기반으로 운용, 관리되고 있으며, 우리 삶의 많은 부분을 IT에 의존하고 있습니다. 이러한 IT를 지탱하는 두 축은 소프트웨어 기술과 하드웨어 기술입니다. 소프트웨어 기술과 하드웨어 기술은 독자적으로 존재할 수 없으며, 두 기술이 결합되어야만 의미가 있는 서비스를 제공할 수 있습니다. 이 두 기술의 결합 지점에 컴퓨터 구조라는 학문 분야가 있습니다. 따라서 컴퓨터 구조를 잘 이해하고 학습함으로써 운용될 소프트웨어를 고려하여 컴퓨터 하드웨어를 설계하거나, 실행될 하드웨어를 고려하여 컴퓨터 소프트웨어–특히, 시스템 소프트웨어–를 설계하여 효율적인 IT 시스템을 구축할 수 있습니다.

이 책에서는 폰 노이만형 구조를 바탕으로 설계된 컴퓨터가 동작하는 기본 원리에 대해 다룹니다. 폰 노이만형 구조는 컴퓨터의 기본적인 구조 모델로서 성능 향상 등의 목적으로 약간의 변형이 존재하지만 현재에도 여전히 적용되고 있는 컴퓨터 구조입니다. 따라서 폰 노이만형 구조를 이해하고, 이 구조를 구성하는 각 요소들이 상호 연동하는 방법을 학습하는 것과 더불어 각 구성 요소들을 구현하는 방법을 이해하는 것은 하드웨어 설계자 또는 소프트웨어 설계자의 기본 덕목이라고 할 수 있습니다.

기존의 컴퓨터 구조 교재를 보면 컴퓨터 구조에 대한 설명만으로 마무리를 하고 있는데 강의를 하다 보니 교재에서 배운 컴퓨터 구조에 대한 개념을 활용하여 실제 프로세서에서 프로그래밍을 하면 더 도움이 되겠다는 생각이 많았습니다. 기존에는 개념을 배우고 그것을 활용하는 것은 독자들의 몫으로 미루어 놓았는데 이 책에서는 ARM 코어 기반의 마이크로컨트롤러 프로그래밍을 소개함으로써 독자들의 몫 중 일부를 함께 풀어 나가고자 하였습니다. 다소 오래된 마이크로컨트롤러를 대상으로 저 수준의 어셈블리어 프로그램을 해 봄으로써 컴퓨터 구조의 개념을 더 잘 이해하고 활용할 수 있을 것으로 기대됩니다.

저자들이 원고를 완료한 후 원고에 있는 오탈자를 발견하고 수정하는 원고 검토 과정을 반복적으로 수행하였음에도 불구하고 다시 발견되는 오탈자를 보면 책의 출판을 미루어야겠다는 생각이 수없이 들지만 이 책이 어떤 독자들에게는 도움이 될 수 있을 것이라는 희망이 출판을 결정하게 되었습니다. 이 책에 포함되어 있는 잠재적인 오류들은 순전히 저자들의 책임이며, 몫입니다.

이 책이 출판되기 까지 많은 분들이 수고를 해 주셨습니다. 한분 한분 다 열거할 수는 없지만 이 지면을 통해 감사의 마음을 전하고 싶습니다. 특히 이 책을 출판하기 까지 여러 차례 약속한 시간을 넘겼음에도 불구하고 끝까지 기다려 주고, 여러 가지 지원을 아끼지 않으신 한산출판사 김기영 사장님에게 고마움의 마음을 전하고 싶습니다.

또 이 책에 있는 그림 중 일부는 Moris Mano의 “Computer System Architecture”라는 컴퓨터 구조 분야의 명저에 있는 것을 활용하였음을 밝혀 둡니다. 그림이 필요할 때 완전히 새롭게 그릴까도 고민을 해 보았지만 명저에 있는 좋은 그림을 활용하는 것이 오히려 독자들에게 더욱 도움이 되겠다는 생각에서 활용을 하였습니다. 물론 약간씩의 수정을 한 것도 있지만 그림에 있는 용어들을 한글로 옮긴 것을 제외하면 원본에 충실하려고 했습니다. 다시 한번 좋은 명저를 저술한 Mano 씨께 감사의 마음을 전하고 싶습니다.

특히, 이 책을 구입하고, 읽어 주시는 익명의 독자들께도 감사의 마음을 전하고 싶습니다.

또, 이 책과 관련된 자료, 오자 수정 등의 정보는 http://www.iwriteit.xyz 을 참고하시기 바랍니다.

구본근, 김영택, 박진섭 씀

차례

그림 차례

표 차례

Part Ⅰ
컴퓨터 구조

Chapter 1

컴퓨터구조 소개

Chapter 1

컴퓨터구조 소개

1.1 디지털 컴퓨터

우리는 다양한 목적을 가지고 컴퓨터를 이용하고 있다. 사용 목적이 다양하더라도 입력 또는 저장되어 있는 데이터를 처리하여 의미있는 정보를 생성하여 출력하거나 저장한다는 컴퓨터의 기본 기능은 변하지 않는다. 컴퓨터가 이러한 기능을 수행하기 위해서는 데이터는 처리에 적합한 형태로 표현되어야 하며, 이 데이터를 컴퓨터가 처리를 하고, 처리가 완료된 데이터는 출력에 접합한 형태로 변환되어야 한다. 현재 사용되고 있는 컴퓨터는 디지털 컴퓨터이다. 디지털 컴퓨터는 디지털 신호 즉, 이산값(discrete value)으로 표현된 신호를 처리하는 컴퓨터를 의미한다. 이산값은 참(true)과 거짓(false) 또는 정수 0과 1 같이 값이 이어져 있지 않고 끊어져 있는 불연속적인 값으로 데이터를 표현하는 것을 의미한다. 디지털 컴퓨터와 다른 개념의 컴퓨터로 아날로그 컴퓨터가 있다. 아날로그 컴퓨터는 연속적인 신호 값인 아날로그 값으로 표현된 데이터를 처리하는 것이다.

디지털 컴퓨터의 역사는 그 구성 요소를 구현하기 위해 사용된 주요 기술에 따라 세대별로 분류한다. 제 1 세대 컴퓨터는 진공관을 이용하여 컴퓨터를 구성한 세대를 이른다. 진공관(vacuum tube)은 1906년에 발명된 것으로 전자의 이동을 조절하여 전자 신호의 증폭 또는 제어를 하는 것으로 여러 개의 연결 단자를 가진 전구와 같은 모양을 하고 있다. 그림 1.1 은 최초의 컴퓨터라고 알려져 있는 에니악(ENIAC)을 나타낸 것으로 이것은 진공관으로 주요 소자를 만든 대표적인 1세대 컴퓨터이다. 에니악은 대포의 탄도 계산을 위해 1946년에 미국 펜실베이니어 대학의 모클리와 에커드가 약 18,000개의 진공관을 이용하여 제작을 하였다. 이 컴퓨터는 10자리 십진수를 이용하여 1초에 5,000번의 덧셈과 14번의 곱셈을 수행하여 그

당시에는 매우 빠른 연산을 수행할 수 있었다. 하지만 배선판에 전선을 하나 하나 배선하는 방법으로 데이터 처리를 위한 프로그램을 작성했기 때문에 프로그램의 작성, 수정 등이 매우 어려웠다. 이러한 문제점을 해결하기 위해 폰 노이만은 6쪽의 1.2 절에서 서술할 **저장된 프로그램 개념**을 제안하였다.

그림 1.1: 에니악 컴퓨터(http://commons.wikimedia.org/wiki/File:Eniac.jpg)

제 2 세대 컴퓨터는 트랜지스터를 이용하여 컴퓨터를 구성한 세대를 이른다. 트랜지스터는 1947년에 미국의 벨 연구소에서 개발한 것으로 신호 증폭 작용과 스위칭을 할 수 있는 반도체 소자이다. 이것은 진공관보다 소형이면서 소비 전력이 낮아 이를 컴퓨터 제작에 사용함으로써 크기와 소비전력을 감소시키며 성능을 높일 수 있었다. 이 세대에 분류될 수 있는 대표적인 컴퓨터로는 DEC에서 개발한 PDP-8과 IBM에서 개발한 IBM 9094 등이 있다. PDP-8은 당시의 컴퓨터의 일반적인 크기보다 매우 작은 최초의 미니 컴퓨터이며, 버스 시스템을 이용하여 컴퓨터의 구성 요소들을 연결하였다. 버스는 그림 1.2에 나타낸 것과 같이 컴퓨터 시스템의 구성요소들을 연결하여 데이터, 주소 및 제어 신호들을 전송하기 위한 연결 선들의 집합이다. 컴퓨터 시스템의 구성요소에 대한 것은 이 책의 8 쪽의 1.3 절에서 설명된다. 이 시기는 컴퓨터의 중앙처리장치 등과 같은 주요 구성요소 제작에 트랜지스터가 사용되었다는

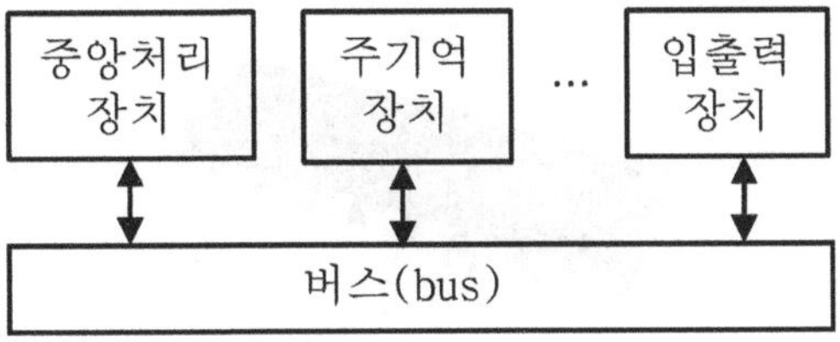

그림 1.2: 시스템 버스

기술적 발전뿐만 아니라 소프트웨어와 관련된 기술에 큰 발전이 있었다. 저급 언어(low-level language)로 분류될 수 있는 어셈블리어(assembly language), 고급 언어(high-level language)에 포함되는 코볼, 포트란 등의 많은 프로그래밍 언어들이 이 시기에 개발되었다. 또한 이 시기에 운영체제(Operating System, OS)의 개발과 더불어 다중 프로그래밍 및 온라인 실시간 처리 방식의 구현이 이루어졌으며, 어셈블리어와 고급 언어를 기계어(machine language)로 변환해 주는 어셈블러(assember)와 컴파일러(compiler) 등도 개발되었다.

제 3 세대 컴퓨터는 컴퓨터의 구성요소를 IC(Integrated Circuit)라고 불리우는 집적회로를 이용하여 구현한 세대를 이른다. 집적회로는 다수의 트랜지스터와 부가적인 전자회로 및 부품을 칩(chip)에 넣은 것으로 집적된 소자의 수에 따라 SSI(Small-Scale Integration), MSI(Medium-Scale Integration) 등으로 분류된다. 칩은 매우 작기 때문에 일반 전자회로에서 사용하기 어렵다. 따라서 칩을 그림 1.3에서 보인 것과 같이 패키징하여 판매되고 있다. 이 세대의 컴퓨터는 SSI 또는 MSI 규모의 IC를 이용하여 컴퓨터를 구성하였다. 이 세대의 컴퓨터로 분류될 수 있는 대표적인 컴퓨터 시스템으로는 IBM-360 시리즈가 있다. 이 컴퓨터 시스템은 시스템 사용 목적과 요구에 따라 다양한 구성이 가능하게 되었다. 이 세대는 트랜지스터에서 IC로의 기술적 진보가 있었지만 소프트웨어적인 측면에서도 중요한 진보가 있었다. 제 2 세대부터 개발되어 사용되고 있었던 소프트웨어 기술인 운영체제, 다중 프로그래밍, 온라인 실시간 처리 시스템 등이 더욱 고도화되고 일반화되었고, 다수의 사용자가 하나의 컴퓨터를 공유하며 사용하는 기술인 시분할 시스템(Time Sharing System)이 실현되었다.

앞서 기술한 컴퓨터 세대별 특징에 대해서는 대부분의 학자들이 공감을 하지만 이후 세대는 학자들마다 약간의 이견이 있다. 예를 들어, 제 4 세대 컴퓨터는 고밀도 직접 회로(Very Large Scale Integration, VLSI)로 각 구성요소를 제작한 것으로 분류하고 있지만, 이것은 집적회로의 집적 밀도를 높인 것으로 진공관에서 트랜지스터, 트랜지스터에서 집적회로로의 소자 기술 진보에 따른 세대분류 체계에는 미치지 못하는 발전으로 보는 견해도 있다. 또 일부 학자는 인공지능(Artificial Intelligence) 컴퓨터 또는 각종 컴퓨터 구성요소를 ULSI(Ultra Large Scale Integration)로 구현한 컴퓨터를 제 5 세대 컴퓨터로 분류하기도 한다. 이 분류도

그림 1.3: 집적회로를 패키징하여 판매되는 IC 부품 예

많은 학자들이 공감을 하고 있지 않다. 따라서 이 책에서는 분류 기준이 명확하지 않는 제 4 세대 또는 5 세대에 대한 내용을 더 구체적으로 기술하지 않는다.

1.2 저장된 프로그램 개념

앞서 제 1 세대 컴퓨터의 경우에 데이터 처리를 위한 프로그램을 배선판에 전선을 배선하는 방법으로 작성을 하였기 때문에 '프로그램 작성'이라기 보다는 데이터 처리를 위한 회로 구성이라고 할 수 있다. 이런 방법은 프로그램의 작성 및 수정이 어렵다. 이를 해결할 수 있는 방안으로 1940년대 말에 수학자이자 물리학자인 폰 노이만(John Von Neumann)은 **저장된 프로그램 개념**을 소개하였다.

이 개념에서 프로그램은 데이터를 대상으로 한 처리 또는 연산을 표현하는 명령어(instruction)를 나열한 것이다. 이 개념의 핵심 내용은 컴퓨터 주기억장치에 데이터뿐만 아니라 프로그램을 저장하고, 이 프로그램을 컴퓨터가 실행함으로써 데이터를 처리하는 것이다. 이때 주기억장치에 저장되는 프로그램을 교체함으로써 동일한 데이터라고 하더라도 다른 처리가 가능하다. 또 데이터를 처리하는 과정 즉, 프로그램을 실행하는 동안에 오류가 발생하였다면 오류를 제거하기 위해 프로그램을 수정하고, 수정된 프로그램을 주기억장치에 적재시킴으로써 데이터 처리를 정상적으로 완료할 수 있다. 데이터와 프로그램을 주기억장치에 저장을 한다는 이 개념은 현재는 당연한 것으로 받아들여 지고 있다. 하지만 컴퓨터 역사에서 제 1 세대로 분류되는 1940년대 말에는 처리 대상이 되는 데이터는 주기억장치에 저장이 되고, 우리가 '프로그램'이라고 부르는 데이터 처리 절차는 배선판에 전선을 배선하는 것으로 수행하였기 때문에 주기억장치에 데이터와 더불어 프로그램을 저장하는 것은 생소한 개념이었다고 할 수 있다.

그림 1.4는 폰 노이만이 제안한 저장된 프로그램 개념에서 제안된 구성요소와 그 동작을 간략하게 나타낸 것이며, 그림에서 실선과 점선으로 표시한 것은 각각 장치들간의 데이터

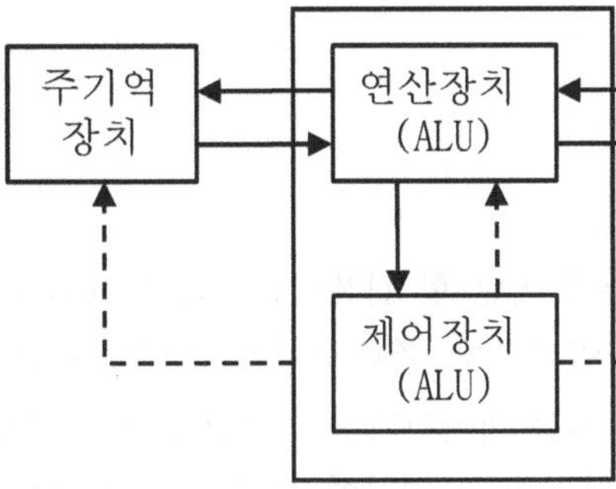

그림 1.4: 폰 노이만의 저장된 프로그램 개념

전송과 제어신호의 전송을 의미한다. **주기억장치**는 컴퓨터가 처리할 대상이 되는 데이터를 저장할 뿐만 아니라 그 데이터를 처리할 명령어들 즉, 프로그램을 저장하는 저장소이다. 이 저장소는 워드(word) 단위로 데이터 또는 명령어를 저장하며, 각 워드는 주소(address)를 이용하여 접근할 수 있다. **연산장치**는 주기억장치에 저장되어 있는 데이터를 대상으로 덧셈, 뺄셈 등과 같은 산술연산과 AND, OR 등과 같은 논리연산을 수행하는 장치이다. **입출력장치**는 컴퓨터 시스템 외부에 준비되어 있는 데이터 또는 명령어를 컴퓨터 시스템에 전송을 하거나 컴퓨터 시스템에서 처리한 결과를 외부로 전송하는 장치이다. **제어장치**는 컴퓨터를 이용한 데이터 처리 목적을 달성할 수 있도록 각 장치들의 동작 또는 기능을 제어하는 제어신호를 생성하는 장치이다. CPU라고 불리우는 중앙처리장치(Central Processing Unit)는 연산장치와 제어장치로 구성되어 있다.

폰 노이만의 저장된 프로그램 개념에서 컴퓨터가 동작하는 방식 즉, 명령어를 실행하는 방식은 다음과 같다. 명령어 실행을 위한 첫번째 단계는 주기억장치에 저장되어 있는 프로그램을 구성하고 있는 명령어를 제어장치가 읽어 오는 것이다. 이 단계는 그림 1.4에서 표현한 주기억장치에서 제어장치로의 데이터 전송에 의한 것으로 제어장치는 그 명령어 수행에 필요한 필요한 제어신호를 생성하여 각 구성요소에 전송을 한다. 명령어가 데이터 연산 명령이라면 제어장치는 연산장치가 주기억장치에 저장되어 있는 데이터를 읽어와 연산을 수행한 후 그 결과를 다시 주기억장치로 전송할 수 있도록 제어신호를 생성한다. 만약 주기억장치에서 읽어온 명령어가 출력 명령어라면 제어장치는 연산장치가 주기억장치에 저장되어 있는 데이터를 읽어와 출력장치에게 전달하고, 출력장치는 데이터를 출력기기를 통해 출력할 수 있도록 제어신호를 생성하여 각 구성요소들에게 전송한다. 이때 연산장치는 주기억장치에서 읽어온 데이터를 대상으로 특정한 연산을 수행하지 않는다. 제어장치가 주기억장치에서 읽어온 명령어가 입력 명령이라면 출력 명령어 수행과 데이터 전송 방향이 다를뿐이며 기본적인 실행 절차는 동일하다.

1.3 구성요소

저장된 프로그램 개념을 사용하는 폰 노이만 형 컴퓨터는 7쪽의 그림 1.4에 나타낸 것과 같이 주기억장치, 연산장치, 제어장치, 입력장치, 출력장치로 구성되어 있다. 보통 메인메모리(main memory)로 불리우는 주기억장치는 데이터와 프로그램을 저장한다. 연산장치는 처리할 데이터를 주기억장치에서 인출하여 처리 또는 연산에 사용하며, 일반적인 경우에 그 결과를 다시 주기억장치로 전송을 한다. 이를 위해 연산장치는 레지스터(register)라고 불리는 고속의 임시 저장소를 포함하고 있다. 제어장치는 프로그램를 구성하는 명령어를 주기억장치에서 인출하여 그 명령어 처리를 위한 각종 제어신호를 생성하여 각 구성요소들에게 전송을 한다. 제어신호에 따라 각 구성요소들의 동작으로 한 명령어의 실행이 완료되면 제어장치는 그 다음 명령어를 주기억장치에서 인출하여 제어신호를 생성하는 과정을 반복한다. 입력장치 또는 출력장치는 각각 외부의 데이터를 컴퓨터에 입력하거나 처리가 완료된 데이터를 외부로 출력하는 장치를 말한다. 대표적인 입력장치로는 키보드, 마우스 등이 있으며, 출력장치로는 프린터, 그래픽카드 등이 있다.

Chapter 2

디지털 로직

Chapter 2

디지털로직

2.1 디지털 시스템

앞의 1.1 절에서 디지털 컴퓨터는 디지털 값으로 표현된 데이터를 처리하는 시스템이라고 하였다. '시스템'이란 용어는 체계적으로 통일한 조직으로서 일정한 구성 요소들을 포함하고 있으며, 그 구성 요소들 사이의 상호 관계가 분명히 정의되어 있어야 함을 의미한다. 컴퓨터는 앞서 기술한 것과 같이 연산장치, 제어장치, 주기억장치, 입출력장치들이 시스템을 구성하고 있으며, 이들의 상화 작용을 통해 디지털 데이터를 처리한다. 시스템 상호연결망은 컴퓨터 구성요소들의 상호 작용을 위해 이들을 연결하는 내부 연결망을 의미하며,5쪽의 그림 1.2에 나타낸 시스템 버스가 시스템 상호연결망 중의 하나이다.

디지털 신호를 처리하는 시스템을 디지털 시스템이라고 한다. 이런 관점에서 보면 디지털 값으로 표현된 데이터를 처리하는 디지털 컴퓨터는 디지털 시스템이다. 일반적으로 디지털 값은 '0'과 '1' 또는 'false'와 'true'로 표현되지만 이 값은 디지털 시스템에서 '논리-0'과 '논리-1' 또는 'LOW'와 'HIGH' 신호로 실현되며, 이 신호는 디지털 회로에서 처리된다. 즉 디지털 컴퓨터는 '0'과 '1'의 조합으로 데이터를 표현하고, 이렇게 표현된 데이터는 '논리-0'과 '논리-1' 신호로 실현되며, 이 신호가 디지털 회로에서 처리된다. 디지털 회로는 '논리-0'과 '논리-1' 신호를 처리하기 때문에 논리회로(logic circuit) 라고도 한다.

디지털 컴퓨터는 하드웨어적인 구성요소와 더불어 기능적인 측면에서 살펴 볼 수 있다. 일반적으로 컴퓨터 시스템이 수행하는 기능적인 요소는 다음과 같이 분류된다.

- 데이터 처리기능(Data Processing)

- 데이터 저장기능(Data Storing)
- 데이터 이동기능(Data Movement)
- 제어기능(Control)

컴퓨터의 기본기능은 데이터 처리이다. 이를 위해서는 다양한 종류의 데이터를 표현할 수 있어야 하며, 여러 가지 처리방법이 있어야 한다. 또한 데이터의 저장기능을 필요로 한다. 이것은 일시적으로 계산된 데이터를 저장하는 기능과 장기적인 데이터를 저장하는 기능이 포함되어야 한다. 컴퓨터는 자신과 외부 사이에 데이터를 이동시킬 수 있는 기능이 필요하다. 이들 데이터의 이동은 주변장치를 필요로 한다. 다른 컴퓨터와의 이동은 데이터 통신의 영역으로 볼 수 있다. 마지막으로 위의 세 가지 기능을 수행하기 위해서는 제어기능이 필요하다. 궁극적으로 제어기능은 주어진 명령어들에 따라 수행되며, 컴퓨터의 자원을 관리하고 효율적인 사용을 해주는 역할이 필요하다. 이러한 기능을 수행하는 컴퓨터의 구조와 기능을 이해하기 위해서는 논리회로에 대한 이해가 필요하다.

2.2 부울대수와 논리회로

2.2.1 부울대수와 부울함수

부울대수는 1854년 George Boole의 논리체계를 기본으로 발전하여 왔으며, 1938년 C. E. Shannon의 스위칭 이론이 부울대수로 표현될 수 있음이 증명되었다. 부울대수는 이원적 요소(이진 요소, binary elements)를 대상으로 한 수학적 시스템이다. 디지털 시스템에서 이원적 요소는 '0'과 '1'–또는 'false'와 'true'–로 표현되는 논리값(logic value)이다. 물론 '0'과 '1'은 논리값은 아니다. 그러나 디지털 시스템에서 '0'과 '1'은 각각 'false'와 'true'를 표현하기 때문에 이들 값을 논리값으로 표현을 한다. 따라서 부울대수라는 수학적 시스템은 논리값을 갖는 논리변수(logic variable)와 이들 변수와 논리값을 이용하여 연산을 수행하는 논리연산자(logic operator) 및 공리(증명이 안됨)로 정의되는 수학적 시스템이다. 부울 대수에서 정의하는 논리연산자는 논리합(+)과 논리곱(·)이 있다. 논리합 연산자는 두 피연산자의 값이 모두 0인 경우에 0, 나머지 경우에 1이 연산 결과로 정의된다. 논리곱 연산자는 두 피연산자의 값이 모두 1인 경우에 1, 나머지 경우에 0이 연산 결과이다. 부울대수에서 정의되어 있는 기본적인 연산 법칙은 다음과 같다 :

1. 폐쇄(closure) : 어떤 집합 s에서 집합의 원소에 대한 연산자 +, ·의 결과는 집합 s에 속한다.

2. 결합법칙(associative law) : (x · y) · z = x · (y · z)가 성립한다.

3. 교환법칙(commutative law) : x · y = y · x가 성립한다.

4. 항등원(identity element) : e · x = x · e = x가 성립하는 원소 e가 존재한다.

5. 보원(complement) : x + x' = 1, x · x' = 0이 존재한다.

6. 분배법칙(distributive law) : x · (y + z) = (x · y) +(x · z)이 성립한다.

표 2.1은 부울대수의 공리를 나타낸 것이다. 이 표에서 'x'는 논리변수를 나타낸 것으로 0 또는 1의 논리값을 가질 수 있다. 부울대수에서 중요한 특징은 쌍대성 원리(duality principle)이다. 이 원리는 부울대수의 공리에서 논리합(+)을 논리곱(·) 연산자 또는 논리곱(·)을 논리합(+) 연산자로 변경하고, 0 또는 1의 값을 각각 1 또는 0으로 변경을 하여도 성립한다는 것이다. 예를 들어, $x+x^{'}=1$에서 논리합을 논리곱으로, 1을 0으로 변경한 부울식 $x \cdot x^{'}=0$도 성립한다는 것이다. 이 원리에 따라 분배법칙 $x+y \cdot z=(x+y) \cdot (x+z)$이 성립된다. 부울대수의 각 정리는 정의된 공리를 이용하여 증명할 수 있다. 예를 들어, 흡수법칙 $x+x \cdot y=x$을 증명하면 다음과 같다.

$$
\begin{aligned}
& x+x \cdot y \\
=& x \cdot 1+x \cdot y \\
=& x \cdot (1+y) \\
=& x \cdot 1 \\
=& x
\end{aligned}
$$

부울함수(boolean function)는 논리변수, 논리값, 논리연산자로 구성되며, 연산 결과도 논리값이 되는 것이다. 예를 들어, 부울함수 F가 다음과 같이 정의되어 있다고 가정하자.

$$F=x \cdot y \cdot\ z^{'}$$

이 함수는 논리변수 x, y, z의 값에 따라 그 결과 값이 달라진다. 이때, 논리변수 x, y, z의 값이 각각 1, 1, 0인 경우에 부울함수 F의 값은 1이 되고, 논리변수의 나머지의 입력 조합에 대해서는 부울함수 F의 값은 0이 된다.

각 입력조합에 대한 부울함수의 결과값을 표의 형태로 표현한 것을 진리표(truth table)라고 한다. 표 2.2은 다음과 같이 세 개의 입력 논리변수로 구성된 논리식으로 정의되는 네

Table 2.1: 부울대수의 공리

공리	$x+0=x$	$x\cdot 1=x$
공리	$x+x^{'}=1$	$x\cdot x^{'}=0$
정리 1	$x+x=x$	$x\cdot x=x$
정리 2	$x+1=1$	$x\cdot 0=0$
정리 3(보수법칙)	$(x^{'})^{'}=x$	
공리(교환법칙)	$x+y=y+x$	$x\cdot y=y\cdot x$
정리 4(결합법칙)	$x+(y+z)=(x+y)+z$	$x\cdot(y\cdot z)=(x\cdot y)\cdot z$
공리(분배법칙)	$x\cdot(y+z)=x\cdot y+x\cdot z$	$x+y\cdot z=(x+y)\cdot(x+z)$
정리 5(드모르간의 법칙)	$(x+y)^{'}=x^{'}\cdot y^{'}$	$(x\cdot y)^{'}=x^{'}+y^{'}$
정리 6(흡수법칙)	$x+x\cdot y=x$	$x\cdot(x+y)=x$

개의 부울함수 A, B, C, D를 위한 진지표를 나타낸 것이다. 일반적으로 $f=x\cdot y$와 같은 논리식을 표현할 때 $f=xy$와 같이 논리곱 연산자 ·를 생략하고 표기를 한다. 따라서 이 책에서도 논리곱 연산자를 표현할 때 연산자 ·를 생략한다.

$$A=xyz^{'}$$
$$B=x+y^{'}z$$
$$C=x^{'}y^{'}z+x^{'}yz+xy^{'}$$
$$D=xy^{'}+x^{'}z$$

진리표는 입력 조합 부분과 부울함수 출력 부분으로 나뉘어 진다. 각 논리변수는 두 값 중의 하나를 가질 수 있기 때문에 세 개의 논리변수로 조합할 수 있는 입력 조합의 수는 모두 여덟 가지가 된다. 즉, 입력 논리변수의 수가 n이라면 이들 입력 변수의 조합은 2^n개가 된다. 따라서 진리표의 행(row)수는 2^n개가 되며, 각각 입력 조합에 대한 부울함수의 출력값을 부울함수 출력 부분에 명시를 한다. 표 2.2의 예에서 각 입력조합에 대한 네 개의 부울함수 A, B, C, D의 값을 각각 명시를 한다.

진리표는 입력 조합에 대한 각 부울함수의 출력값을 표로 표시하였기 때문에 부울함수를 부울식으로 표현한 것보다 부울변수의 입력 조합과 출력 값사이의 관계를 효과적으로 표현할

Table 2.2: 부울함수의 진리표 예

입력			출력			
x	y	z	A	B	C	D
0	0	0	0	0	0	0
0	0	1	0	1	1	1
0	1	0	0	0	0	0
0	1	1	0	0	1	1
1	0	0	0	1	1	1
1	0	1	0	1	1	1
1	1	0	1	1	0	0
1	1	1	0	1	0	0

수 있다. 이 진리표를 보면 각 입력 조합에 대해 부울함수 C와 D의 값이 완전히 일치하고 있음을 알 수 있다. 즉, 부울함수를 부울식으로 표현한 경우에는 두 부울함수의 결과값이 완전히 일치한다는 것을 직접적으로 알수 없지만 진리표를 이용하면 두 부울함수 결과값의 일치 여부를 쉽게 확인할 수 있다. 따라서 하나의 부울함수라고 하더라도 다수의 부울식으로 표현할 수 있지만 진리표는 유일하다고 할 수 있다. 앞의 예에서 C와 D가 그런 경우이다.

부울함수에 포함되어 있는 부울변수는 x 또는 그 변수의 보수 형식인 $x^{'}$와 같은 형식으로 표시될 수 있다. 따라서 두 개의 부울변수 x, y에 대해 AND 연산(논리곱 연산)은 xy, $x^{'}y$, $xy^{'}$, $x^{'}y^{'}$와 같이 4개의 결합 항이 가능하다. 이것을 일반화 시키면 n개의 입력 논리변수에 대해 2^n개의 입력 조합에 대해 각각 AND 연산으로 결합을 할 수 있다. 이처럼 입력 논리변수의 각 조합에 대해 AND 연산으로 결합한 항을 최소항(minterm)이라고 한다. 이와 같은 방법으로 각 조합에 대해 OR 연산으로 결합한 항을 최대항(maxterm)이라고 한다. 예를 들어, 3개의 부울변수 x, y, z에 대한 최소항과 최대항은 각각 8개가 된다. 표 2.3은 이들 변수를 위한 최소항과 최대항을 나타낸 것이다. 각 입력 조합에 대한 최소항은 각각 m_0, m_1과 같은 형식으로 표시를 하며, 최대항은 M_0, M_1과 같은 형식으로 표시를 한다.

최소항으로 구성된 함수 $f = x^{'}y^{'}z^{'} + x^{'}yz$는 $f = m_0 + m_3$ 또는, $f = \sum(0,3)$와 같이 표현될 수 있다. 최대항으로 구성된 함수 $f = (x+y+z^{'})(x+y^{'}+z^{'})(x^{'}+y+z^{'})$도 최소항의 경우와 같이 $f = M_2M_3M_5$ 또는 $f = \prod(2,3,5)$와 같이 표현될 수 있다.

Table 2.3: 세 개의 부울 변수를 위한 최소항과 최대항

	최소항(minterm)		최대항(maxterm)	
x y z	항	표시	항	표시
0 0 0	$x'y'z'$	m_0	$x+y+z$	M_0
0 0 1	$x'y'z$	m_1	$x+y+z'$	M_1
0 1 0	$x'yz'$	m_2	$x+y'+z$	M_2
0 1 1	$x'yz$	m_3	$x+y'+z'$	M_3
1 0 0	$xy'z'$	m_4	$x'+y+z$	M_4
1 0 1	$xy'z$	m_5	$x'+y+z'$	M_5
1 1 0	xyz'	m_6	$x'+y'+z$	M_6
1 1 1	xyz	m_7	$x'+y'+z'$	M_7

2.3 논리 게이트

부울함수 또는 진리표는 디지털 논리회로를 이용하여 구현될 수 있다. 이를 위해서는 부울대수의 논리연산을 수행할 수 있는 회로가 필요하다. 논리 게이트(logic gate)는 부울대수의 논리 연산을 수행할 수 있는 회로이다. 부울대수의 기본적인 논리연산은 AND, OR, NOT이 있으며, 각각의 논리 연산을 위한 논리 게이트가 있다. 이 기본 논리 게이트를 조합하여 NAND(Not-AND), NOR(Not-OR), XOR(exclusive OR) 게이트 등이 있다. 16쪽의 표 2.4는 일반적으로 많이 사용되고 있는 논리 게이트의 논리연산, 기호, 부울식 및 진리표를 나타내고 있다.

기본 논리연산을 위한 게이트인 AND, OR, 인버터를 이용하여 모든 논리회로를 설계할 수 있다. 이것 뿐만 아니라 NAND 게이트만으로도 모든 논리회로를 설계할 수 있다. 이것은 NAND 게이트만을 이용하여 AND, OR 게이트 및 인버터를 구현할 수 있음을 의미한다. 표 2.4에 나타낸 것을 참고하면 NAND 게이트의 두 입력을 연결하여 하나의 입력이 게이트의 두 입력으로 연결되면 인버터와 같은 기능을 수행함을 알 수 있다. 즉 두 입력이 모두 0이면 출력은 1, 모두 1이면 출력은 0이 됨을 알 수 있다. 또 NAND 게이트의 출력을 인버터 또는 위의 두 입력을 하나로 연결한 NAND 게이트의 입력으로 사용하면 입력 조합에 대해 AND 게이트와 같은 출력이 됨을 알 수 있다. 이것은 부울대수를 이용하여 다음과 같이 확인할 수 있다.

$$\left((xy)'\right)' = xy$$

또 두 입력 논리변수를 각각 인버터와 연결하고, 이 게이트의 출력을 NAND 게이트의 입력으로 사용을 하면 OR 게이트와 같은 기능을 수행한다. 이처럼 NAND 게이트만을 이용하여 기본 논리연산을 위한 게이트들을 구현할 수 있기 때문에 NAND 게이트만을 이용하여 모든 논리회로를 설계할 수 있다. NOR 게이트도 이 게이트만을 이용하여 기본 연산을 위한 게이트 즉, AND, OR, 인버터를 구현할 수 있다.

$$\left(x'y'\right)' = \left(x'\right)' + \left(y'\right)' = x + y$$

부울함수는 이산값으로 표현된 데이터를 대상으로 한 처리를 식으로 표현한 것이라면, 이 부울함수가 표현한 처리를 논리회로로 구현하는 것은 논리 게이트이다. 즉 부울함수의 논리합 연산은 OR 게이트, 논리곱 연산은 AND 게이트를 이용하여 구현할 수 있다. 또한 배타적 논리합(exclusive-OR), 부정 연산 등은 각각 대응되는 논리 게이트를 이용하여 구현할 수 있다. 예를 들어 두 개의 입력 논리변수 x, y를 위한 부울함수 $f = xyz + x'yz$는 그림 2.1에 표시된 것과 같이 논리 게이트를 이용하여 구현할 수 있다. 먼저 부울함수 f의 xyz 항은 3 개의 입력을 갖는 AND 게이트를 이용하여 구현할 수 있고, x'은 입력 논리변수 x에 인버터를 연결하여 구현할 수 있다. 따라서 $x'yz$항은 인버터의 출력과 입력 논리변수 y와 z를 AND 논리 게이트의 입력으로 사용하면 된다. 두 항은 다시 논리합 연산을 수행하기 때문에 이는 두 AND 게이트의 출력을 OR 게이트 입력과 연결을 하면 된다. 따라서 부울함수 f의 결과값은 OR 게이트의 출력값이 된다.

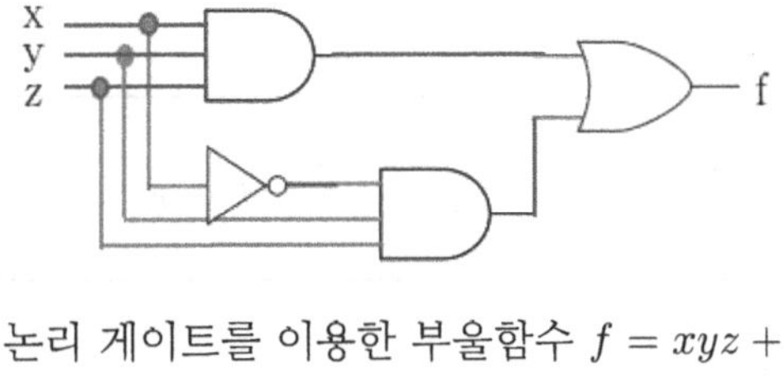

그림 2.1: 논리 게이트를 이용한 부울함수 $f = xyz + x'yz$ 구현

Table 2.4: 논리 게이트

함수	게이트 기호 및 부울식	진리표
AND	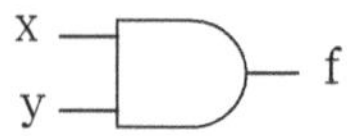 $f = x \cdot y = (x^{'} + y^{'})^{'}$	x y | f 0 0 | 0 0 1 | 0 1 0 | 0 1 1 | 1
OR	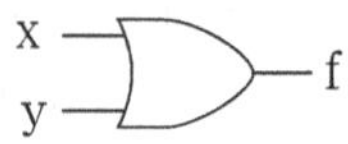 $f = x + y = (x^{'} \cdot y^{'})^{'}$	x y | f 0 0 | 0 0 1 | 1 1 0 | 1 1 1 | 1
NOT(인버터)	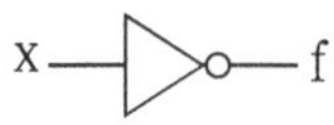 $f = x^{'}$	x | f 0 | 1 1 | 0
NAND	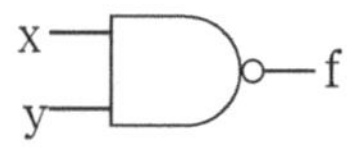 $f = (x \cdot y)^{'} = x^{'} + y^{'}$	x y | f 0 0 | 1 0 1 | 1 1 0 | 1 1 1 | 0
NOR	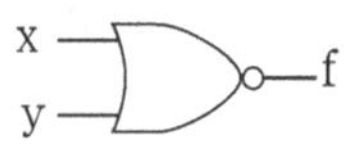 $f = (x + y)^{'} = x^{'} \cdot y^{'}$	x y | f 0 0 | 1 0 1 | 0 1 0 | 0 1 1 | 0
Exclusive OR	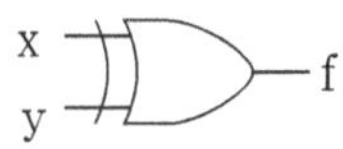 $f = x \oplus y = x^{'} \cdot y + x \cdot y^{'}$	x y | f 0 0 | 0 0 1 | 1 1 0 | 1 1 1 | 0
Exclusive NOR	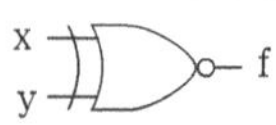 $f = x \odot y = x \cdot y + x^{'} \cdot y^{'}$	x y | f 0 0 | 1 0 1 | 0 1 0 | 0 1 1 | 1
Buffer	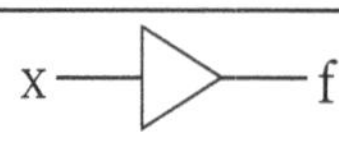 $f = x$	x | f 0 | 0 1 | 1

2.4 부울함수의 간략화

앞서 부울함수는 논리 게이트를 이용하여 구현할 수 있다고 하였다. 부울함수를 논리 게이트로 구현할 때 함수에 있는 각 논리변수는 게이트의 입력을 나타내며, 각 항의 결과값은 그 항을 구현한 게이트의 출력값이 된다. 각 논리 게이트의 출력값은 다른 게이트의 입력을 연결되어 디지털 논리회로를 구성한다. 부울함수의 결과값 즉 논리회로의 출력값은 동일하게 유지하면서 각 게이트에 입력으로 사용되는 논리변수의 수 또는 항의 수를 감소시키면 더 간단한 논리회로를 구성할 수 있다. 그림 2.2의 왼쪽에 있는 것은 그림 2.1의 논리회로를 나타낸 것이며, 오른쪽에 있는 것은 동일한 출력값을 생성하는 더 간단한 논리회로를 나타낸 것이다. 동일한 출력값임을 확인하는 가장 간단한 방법은 논리회로의 진리표를 작성하여 그 출력값을 비교하면 된다. 즉, 동일한 입력 조합에 대해 같은 출력값을 생성한다면 두 부울함수 및 논리회로는 같다고 할 수 있다.

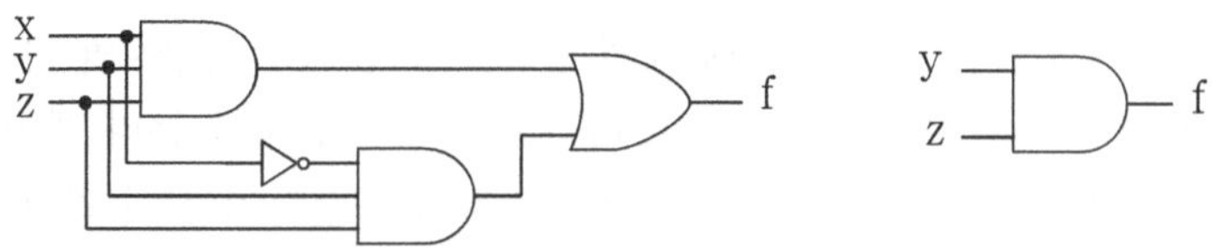

$f = xyz + x^{'}yz$ $\quad$ $f = yz$

그림 2.2: 간략화한 논리회로의 예

부울함수를 간단하게 하는 것을 간략화(simplification)라고 한다. 부울함수를 간략화하는 방법은 다음과 같다. 이들 방법 중에서는 본 서에서는 처음 두 가지 방법만을 설명한다.

- 부울대수의 공리와 성질을 이용한 간략화
- 카르노 맵(Karnaugh map)을 이용한 간략화
- 테이블(Quine-McKluskey)을 이용한 간략화

2.4.1 부울대수의 공리와 성질을 이용한 간략화

부울대수의 공리와 성질을 이용한 간략화는 표 2.1에 나타낸 공리와 기본 성질을 이용하여 간략화를 하는 방법이다. 예를 들어, 부울함수 $F(x, y, z) = x(x^{'} + y)$를 간략화 하는 것은 다음과 같다 . 이때 $F(x, y, z)$는 입력 논리변수가 세 개이며, 각각 x, y, z임을 의미한다.

$$\begin{aligned} F(x,y,z) &= x(x' + y) \\ &= xx' + xy \\ &= 0 + xy \\ &= xy \end{aligned}$$

이 방법의 간략화는 부울대수의 공리와 기본 성질을 이용하였기 때문에 수학적 증명이 가능하다는 장점이 있다. 하지만 주어진 부울함수를 간략화 하려는 설계자에 따라 간략화된 최종 부울식이 각각 다를 수 있으며, 경우에 따라서는 간략화를 위해 적용해야 하는 공리 또는 기본 성질을 도출하지 못해 간략화를 하지 못하는 경우가 발생할 수 있다. 예를 들어, 부울함수 $F(x,y,z) = xy + x'z + yz$를 간략화 하는 경우를 보면, 처음에는 간략화가 이미 되어 있는 것과 같이 보인다. 하지만 아래의 간략화 과정을 보면 이 부울함수도 더 간단하게 만들 수 있음을 알 수 있다. 이 부울함수는 원래 세 개의 항으로 구성되어 있었지만 간략화를 한 결과 두 개의 항으로 간략화된 부울함수가 되었다. 따라서 이 부울함수를 논리 게이트를 이용하여 구현할 경우에 임의의 입력 조합에 대해 동일한 출력값을 생성하지만 더 간단하게 구현할 수 있다.

$$\begin{aligned} F(x,y,z) &= xy + x'z + yz \\ &= xy + x'z + yz(x + x') \\ &= xy + x'z + xyz + x'yz \\ &= xy(1 + z) + x'z(1 + y) \\ &= xy + x'z \end{aligned}$$

앞의 간략화 예에 보인 것과 같이 이 방법으로 간략화를 하는 것은 많은 연습이 필요하며, 설계자에 따라 간략화된 정도에 차이가 있을 수 있다.

2.4.2 카르노 맵을 이용한 간략화

부울대수의 공리와 기본 성질을 이용한 간략화 방법은 간략화를 위한 규칙이 없기 때문에 더 간단하고 직접적이며 정형화된 방법이 필요하다. 이를 위해 맵을 이용한 방법이 제안되었다. 맵을 이용한 간략화 방법은 Veitch(베이치)에 의해 제안되었고, Karnaugh(카르노)에 의해 개선, 변형된 것으로 카르노 맵으로 알려져 있다. 카르노 맵을 이용한 간략화 방법은 입력 논리변수의 수가 2, 3, 4 정도인 경우에 쉽게 사용할 수 있다. 입력 논리변수의 수가 다섯 개 이상인 경우에는 맵을 작성하고, 이를 이용한 간략화가 쉽지 않기 때문에 맵을 이용한 간략화 방법이 많이 사용되지는 않는다.

부울함수를 카르노 맵을 이용하여 간략화 하는 과정은 다음과 같다.

1. 입력 논리변수의 수에 따른 맵 작성

2. 맵의 인접한 셀 묶음

3. 각 셀 모음을 부울식으로 표현

4. 부울식의 OR 연산으로 연결

5. 부울식을 논리회로로 표현

맵을 이용한 간략화의 첫번째 과정인 맵 작성은 입력 논리변수의 수에 따라 형태가 다른 맵을 이용한다. 만약 입력 논리변수의 수가 2개라면 입력 조합의 수는 표 2.3에 나타낸 것을 참고하면 4개 즉, 최소항의 수는 4개이다. 네 개의 최소항을 갖는 두 개의 입력 논리변수를 위한 맵은 그림 2.3에 보인 것 같이 각각 최소항을 표현하는 네 개의 셀로 구성되어 있다. 각 셀에는 그 셀이 표현하는 최소항 표시가 되어 있다. 예를 들어, 입력 논리변수가 x, y라고 할 때 맵의 m_0는 첫 번째 최소항인 $x^{'}y^{'}$을 나타낸다. 그림 2.4와 2.5는 입력 논리변수가 각각 3, 4 개인 경우의 맵을 나타낸 것이다. 맵에서 임의의 셀과 그 셀과 인접한 셀의 부울식을 보면 한 논리변수에 대해 보수 관계에 있음을 알 수 있다. 예를 들어, 그림 2.4a의 m_3와 m_7 셀에 대응하는 최소항의 부울식은 각각 $x^{'}yz$와 xyz 이다. 즉, 이 두 셀은 논리변수 x에 대해 보수 관계에 있으며, 나머지 논리변수는 동일한 값을 갖는 최소항이다. 또 다른 예로는 4-논리변수를 위한 맵인 그림 2.5a에서 m_4와 m_6 셀에 대응하는 최소항의 부울식은 각각 $w^{'}xy^{'}z^{'}$ 와 $w^{'}xyz^{'}$이다. 이 두 부울식은 부울변수 y에 대하여 보수 관계가 있으며, 나머지 논리변수의 값은 동일하다. 즉, 이 두 셀은 인접해 있다고 할 수 있다.

맵을 이용한 간략화의 두 번째 단계는 부울함수에 의해 값이 '1'이 되는 최소항에 대응하는 맵의 셀을 표시한 후 인접한 셀을 2^i개의 단위로 묶는 것이다. 예를 들어, 부울함수 $F(x, y, z) = \sum(3, 4, 5, 6)$를 간략화한다고 가정을 하자. 이 함수의 입력 논리변수는 세 개이기 때문에 이 부울함수를 위한 맵은 그림 2.4b이 될 것이다. 부울함수 F는 3, 4, 5, 6번 최소항의 값이 1이 되기 때문에 이 최소항에 대응하는 셀에 '1'을 표시한 후 인접한 셀을 묶는다. 그림 2.6은 부울함수 F의 3, 4, 5, 6번 최소항에 대응한 셀에 '1'을 표시한 것을 나타낸 것이다. 그리고

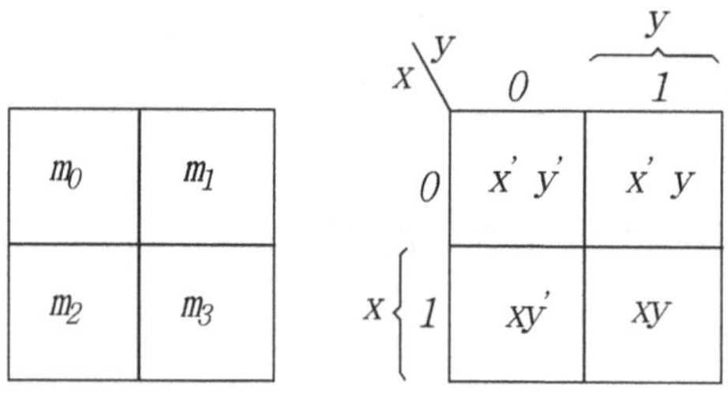

(a) (b)

그림 2.3: 논리변수가 2개인 경우 맵

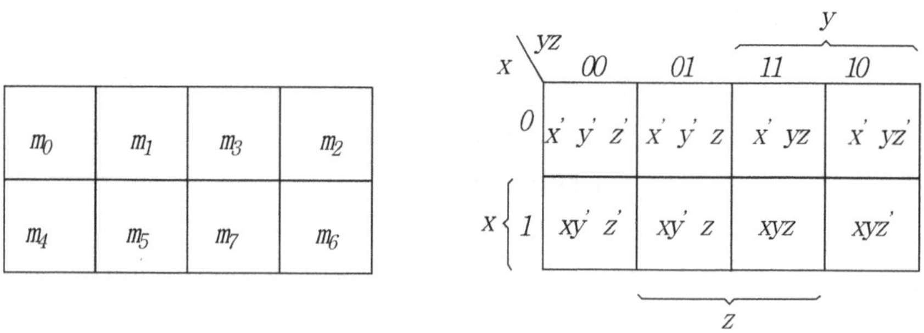

(a) (b)

그림 2.4: 논리변수가 3개인 경우 맵

인접한 셀들을 묶는 과정이 필요하다. 그림 2.6에서는 m_3과 m_7을 하나로 묶었으며,m_4와 m_6을 하나로 묶어 모두 두개의 묶음이 되었다. 물론 m_6 과 m_7을 다시 묶을 수 있지만 이 셀들은 이미 다른 묶음에 포함되어 있기 때문에 굳이 다시 묶을 필요가 없다.

간략화를 위한 다음 단계는 앞에서 묶은 셀들의 묶음에 대해 부울식을 도출하는 것이다. 첫 번째 묶음은 m_3과 m_7로 구성되어 있으며, 이 묶음에서 각 입력 논리변수에 대해 보수 관계에 있는 논리변수를 제외한 나머지 부울변수를 이용하여 부울식 yz을 도출한다. 인접한 셀들의 최소항에서 보수관계에 있는 부울변수를 제외한 나머지 부울변수를 사용하는 이유는 간단히 증명을 할 수 있다. 예를 들어 두 최소항 m_3과 m_7은 다음과 같이 정리될 수 있다.

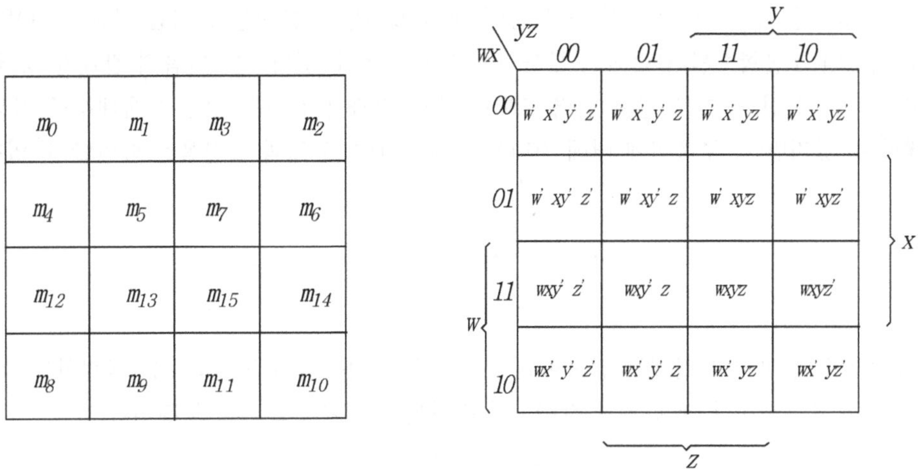

(a) (b)

그림 2.5: 논리변수가 4개인 경우 맵

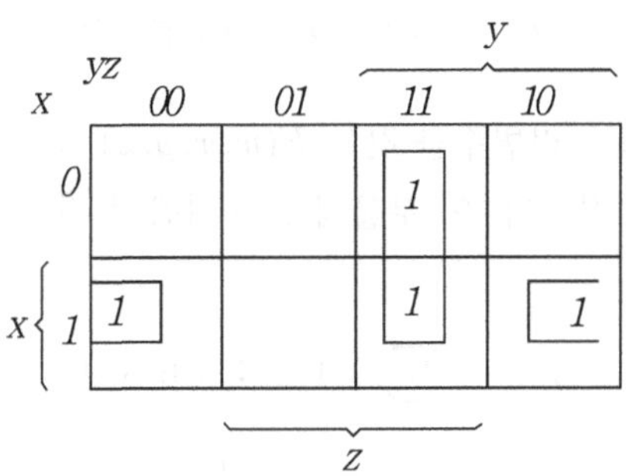

그림 2.6: 부울함수 $F(x, y, z) = \sum(3, 4, 5, 6)$의 간략화 예

$$
\begin{aligned}
& x^{'}yz + xyz \\
=& \left(x^{'} + x\right) yz \\
=& 1yz \\
=& yz
\end{aligned}
$$

이와 같은 방법으로 두 번째 묶음에서 부울변수 y가 보수 관계에 있어 이 묶음은 부울식 xy'으로 표현될 수 있다. 이렇게 각 묶음에 대해 표현된 부울식을 논리합 연산 즉, OR 연산으로 묶으면 부울함수를 간략화된 부울식으로 표현할 수 있다. 즉, 다음의 관계가 성립된다. 간략화를 하기 전, 후가 동일한 입력 조합에 대해 결과가 같다는 것은 부울대수를 이용하여 증명할 수 있지만 각 부울식에 대해 진리표를 작성하여 그 결과가 같음을 확인할 수 있다.

$$\begin{aligned} F(x,y,z) &= x'yz + xy'z' + xyz + xyz' \\ &= yz + xz' \end{aligned}$$

부울함수의 마지막 단계는 간략화된 부울함수를 이용하여 논리회로를 작성하는 것이다. 그림 2.7은 부울함수 $F(x,y,z)$를 간략화한 결과를 논리회로로 나타낸 것이다.

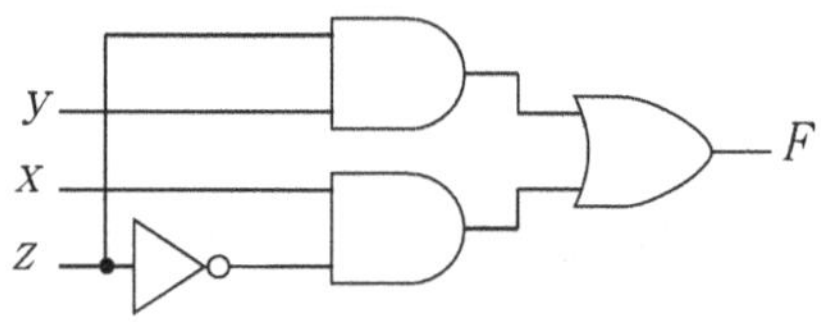

그림 2.7: $F(x,y,z) = yz + xz'$를 위한 논리회로

그림 2.8는 네 개의 입력 논리변수를 갖는 $F(w,x,y,z) = \sum(0,1,2,4,5,6,8,9,12,13,14)$를 간략화하는 것을 나타낸 것이다. 이 부울함수는 다음과 같이 간략화될 수 있다.

$$\begin{aligned} F(w,x,y,z) &= \sum(0,1,2,4,5,6,8,9,12,13,14) \\ &= y' + w'z' + xz' \end{aligned}$$

앞에서 부울함수 $F(x,y,z) = \sum(3,4,6,7)$는 3, 4, 6, 7번 최소항들을 논리합 연산을 수행하는 것이라고 설명하였다. 즉, 부울함수 $F(x,y,z)$는 $x'yz + xy'z' + xyz + xyz'$이라는 의미이다. 이 함수는 최소항들을 논리합 연산으로 결합하였기 때문에 최소항의 합(sum of minterm)이라고 한다. 또 맵을 이용하여 간략화한 결과인 $F(x,y,z) = yz + xz'$은 입력 논리변수들이 논리곱으로 결합되어 있는 각 항들이 논리합 연산으로 결합되어 있기 때문에 곱의 합(sum of products)라고 한다. 이와 반대로 부울함수가 입력 논리변수의 최대항들이 논리곱 연산으로 결합되어 있는 경우에는 최대항의 곱(product of maxterm)이라고 하며, 이를 간략화하여 논리변수들이 논리합으로 결합되어 있는 각 항들이 논리곱 연산으로 결합되어 있는 경우를 합의 곱(product of sums)라고 한다.

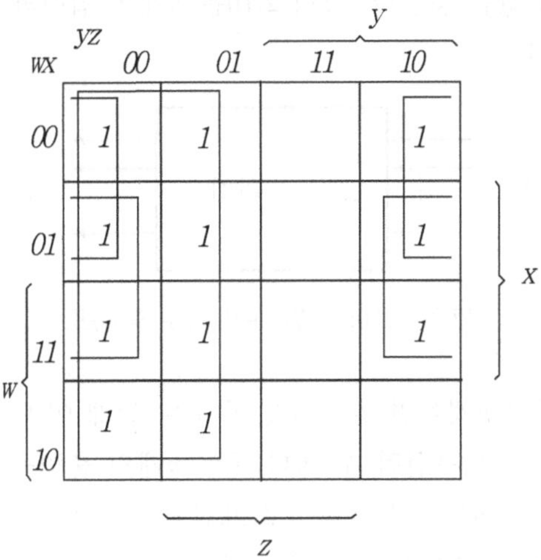

그림 2.8: 4-논리변수 간략화의 예

최소항의 합 또는 곱의 합 형식으로 표현된 부울함수는 NAND 게이트만을 이용하여 논리회로를 설계할 수 있다. 한 종류의 게이트만을 이용하여 논리회로를 설계하는 것은 실제 구현을 할 때 요구되는 집적회로의 수를 감소시킬 수 있어 비용 절감에 다소 기여할 수 있다. 그림 2.9은 그림 2.7에 나타낸 논리회로를 NAND 게이트만을 이용하여 구현한 것을 나타낸 것이다. 최대항의 곱 또는 합의 곱 형식으로 표현된 부울함수는 NOR 게이트만을 이용하여 논리회로를 설계할 수 있어 앞에서 설명한 것과 같이 비용 절감에 기여할 수 있다.

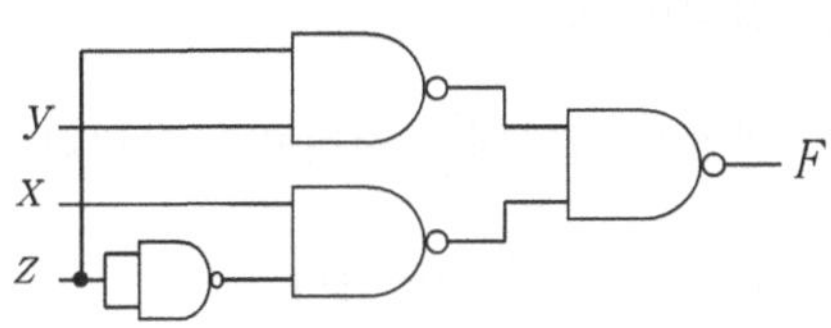

그림 2.9: $F(x,y,z) = yz + xz'$를 NAND 게이트로 구현한 논리회로

2.5 조합 논리회로

논리회로는 동작 방법에 따라 조합 논리회로(combinational logic circuit)와 순차 논리회로(sequential logic circuit)가 있다. 조합논리회로는 입력 변수 값의 조합에 따라 출력 값이 결정되는 논리회로이다. 즉, 조합 논리회로는 입력값이 동일하다면 이전 입력 또는 출력 값과

관계없이 항상 같은 출력 값을 갖는다. 그림 2.10은 n개의 입력과 m개의 출력을 갖는 조합 논리회로를 나타내고 있다.

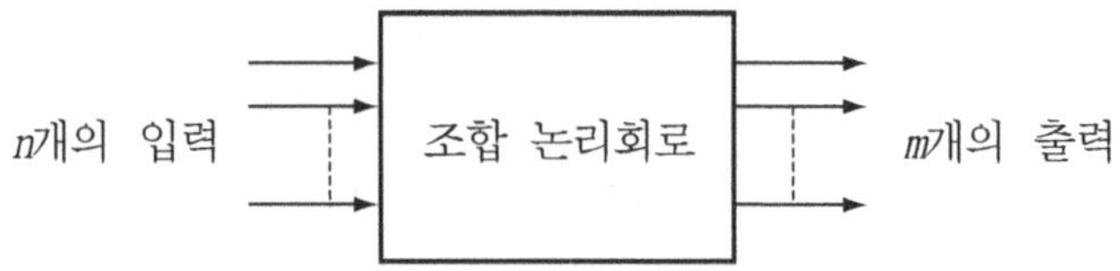

그림 2.10: 조합 논리회로 블록도

조합 논리회로의 입력이 n개이면 입력 조합의 수는 2^n개 이며, m개의 출력은 이들 입력 조합에 대해 각각 부울함수로 표현될 수 있다. 즉, m개의 출력을 갖는 조합 논리회로는 n개의 입력 논리변수를 갖는 m개의 부울함수로 표현될 수 있다. 예를 들어, 22쪽의 그림 2.7에 나타낸 논리회로는 3개의 입력과 1개의 출력을 갖는 조합 논리회로이며, 한 개의 부울함수$F(x, y, z) = yz + xz'$로 표현된다.

2.5.1 조합 논리회로 설계

입력 값에 따라 출력 값이 결정되는 조합 논리회로를 설계하는 과정은 다음과 같다.

1. 주어진 문제에서 이원적 요소를 결정한다.
2. 결정한 이원적 요소를 부호화 한다.
3. 입력요소와 출력요소를 결정한다.
4. 입력요소와 출력요소의 관계를 나타내는 진리표를 구한다.
5. 출력요소의 부울함수식을 구하고, 간략화 한다.
6. 부울함수식에 대한 논리도를 작성한다.

위의 조합 논리회로 설계 과정의 각 단계를 간단한 예를 이용하여 설명을 한다. 이 예는 여러 상황에 따라 무엇을 할 것인가를 결정하는 것을 논리회로로 구현하는 것이다.

"나는 주말이면 맑은 날씨에는 해변에 가고, 날씨가 흐리고 자동차가 있으면 영화관에 가며, 날씨도 흐리고 자동차가 없으면 집에서 TV를 시청한다. 평일에는 무조건 학교에 간다."

논리회로 설계의 첫번째 단계는 주어진 문제에서 이원적 요소 즉, 0과 1로 표현될 수 있는 것을 결정하는 것이다. 이 예제에서 이원적 요소는 '주말', '날씨', '자동차', '해변', '영화관',

'TV', '학교'이며, 각 이원적 요소는 0 또는 1의 값을 가질 수 있는데 각각 부정과 긍정을 의미한다. 예를 들어, '주말'이라는 요소의 값이 0이라면 이것은 현재 주말이 아니다라는 의미를 부여할 수 있다. 그 다음 단계는 각 이원적 요소를 부호화하고 이들을 입력과 출력 요소로 분류를 한다. 이 예제에서는 이원적 요소들을 각각 'w', 'k', 'a', 'b', 'm', 't', 's'로 부호화하고, 입력 요소로는 w, k, a, 출력 요소로는 b, m, t, s로 분류를 한다.

다음 단계에서는 입력 요소와 출력 요소들 간의 관계를 정의하는 진리표를 작성한다. 이 진리표에는 입력 요소의 각각의 입력 조합에 대한 각 출력 요소의 값을 표시한다. 표 2.5는 이 예를 위한 진리표이다. 입력 요소 즉, 입력 논리변수(w, k, a)의 수가 3개이기 때문에 입력 조합은 8개이며, 각 입력 조합에 대한 출력(b, m, t, s)의 값을 표시하고 있다. 이때 각 입력 조합에 대한 출력의 값은 설계자의 설계 의도에 따라 결정이 된다. 예를 들어, 입력 조합이 0,0,0인 경우인 경우는 '주말이 아니며, 날씨도 좋지않고 자동차도 없는' 상황을 의미하며, 이때 출력 b의 값은 '해변에 가지 않는다'는 의미를 갖는 0이 되어야 한다. 이처럼 각 출력의 값은 주어진 문제에 따라 설계자가 결정을 해서 진리표를 작성한다.

Table 2.5: 상황에 따른 할 일 결정을 위한 진리표

입력요소			출력요소			
w	k	a	b	m	t	s
0	0	0	0	0	0	1
0	0	1	0	0	0	1
0	1	0	0	0	0	1
0	1	1	0	0	0	1
1	0	0	0	0	1	0
1	0	1	0	1	0	0
1	1	0	1	0	0	0
1	1	1	1	0	0	0

진리표를 작성한 후에는 앞서 설명한 간략화를 통해 각각의 출력을 위한 부울함수를 결정한다. 표 2.5의 진리표를 이용하여 결정한 부울함수는 다음과 같다. 이 예제는 4개의 출력이

있으므로 각 출력(b, m, t, s)을 위한 부울함수가 결정이 되어야 한다.

$$
\begin{aligned}
b &= wka' + wka = wk \\
m &= wk'a \\
t &= wk'a' \\
s &= w'k'a' + w'k'a + w'ka' + w'ka \\
&= w'k'(a' + a) + w'k(a' + a) \\
&= w'k' + w'k \\
&= w'(k' + k) \\
&= w'
\end{aligned}
$$

각 출력을 위한 부울함수가 결정이 되면 마지막 단계로 조합 논리회로를 작성하는 것이다.

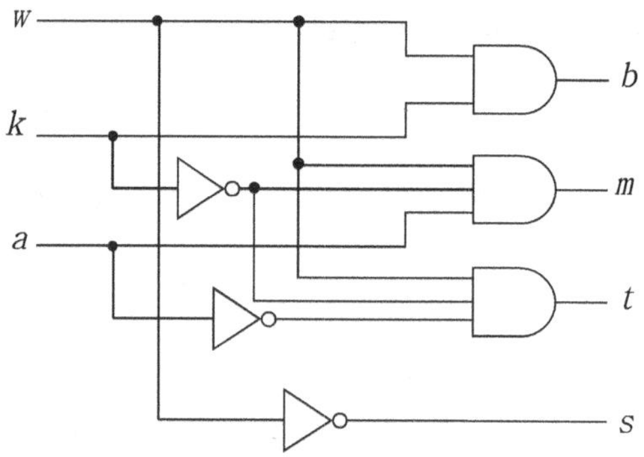

그림 2.11: 상황에 따른 할 일 결정을 위한 논리회로

2.5.2 반가산기

컴퓨터에서 수행하는 기본적인 연산은 덧셈이다. 덧셈의 가장 기본적인 단위는 두 개의 이원적 요소를 덧셈하는 것이다. 하나의 이원적 요소는 0 또는 1의 값으로 표현이 되기 때문에 이진수(binary digit) 또는 비트(bit)라고 한다. 즉, 한 비트로는 두 가지 정보 중에 한 가지를 표현할 수 있다. 두 개의 비트를 덧셈하는 가장 기본적인 조합 논리회로는 반가산기(half-adder, HA)이다.

반가산기의 입력은 덧셈을 하려는 두 비트가 되며 덧셈을 한 결과는 합(sum, S)과 캐리(carry, C)라고 불리우는 두 개의 출력이다. 표 2.6은 반가산기를 위한 진리표를 나타낸 것이다. 반가산기의 입력 논리변수는 x, y이며, 출력은 C, S이다. 출력은 입력된 두 비트의 값을 덧셈한 결과로 결정된다. 예를 들어, 반가산기의 입력이 1, 1 이라면, 이 두 비트를 덧셈한 결과는 $1 + 1 = 10$이다. 덧셈 결과 10에서 1은 다음 단으로 넘겨지는 자리 올림수(carry)이며, 0은 두 비트를 덧셈한 합이 된다.

Table 2.6: 반가산기의 진리표

x	y	C	S
0	0	0	0
0	1	0	1
1	0	0	1
1	1	1	0

반가산기는 두 개의 입력과 두 개의 출력을 갖는 조합 논리회로이기 때문에 이 논리회로의 출력은 두 개의 부울함수를 이용하여 표현될 수 있다. 출력을 위한 부울함수는 표 2.6를 이용하여 결정되며, 필요하다면 앞서 설명한 간략화 단계를 수행한다. 반가산기를 위한 두 개의 부울함수는 다음과 같다.

$$
\begin{aligned}
S &= x'y + xy' \\
&= (x + y)(x' + y') \\
&= x \oplus y \\
C &= xy
\end{aligned}
$$

반가산기를 위한 두 개의 부울함수가 결정이 되면 이를 이용하여 논리회로를 작성할 수 있다. 그림 2.12은 반가산기를 구현한 논리회로를 나타낸 것이다.

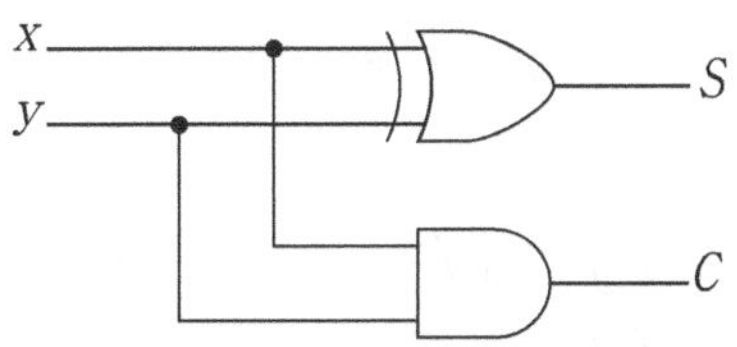

그림 2.12: 반가산기를 구현한 조합 논리회로

2.5.3 전가산기

전가산기(full adder, FA)는 세 비트를 덧셈하여 두 개의 출력을 갖는 논리회로이다. 세 비트의 덧셈이 필요한 이유는 두 비트의 덧셈에 하위 단계에서 덧셈하여 전달되는 자리올림 수 즉, 캐리를 포함해야 하기 때문이다. 전가산기의 두 출력은 반가산기의 출력과 같은 의미를 갖는 캐리(C)와 합(S)이다. 세 비트의 입력 x, y, z와 두 비트의 출력 C, S를 갖는 조합 논리회로인 전가산기의 동작을 표현하는 진리표는 표 2.7에 나타내 었다.

Table 2.7: 전가산기의 진리표

x	y	z	C	S
0	0	0	0	0
0	0	1	0	1
0	1	0	0	1
0	1	1	1	0
1	0	0	0	1
1	0	1	1	0
1	1	0	1	0
1	1	1	1	1

진리표를 이용하여 C, S 출력을 표현하는 부울함수를 작성하여야 한다. 이때 2.4 절에서 서술한 간략화 과정을 적용할 수 있다. 다음은 두 출력을 위한 부울함수를 나타낸 것이다.

$$
\begin{aligned}
S &= x'y'z + x'yz' + xy'z' + xyz \\
&= \left(x'y' + xy\right)z + \left(x'y + xy'\right)z' \\
&= (x \odot y)\,z + (x \oplus y)\,z' \\
&= x \oplus y \oplus z \\
C &= x'yz + xy'z + xyz' + xyz \\
&= \left(x'y + xy'\right)z + xy\left(z' + z\right) \\
&= (x \oplus y)\,z + xy
\end{aligned}
$$

그림 2.13은 위에서 도출된 부울함수를 이용하여 작성한 전가산기를 위한 논리회로를 나타낸 것이다.

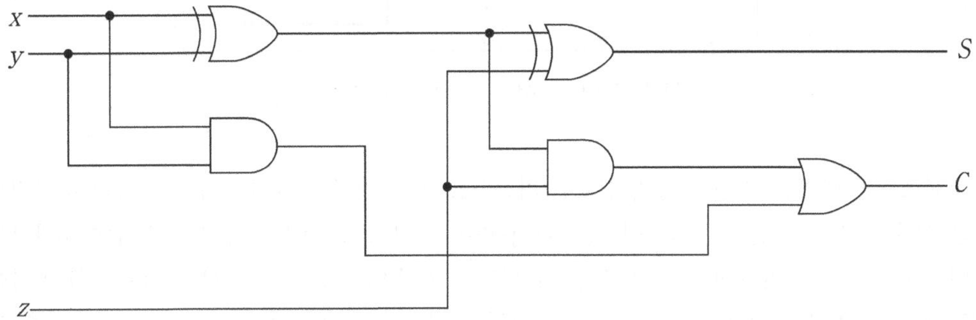

그림 2.13: 전가산기를 구현한 조합 논리회로

2.6 순서 논리회로

조합 논리회로는 논리회로의 입력 값에 따라 출력이 결정이 된다. 즉 조합 논리회로는 이전의 논리회로 상태와 상관없이 동일한 입력 값에 대해 동일한 출력을 하는 논리회로이다. 하지만 많은 논리회로에서는 출력 값을 결정할 때 입력 값 뿐만 아니라 이전의 상태를 결합한다. 이때 논리회로의 상태는 이원적 요소 즉, 비트 또는 비트들의 조합으로 표현된다. 입력 값과 더불어 논리회로의 현재 상태가 출력 값 및 다음 상태 결정에 사용되는 논리회로를 순서 논리회로라고 한다.

출력 및 다음 상태 결정을 위해 현재 상태를 사용하기 때문에 순서 논리회로는 상태를 저장할 수 있는 요소를 포함하여야 한다. 그림 2.14는 순서 논리회로를 나타내고 있다. 순서 논리회로의 기억소자는 논리회로의 상태를 저장하는 요소이며, 상태 저장을 위해 2.6.1 절에서 설명할 플립플롭을 이용한다. 순서 논리회로를 구성하고 있는 구성 요소 중의 하나가 조합 논리회로이다. 이 논리회로는 외부 입력과 기억소자에서 저장하고 있는 현재 상태를 입력으로 사용하며, 이를 이용하여 출력을 결정한다. 이 논리회로의 출력은 외부 출력과 다음 상태 저장을 위한 기억소자 입력으로 사용된다.

순서 논리회로의 다음 상태는 외부 입력과 현재 상태에 따라 변경됨을 앞서 설명을 하였다. 다음 상태 결정 요인의 변화에 따라 기억소자가 다음 상태를 기억하는 시점에 따라 순서 논리회로는 동기형(synchronous)과 비동기형(asynchronous)으로 나눌 수 있다. 동기형 순서

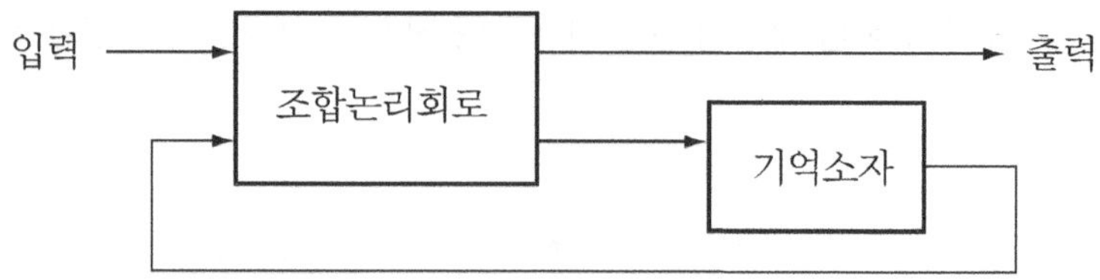

그림 2.14: 순서 논리회로의 블록도

논리회로는 클럭 펄스와 같은 동기 신호를 기준으로 외부 입력과 현재 상태를 이용하여 결정된 다음 상태로 전환을 한다. 클록 펄스(clock pulse)는 그림 2.15에 나타낸 것과 같이 0과 1의 상태를 주기적으로 반복하는 신호이며, 이 신호를 기준으로 동기형 순서 논리회로의 동작을 맞춘다. 클록 펄스를 이용한 동기화 시점으로는 보통 상승 모서리(risig edge) 또는 하강 모서리(falling edge)를 많이 사용을 한다. 상승 모서리는 클록 펄스의 값이 0에서 1로 전환되는 순간을 의미하며, 하강 모서리는 1에서 0으로 전환되는 순간을 의미한다. 만약 상승 모서리를 동기화 시점으로 사용하는 순서 논리회로는 그 시점에 논리회로의 외부 입력과 내부 상태에 따라 다음 상태로 전환을 한다. 따라서 같은 동기 신호를 사용하는 순서 논리회로들은 동일한 시점에 각각 다음 상태로 전환을 하여 논리회로의 각종 동작들을 동기화한다. 반면 비동기형 순서 논리회로는 외부 입력 값의 변경이 다음 상태로의 전환을 이룬다.

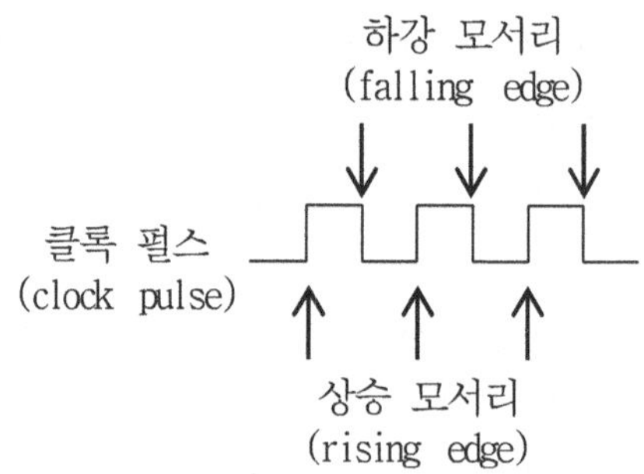

그림 2.15: 클록 펄스의 예

2.6.1 플립플롭

플립플롭(flip-flop)은 두 가지 상태 중 하나를 저장하는 것으로 순서 논리회로에서 상태를 저장하는 기억소자로서 사용된다. 플립플롭이 저장하는 두 가지 상태는 0과 1이며, 플립플롭의 입력과 현재 저장하고 있는 상태에 따라 다음 상태를 0 또는 1로 전환을 한다. 플립플롭의 입력에 따라 다음 상태를 결정하는 방법에 따라 플립플롭은 네 가지 종류가 있다.

RS-래치와 RS-플립플롭

RS-플립플롭은 두 개의 입력 S(Set), R(Reset)과 두 개의 출력 Q, Q'을 가지는 요소이다. 출력 Q는 플립플롭이 저장하고 있는 현재 상태의 값을 출력하며, 출력 Q'는 출력 Q의 보수값 즉, 반대값을 출력하는 것이다. 따라서 플립플롭의 상태가 0이라는 것은 이 플립플롭의 출력 Q과 Q'의 값이 각각 0, 1이라는 의미이다. 이 플립플롭은 두 개의 입력 외에 제 3의 입력을 갖는데 이것은 동작의 동기화를 위한 클록 펄스이다. 반면 클록 펄스 입력이 없어 입력의 변화에 따라 상태를 전환하는 비동기적 동작을 수행하는 것을 RS-래치(RS-latch)라고 한다. 클록펄스 동기화를 제외 여부를 제외한 RS-플립플롭과 RS-래치의동작은 동일하다.

표 2.8는 RS-래치를 위한 동작을 나타낸 특성표(characteristic table)이다. 특성표는 입력 조합에 대해 플립플롭 또는 래치의 다음 상태를 표로 표현한 것으로 플립플롭 또는 래치의 기능을 표시한 것이다. 두 개의 입력 S, R이 각각 0 또는 1의 값을 가질 수 있기 때문에 입력 조합은 00, 01, 10, 11과 같이 네 가지가 된다. 특성표에서 Q(t+1)은 S와 R 입력에 따른 다음 상태를 나타낸 것이며, Q(t)는 현재 상태를 의미한다. 상태 즉, 플립플롭의 또는 래치의 출력 Q를 표현하기 위한 Q(t+1)과 Q(t)는 시간적 전, 후 관계를 나타낸 것이다. Q(t)는 현재의 상태(출력)을 의미하며, Q(t+1)은 다음의 상태(출력)을 의미한다. 예를 들어, RS-래치의 입력 S, R의 값이 각각 0, 0인 경우에 다음 상태 Q(t+1)이 Q(t)라는 것은 현재 상태와 다음 상태가 같다는 의미로써 현재 상태를 유지한다는 것이다. 입력 S, R이 각각 1, 0인 경우에 다음 상태 Q(t+1)이 1이 라는 것은 현재 상태와 상관없이 래치의 다음 상태를 1로 전환한다는 의미이다. 입력 S, R이 각각 0, 1인 경우에 다음 상태가 0이라는 것은 래치의 다음 상태를 0으로 전환한다는 의미이다. RS-래치의 두 입력 S, R의 값이 모두 1인 경우는 허용되지 않는 입력 조합이다.

Table 2.8: RS-래치의 특성표

S	R	Q(t+1)	비고
0	0	Q(t)	유지
0	1	0	리셋(reset)
1	0	1	셋(set)
1	1	-	금지

그림 2.16는 RS-래치의 논리회로와 심볼을 나타낸 것이다. 이 RS-래치의 R 또는 S 입력 값이 변경되면 래치의 다음 상태 즉, 출력이 변경된다. 이처럼 입력 값이 변경되는 시점에 출력 값이 변경되는 것을 비동기적 동작이라고 한다. 복잡한 순서 논리회로에서 각 기억소자들이 비동기적 동작을 한다면 각 기억소자의 상태 전이를 제어하기 어렵다. 따라서 앞서 기술한 클록 펄스를 이용하여 각 기억소자들이 같은 시점에 상태 전이를 하는 동기적 동작이 요구된다.

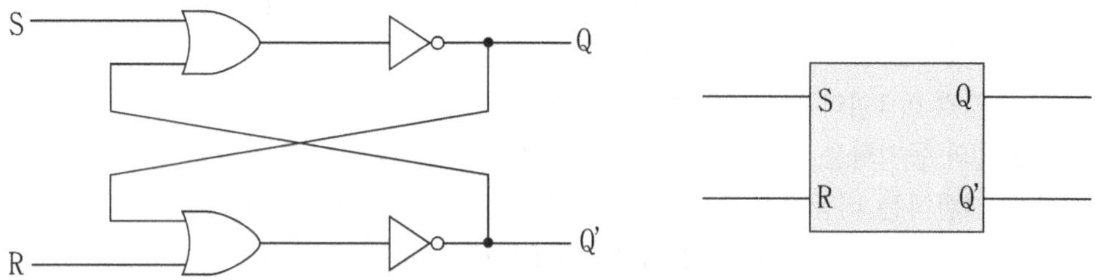

(a) 회로도 (b) 심볼

그림 2.16: RS-래치의 논리회로 및 심볼

RS-래치에 동기적 동작을 구현하기 위해 몇 개의 게이트를 추가한 것을 RS-플립플롭이라고 한다. 그림 2.17은 동기적 동작을 수행하는 RS-플립플롭을 나타낸 것이다. 동기적 동작을 위해 RS-플립플롭은 제 3의 입력인 클록 펄스를 이용한다. 예를 들어, 클록 펄스의 상승 모서리에서 동작을 동기화 한다고 가정하자. 이때 RS-플립플롭은 클록 펄스의 값이 0에서 1로 전환되는 시점에 표 2.9에 나타낸 것과 같이 입력 R, S의 값에 따라 다음 상태 즉, 출력 Q를 결정한다.

표 2.9에서는 동기화 시점인 상승 모서리를 ↑로 표시를 하였다. 동기화 시점이 아닌 경우에 RS-플립플롭은 현재 상태를 유지하며, 이때 두 입력 R, S의 값은 플립플롭의 상태에 영향을 주지 못하기 때문에 ×로 표시를 하였다. 반면 동기화 시점인 경우이면 RS-플립플롭은 두 입력 R, S의 값에 따라 다음 상태를 결정한다. 이 경우에 RS-플립플롭의 동작 방법은 RS-래치의 동작과 같다.

D-래치와 D-플립플롭

D-래치와 D-플립플롭은 앞에서 설명한 래치와 플립플롭과 같이 각각 비동기적, 동기적 동작을 수행하는 논리회로이며, 한 개의 입력 D와 두 개의 출력 Q, Q'를 가진다. D-플립플롭은 동작의 동기화를 위한 클록 펄스 입력인 clk를 추가로 포함하고 있다. 그림 2.18은 RS-래치를

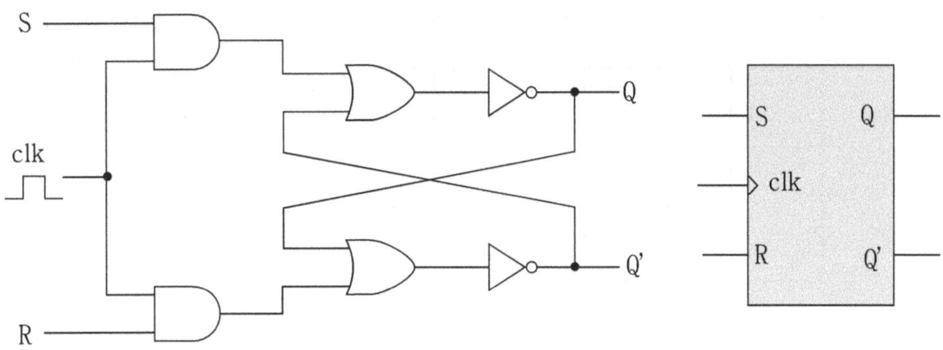

(a) 회로도 (b) 심볼

그림 2.17: RS-플립플롭의 논리회로 및 심볼

이용하여 D-래치 구현한 것과 심볼을 나타낸 것이다. D-래치는 RS-래치의 두 입력 R, S가 모두 1의 값이 되는 것을 방지하기 위해 인버터를 사용하였다.

표 2.10은 입력 값에 따른 D-래치의 동작을 표현한 특성표이다. 입력 D의 값이 0이면 다음 상태로서 0으로 전이하며, 1이면 1로 전이하는 특성을 가지고 있다. 입력된 값을 다음 상태 즉, 출력 값으로 한다는 것은 D-래치가 입력 D의 값을 저장하기 위해 사용될 수 있음을 의미한다. 그러나 입력 값이 변경될 때마다 래치에 저장되는 비트 데이터가 변경되기 때문에 비트 데이터를 저장하는 시점을 제어하기가 어렵다. 따라서 그림 2.18에 나타낸 D-래치는 입력 D의 값을 저장하기에 적절하지 않다고 할 수 있다.

그림 2.19은 동기적 동작을 하는 D-플립플롭을 나타낸 것이다. 이 플립플롭은 D-래치와 동일하게 입력 D의 값을 저장할 수 있지만, 클록 펄스 입력을 이용하여 저장되는 시점을 제

Table 2.9: RS-플립플롭의 특성표

S	R	clk	Q(t+1)	비고
0	0	↑	Q(t)	유지
0	1	↑	0	리셋(reset)
1	0	↑	1	셋(set)
1	1	-	-	금지
×	×	↑ 이외	Q(t)	유지

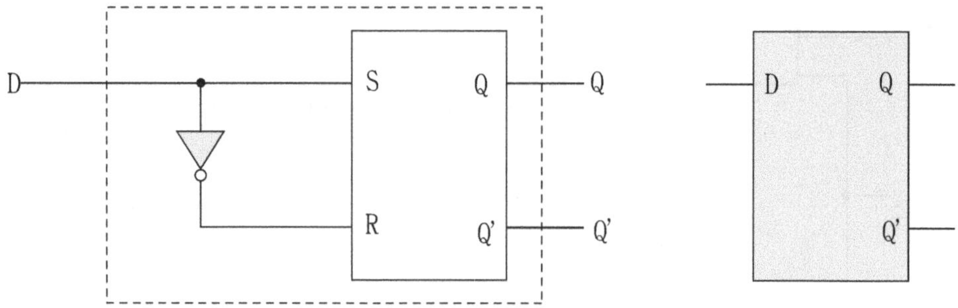

(a) 회로도 (b) 심볼

그림 2.18: D-래치의 논리회로 및 심볼

어할 수 있다. 클록펄스 입력 C의 값이 하강 모서리인 경우에 첫 번째 RS-플립플롭(FF_1)은 클록펄스 입력 clk가 상승 모서리가 되기 때문에 외부 입력 D의 값을 플립플롭에 저장을 한다. 이때 두 번째 RS-플립플롭(FF_2)은 clk 입력이 하강 모서리이기 때문에 현재 저장하고 있는 값을 유지한다. 그후 클록펄스 입력 C의 값이 상승 모서리가 되는 시점에 첫 번째 RS-플립플롭의 clk 입력은 하강 모서리가 되기 때문에 직적에 입력 D의 값을 유지한다. 하지만 두 번째 RS-플립플롭의 clk 입력은 상승 모서리가 되므로 첫 번째 플립플롭이 저장하고 있는 값 즉, 출력 값을 입력으로 사용하여 그 값을 플립플롭에 저장을 한다. 따라서 D-플립플롭은 입력 D에서 표현되는 한 개의 논리값을 저장할 수 있어 1 비트 정보를 저장한다고 할 수 있다. 이러한 특성을 이용하여 D-플립플롭은 컴퓨터에서 처리할 비트 정보를 임시 저장하기 위해 사용된다
.

표 2.11는 D-플립플롭의 특성표를 나타낸 것이다. 플립플롭의 동기화를 위한 입력 C는 입력 D의 값을 저장하는 시점을 결정하기 때문에 제어 입력으로 사용할 수 있다. 입력 C의 값이 상승 모서리이면 입력 D의 값을 플립플롭이 저장을 하며, 그렇지 않은 경우에는 플립플롭이 현재 저장하고 있는 값을 유지한다. 앞서 기술한 것과 같이 플립플롭의 상태, 저장 값, 출력 Q

Table 2.10: D-래치의 특성표

D	Q(t+1)
0	0
1	1

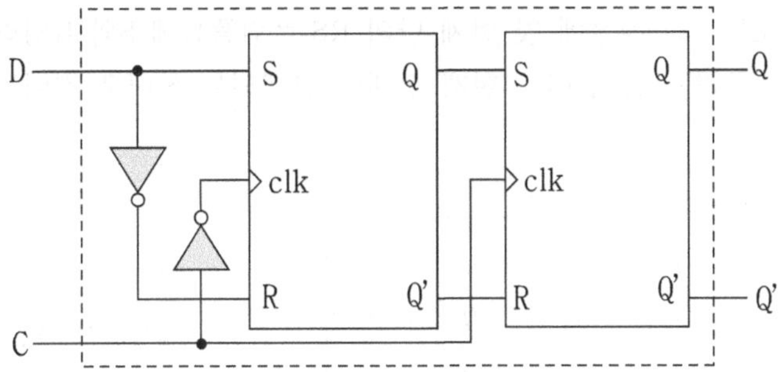

(a) 회로도

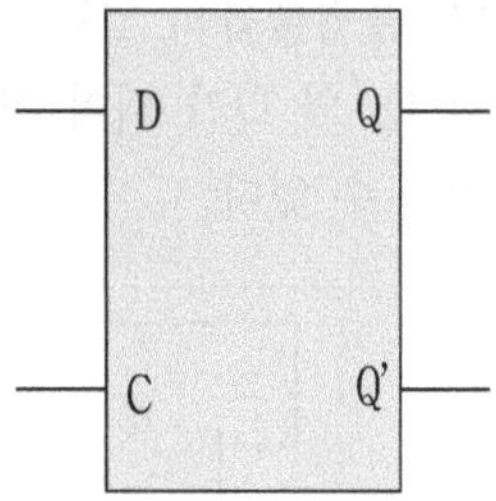

(b) 심볼

그림 2.19: D-플립플롭의 논리회로 및 심볼

는 같은 의미를 갖는 값이다. 즉, 플립플롭의 출력 Q의 값이 1이라며, 이 플립플롭은 한 개의 비트 값 1을 저장하고 있는 것이며, 또한 플립플롭의 현재 상태가 이원적 요소 중의 하나인 1의 상태임을 의미한다. 이 처럼 D-플립플롭이 외부의 비트 정보를 저장하기 때문에 데이터 플립플롭이라고도 한다.

Table 2.11: D-플립플롭의 특성표

D	C	Q(t+1)
×	↑ 이외	Q(t)
0	↑	0
1	↑	1

JK-플립플롭

JK-플립플롭은 RS-플립플롭과 동일하게 두 개의 입력 J, K, 동기 신호를 위한 clk 입력 및 두 개의 출력 Q, Q'을 갖는다. RS-플립플롭의 경우 두 입력이 모두 1이 되는 조합은 허용되지 않았지만 JK-플립플롭은 이 경우에 다음 상태를 현재 상태와 반대되는 상태로 전이한다. 표 2.12은 입력에 대한 JK-플립플롭의 동작을 나타낸 특성표이다. JK-플립플롭의 입력 J, K의 값이 1, 1인 경우에 다음 상태 $Q(t+)$가 $Q(t)'$인 것은 현재 상태와 반대되는 상태로 전이함을 나타내고 있다. 즉, 현재 상태가 0이라며 다음 상태는 1로 전이됨을 의미한다.

그림 2.20은 JK-플립플롭의 블록도와 심볼을 나타내고 있다. 전체적인 논리회로가 RS-플립플롭과 비슷하지만 두 입력 모두가 1이 되는 경우도 동작할 수 있도록 되어 있음을 알 수

있다. 플립플롭의 입력 J, K가 모두 1인 경우에 첫 번째 단의 RS-플립플롭에 S와 R입력은 각각 Q ′와 Q가 되어 JK-플립플롭의 다음 상태는 현재 상태와 반대되는 상태로 전이됨을 확인할 수 있다.

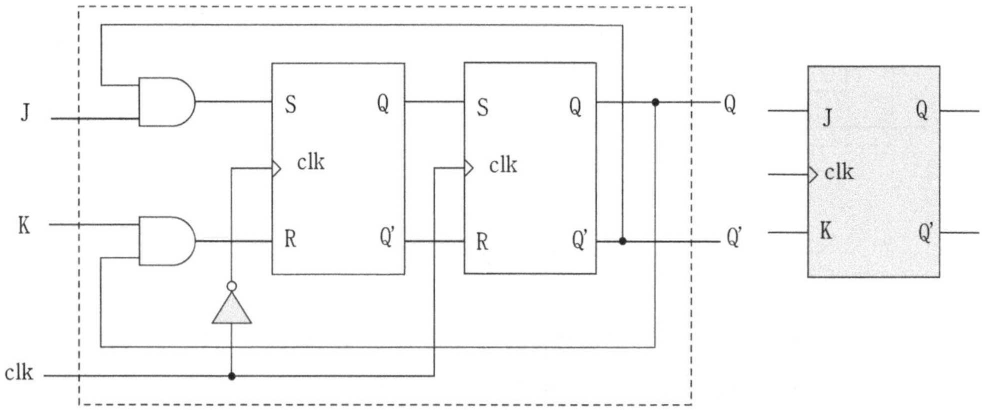

(a) 회로도 (b) 심볼

그림 2.20: JK-플립플롭의 논리회로와 심볼

T-플립플롭은 한 개의 외부 입력 T, 동기화를 위한 입력과 두 개의 출력 Q, Q′을 갖는 플립플롭으로 표 2.13에 특성표를 나타내었다. 입력 T의 값이 0인 경우에 현재 상태를 유지하며, 1인 경우에는 다음 상태는 현재 상태의 반대되는 상태로 전이된다. 입력 값에 따라 상태를 반대 상태로 전이하는 기능으로 인해 토글(toggle) 플립플롭이라고 불리기도 한다.

T-플립플롭을 구현하는 방법 중에는 JK-플립플롭의 두 입력을 연결하여 두 입력이 같은 논리값이 입력되도록 하는 방법이 있다. 그림 2.21은 JK-플립플롭을 이용하여 T-플립플롭을 구현한 것은 나타내고 있다.

Table 2.12: JK-플립플롭의 특성표

J	K	clk	Q(t+1)	비고
0	0	↑	Q(t)	유지
0	1	↑	0	리셋(reset)
1	0	↑	1	셋(set)
1	1	↑	$Q(t)'$	보수
×	×	↑ 이외	Q(t)	유지

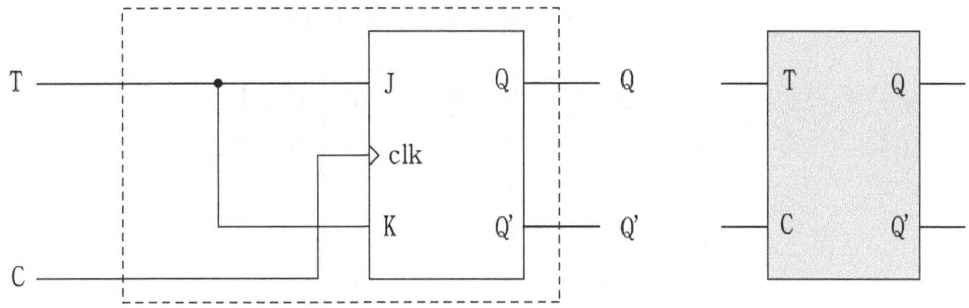

(a) 회로도 (b) 심볼

그림 2.21: JK-플립플롭을 이용한 T-플립플롭 구현 및 심볼

플립플롭의 상태 변화표

앞서 플립플롭의 특성표는 입력에 대한 플립플롭의 다음 상태를 표 형태로 표현한 것이라고 하였다. 이 표를 이용하여 각 플립플롭의 기능을 나타내었다. 순서 논리회로를 설계할 경우에 플립플롭의 현재 상태를 설계 요구에 맞는 다음 상태로 전이할 수 있는 입력 조건을 결정하여야 한다. 즉, 현재 상태에서 전이하고자 하는 다음 상태가 되기 위한 플립플롭의 입력 조합을 정의한 표를 상태 변화표(excitation table)라고 한다.

표 2.14는 네 가지 종류의 플립플롭을 위한 상태 변화표를 나타낸 것이다. 플립플롭의 현재 상태 Q(t)와 다음 상태 Q(t+1)를 위한 조합은 네 가지이다. Q(t)와 Q(t+1)의 값이 각각 0, 0인 경우에는 현재 상태가 0이고 설계 요구에 따른 다음 상태가 0인 경우 즉, 현재 상태를 유지하는 경우를 의미한다. 이들 값이 0, 1인 경우는 현재 상태가 0이고 다음 상태가 1이 되는 경우를 의미한다.

표 2.14에서 Q(t)와 Q(t+1)의 값이 각각 0, 0인 경우는 현재 상태가 0이고 설계 요구에 따른 다음 상태가 0이 되는 것으로 이와 같은 전이가 이루어지기 위한 RS-플립플롭의 입력 S, R의 값은 0, ×이다. 입력 값 ×는 무정의 값으로 이것은 어떤 값이 되어도 그 입력 값이

Table 2.13: T-플립플롭의 특성표

T	C	Q(t+1)
×	↑ 이외	Q(t)
0	↑	Q(t)
1	↑	$Q(t)'$

Table 2.14: 플립플롭의 상태 변화표

Q(t)	Q(t+1)	S	R	J	K	D	T
0	0	0	×	0	×	0	0
0	1	1	0	1	×	1	1
1	0	0	1	×	1	0	1
1	1	×	0	×	0	1	0

플립플롭의 상태 전이에 영향을 주지 못한다는 것을 의미한다. 예를 들어, RS-플립플롭의 현재 상태가 0이고 설계 요구에 따른 다음 상태가 0인 경우를 생각해 보자. 이와 같은 상태 전이를 위해서는 표 2.9의 RS-플립플롭의 특성표에 의하면 '유지' 또는 '리셋'이 되면 된다. '유지'를 위해서는 입력 S, R이 각각 0, 0이 되어야 하며, '리셋'을 위해서는 입력 S, R이 각각 0, 1이 되어야 한다. 이 두 경우를 위한 입력을 보면 입력 S의 값은 0이 되어야 하지만, 입력 R의 값은 0 또는 1 중 어떤 값이 와도 된다. 입력 R의 값이 0이면 '유지' 입력 조합에 따라 플립플롭의 다음 상태가 0이 되며, 1이면 '리셋' 입력 조합에 따라 다음 상태가 0이 된다.

다른 예로서 JK-플립플롭의 현재 상태가 1이고 설계 요구에 따른 다음 상태가 0인 경우를 생각해 보자. 이 플립플롭의 특성표인 표 2.12를 참고하면 현재 상태 1에서 다음 상태 0으로 전이하기 위해서는 '리셋' 또는 '보수'가 되면 된다. '리셋'을 위해서는 입력 J, K의 값이 각각 0, 1이 되어야 하며, '보수'가 되기 위해서는 그 입력이 각각 1, 1이 되어야 한다. 이 두 경우를 위한 입력을 보면 입력 K의 값은 1이고, 입력 J의 값은 0 또는 1 중 어떤 값이 되어도 된다. 즉, 입력 J의 값이 0이면 '리셋' 입력 조합이 되어 플립플롭의 다음 상태가 0이 되며, J의 값이 1이면 '보수' 입력 조합이 되어 역시 플립플롭의 다음 상태가 0이 된다. 상태 변화표의 나머지 경우도 동일한 방법으로 설계 요구에 맞는 상태 전이를 위한 입력 조건을 결정할 수 있다.

2.6.2 순서 논리회로 설계

순서 논리회로를 설계하는 것은 설계 요구에 맞게 논리회로의 상태 전이가 이루어 질 수 있도록 하는 과정이라고 할 수 있다. 따라서 순서 논리회로를 위한 상태, 상태 전이 조건 등을 순서 논리회로 설계 과정 중에 고려해야 한다. 다음은 순서 논리회로를 설계하는 단계를 나타낸 것이다.

1. 설계 요구에 맞는 상태도 작성

2. 상태도를 이용하여 상태표 작성

3. 플립플롭 결정 및 상태 변화표 작성

4. 플립플롭 입력 부울함수 간략화 및 작성

5. 순서 논리회로 작성

다음의 2-비트 이진 카운터를 설계하는 예는 순서 논리회로의 설계 과정을 서술하기 위함 이다. 2-비트 이진 카운터는 다음과 같이 두 개의 비트로 표현되는 이진수를 순서대로 1씩 증가시키는 것이다. '11'에서 1을 증가시키면 '100'이 되어야 하겠지만 설계 대상이 되는 것은 2-비트 카운터이기 때문에 하위 두 개의 비트만을 저장, 사용한다. 따라서 '11'에서 1을 증가시킨 값은 '00'이 된다.

$$00 \rightarrow 01 \rightarrow \cdots \rightarrow 11 \rightarrow 00 \rightarrow \cdots$$

이 카운터를 위한 추각적인 설계 요구 사항은 다음과 같다. 이 카운터는 외부의 입력 x가 있으며, 이 입력의 값이 1이면 앞서 표시한 순서대로 카운트를 하지만, 이 값이 0이면 1이 될 때까지 카운트하는 동작을 멈춘다.

순서 논리회로의 상태도 작성

순서 논리회로 설계의 첫 번째 단계는 위의 설계 요구에 따라 상태도(state diagram)를 작성하는 것이다. 상태도는 순서 논리회로의 상태 전이를 그림으로 나타낸 것으로 상태를 표현하는 원과 상태 전이를 표현하는 화살표로 구성된다. 그림 2.22는 2-비트 이진 카운터를 위한 상태도를 나타낸 것이다. 상태도에서 원은 논리회로의 상태를 나타낸 것으로 각 상태마다 이름을 가질 수 있다. 이 예에서 카운트한 값을 상태로 사용한다면 2-비트 이진 카운터는 네 개의 상태를 가질 수 있으며, 각 상태에서의 값을 상태의 이름으로 사용을 하였다. 화살표는 상태 간의 전이를 표현한 것이며, 화살표 위에 표시된 내용은 그 전이와 관련된 입력과 출력 값이다. 예를 들어, 그림 2.22의 상태 '10'에서 '11'로 전이하는 화살표에 'x=1'이라고 표시가 되어 있다. 이것은 외부 입력 x의 값이 1일 때 상태 '10'에서 '11'로 전이함을 표현한 것이다. 또 외부 입력 x의 값이 0이면 상태 '10'에서 '10'로 전이하는 것은 상태를 유지한다는 것을 표현한 것이다.

상태표 작성

순서 논리회로 설계의 두 번째 단계는 상태도를 바탕으로 상태표(state table)를 작성하는 것이다. 상태표는 논리회로의 현재 상태와 외부 입력 값의 조합에 대한 다음 상태 및 외부

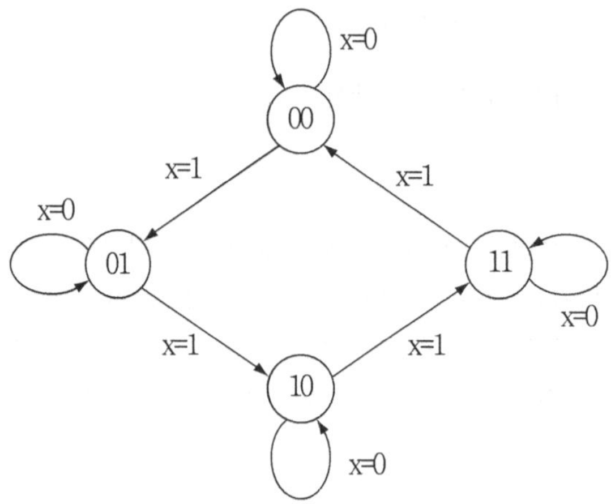

그림 2.22: 2-비트 카운터를 위한 상태도

출력을 표의 형식을 나타낸 것이다. 그림 2.22에서 표현한 상태도를 바탕으로 작성한 2-비트 이진 카운터의 상태표는 표 2.15와 같다. 그림 2.22에서 상태 '00'에서 외부 입력 x의 값이 1인 경우에 '01'로 전이하는 경우의 예를 보자. 현재 상태가 '00'이고 외부 입력 x가 1인 경우에 다음 상태가 '01'이 됨을 의미한다. 앞에서 2-비트 이진 카운터는 두 개의 비트를 저장하고 이를 이용하여 증가시킨다고 하였다. 이때 순서 논리회로에서 저장하고 사용하는 두 개의 비트 즉, 저장하고 있는 상태를 각각 A, B라고 이름을 붙이자. 그러면, 현재 상태 A, B(0,0)와

Table 2.15: 2-비트 이진 카운터의 상태표

현재 상태		입력	다음 상태	
A	B	x	A	B
0	0	0	0	0
0	0	1	0	1
0	1	0	0	1
0	1	1	1	0
1	0	0	1	0
1	0	1	1	1
1	1	0	1	1
1	1	1	0	0

외부 입력 x(1)에 의해 다음 상태 A, B(0,1)가 결정이 된다. 이와 같은 방법으로 2-비트 이진 카운터를 위한 현재 상태와 외부 입력의 조합에 따른 다음 상태를 이용하여 상태표를 작성할 수 있다.

상태 변화표 작성

세 번째 단계로는 설계에 사용할 플립플롭과 설계 요구를 충족시킬 수 있도록 상태 변화표를 상태표에 추가하는 것이다. 앞서 플립플롭은 1 비트의 이진 정보를 저장할 수 있다고 하였다. 2-비트 이진 카운터는 두 비트를 저장해야 하기 때문에 두 개의 플립플롭을 사용하여야 한다. 즉, 앞에서 'A'라고 표시한 비트를 저장할 플립플롭과 'B'라고 표시한 비트를 저장할 플립플롭이 필요하다. 사용하는 플립플롭의 종류에 따라 설계가 완료된 논리회로의 복잡도가 다소 다를 수 있다. 이 예에서는 JK-플립플롭을 사용하는 것으로 가정한다. 앞의 38의 표 2.14에 표시한 JK-플립플롭의 상태 변화표를 참고하여 표 2.15에 표시한 상태표에 상태 변화표를 추가한 것을 표 2.16에 나타내었다. 이때 J_A와 K_A는 'A'라고 표시한 비트를 저장하는 JK-플립플롭의 입력 J, K를 의미하며, J_B와 K_B는 'B'라고 표시한 비트를 저장하는 JK-플립플롭의 입력 J, K를 의미한다.

Table 2.16: 2-비트 이진 카운터의 JK-플립플롭을 이용한 상태 변화표

현재 상태		입력	다음 상태		플립플롭 입력조건			
A	B	x	A	B	J_A	K_A	J_B	K_B
0	0	0	0	0	0	×	0	×
0	0	1	0	1	0	×	1	×
0	1	0	0	1	0	×	×	0
0	1	1	1	0	1	×	×	1
1	0	0	1	0	×	0	0	×
1	0	1	1	1	×	0	1	×
1	1	0	1	1	×	0	×	0
1	1	1	0	0	×	1	×	1

플립플롭 입력 부울함수 작성 및 논리회로 작성

순서 논리회로 설계를 위한 다음 단계는 플립플롭 입력 조건을 위한 부울 함수를 작성하는 것이다. 즉, 논리회로의 현재 상태 A, B와 외부 입력 x의 조합에 따라 두 플립플롭의 입력 J_A, K_A, J_B, K_B를 위한 부울함수를 작성하는 것이다. 이때 앞서 다룬 바 있는 간략화 방법을 활용하여 부울함수를 간단하게 할 필요가 있다. 그림 2.23은 두 플립플롭의 각 입력을 위한 부울함수를 맵을 이용하여 간략화한 것은 나타낸 것이다.

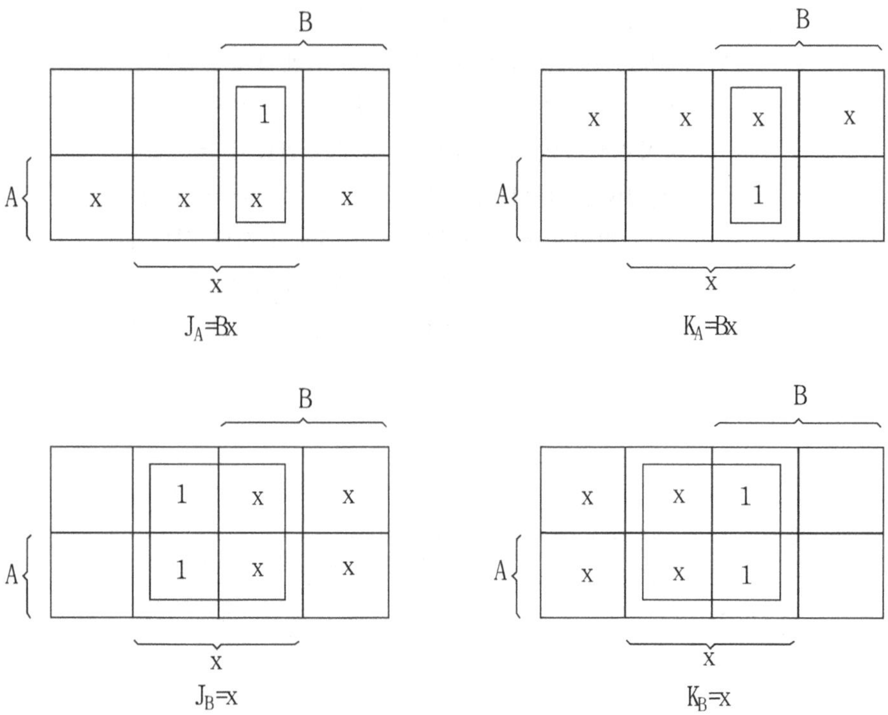

그림 2.23: 2-비트 이진 카운터를 위한 JK-플립플롭 입력 부울함수

순서 논리회로 설계의 마지막 단계는 플립플롭의 입력을 위한 부울 함수를 바탕으로 하여 논리회로를 작성하는 것이다. 그림 2.24는 앞서 기술한 설계 요구 사항을 만족하는 2-비트 이진 카운터를 구현한 논리회로를 나타낸 것이다.

2.7 디지털 컴포넌트

여러 논리회로 설계에서 공통적으로 사용되는 논리회로들이 있다. 이러한 논리회로들을 IC로 구성한 것이 디지털 컴포넌트이다. 디지털 컴포넌트를 논리회로 설계에 사용함으로써 게이트간 상호 접속의 수를 감소시키고 외부 구성요소들 사이의 배선을 최소화시킬 뿐만 아니라 논리회로 설계 시간 단축시킬 수 있다. 대표적인 디지털 컴포넌트로는 덧셈기, 뺄셈기, 비교기(comparator), 해독기(decoder), 부호기(encoder), 멀티플렉서(multiplexer) 등이 있다.

2.7.1 디코더

디코더(decoder) 또는 해독기는 n의 입력과 2^n개의 출력을 갖는 조합 논리회로로서 n 비트의 2진 정보를 해독하여 2^n개의 출력 중 입력된 정보에 대응하는 한 개에 1을 출력하고 나머지는 0이 출력된다. 그림 2.25는 2개의 입력과 $4(=2^2)$개의 출력을 갖는 2×4 디코더의 논리회로와 심볼을 나타낸 것이다. 입력 A, B의 값에 따라 D_0에서 D_3까지의 출력 중에 한 개의 출력으로만 1이 출력되고, 나머지 출력은 모두 0이 출력된다.

표 2.17은 2×4 디코더의 진리표를 나타내고 있다. 이 진리표를 보면 디코더의 각 출력은

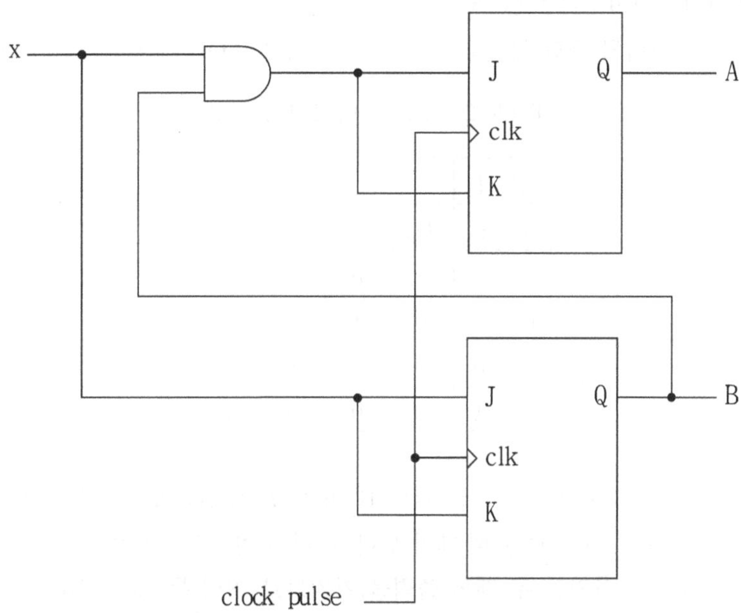

그림 2.24: 2-비트 이진 카운터 논리회로

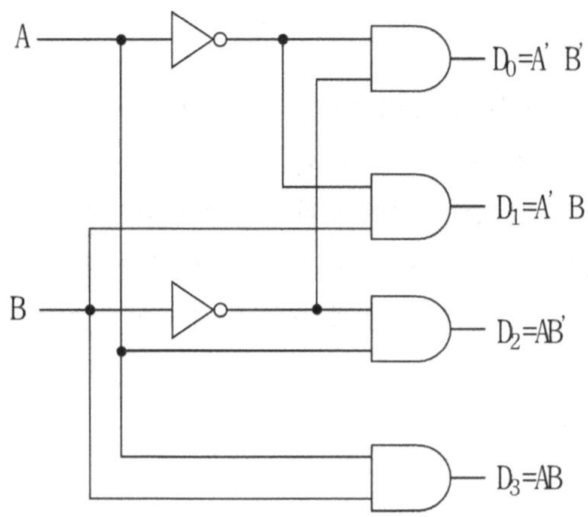

(a) 회로도

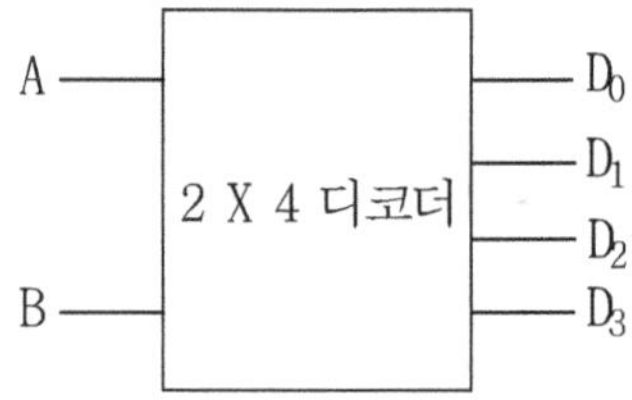

(b) 심볼

그림 2.25: 2×4 디코더

입력 조합에 대응하는 최소항임을 알 수 있다. 첫번째 출력 D_0를 위한 부울식은 $A'B'$이며, 이것은 입력 A, B의 값이 모두 0일 때를 위한 최소항이다. 출력 D_1, D_2, D_3은 입력 (A,B)의 값이 각각 (0,1), (1,0), (1,1)일 때의 최소항이 된다. 따라서 두 개의 입력을 갖는 조합 논리회로는 2×4 디코더와 조합 논리회로 출력의 수 이하의 OR 게이트들로 구현할 수 있다.

Table 2.17: 2×4 디코더 진리표

입 력		출 력			
A	B	D_0	D_1	D_2	D_3
0	0	1	0	0	0
0	1	0	1	0	0
1	0	0	0	1	0
1	1	0	0	0	1

예를 들어 27쪽의 2.6에 반가산기를 위한 진리표가 있다. 반가산기는 두 개의 입력을 가지므로 두 입력에 대한 최소항은 모두 네 개가 된다. 따라서 반가산기는 2×4 디코더를 이용하여 구현될 수 있다. 또 반가산기는 두 개의 출력을 가지므로 최대 두 개의 OR 게이트를 이용하여 각각 출력 C와 S를 생성할 수 있다. 출력 S는 두 번째와 세 번째 최소항을 OR 게이트로 연결하면 되고, 출력 C는 네 번째 최소항만 이용하기 때문에 OR 게이트가 필요하지 않다.

따라서 디코더와 한 개의 OR 게이트를 이용하여 반가산기를 구현할 수 있다. 그림 2.26는 2×4 디코더를 이용하여 반가산기를 구현한 논리회로이다.

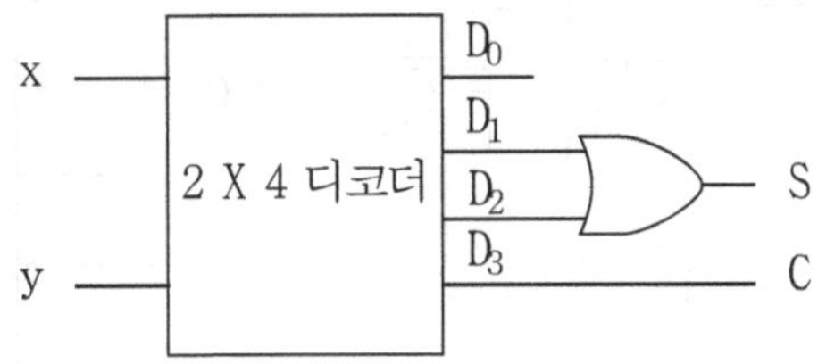

그림 2.26: 2×4 디코더를 이용한 반가산기 구현

2.7.2 인코더

인코더(encoder) 또는 부호기는 2^n개의 입력과 n개의 출력을 갖는 조합 논리회로로서 2^n 개의 입력에 대응하는 n 비트의 2진 정보를 출력한다. 기능적으로는 디코더와 반대의 기능을 갖는다.

Table 2.18: 4×2 인코더 진리표

입 력				출 력	
D_0	D_1	D_2	D_3	A	B
1	0	0	0	0	0
0	1	0	0	0	1
0	0	1	0	1	0
0	0	0	1	1	1

2.7.3 멀티플렉서

멀티플렉서(multiplexer)는 2^n개의 입력 중에서 한 개를 선택하여 한 개의 출력으로 전송하는 논리회로이다. 멀티플렉서가 2^n개의 입력 중에서 한 개를 선택하기 위해 n개의 선택 신호가 필요하다. 그림 2.27은 4×1 멀티플렉서의 논리회로와 심볼을 나타낸 것이다. 네 개의 입력 D_0, D_1, D_2, D_3 중에서 한 개를 선택하기 위해 두 개의 선택 신호 S_1, S_0이 필요하며, 이 신호에 의해 선택된 입력의 값이 출력 Q로 전달된다.

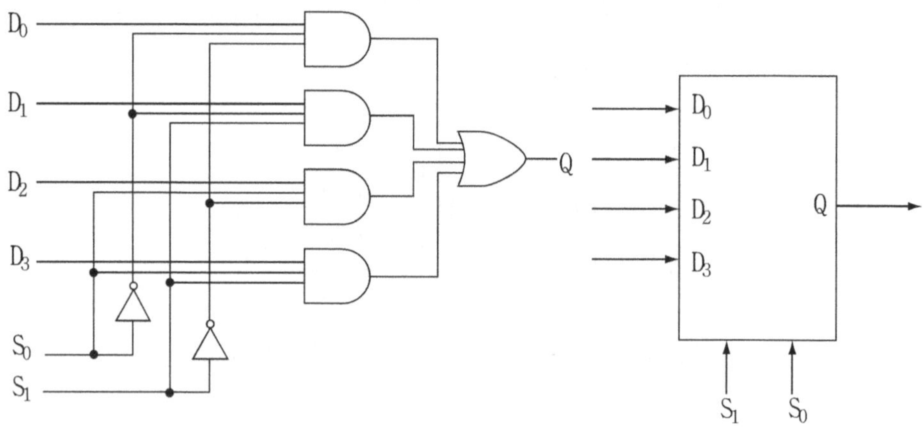

(a) 회로도 (b) 심볼

그림 2.27: 4×1 멀티플렉서의 논리회로와 심볼

선택 신호의 수 n과 입력의 수 2^n은 $n = \log_2 2^n$와 같은 관계를 가지고 있다. 만약 입력의 수가 여덟 개($8 = 2^3$)라면 선택 신호의 수는 세 개($== \log_2 8 = \log_2 2^3$)가 되어야 한다. 4×1 멀티플렉서는 네 개의 입력 중 한 개를 선택하기 위한 선택 신호의 수는 앞서 보인 것과 같이 두($= \log_2 4 = \log_2 2^2$) 개이다. 이때 선택 신호 S_1, S_0로 조합할 수 있는 선택 조합은 모두 네가지($=2^2$) 이며 각각에 조합에 대한 멀티플렉서의 동작은 표 2.19와 같다. 선택 신호 S_1, S_0의 값이 0,0인 경우에 멀티플렉서는 첫번째 입력 D_0을 통해 입력된 값을 출력으로 전달한다. 이때 입력 D_0의 값이 0이라며 멀티플렉서의 출력은 0이 되며, 1이라면 1이 출력된다.

Table 2.19: 4×1 멀티플렉서의 동작

선택신호		출력 Q
S_1	S_0	
0	0	D_0
0	1	D_1
1	0	D_2
1	1	D_3

2.7.4 디멀티플렉서

디멀티플렉서(demultiplexer)는 멀티플렉서의 기능과 반대로 한 개의 입력 값을 2^n 개의 출력 중 하나를 선택하여 출력한다. 입력된 값을 전달할 출력을 결정하기 위해 n개의 선택 신호가 필요하다. 그림 2.28은 1×4 디멀티플렉서를 나타낸 것이다. 입력 I는 출력 $D_0 \sim D_3$ 중에서 선택 신호 S_1, S_0에 의해 선택된 출력으로 전달된다.

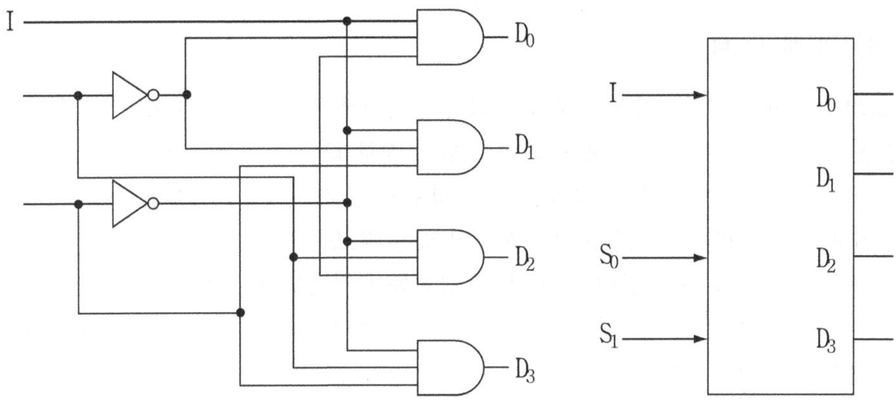

(a) 회로도 (b) 심볼

그림 2.28: 1×4 디멀티플렉서의 논리회로 및 심볼

표 2.20은 4×1 디멀티플렉서의 기능을 나타낸 것이다. 선택 신호 S_1, S_0의 값이 0, 0인 경우에 D_0의 출력 값이 I인 것은 입력 I의 값이 출력된다는 의미이다.

Table 2.20: 4×1 디멀티플렉서의 기능

선택 신호		선택된 출력 신호			
S_1	S_2	D_0	D_1	D_2	D_3
0	0	I	0	0	0
0	1	0	I	0	0
1	0	0	0	I	0
1	1	0	0	0	I

2.7.5 레지스터

레지스터는 n 비트의 이진 데이터를 임시 저장하는 고속의 저장 요소이다. 앞서 플립플롭은 1 비트의 정보(상태)를 저장하는 기능을 가지고 있어 그림 2.14에 표현한 순서 논리회로의 저장요소로서 사용이 된다고 하였다. 정보를 저장하는 플립플롭과 플립플롭의 동작을 제어하는 논리회로를 포함하고 있어 정보의 저장 및 접근을 용이하도록 구성한 것이 레지스터이다. 따라서 n 비트 레지스터는 n개의 레지스터와 제어 논리회로로 구성되어 있다.

저장 기능의 레지스터

그림 2.29은 2-비트 레지스터의 구조를 간략하게 나타낸 것이다. 이 레지스터는 두 개의 JK-플립플롭이 2-비트 정보를 저장하며, 2-비트 입력 정보 D_1, D_0의 저장 여부는 제어 입력 LD에 의해 결정된다. 제어 입력 LD의 값이 0인 경우에 두 개의 JK-플립플롭의 입력으로 0, 0이 전달되기 때문에 현재 각 플립플롭이 저장하고 있는 정보를 유지한다. 제어 입력 LD의 값이 1인 경우에는 입력 D_1, D_0의 값이 각각 JK-플립플롭에 전달되어 그 값이 저장됨을 알 수 있다. 이 2-비트 레지스터는 2-비트 정보 저장을 위해 두 개의 플립플롭과 동작 제어를 위한 여섯 개의 게이트로 구성되어 있다.

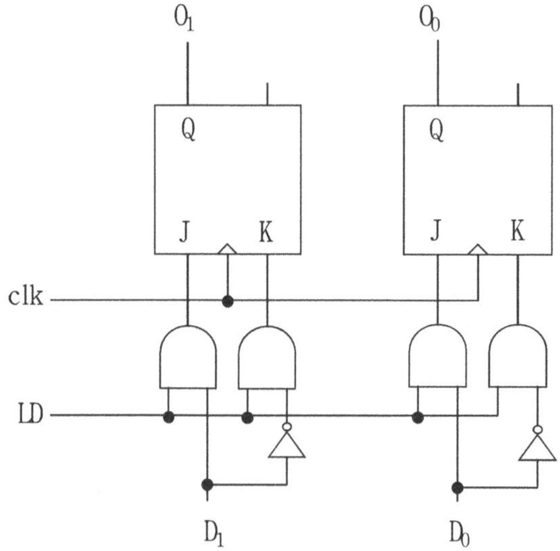

그림 2.29: 2-비트 레지스터의 블록 다이어그램

그림 2.30은 레지스터 표현을 위한 블록도를 나타낸 것이다. 그림 2.30(a)는 레지스터의

이름과 외부 제어선을 표기한 것으로, 레지스터의 길이는 알 수 없다. 2.30(b)는 레지스터를 구성하고 있는 각 비트들을 표기한 것으로 레지스터의 길이가 N 비트이고, 가장 오른쪽 비트가 비트-N이라는 정보를 포함하고 있다. 2.30(c)는 상대적으로 간단한 블록도이지만 레지스터의 이름, 레지스터의 길이 및 비트의 순서를 표현하고 있다. 즉, 가장 오른쪽 비트가 비트-0임을 표기하고 있다. 2.30(d)는 레지스터의 길이, 비트의 순서뿐만 아니라 레지스터를 필드(field)로 구분하고 있음을 나타내고 있다. 즉, 레지스터의 14, 15번 비트는 'OP'라는 이름의 필드로 구분되어 사용되고, 0번 비트부터 13번 비트까지는 'ADDR'이라는 필드로 구분되어 사용됨을 표현하고 있다.

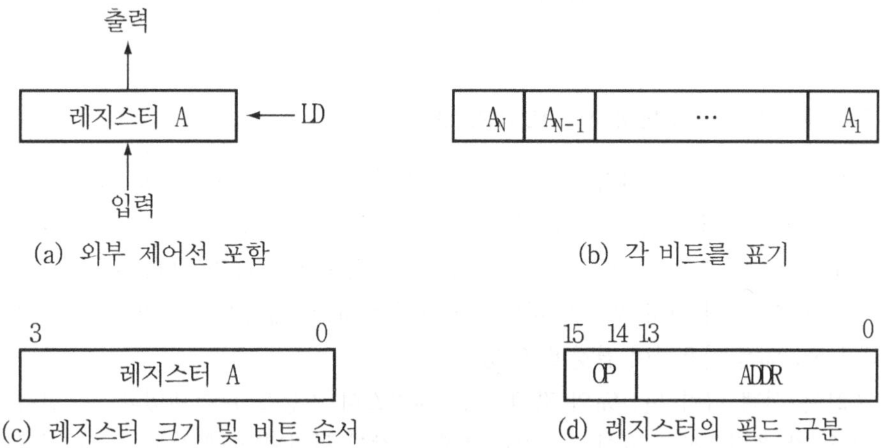

그림 2.30: 레지스터의 블록도

시프트 레지스터

저장된 데이터를 대상으로 비트 단위로 왼쪽 또는 오른쪽으로 이동시키는 기능을 갖는 레지스터를 시프트 레지스터(shift register)라고 한다. 그림 2.31은 4-비트 오른쪽 시프트 레지스터의 블록도이다. 클록 펄스와 같은 동기화 신호에 의해 동기화될 때마다 각 플립플롭의 출력은 오른쪽에 있는 플립플롭으로 전달이 된다. 즉, 이 레지스터는 플립플롭 D_3가 저장하고 있는 비트 정보는 플립플롭 D_2에 전달되며, 동시에 플립플롭 D_2가 저장하고 있는 비트 정보는 그 오른쪽에 있는 플립플롭 D_1에게 전달이 되는 것과 같이 동작을 한다. 이때 가장 왼쪽의 플립플롭 D_3는 외부에서 입력되는 비트 정보를 저장을 하며, 가장 오른쪽의 플립플롭 D_0이 저장하고 있던 정보는 외부로 출력이 된다. 이 경우에 네 번의 클록펄스에 의해 4-비트 시프트 레지스터의 값을 완전히 교체할 수 있다.

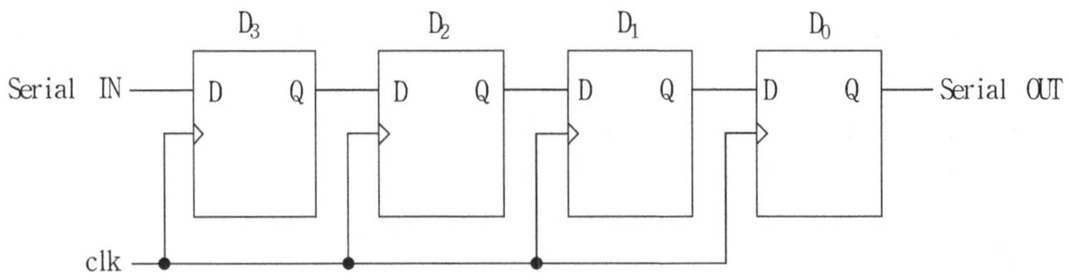

그림 2.31: 4-비트 오른쪽 시프트 레지스터

병렬 적재 기능을 가진 양방향 시프트 레지스터

그림 2.29와 2.31에서 보인 레지스터는 그 기능이 단순하여 여러 목적으로 활용하는 것이 어렵다. 보통의 경우n-비트 레지스터는 병렬 적재 및 출력, 양방향 시프트 기능 등을 포함하고 있다. 그림 2.32은 병렬 적재 기능을 가진 4-비트 양방향 시프트 레지스터를 나타내고 있다. 이 레지스터의 비트 A_0가 가장 오른쪽 비트라고 가정을 하고, 레지스터의 기능은 멀티플렉서의 선택 입력 S_1, S_0를 이용하여 결정할 수 있다.

표 2.21는 선택 입력 S_1, S_0의 값에 따른 레지스터 기능을 나타내었다. 이 입력의 값이 0, 0인 경우 각 플립플롭은 자신이 저장하고 있는 값이 입력되기 때문에 각 플립플롭이 현재 저장하고 있는 값을 유지하는 효과를 갖는다. 선택 입력의 값이 0, 1인 경우에는 멀티플렉서의 '1'번 입력이 플립플롭에게 전달된다. 멀티플렉서의 '1'번 입력은 왼쪽의 플립플롭이 저장하고 있는 값이기 때문에 각 비트의 값이 오른쪽으로 이동하는 오른쪽 시프트의 효과를 이룰 수 있다. 예를 들어, 비트 A_2의 값이 비트 A_1으로 전달된다. 이 경우에 가장 왼쪽 비트를 저장하는 A_3는 외부에서 입력되는 데이터(Serial In)의 값을 저장하게 된다. 선택 입력의 값이 1, 0인 경우에는 멀티플렉서의 '2'번 입력이 플립플롭에게 전달되어 각 비트들이 왼쪽으로 시프트한다. 마지막 선택 입력인 1, 1의 경우는 4-비트의 입력($D_3 \sim D_0$)이 각 플립플롭에 전달되어 저장되는 병렬 적재(prallel load) 기능을 수행한다.

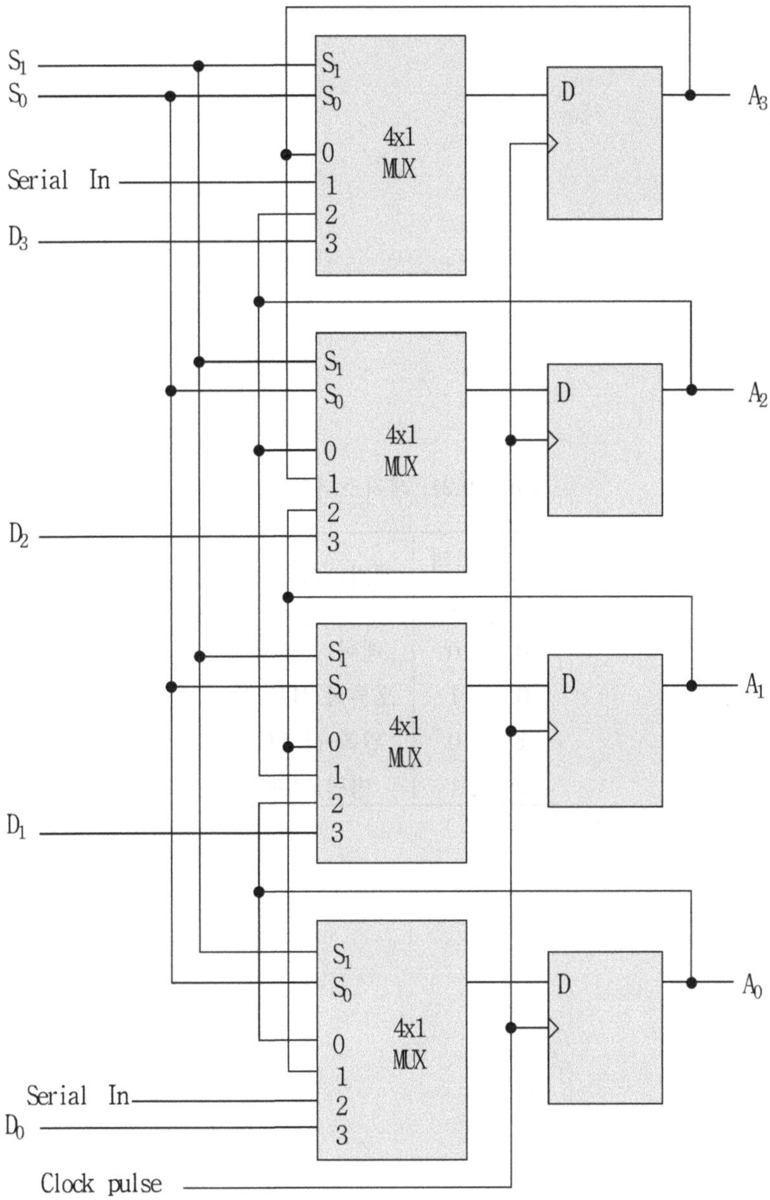

그림 2.32: 병렬 적재 기능을 가진 4-비트 양방향 시프트 레지스터

Table 2.21: 레지스터의 기능

기능 선택		레지스터 기능
S_1	S_0	
0	0	데이터 유지
0	1	오른쪽 시프트
1	0	왼쪽 시프트
1	1	병렬 적재

연습문제

1. 다음 함수식을 OR게이트와 인버터만을 사용하여 논리도를 구현하라.

    a) $F = x'y' + x'z + y'z$

    b) $F = (y + z')(x + y)(y' + z)$

2. 다음과 같은 진리표에서 부울함수 F를 구하라.

x y z	F
0 0 0	1
0 0 1	1
0 1 0	1
0 1 1	0
1 0 0	1
1 0 1	0
1 1 0	1
1 1 1	1

3. 다음 상황에 대한 부울함수식과 논리도를 구하라.
"나는 평일이면 학교에 간다. 국경일에는 태극기를 계양한다. 또한 국경일이 아닌 휴일에는 날씨가 맑고, 자동차가 있으면 해변에 가지만 자동차가 없으면 등산을 한다."

4. 다음 부울함수식을 간략화하라.

    a) $F(x, y, z) = \sum(4, 5, 6, 7)$

    b) $F(x, y, z) = \sum(1, 3, 5, 7)$

    c) $F(x, y, z) = \sum(0, 2, 3, 4, 6)$

    d) $F(w, x, y, z) = \sum(0, 1, 5, 6, 9, 10, 11, 14, 15)$

e) $F(w,x,y,z) = \sum(2,3,10,11,12,13,14,15)$

5. 다음 부울함수식을 간략화하라.

a) $F = w'z + xz + z'y + wx'z$

b) $F = wxy + yz + xy'z + x'y$

c) $F = AB'C + B'C'D + BCD + ACD' + A'B'C + A'BC'D$

6. 다음 부울함수식을 POS와 SOP방식으로 간략화 하라.

a) $F(A,B,C,D) = \sum(0,1,2,3,4,8,9,12)$

b) $F(A,B,C,D) = \sum(0,2,5,6,7,8,10)$

c) $F(A,B,C,D) = \prod(1,3,5,7,13,14,15)$

d) $F(A,B,C,D) = \prod(0,1,2,3,4,8,14,15)$

7. 무정의 조건을 가진 다음 함수식을 간략화 하라.

a) $F(a,b,c) = \sum(0,1,2,4,5)$
$d(a,b,c) = \sum(3,6,7)$

b) $F(w,x,y,z) = \sum(3,4,13,15)$
$d(w,x,y,z) = \sum(1,2,6,8,10,14)$

8. 3개비트의 입력을 제곱하여 6개비트의 출력을 하는 조합논리회로를 설계하라.

9. 4비트 BCD 코드를 4비트 그레이 코드로 변환하는 조합논리회로를 설계하라.

10. 4비트 입력요소를 기준으로 짝수 패리티 및 홀수 패리티 비트를 생성하는 조합논리회로를 설계하라.

11. 3비트 계수기를 JK, D, T 플립플롭으로 각각 설계하라.

12. 다음과 같은 조건을 가진 두 개의 플립플롭과 1개의 외부입력을 가지는 순서논리회로를 T 플립플롭과 D 플립플롭으로 각각 설계하시오. 단, 외부입력이 1이면 플립플롭의 출력이 00, 01, 10을 반복하고, 외부입력이 0이면 11, 10, 01을 반복한다.

13. 000~101 까지를 반복하는 계수기를 T 플립플롭과 D 플립플롭으로 각각 설계하라.(단, 110과 111은 조건 무관항임)

14. 3개의 D 플립플롭 A, B, C 로 구성된 순서논리회로가 하나의 입력 x를 가진다. 이 플립플롭의 입력함수는 다음과 같다.

    $DA = (BC' + B'C)x + (BC + B'C')x'$

    $DB = A$

    $DC = B$

    a) 회로의 상태표를 작성하라.
    b) x=0, x=1의 각각에 대한 상태표를 작성하라.

Chapter 3

데이터 표현과 기본 연산

Chapter 3

데이터 표현과 기본 연산

컴퓨터의 기본 기능은 데이터 처리에 있다. 인간이 사용하는 데이터는 수, 문자, 문자열, 이미지 데이터와 같은 바이트(byte)들의 집합 등 다양한 종류가 있다. 이러한 데이터들을 7 쪽의 그림 1.4에서 나타낸 저장된 프로그램 모델의 컴퓨터에서 처리하려고 할 경우에 각 데이터들은 주기억장치에 저장되고, 중앙처리장치에서 처리될 수 있는 형태로 표현되어야 한다. 이 장에서는 데이터의 종류따라 컴퓨터에서 표현되는 방법과 기본적 산술과정에 대하여 알아본다.

3.1 데이터 종류

컴퓨터에서 저장, 처리되는 데이터는 산술연산을 위한 수, 데이터의 처리와 논리연산을 위한 영숫자, 특수 목적에 쓰이는 특수 문자 등 다양한 종류로 분류될 수 있다. 이러한 데이터들은 데이터를 표현하는 방법에 따라 수치적 데이터와 비수치적 데이터로 구분이 되며, 각각 디지털 컴퓨터에서 저장되고, 처리될 수 있는 형태로 표현되어야 한다. 앞서 3 쪽의 1.1절에서 컴퓨터는 디지털 신호, 즉 이산값으로 표현된 데이터를 처리한다고 정의한 바가 있다. 즉, 컴퓨터에서 저장, 처리해야 하는 각종 데이터는 0과 1로 표현되는 이산값으로 표현되어야 함을 의미한다. 따라서 인간이 컴퓨터를 이용하여 저장, 처리하려고 하는 데이터는 0과 1의 조합으로 표현되어야 한다.

3.1.1 진법

컴퓨터에 의해 저장, 처리되는 데이터의 종류가 다양하여도 가장 기본적인 데이터는 수(number)이다. 따라서 수를 표현하는 방법과 그것을 이용하여 연산하는 방법은 명확히 정의되어야 한다. 수를 표현하는 다양한 방법들 중에서 우리(컴퓨터를 포함하여)는 일반적으로 r-진법을 이용하여 수를 표현한다. r-진법의 수 체계에서는 0 ~ (r-1) 범위의 숫자를 나열하고, 나열된 각 숫자의 위치에 따라 그 숫자가 의미하는 크기가 다른 체계를 이용하여 수를 표현한다. 즉, 숫자와 그 숫자의 위치에 따른 가중값(weight)을 조합하여 수의 크기를 표현하다. 이러한 수 체계를 사용하는 대표적인 수 표현 방법은 10진법과 2진법이다.

10진법은 0부터 9사이의 숫자를 나열함으로써 수를 표현하고 있으며, 각 숫자의 위치를 위한 가중값은 소수점을 기준으로 정해 진다. 그림 3.1은 10진법으로 수를 표현하는 예를 나타낸 것이다. 소수점 기준 왼쪽에 있는 i번째 위치의 숫자 d_i를 위한 가중값은 10^i이 된다. 따라서 이 숫자가 표현하고자 하는 값의 크기는 숫자와 그 가중값을 곱한 $d_i \times 10^i$이 된다. 따라서 10진법을 사용하여 표현한 '222'은 모두 같은 숫자인 2를 사용하였지만 각 숫자의 위치에 따라 그 가중치가 달라 그림에서 표현한 것과 같이 '이백 이십 이일'의 크기를 가지며, 밑줄로 표시한 것은 각 숫자의 가중치이다. 이때 가장 오른쪽에 있는 숫자의 가중치는 일($1=10^0$)이 맞지만 읽을 때는 생략을 한다. 이처럼 10진법을 이용하여 수를 표현한 것을 십진수(decimal number)라고 하고, '10'을 기수(radix)라고 한다.

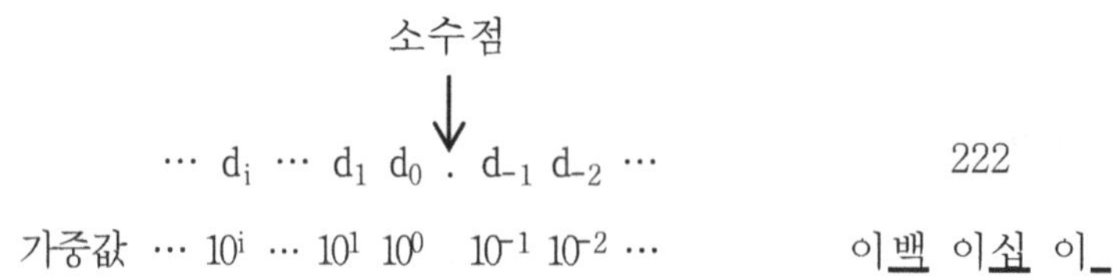

그림 3.1: 10진법의 예

2진법은 숫자 0과 1을 나열함으로써 수를 표현하고 있으며, 각 숫자를 위한 가중값은 10진법의 경우와 마찬가지로 소수점을 기준으로한 위치에 따라 정해 진다. 그림 3.2은 2진법으로 수를 표현하는 예를 나타낸 것이다. 소수점 기준 왼쪽에 있는 i번째 위치의 숫자 b_i를 위한 가중값은 2^i이 된다. 따라서 이 숫자가 표현하고자 하는 값의 크기는 숫자와 그 가중값을 곱한 $b_i \times b^i$이 된다. 2진법에 따라 수를 표현한 것을 이진수(binary number)라고 하며, 2진법의 기수는 '2'가 된다. 이진수가 표현하려는 값의 크기는 수를 표현하는 각 숫자가 표현하는 값의 합이 된다. 예를 들어, 이진수 1101_2가 표현하고자 하는 값의 크기를 우리가 사용하는 십진수로 표현하면 다음과 같다.

$$
\begin{aligned}
& 1 \times 2^3 + 1 \times 2^2 + 0 \times 2^1 + 1 \times 2^0 \\
=& 13
\end{aligned}
$$

8진법은 숫자 0부터 7사이의 숫자를 나열함으로써 수를 표현하고 있으며, 각 숫자를 위한 가중값은 소수점을 기준으로한 위치에 따라 정해 진다. 소수점 기준 왼쪽에 있는 i번째 위치의 숫자를 위한 가중값은 8^i이 되며, 그 숫자가 표현하고자 하는 값의 크기는 가중값을 곱한 값이 된다. 16진법은 0부터 9사이의 숫자와 A, B, C, D, E, F를 나열함으로써 수를 표현하고 있다. 16진법에서 사용하는 열한 번째 숫자는 11이 아니라 'A'이며, 11은 $1 \times 16^1 + 1 \times 16^0$의 크기를 갖는 값이다. 8진법과 16진법을 이용하여 표현된 수를 각각 팔진수(octal number), 십육진수 (hexadecimal number)라고 하며, 각 진법의 기수는 8과 16이 된다.

소수점

↓

$\cdots\ b_i\ \cdots\ b_1\ b_0\ .\ b_{-1}\ b_{-2}\ \cdots$

가중값 $\cdots\ 2^i\ \cdots\ 2^1\ 2^0\quad 2^{-1}\ 2^{-2}\ \cdots$

그림 3.2: 2진법의 예

3.1.2 진법 변환

십진수를 이진수로 변환

컴퓨터에서 2진법을 많이 사용하는 이유는 컴퓨터가 0 또는 1의 비트로 표현된 데이터를 처리하기 때문이다. 따라서 수를 표현하는 대표적인 방법인 십진수도 처리를 위해서는 이진 형태 (binay form)로 변환되어야 한다. 이 절에서는 십진수를 이진수로 변환하는 방법을 설명한다. 그림 3.3은 십진수 14.625를 이진수로 변환하는 것은 나타내었다. 14.625가 십진수임을 표현하기 위해 14.625_{10}과 같이 기수 10을 수 뒤에 아래 첨자로 나타내었다.

십진수를 이진수로 변환하는 방법은 소수점을 기준으로 다르게 적용된다. 소수점의 왼쪽 즉, 정수 부분을 이진수로 변환하는 방법은 다음과 같다. 먼저 정수 부분을 2로 나누었을 때 계산되는 나머지는 보관하고, 몫은 다음 단계의 2로 나누는 동작을 위해 사용한다. 앞서 계산된 몫을 2로 나누며, 이때 계산되는 나머지는 보관하며, 몫은 다시 다음 단계를 위해 사용한다. 이러한 단계를 더 이상 나눌 필요가 없는 즉, 몫이 0이 될 때까지 반복을 한다. 몫이 0이 되어 더 이상 2로 나눌 필요가 없을 때 보관한 나머지를 보관의 역순으로 연결하면 십진 정수를 이진수로 변환한 결과가 된다. 따라서 14.625의 정수 부분인 14_{10}를 이진수로 변환한 결과는 1110_2가 된다.

소수점의 오른쪽 즉, 소수 부분을 이진수로 변환하는 방법은 다음과 같다. 먼저 소수 부분을 2로 곱한 결과에서 정수 부분을 보관하고, 소수 부분은 다음 단계에서 사용한다. 소수 부분을 다시 2로 곱하여 정수 부분은 보관하고, 소수 부분은 다시 다음 단계에서 사용한다. 이러한 단계를 더 이상 곱할 필요가 없는 경우 즉, 소수 부분이 0이 될 때까지 반복을 한다. 더 이상 단계를 반복할 필요가 없을 때 보관한 정수 부분을 순서대로 연결하면 소수 부분을 이진수로 변환한 결과가 된다. 따라서, 14.625의 소수 부분인 $.625_{10}$를 이진수로 변환한 결과는 $.101_2$가 된다. 최종적으로 정수 부분과 소수 부분을 이진수로 변환한 것을 연결하면 십진수를 이진수로 변환한 결과가 된다. 즉, 십진수 14를 이진수로 변환한 1110_2이 .625를 이진수로 변환한 $.101_2$를 연결한 1110.101_2가 십진수 14.625_{10}를 이진수로 변환한 결과이다.

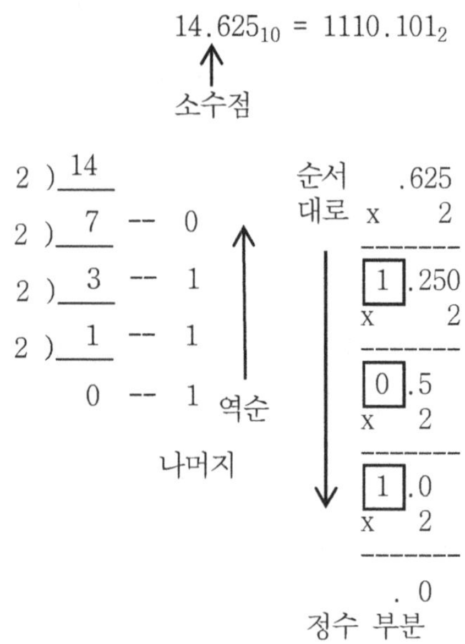

그림 3.3: 십진수를 이진수로 변환하는 방법

십진수를 팔진수, 십육진수로 변환

십진수를 팔진수로 변환하는 방법은 정수 부분을 8로 나누고, 소수 부분을 8로 곱한다는 것만 다를 뿐 이진수로 변환하는 방법과 동일하다. 즉 십진수의 소수점을 기준으로 정수 부분은 8로 반복해서 나누었을 때 계산되는 나머지를 보관하고, 이를 보관 역순으로 연결하여 변환을 한다. 이때 8로 나누었을 때의 나머지는 0부터 7까지의 수가 된다. 소수 부분은 8로 곱했을 때의 결과 값에서 정수 부분을 보관하고, 이를 연결하여 변환을 한다. 그림 3.4은 십진수 14.625_{10}을 팔진수로 변환하는 것을 나타내었다. 변환한 결과는 16.5_8이다.

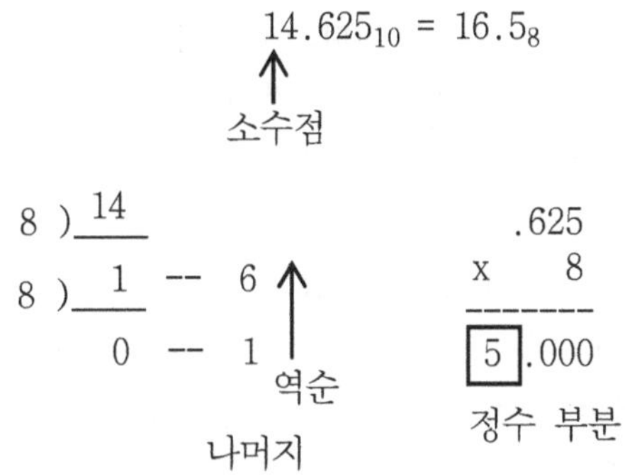

그림 3.4: 십진수를 팔진수로 변환하는 방법

십진수를 십육진수로 변환하는 방법도 정수 부분과 소수 부분을 각각 16으로 나누거나 곱한다는 점만 다르고, 변환 방법은 앞서 설명한 방법과 동일한다. 그림 3.5은 십진수 14.625_{10}을 십육진수로 변환하는 것을 나타내었다. 변환한 결과는 $E.A_{16}$이다.

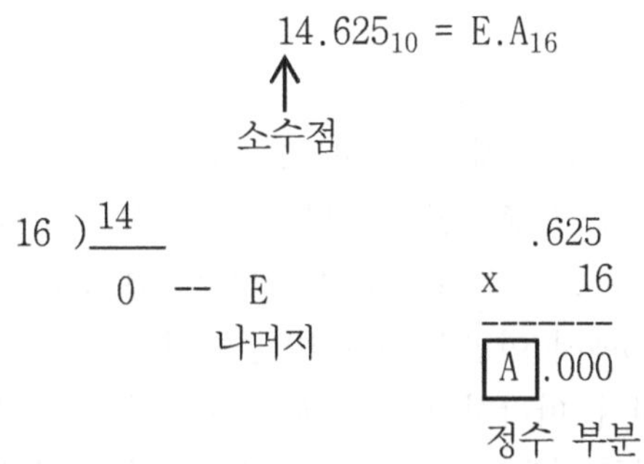

그림 3.5: 십진수를 십육진수로 변환하는 방법

이진수를 팔진수, 십육진수로 변환

컴퓨터가 처리하는 기본적인 데이터 형식이 이진수이다. 이진수를 표현하기 위한 비트의 수가 증가하면 이진수를 직접 사용하기 보다는 팔진수 또는 십육진수를 이용하여 표현하는 것이 더 효과적이다. 즉, 12개의 비트로 구성되는 이진수 101001010111_2를 표현할 때 이진수를 대신하여 십육진수 $A57_{16}$로 표현하는 것이 같은 정보를 나타내지만 더 짧은 형식을 사용하기 때문에 프로그램을 작성하거나 개발자들간에 의사 소통을 할 때 더 효과적으로 사용될 수 있다.

이진수를 팔진수로 변환하는 방법은 소수점을 기준으로 하여 이진수 세 자리씩 묶은 후 각 묶음을 팔진수 한 자리로 변환을 하면 된다. 이때 세 개의 비트를 묶은 이유는 세 비트를 이용하여 여덟 개의 정보를 표현할 수 있는데 각각이 팔진수에서 사용하는 여덟 개의 숫자가 되기 때문이다. 즉, 이진수 000_2는 팔진수 0_8로 변환될 수 있으며, 이진수 111_2는 팔진수 7_8로 변환될 수 있다. 이진수를 십육진수로 변환하는 것도 네 개의 비트를 묶는다는 점을 제외하면 팔진수로 변환하는 것과 동일한 방법을 할 수 있다. 예를 들어, 이진수 0000_2, 0111_2, 1111_2는 각각 십육진수 0_{16}, 7_{16}, F_{16}로 변환될 수 있다. 그림 3.6은 이진수 1110.101_2를 팔진수, 십육진수로 변환한 예를 보인 것이다. 변환한 결과를 보면 그림 3.3, 3.4, 3.5에서 십진수 14.625_{10}를 각각 이진수, 팔진수, 십육진수로 변환한 것과 동일한 값이 됨을 알 수 있다.

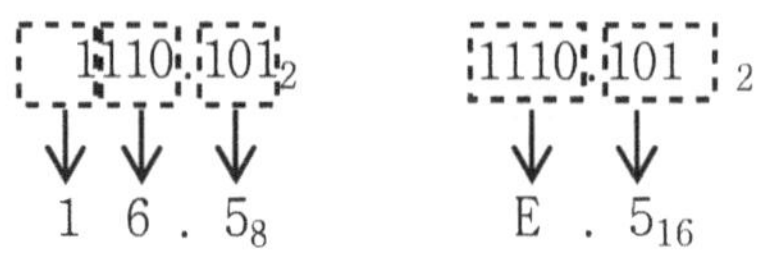

그림 3.6: 이진수를 팔진수와 십육진수로 변환

소수점을 기준으로 세 개 또는 네 개의 비트를 묶을 때 비트의 갯수가 부족할 때에는 0으로 채워서 부족한 비트 수를 보충하여 묶으면 된다. 이때 소수점 왼쪽의 이진수라면 왼쪽 끝부분에 부족한 0을 채우며, 소수점 오른쪽의 이진수라면 오른쪽 끝부분에 부족한 0을 채워서 사용을 한다. 그림 3.6에서 이진수 1110.101_2의 정수 부분을 세 비트씩 묶을 때 왼쪽 끝에 두 개의 비트가 부족하다. 따라서 이 경우에 왼쪽 끝에 두 개의 0을 채워 $\mathbf{00}1110.101_2$를 팔진수로 변환을 한다. 동일한 이유로 1110.101_2를 십육진수로 변환할 때 오른쪽 끝부분에 한 개의 비트가 부족하다. 이때에는 오른쪽 끝부분에 부족한 비트 수 만큼 0을 채워 $1110.101\mathbf{0}_2$을 십육진수로 변환을 하면 된다.

3.2 수치 데이터 표현

수를 표현한 데이터는 컴퓨터를 이용하여 처리하는 다양한 종류의 데이터 중에서도 중요한 데이터 종류라고 할 수 있다. 한 비트는 두가지 정보 중 하나를 표현할 수 있기 때문에 한 개의 비트로 다양한 수를 표현할 수 없다. 따라서 여러 개의 비트를 모아서 수치 데이터를 표현할 수 있다. 예를 들어, 두 개의 비트를 이용하면 네 가지 정보 중의 하나를 표현할 수 있다. 이를 일반화시키면 컴퓨터에서는 n개의 비트를 이용하여 2^n개의 정보 중에서 하나를 표현할 수 있다.

수학 분야에서 수를 분류하는 것과 달리 컴퓨터에서는 수를 주로 정수와 실수로 나누어 표현을 한다. 수학 분야에서 정의하는 다양한 수의 종류들은 정수 또는 실수를 조합하여 표현한다. 예를 들어, 수학 분야의 복소수는 실수 부분과 허수 부분을 표현하는 두 개의 실수를 이용하여 컴퓨터에서 표현한다. 따라서 이 절에서는 컴퓨터에서 정수와 실수를 표현하는 방법에 대해 설명을 한다.

3.2.1 정수 표현

정수(integer)는 소수점이 없는 수를 의미하며 0, 1, 2, -1 등과 같이 표현되는 수이다. 수의 부호를 고려하는 가의 여부에 따라 정수는 부호없는 정수(unsigned integer)와 부호있는 정수 (signed integer)로 나뉜다.

부호없는 정수

부호없는 정수는 부호를 고려하지 않는 정수이며, 0과 이진수로 표현되는 정수를 표현할 수 있다. 일반적으로 부호를 고려하지 않는 정수는 음수가 아니기 때문에 부호없는 정수를 0과 양의 정수(positive integer number)를 표현할 수 있는 정수 표현 방법이라고도 한다. n 비트를 이용하여 표현할 수 있는 부호없는 정수의 범위는 $0 \sim\ (2^n - 1)$이다.

부호없는 정수 표현을 위해 8 비트를 사용한다고 가정을 하자. 8 비트를 이용하여 표현할 수 있는 정보는 00000000_2에서 11111111_2까지 모두 256가지의 정보 중의 하나를 표현할 수 있다. 즉, $0_1$0부터 $255_1$0까지의 부호없는 정수를 표현할 수 있다. 이때 8 비트로 표현된 00001111_2은 표현할 수 있는 256가지 정보 중 하나인 십진수 15_{16}를 표현한 것이다.

부호있는 정수

부호있는 정수는 양수(positive number) 또는 음수(negative number)와 같이 부호를 갖는 정수이며, -99, -1, 0, +1, +100 등과 같은 정수를 의미한다. 부호있는 정수를 표현하기 위한 일반적인 방법은 다음과 같다.

- 부호-크기 표현법(signed magnitude)
- 1의 보수 표현법(signed 1's complement)
- 2의 보수 표현법(signed 2's complement)

부호-크기 표현법은 수를 표현하는 비트 묶음 중에서 가장 왼쪽 비트를 부호를 나타내는 비트로 사용을 하고 나머지 비트를 수의 크기를 표현하기 위해 사용을 한다. 이 방법으로 n개의 비트를 이용하여 부호있는 수를 표현할 때에 가장 왼쪽의 1 비트는 부호를 표현하며, 나머지 $n-1$ 비트는 수의 크기를 표현한다. 부호를 표현하는 한 비트를 부호 비트(sign bit)라고 하며, 그 값이 0이면 양수, 1이면 음수를 의미하는 것이 일반적이다. 나머지 비트들은 수의 크기를 표현하는 것으로 수가 그 크기가 십진수로 표현되어 있다면 앞의 3.1.2에서 기술한 십진수를 이진수로 표현하는 방법을 사용하여 $n-1$ 비트의 이진수로 변환하여 사용을 한다. 변환된 이진수의 비트 수가 $n-1$ 보다 작은 경우에는 왼쪽에 0을 추가하여 $n-1$ 비트로 맞추면 된다. 이처럼 n 비트를 사용하는 부호-크기 표현법은 $-\left(2^{n-1}-1\right) \sim +\left(2^{n-1}-1\right)$ 범위의 부호있는 정수를 표현할 수 있다.

그림 3.7은 8 비트를 이용하여 부호-크기 표현법에 따라 +14와 −14를 표현한 예이다. 두 수의 크기는 모두 14이고 이를 이진수로 변환을 하면 4 비트의 이진수를 얻을 수 있다. 이 이진수를 7 비트로 변환하는 것은 왼쪽에 세 개의 0을 추가함으로써 가능하다. 또 각각 양수와 음수이기 때문에 부호 비트의 값은 각각 0과 1이 된다.

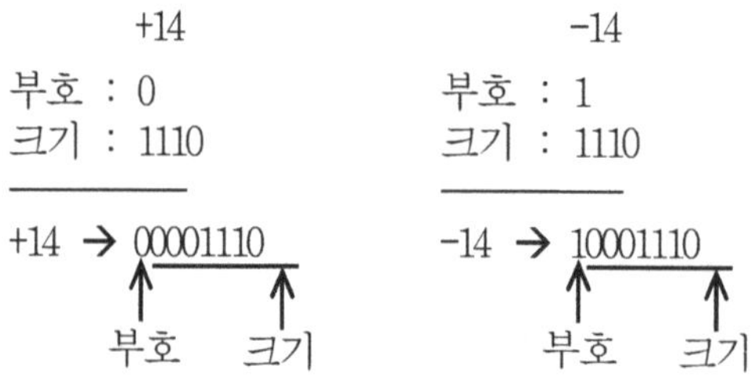

그림 3.7: 부호-크기 표현법의 예

1의 보수 표현법은 부호있는 정수를 n 비트를 이용하여 표현할 때 양수는 십진수를 이진수로 변환하는 방법에 따라 변환하여 사용하면 된다. 그러나 음수는 수의 크기를 n 비트의 이진수로 변환을 한 후 각 비트의 값을 역전시켜서 표현을 한다. 즉, 비트의 값이 0이면 1로, 1이면 0으로 바꾼다. 이 표현법을 사용하여 부호있는 정수를 나타낼 경우에 가장 왼쪽 비트가 부호 비트 역할을 하게 된다. 따라서 n 비트를 사용하는 1의 보수 표현법은 부호를 표현하는 가장 왼쪽 1 비트를 제외한 나머지 $n-1$ 비트를 이용하여 수를 표현한다. 따라서 n 비트를 이용하여 부호있는 정수를 표현할 때 1의 보수 표현법은 $-\left(2^{n-1}-1\right) \sim +\left(2^{n-1}-1\right)$ 범위의 정수를 표현할 수 있다. 이처럼 가장 왼쪽 비트가 부호 비트의 역할을 하기 때문에 1의 보수 표기법은 부호가 있는 1의 보수 표현법이라고도 한다.

그림 3.8은 8 비트를 이용하여 1의 보수 표현법에 따라 +14와 −14를 표현한 예이다. 양의 정수는 십진수를 8 비트의 이진수로 변환하였고, 음의 정수는 그 크기를 8비트의 이진수로 변환한 후 각 비트의 값을 역전시켜 보수 표현을 사용하였다. 부호있는 정수를 이 방법으로 표현한 것은 음수를 표현하는 방법에서 그림 3.7에서의 표현법과 다름을 알 수 있다.

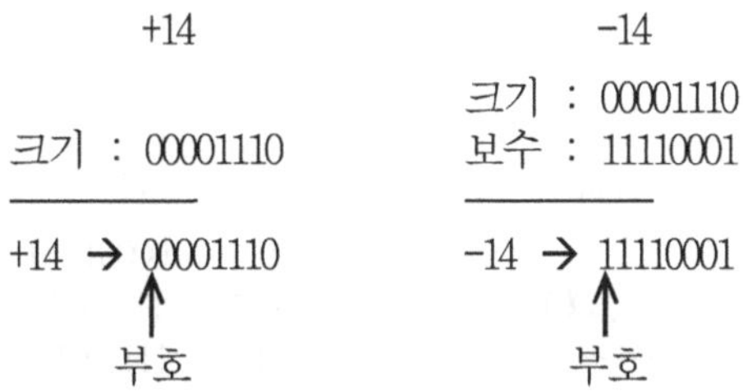

그림 3.8: 1의 보수 표현법의 예

1의 보수 표현법에 따라 표현된 값을 부호있는 정수로 해석하는 방법을 보자. 예를 들어 1의 보수 표현법에 따라 8 비트로 표현된 10000001을 해석하는 방법은 다음과 같다. 먼저 가장 왼쪽 비트의 값이 '1'이기 때문에 이것은 '음수'를 표현하고 있음을 알 수 있다. 따라서 이 값을 다시 한번 더 보수를 취하면 수의 크기를 구할 수 있다. 왜냐하면 음수를 1의 보수 표기법으로 표현할 때 앞서 설명한 것과 같이 수의 크기를 이진수로 변환한 후 보수를 취했기 때문에 이를 다시 보수화하면 원래의 크기를 알 수 있기 때문이다. 따라서 10000001의 보수를 구하면 01111110이며, 이것은 십진수 126이다. 앞의 단계에서 '음수'라는 것은 이미 알고 있기 때문에 10000001는 십진수 −126을 표현한 것이다.

다른 예로 1의 보수 표현법에 따라 8 비트로 표현된 00000001을 해석하는 방법은 다음과 같다. 먼저 가장 왼쪽 비트의 값이 '0'이기 때문에 이것은 '양수'를 표현하고 있음을 알 수 있다.

양수인 경우에는 표현된 비트들을 그대로 십진수로 변환을 하면 그 크기가 십진수 1임을 알 수 있다. 따라서 00000001은 십진수 +1을 표현한 것이다.

2의 보수 표현법은 양수를 표현할 때에는 1의 보수 표기법과 동일한 방법으로 부호있는 정수를 표현할 수 있다. 음수인 경우에 2의 보수 표현법에서는 수의 크기를 n 비트의 이진수로 변환을 한 후 각 비트의 값을 역전시킨 후 1을 덧셈을 하면된다. 이처럼 비트들의 값을 역전시킨 후 1을 더하는 것은 2의 보수를 구하는 것이다. 이 표현법도 가장 왼쪽 비트가 부호 비트 역할을 하게 된다. 2의 보수 표현법은 n 비트를 이용하여 부호있는 정수를 표현할 때 $-2^n \sim +\left(2^{n-1}-1\right)$ 범위의 정수를 표현할 수 있다. 동일한 수의 비트들을 이용할 때 2의 보수 표현법은 표현할 수 있는 수의 범위가 보호-크기 표현법과 1의 보수 표현법보다 한 개가 더 많다.

그림 3.9은 8 비트를 이용하여 2의 보수 표현법을 이용하여 +14와 −14를 표현한 예이다. 양의 정수는 십진수를 8 비트의 이진수로 변환하였고, 음의 정수는 그 크기를 8비트의 이진수로 변환한 후 2의 보수를 구하여 사용하였다. 부호있는 정수를 이 방법으로 표현한 것은 음수를 표현하는 방법에서 그림 3.7 또는 그림 3.8에서 나타낸 부호-크기 표현법 및 1의 보수 표현법과 다름을 알 수 있다.

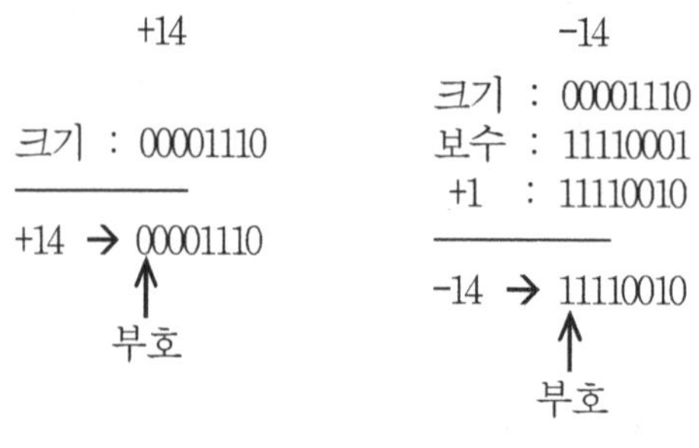

그림 3.9: 2의 보수 표현법의 예

2의 보수 표현법에 따라 표현된 값을 부호있는 정수로 해석하는 방법은 다음과 같다. 예를 들어 2의 보수 표현법에 따라 8 비트로 표현된 10000001을 해석하는 방법은 다음과 같다. 먼저 가장 왼쪽 비트의 값이 '1'이기 때문에 이것은 '음수'를 표현하고 있음을 알 수 있다. 따라서 이 값의 2의 보수를 구하면 수의 크기를 구할 수 있다. 왜냐하면 음수를 2의 보수 표기법으로 표현할 때 앞서 설명한 것과 같이 수의 크기를 2의 보수를 취했기 때문에 이를 다시 2의 보수화하면 원래의 크기를 알 수 있기 때문이다. 따라서 10000001의 보수를 구하면 01111111이며, 이것은 십진수 127이다. 앞의 단계에서 '음수'라는 것은 이미 알고 있기 때문에 10000001는 십진수 -127을 표현한 것이다.

다른 예로 2의 보수 표현법에 따라 8 비트로 표현된 00000001을 해석하는 방법은 1의 보수 표현법과 동일하게 해석할 수 있다. 즉 가장 왼쪽 비트의 값이 '0'이기 때문에 이것은 '양수'이며, 수의 크기가 십진수 1임을 알 수 있다. 따라서 00000001은 십진수 +1을 표현한 것이다.

3.2.2 실수 표현

실수(real number)는 소수점이 있는 수를 의미하며 +3.14, -0.5 등과 같이 표현되는 수이다. 컴퓨터에서 실수 표현을 위해 부동소수점(floating-point) 표현법을 사용한다. 부동소수점은 소수점의 위치가 왼쪽 또는 오른쪽으로 이동할 수 있는 것을 의미하며, 왼쪽 또는 오른쪽으로 이동하는 수는 지수(exponent)를 이용하여 정한다. 예를 들어, 3.14159라는 실수를 표현하는 방법은 아래와 같이 다양하다. 이 예에서 0.314159×10^1의 경우에 소수점의 위치는 0과 3 사이에 있다. 하지만 곱하고 있는 10^1에서 지수 '1'은 소수점의 위치를 오른쪽의 한 숫자 옆으로 이동하라는 의미를 갖는다. 따라서 이 수가 표현하고자 하는 값은 0.314159가 아닌 3.14159가 된다. 이처럼 지수를 이용하여 소수점의 위치를 이동시킴으로써 실수를 표현하는 것이 부동소수점 표현법이다.

$$
\begin{aligned}
&3.14159 \\
&=0.314159 \times 10^1 \\
&=0.0314159 \times 10^2 \\
&=31.4159 \times 10^-1 \\
&=314.159 \times 10^-2
\end{aligned}
$$

부동소수점 표현법은 실수를 다음의 형태로 표현한다. 이 표현 형태에서 r은 수를 위한 기수이며, 수 표현을 위해 사용할 기수(radix)는 10 또는 2와 같이 사전에 알려져 있다. 유효수를 표현하는 가수(mantissa)는 m으로 표현하고 있으며, 이 가수에는 소수점을 포함하고 있다. 가수에 포함되어 있는 소수점을 왼쪽 또는 오른쪽으로 이동시키는 지수(exponent)는 e로 표현되어 있다.

$$\pm\, m \times r^e$$

실수 표현을 위한 부동소수점 표현법은 실수의 부호, 가수, 지수를 포함하고 있다. 기수는 사전에 알려져 있거나 표준에 따라 정해져 있기 때문에 부동소수점 표현법에 기수는 포함되지 않는다. 그림 3.10은 국제 표준화 기구인 IEEE에서 정의한 32 비트용 부동소수점 표현법을 나타내고 있다.

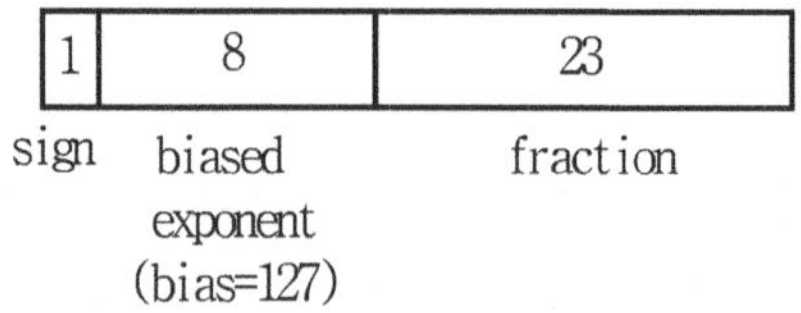

그림 3.10: IEEE 754 부동소수점 표현법

부호 비트는 실수의 부호를 나타내기 위한 것이며, 이 비트의 값이 0이면 양수, 1이면 음수를 표현한다. 8 비트로 표현되는 지수 부분은 0 ~ 255 범위의 지수값을 표현할 수 있다. 양수 지수 값은 가수에 포함된 소수점을 오른쪽으로 이동시켜며, 음수 지수 값은 소수점을 왼쪽으로 이동시킨다. 따라서 8 비트의 지수 부분은 양수와 음수를 표현할 수 있어야 하며, 이를 위해 IEEE 754 표준에서는 편중된 지수(biased exponent) 또는 바이어스된 지수 방법을 사용한다. 편중된 지수 방법은 편중값(bias)을 기준으로 그 값보다 작으면 음수, 크면 양수를 나타내는 방법이다. IEEE 754의 32 비트 부동소수점 표현에서 정한 편중값은 127이다. 따라서 편중값을 고려하면 8 비트의 지수 부분으로 표현할 수 있는 지수값의 범위는 그림 3.11에 나타낸 것과 같이 −127 ~ +128 이다.

					bias 값 ↓				
지수 부분의 값 :	0	1	⋯	126	127	128	⋯	254	255
편중된 지수값 :	-127	-126	⋯	-1	0	+1	⋯	+127	+128

그림 3.11: 편중된 지수 표현

23 비트의 소수 부분(fraction)은 표현하고자 하는 실수를 정규화(normalization)하여 표현한다. IEEE 754에서 정의하는 정규화는 소수점의 오른쪽 한 비트 값이 '반드시' 1이 되도록 원래 소수점의 위치를 옮겨서 표현하는 방법이다. 물론 소수점의 위치가 변경되기 때문에 지수 값도 함께 변경되어야 한다. 예를 들어 1101.11×2^2를 정규화한 결과는 다음과 같이 소수점의

위치를 왼쪽으로 이동시켜 소수점의 왼쪽 한 비트의 값이 1이 되도록 조정을 했으며, 소수점이 이동한 만큼 지수의 값도 조정을 하였다.

$$1101.11 \times 2^1$$
$$=1.10111 \times 2^4$$

이처럼 정규화된 값은 23비트의 소수 부분에 표현된다. 앞서 소수점의 오른쪽 한 비트 값이 '반드시' 1이 되도록 정규화를 하였는데 이 비트는 1이 된다는 것을 이미 가정을 하고 있기 때문에 23비트의 소수 부분에 표현될 필요가 없다. 따라서 정규화한 형태에서 소수점 이하의 23 비트가 소수 부분에서 표현된다.

그림 3.12은 IEEE 754 표준에서 정의한 부동소수점 표현의 예를 나타낸 것이다. 부호 비트의 값 0은 양수임을 나타내고 있다. 지수 부분에서 표현하는 값은 128(= 10000000)이다. 그러나 앞서 밝힌 것과 같이 지수 부분은 편중된 지수로 표현하기 때문에 표현하고자 하는 지수 값은 +1이 된다. 23 비트의 소수 부분은 10 $\cdots$ 00으로 표현되어 있지만 이것은 정규화를 한 결과만을 표현한 것이기 때문에 실제 표현은 1.10 $\cdots$ 00 이다. 따라서 표현하고자 하는 실수는 +11.0이 된다.

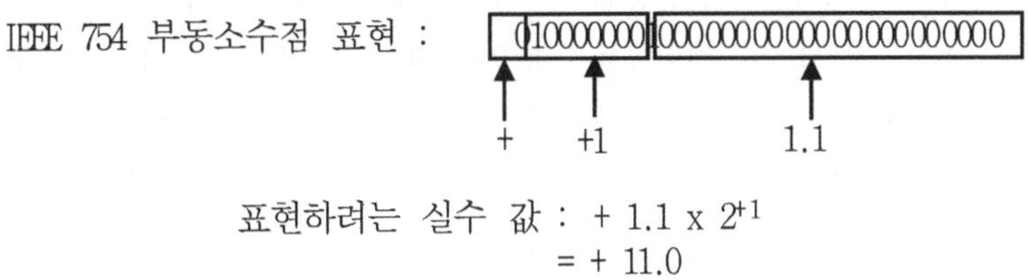

그림 3.12: IEEE 754 표준에 따른 실수 표현의 예

3.2.3 고정소수점 표현

앞서 부동소수점 표현은 소수점의 위치를 이동시킬 수 있다고 하였다. 반면 소수점의 위치가 고정되어 있는 표현법을 고정소수점(fixed-point) 표현이라고 한다. 일반적으로 소수점의 위치는 가장 왼쪽 또는 오른쪽으로 고정되어 있다. 소수점이 가장 왼쪽에 있는 경우는 소수만 표현할 수 있으며, 가장 오른쪽에 있는 경우는 정수만 표현할 수 있다.

3.3 비수치 데이터 표현

비수치적 데이터는 문자, 각종 이진 코드 등 수의 개념을 갖고 있지 않은 데이터를 의미한다. 이 절에서는 문자 표현을 위한 대표적인 코드 체계인 ASCII 코드와 8421코드 등 몇 가지 가중 코드를 다룬다.

3.3.1 ASCII 코드

ASCII(American Standard for Code Information Interchange) 코드는 영문자, 특수기호, 제어문자 표현을 위해 미국표준협회에서 정한 7 비트 코드 체계이다. 제어목적으로 사용되는 제어문자는 문자가 아니라 기능 수행을 위한 제어 코드이다. 표 3.1는 ASCII 코드에 포함되어 있는 제어문자를 나타낸 것이고, 표 3.2는 영문자 및 특수기호를 나타낸 것이다.

Table 3.1: ASCII 코드의 제어문자

이진법	십진법	약자	설명	이진법	십진법	약자	설명
000 0000	0	NUL	널 문자	001 0001	17	DC1	장치제어1
000 0001	1	SOH	헤더시작	001 0010	18	DC2	장치제어2
000 0010	2	STX	본문시작	001 0011	19	DC3	장치제어3
000 0011	3	ETX	본문종료	001 0100	20	DC4	장치제어4
000 0100	4	EOT	전송종료	001 0101	21	NAK	부정응답
000 0101	5	ENQ	응답요구	001 0110	22	SYN	동기
000 0110	6	ACK	응답	001 0111	23	ETB	전송블록 종료
000 0111	7	BEL	경고음	001 1000	24	CAN	무시
000 1000	8	BS	백스페이스	001 1001	25	EM	매체종료
000 1001	9	HT	수평 탭	001 1010	26	SUB	치환
000 1010	**10**	**LF**	**개행**	001 1011	27	ESC	제어기능추가
000 1011	11	VT	수직 탭	001 1100	28	FS	파일경계할당
000 1100	12	FF	다음페이지	001 1101	29	GS	레코드그룹경계
000 1101	13	CR	복귀	001 1110	30	RS	레코드경계
000 1110	14	SO	확장문자시작	001 1111	31	US	장치경계
000 1111	15	SI	확장문자끝	111 1111	127	DEL	삭제
001 0000	16	DLE	전송제어확장				

Table 3.2: ASCII 코드

이진법	십진법	문자	이진법	십진법	문자	이진법	십진법	문자
010 0000	32	공백	100 0000	64	@	110 0000	96	‘
010 0001	33	!	100 0001	65	A	110 0001	97	a
010 0010	34	”	100 0010	66	B	110 0010	98	b
010 0011	35	#	100 0011	67	C	110 0011	99	c
010 0100	36	$	100 0100	68	D	110 0100	100	d
010 0101	37	%	100 0101	69	E	110 0101	101	e
010 0110	38	&	100 0110	70	F	110 0110	102	f
010 0111	39	’	100 0111	71	G	110 0111	103	g
010 1000	40	(	100 1000	72	H	110 1000	104	h
010 1001	41	)	100 1001	73	I	110 1001	105	i
010 1010	42	*	100 1010	74	J	110 1010	106	j
010 1011	43	+	100 1011	75	K	110 1011	107	k
010 1100	44	,	100 1100	76	L	110 1100	108	l
010 1101	45	-	100 1101	77	M	110 1101	109	m
010 1110	46	.	100 1110	78	N	110 1110	110	n
010 1111	47	/	100 1111	79	O	110 1111	111	o
011 0000	48	0	101 0000	80	P	111 0000	112	p
011 0001	49	1	101 0001	81	Q	111 0001	113	q
011 0010	50	2	101 0010	82	R	111 0010	114	r
011 0011	51	3	101 0011	83	S	111 0011	115	s
011 0100	52	4	101 0100	84	T	111 0100	116	t
011 0101	53	5	101 0101	85	U	111 0101	117	u
011 0110	54	6	101 0110	86	V	111 0110	118	v
011 0111	55	7	101 0111	87	W	111 0111	119	w
011 1000	56	8	101 1000	88	X	111 1000	120	x
011 1001	57	9	101 1001	89	Y	111 1001	121	y
011 1010	58	:	101 1010	90	Z	111 1010	122	z
011 1011	59	;	101 1011	91	[	111 1011	123	{
011 1100	60	<	101 1100	92	\	111 1100	124	—
011 1101	61	=	101 1101	93	]	111 1101	125	}
011 1110	62	>	101 1110	94	ˆ	111 1110	126	~
011 1111	63	?	101 1111	95	_			

7 비트 ASCII 코드는 대, 소문자, 특수기호, 제어문자 등 128개의 문자를 위한 코드를 정의한 것이다. 그러나 컴퓨터에서 정보를 저장, 전송하는 가장 기본 단위가 8개의 비트로 구성된 바이트이기 때문에 7 비트의 ASCII 코드와 오류 검출을 목적으로 1 비트의 패리티 비트를 포함한 8 비트 코드가 사용되거나 8 비트 전체를 문자 표현을 위해 사용하는 확장 ASCII(Extended ASCII)가 사용되기도 한다.

C 언어, Java와 같은 많은 프로그래밍 언어에서 줄바꿈 문자(개행 문자)로 '\n'을 사용하고 있는데 이것은 ASCII 코드의 제어문자인 'LF(Line Feed)'에 해당이 되며, 이 제어문자를 정수로 출력하면 10이 출력된다. 개인용 컴퓨터를 비롯하여 많은 컴퓨터 시스템은 문자 표현을 위해 ASCII 코드를 사용하고 있다. 따라서 영문자 'A'를 문자로 출력하지 않고 정수로 출력하면 65가 출력되는데 이것은 'A'의 ASCII 코드에 해당하는 1000001이며, 이것은 표 3.2에서 확인할 수 있다.

3.3.2 가중 코드

가중 코드(weighted code)는 십진 숫자를 이진 코드로 변환할 때 사용하는 것이다. 앞의 3.1.2절에서 십진법을 사용하는 수 즉, 십진수를 이진수로 변환하는 방법을 다루었는데, 가중 코드는 십진법에서 사용하는 열 개의 숫자 각각을 이진 코드로 표현하는 것을 의미한다. 대표적인 가중 코드로는 '8421' 코드가 있다. '8421' 코드는 한 개의 십진 숫자를 표현하기 위해 4 비트를 사용하는 이진 코드이며, 각 코드의 의미는 표 3.3에 나타낸 것과 같다. 십진수 2는 최소 2비트를 이용하여 표현할 수 있다. 그러나 '8421' 코드는 4 비트 코드이기 때문에 십진 숫자 '2'는 4 비트 코드인 '0010'으로 표현된다.

이 '8421'는 다양하게 사용될 수 있는데, 이 코드 앞에 3 비트 값인 '011'을 삽입하면 표 3.2에 나타낸 각 숫자를 위한 ASCII 코드가 된다. 즉 '0010'는 십진 숫자 2를 표현하는 '8421' 코드이며, '011 0010'은 문자 '2'를 표현하는 ASCII 코드가 된다.

'8421' 코드는 십진수를 표현하는 BCD(binary coded decimal) 표현 방법에서 사용된다. BCD 표현 방법은 다음과 같이 십진수의 각 숫자를 '8421' 코드를 이용하여 표현하는 방법이다. 십진수를 BCD 코드로 표현하면 각 자리의 숫자를 4 비트 코드인 '8421' 코드를 이용하여 표현하기 때문에 십진수 124는 12 비트를 이용하여 표현된다. 동일한 방법으로 표현하면 십진수 65535는 20 비트를 이용하여 표현된다.

Table 3.3: 8421 코드

십진 숫자	8421 코드
0	0000
1	0001
2	0010
3	0011
4	0100
5	0101
6	0110
7	0111
8	1000
9	1001

$$124_{10} : 000100100100$$

$$65535_{10} : 01100101010100110101$$

십진수가 부호를 갖기 때문에 BCD 표현 방법은 십진수의 부호를 표현할 수 있어야 하며, 십진수의 BCD 표현이 컴퓨터가 정보를 취급하는 기본 단위라고 할 수 있는 바이트 단위에 맞추어야 할 필요가 있다. 따라서 부호를 표현하는 방법과 바이트 단위에 맞추는 방법에 따라 BCD 표현 방법은 팩 형식(packed format)과 언팩 형식(unpacked format)으로 나뉠 수 있다. 팩 형식은 한 바이트에 두 개의 십진 숫자를 표현하는 방법이며, 십진수를 표현하는 가장 오른쪽 바이트에는 십진 숫자 한 개와 부호를 표현한다. 양의 부호는 $1100_2(C_{16})$, 음의 부호는 $1101_2(D_{16})$로 표현을 한다. 그림 3.13은 십진수 +245, -245를 BCD의 팩 형식으로 표현을 한 것이다. 이 두 십진수를 표현하기 위해 각각 2 바이트가 필요하며, 가장 오른쪽 바이트에는 숫자 '5'와 부호를 표현하고 있다.

언팩 형식은 한 바이트에 숫자 한 개만을 표현하는 방법이다. 숫자 한 개를 표현하기 위해 BCD 표현에서는 4 비트만을 필요로 한다. 따라서 한 바이트 8 비트 중 하위 4 비트에 숫자 표현을 위한 코드가 들어가고, 존(zone)이라고 불리는 상위 4 비트에는 $1111_2(F_{16})$이 들어간다. 십진수의 부호는 가장 오른쪽 바이트의 존 부분에 1111_2 대신 $1100_2(C_{16})$ 또는 $1101_2(D_{16})$를 넣어 표현한다. 그림 3.14은 십진수 +245, -245를 BCD의 언팩 형식으로 표현을 한 것이다. 이

+ 245_{10} : 00100100 01011100 (BCD packed format)

- 245_{10} : 00100100 01011101 (BCD packed format)

그림 3.13: BCD의 팩 형식으로 표현한 십진수

두 십진수를 표현하기 위해 각각 3 바이트가 필요하며, 각 바이트의 존 부분에 0000_2가 들어가 있다. 부호는 가장 오른쪽 바이트의 존 부분에서 표현되어 있다.

+ 245_{10} : 11110010 11110100 11000101 (BCD unpacked format)

- 245_{10} : 11110010 11110100 11010101 (BCD unpacked format)

그림 3.14: BCD의 언팩 형식으로 표현한 십진수

기타 가중 코드로는 '2421' 코드, '5421' 코드, '7421' 코드 등이 있다.

3.3.3 비가중 코드

비 가중 코드(non-weighted code)는 데이터를 표현하는 각 비트에 가중치를 두지 않으며, 특정한 목적을 위해 제안, 사용되는 코드이며, 그레이 코드(gray code), 3-초과 코드(excess-3 code) 등이 있다. 그레이 코드는 A/D 변환기, 모터 제어 등에 사용될 수 있으며 인접한 코드 값 사이에는 단지 한 개의 비트만 다른 값을 갖는다. 우리는 앞의 2.4.2 절에서 간략화를 위한 맵을 작성할 때 그레이 코드를 사용한 바 있다. 즉, 인접한 셀을 표현한 부울식을 보면 한 개의 부울변수 값만 다르고 나머지 부울변수의 값은 모두 같다. 이진 코드($b_{n-1}b_{n-2}\cdots b_1b_0$)를 그레이 코드($g_{n-1}g_{n-2}\cdots g_1g_0$)로 변환하는 방법은 다음과 같다.

$$g_i = b_i \oplus b_{i+1}, i = 0, 1, 2, \cdots, (n-2)$$
$$g_{n-1} = b_{n-1}$$

반대로 그레이 코드($g_{n-1}g_{n-2}\cdots g_1g_0$)를 이진 코드($b_{n-1}b_{n-2}\cdots b_1b_0$)로 변환하는 방법은

다음과 같다.

$$
\begin{aligned}
b_{n-1} &= g_{n-1} \\
b_i &= g_i \oplus b_{i+1}, i = (n-2), (n-3), \cdots, 1, 0
\end{aligned}
$$

3-초과 코드는 십진 숫자를 표현하는 '8421' 코드에 '0011_2' 즉, 3을 더한 코드이다. 이 코드는 각 비트의 값을 보수화 함으로써 십진수의 9의 보수를 쉽게 구할 수 있다. 즉, 십진 숫자 5의 3-초가 코드가 '1000'이며, 이것의 9의 보수는 '0111' 즉, 4가 된다. 표 3.4는 그레이 코드와 3-초과 코드를 나타내고 있다.

Table 3.4: 비가중 코드의 예

십진숫자	그레이코드	3-초과 코드
0	0000	0011
1	0001	0100
2	0011	0101
3	0010	0110
4	0110	0111
5	0111	1000
6	0101	1001
7	0100	1010
8	1100	1011
9	1101	1100

3.4 기본 산술/논리 연산

컴퓨터에서 수행하는 주요 데이터 처리는 데이터를 대상으로 한 산술 또는 논리 연산이다. 앞에서 데이터가 컴퓨터에서 처리되기 위해서는 이진 형식으로 표현이 되어야 하고, 이를 위해 이진 형식으로 변환하는 방법에 대해 다루었다. 이 장에서는 이진 형식으로 변환된 데이터를 대상으로 한 산술 또는 논리 연산 방법을 소개한다. 이 장에서 다루는 연산을 이용하여 처리되는 데이터는 정수형 데이터로 한정한다.

3.4.1 산술 연산

산술 연산은 수치 데이터를 대상으로 연산을 수행하는 것으로 덧셈, 뺄셈, 곱셈, 나눗셈이 대표적인 산술 연산이다. 이 절에서는 정수형 데이터의 덧셈, 뺄셈에 대해 설명한다. 앞의 3.2.1 절에서 정수형 데이터 특히, 부호가 있는 정수형 데이터는 부호-크기 표현법, 1의 보수 표현법, 2의 보수 표현법이 있다고 하였다.

부호-크기 표현법에 따라 표현된 정수 덧셈은 먼저 부호를 비교한다. 연산에 사용되는 두 수를 피연산자(operand)라고 한다. 두 피연산자의 부호가 같다면 '크기' 부분에 표현된 수를 덧셈하며, 결과의 부호는 덧셈한 수의 부호를 사용한다. 만약 두 수의 부호가 같지 않다면 '크기'가 큰 수에서 작은 수를 뺄셈하며, 결과의 부호는 '크기'가 큰 수의 부호를 사용한다. 그림 3.15은 부호-크기 표현법으로 표현된 정수 +14, +3, -14를 이용하여 (+14)+(+3)과 (-14)+(+3)을 계산한 것을 나타내고 있다. 덧셈 (+14) + (+3)은 더 정수의 부호가 동일하기 때문에 수의 크기를 덧셈한 결과인 17에 두 수의 부호를 붙여 (+17)이 덧셈의 결과가 되었다. 덧셈 (-14) + (+3)은 더 정수의 부호가 같지 않아 덧셈이 아니라 뺄셈을 해야 한다. 즉, 수의 '크기'가 큰 14에서 3을 뺄셈한 결과 11에 '크기'가 큰 수의 부호를 사용하여 최종 결과는 -11이 된다.

```
  00001110 (+14)      10001110 (-14)
+ 00000011 (+3)     + 00000011 (+3)
----------          ----------
  00010001 (+17)      10001011 (-11)
```

그림 3.15: 부호-크기 표현법에서 덧셈의 예

부호-크기 표현법에 따라 표현된 정수 뺄셈도 먼저 부호를 비교한다. 만약 두 피연산자의 부호가 같다면 '크기'가 큰 수에서 작은 수를 뺄셈한다. 결과의 부호는 첫 번째 피연산자의 '크기'가 큰 경우에 첫 번째 피연산자의 부호를 사용하며, 그렇지 않다면 첫 번째 피연산자의 반대 부호를 사용한다. 두 피연산자의 부호가 다르다면 두 피연산자의 '크기'를 덧셈을 하며, 부호는 첫번째 연산자의 부호를 사용한다. 그림 3.16은 부호-크기 표현법으로 표현된 정수 +14, +3, -14를 이용하여 (+14)-(+3)과 (-14)-(+3)을 계산한 것을 나타내고 있다. 뺄셈 (+14)-(+3)은 두 피연산자의 부호가 동일하기 때문에 '크기'가 큰 수에서 작은 수를 뺄셈하여 11을 계산했고, 첫 번째 피연산자가 큰 '크기'이기 때문에 그 부호를 사용한다. 뺄셈 (-14)-(+3)은 피 연산자의 부호가 같지 않기 때문에 '크기'를 덧셈하며, 부호는 첫번째 연산자의 부호를 사용하여 결과는 -17이 된다.

```
  00001110 (+14)      10001110 (-14)
- 00000011 (+3)     - 00000011 (+3)
----------          ----------
  00010001 (+11)      10010001 (-17)
```

그림 3.16: 부호-크기 표현법에서 뺄셈의 예

1의 보수 표현법에 따라 표현된 정수의 덧셈은 피연산자의 부호 비트를 포함하여 전체 비트 묶음을 대상으로 덧셈을 하며, 이때 가장 왼쪽 비트 계산에서 결정되는 자리올림 수인 캐리(carry)의 값을 덧셈한 결과에 다시 한번 더해 준다. 이 캐리를 'end around carry'라고 한다. 이 경우 덧셈은 부호 비트를 포함하여 두 피연산자를 더하기 때문에 부호-크기 표현법과 달리 부호의 동일성 여부를 판단할 필요가 없다. 계산된 결과의 부호 비트는 결과의 부호를 표현한다. 그림 3.17는 1의 보수 표현법에 따라 표현된 정수 (+14), (+3),(-14), (-3)를 피연산자로 하여 (+14)+(+3), (-14)+(+3), (-14)+(-3)을 계산하는 것을 나타내고 있다. 피연산자가 모두 양수인 경우에는 부호-크기 표현법에서의 덧셈과 다르지 않다. 음수인 -14는 1의 보수 표기법에 따라 변환하면 11110001이 된다. 이 피연산자와 +3을 덧셈하는 것은 부호의 다름을 고려하지 않고 부호를 포함하여 덧셈을 한다. 이 경우에 가장 왼쪽 비트들을 덧셈하여 계산되는 캐리의 값은 0이 된다. 이 값을 중간 결과값에 더하더라도 최종 결과 11110100에는 영향을 주지 못한다. 이 값은 -11을 1의 보수 표기법에 따라 변환한 것이다.

음수 -14와 -3을 덧셈하는 경우도 동일하게 수행될 수 있다. 즉, -14를 표현하는 11110001과 -3을 표현하는 11111100을 부호 비트를 포함하여 덧셈을 한 중간 결과는 11101101이 되며, 가장 왼쪽 비트들을 덧셈하여 계산되는 자리올림 수인 캐리의 값은 1이 된다. 이 값을 중간 결과 값에 다시 더하면 최종 결과는 11101110이 되며, 이것은 1의 보수 표현법에 따라 -17을 표현한 것이다.

```
  00001110 (+14)      11110001 (-14)      11110001 (-14)
+ 00000011 (+3)     + 00000011 (+3)     + 11111100 (-3)
----------          ----------          ----------
  00010001 (+17)      11110100 (-11)      11101101
                                        +        1
                                        ----------
                                          11101110 (-17)
```

그림 3.17: 1의 보수 표현법에서 덧셈의 예

수학적으로 $A - B = A + (-B)$가 성립함을 이용하여 1의 보수 표현법에 따른 피연산자를 이용한 뺄셈은 덧셈을 이용하여 수행할 수 있다. 즉, 감수(subtrahend) B의 1의 보수 (-B)를 구한 후 피감수(minuend) A에 더하면 덧셈을 이용하여 뺄셈을 수행할 수 있다. 그림 3.18는 1의 보수 표현법에 따라 표현된 정수 (+14), (+3),(-14), (-3)를 피연산자로 하여 (+14)-(+3), (-14)-(+3), (-14)-(-3)을 계산하는 것을 나타내고 있다. 뺄셈을 할 때 감수의 1의 보수를 구한 후 이를 피감수와 덧셈을 하고 있다. 즉, (+14)-(+3)을 (+14)+(-3)으로 한 후 덧셈을 하는 것이다. 이때도 중간 결과값에 'end around carry'를 더하는 것은 동일하게 적용이 된다.

```
   00001110 (+14)       11110001 (-14)      11110001 (-14)
 - 00000011 (+3)      - 00000011 (+3)     - 11111100 (-3)
 ----------           ----------          ----------
      ↓                    ↓                   ↓
   00001110 (+14)       11110001 (-14)      11110001 (-14)
 + 11111100 (-3)      + 11111100 (-3)     + 00000011 (+3)
 ----------           ----------          ----------
   00001010             11101101            11110100 (-11)
 +        1           +        1
 ----------           ----------
   00001011 (+11)       11101110 (-17)
```

그림 3.18: 1의 보수 표현법에서 뺄셈의 예

2의 보수 표현법에 따라 표현된 정수의 덧셈은 1의 보수 표현법에서의 덧셈과 동일하게 부호 비트를 포함한 전체 비트 묶음을 대상으로 덧셈을 한다. 이때 가장 왼쪽 비트 연산에서 발생하는 캐리는 그 값에 상관없이 계산 결과에 영향을 주지 못한다. 즉, 1의 보수 표현법의 덧셈과 달리 캐리를 중간 결과 값에 더할 필요가 없다. 그림 3.19는 2의 보수 표현법에 따라 표현된 정수 (+14), (+3),(-14), (-3)를 피연산자로 하여 (+14)+(+3), (-14)+(+3), (-14)+(-3)을 계산하는 것을 나타내고 있다. 2의 보수 표현법에서의 덧셈은 다른 표현법의 덧셈보다 간단하다. (-14)+(-3)을 덧셈하는 경우에 캐리의 값이 1이 되지만 이 값은 덧셈의 결과에 영향을 주지 않는다.

2의 보수 표현법의 뺄셈은 1의 보수 표현법의 뺄셈과 마찬가지로 감수의 2의 보수를 구한 후 이것을 피감수에 더함으로써 수행할 수 있다. 그림 3.20는 2의 보수 표현법에 따라 표현된 정수 (+14), (+3),(-14), (-3)를 피연산자로 하여 (+14)-(+3), (-14)-(+3), (-14)-(-3)을 계산하는 것을 나타내고 있다.

이처럼 정수를 표현하는 방법에 따라 가장 기본적인 연산이라고 할 수 있는 덧셈과 뺄셈

```
  00001110 (+14)        11110010 (-14)        11110010 (-14)
+ 00000011 (+3)       + 00000011 (+3)       + 11111101 (-3)
----------            ----------            ----------
  00010001 (+17)        11110101 (-11)        11101111 (-17)
```

그림 3.19: 2의 보수 표현법에서 덧셈의 예

```
  00001110 (+14)        11110010 (-14)        11110010 (-14)
- 00000011 (+3)       - 00000011 (+3)       - 11111101 (-3)
----------            ----------            ----------
      ↓                     ↓                     ↓
  00001110 (+14)        11110010 (-14)        11110010 (-14)
+ 11111101 (-3)       + 11111101 (-3)       + 00000011 (+3)
----------            ----------            ----------
  00001011 (+11)        11101111 (-17)        11110101 (-11)
```

그림 3.20: 2의 보수 표현법에서 뺄셈의 예

방법이 다르다. 이들 방법 중에서 2의 보수 표현법을 이용하는 방법이 가장 간단하다. 따라서 많은 컴퓨터 시스템에서 정수 표현을 위해 2의 보수 표현법을 사용하고 있다. 예를 들어, 개인용 컴퓨터에서 정수 -1을 십육진수로 출력을 하면 '0xFFFFFFFF'가 출력되는데 이것은 2의 보수 표현법에 따라 -1을 나타낸 것이다.

3.4.2 오버플로우

오버플로우는 n 비트로 표현된 데이터를 이용하여 연산을 했을 때 결과를 n 비트로 표현하지 못하는 경우이다. 즉 $n+1$ 비트의 결과가 나오는 경우이다. 예를 들어, 8 비트로 2의 보수 표현법을 이용하는 경우 표현할 수 있는 정수의 범위는 -128 ~ +127이다. 이때 연산의 결과값이 -128보다 적거나 +127보다 큰 경우에는 8 비트로 표현할 수 없으며, 이런 경우를 오버플로우라고 한다.

n 비트 데이터를 이용하여 연산했을 때 오버플로우의 발생 여부를 $n+1$ 번째 비트의 값 즉, 캐리의 값을 이용하여 판단할 수는 없다. 특히 2의 보수 표현법에서의 덧셈과 뺄셈과 같이 캐리의 값이 결과값에 영향을 주지 못하는 경우는 연산 과정 중에 오버플로우 발생 여부를 결정할 수 있는 방법이 필요하다.

2의 보수 표현법에서 오버플로우 발생 여부를 결정하는 것은 부호 비트 연산에 사용되는 캐리 즉, 하위 비트 연산에서 자리 올림된 캐리의 값과 부호 비트에서 연산한 결과로 자리

올림되는 캐리의 값을 비교하여 두 캐리의 값이 같으면 오버플로우가 아니다. 만약 이 두 캐리의 값이 다르면 연산하는 중에 오버플로우가 발생했다고 할 수 있다. 그림 3.21은 오버플로우 발생 여부를 검사하는 예를 나타낸 것이다. 2의 보수 표현법을 사용하여 표현된 정수 -14와 -3을 덧셈하는 예의 경우에 부호 비트 연산에 사용되는 캐리 즉, 하위 비트 연산에서 자리 올림된 캐리의 값은 밑줄로 표시된 1이고, 부호 비트 부분에서 덧셈하여 자리 올림되는 캐리의 값은 굵은 글자로 표시된 1이다. 이 두 값이 같으므로 이 덧셈은 오버플로우가 발생하지 않은 정상적인 결과이다.

반면 +127과 +1을 덧셈하는 경우에 밑줄로 표시한 부호 비트 부분 연산에 사용되는 캐리의 값은 1이고, 굵은 글자로 표시된 부호 비트 부분 연산 후에 캐리의 값은 0이다. 이 두 값이 같지 않기 때문에 이 연산은 오버플로우가 발생하였으며, 이때의 결과는 잘못된 결과이다. 즉, 두 개의 양수를 덧셈했는데 결과는 음수가 되었음을 확인할 수 있다. 왜냐면 두 양수를 덧셈한 결과는 +128이지만 이 값은 8 비트를 이용하여 표현할 수 없기 때문이다. 8 비트로 표현할 수 있는 정수의 범위는 -128 ~ +127임을 앞에서 설명한 바 있다.

이 예에서 본 것과 같이 정수를 덧셈한 후 캐리의 값만을 이용하여 오버플로우 발생 여부를 결정할 수 없다. 그림 3.21에 나타낸 첫 번째 연산은 캐리의 값이 1임에도 오버플로우가 아닌 정상적인 연산 결과를 얻을 수 있었다. 그러나 두 번째 덧셈 연산은 캐리의 값이 0임에도 오버플로우가 발생하였다.

```
 (11)                 (01)
   11110010 (-14)       01111111 (+127)
 + 11111101 (-3)      + 00000001 (+1)
 ----------           ----------
   11101111 (-17)       10000000 (-128)

  정상적인 결과          오버플로우
```

그림 3.21: 오버플로우 검사 예제

3.4.3 논리 연산

산술 연산에서는 n 비트의 묶음이 하나의 정보 즉, 수를 표현하며 이를 대상으로 연산이 수행되었다. 논리 연산은 n 비트의 묶음을 구성하는 각각의 비트들을 대상으로 연산을 수행하는 것으로 'bitwise' 연산이라고 한다. 대표적인 논리 연산은 논리합(OR, +), 논리곱(AND, ·), 부정(NOT, '), 배타적논리합(XOR, ⊕)이 있다. 논리 연산은 비트와 비트 사이의 연산이기 때문에 오버플로우가 발생하지 않는다. 그림 3.22은 두 개의 4 비트 값인 '1010'와 '1110'을 이용하여 논리 연산을 수행한 예를 나타내고 있다. 논리 연산은 4 비트의 피연산자 '1010'과 '1110'가 표현하는 정보를 대상으로 연산을 수행하는 것이 아니라 첫 번째 피연산자의 비트와 두 번째 피연산자의 대응되는 비트 사이에 연산 수행이 된다.

```
 OR연산     AND연산    XOR연산    NOT연산

  1010       1010       1010
+ 1110     · 1110     ⊕ 1110     (1010)'
------     ------     ------     ------
  1110       1010       0100      0101
```

그림 3.22: 논리 연산 수행의 예

3.4.4 시프트 연산

시프트 연산(shift operation)은 그림 3.23에 나타낸 것과 같이 비트 값을 왼쪽 또는 오른쪽의 인접한 비트로 옮기는 연산이다. 이 연산은 시프트할 때 직렬 입력(serial in) 값을 결정하는 방법과 직렬 출력(serial out) 값을 사용하는 방법에 따라 논리 시프트(logical shift), 회전(rotate), 산술 시프트(arithmetic shift)로 나눌 수 있다. 직렬 입력은 시프트할 때 한쪽 끝에 입력되는 값이다. 직렬 출력은 시프트할 때 직렬 입력과 반대쪽 끝에서 출력되는 값이다. 예를 들어, 오른쪽 시프트 연산을 수행할 때 가장 왼쪽 비트에 저장되는 값이 직렬 입력이며, 가장 오른쪽 비트의 값이 출력되는데 이것이 직렬 출력이다.

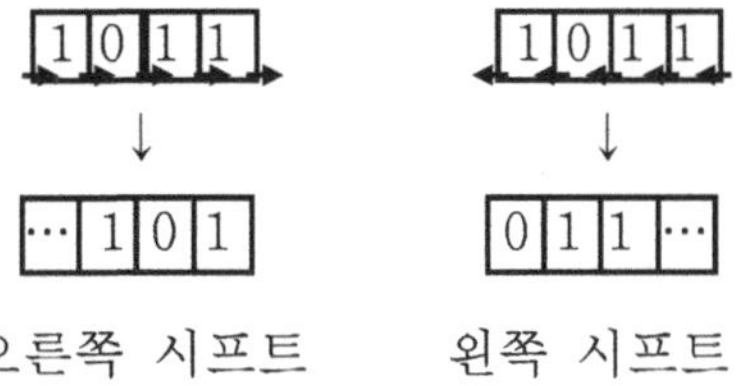

그림 3.23: 시프트 연산의 개념

논리 시프트은 직렬 입력 값으로 0을 사용하며, 직렬 출력 값은 목적에 따라 무시, 저장 또는 전송될 수 있다. 회전은 직렬 출력 값을 반대편의 직렬 입력으로 사용하는 시프트 연산이다. 따라서 n 비트의 값은 n번 회전 연산을 수행하면 원래 값으로 되돌아 온다. 산술 시프트는 2의

보수 표현법과 같이 가장 왼쪽 비트가 부호 비트 역할을 하는 표현법에서 시프트를 하더라도 부호를 유지하는 연산이다. 왼쪽 산술 시프트는 수치 데이터에 2를 곱하는 효과가 있으며, 왼쪽 논리 시프트와 동일하게 직렬 입력 값은 0이 된다. 오른쪽 산술 시프트는 수치 데이터에서 2를 나누는 효과가 있으며, 부호 비트의 값이 직렬 입력 값으로 사용되어 시프트 연산 후에도 부호 비트의 값이 동일하게 유지되는 효과가 있다. 표 3.5은 2의 보수 표현법에 따라 8 비트로 표현된 +14와 -14를 이용하여 시프트 연산한 결과를 나타내고 있다.

Table 3.5: 시프트 연산을 수행한 예

연산	00001110(+14)		11110010(-14)	
	왼쪽 시프트	오른쪽 시프트	왼쪽 시프트	오른쪽 시프트
논리 시프트	00011100	00000111	11100100	01111001
회전	00011100	00000111	11100101	01111001
산술 시프트	00011100	00000111	11100100	11111001

연습문제

1. 10진법 298에 대한 10의 보수와 9의 보수를 구하라.

2. 8비트로 10진수 +88, -88에 대한 고정소수점의 3가지방법인 부호와 절대값, 1의보수, 2의 보수 형태로 나타내어라.

3. 10진수 +123,456와 -123,456를 팩(PACK)형식으로 나타내어라.

4. 다음을 1의보수와 2의 보수 방법으로 나타내어 계산하라.

   a) 011010-011010

   b) (-010011)-010010

   c) (-0101010)+(-0011010)

   d) (-0101101)-0110001

5. $25.6_{1}0$을 IEEE 754 부동 소수점 표현으로 나타내어라.

6. 2진수 연산에서 오버플로우 탐지 회로를 설계하라.

7. 정수의 표현을 16비트에 나타낼 때 가능한 수의 표현범위를 나타내어라.

8. 상용화 된 컴퓨터 시스템을 선정하여 정수(integer) 및 실수(real)의 내부표현방법을 조사하라.

9. IEEE 754 부동 소수점 표현의 64 비트 표현에 대해 조사하고, 32 비트 표현을 64 비트 표현으로 변환하는 프로그램을 작성하여라.

Chapter 4

마이크로 연산과 산술논리연산장치

Chapter 4

마이크로 연산과 산술논리연산장치

컴퓨터는 이진 형식으로 표현된 데이터를 저장, 처리, 전송하는 대규모 논리회로라고 할 수 있다. 따라서 컴퓨터를 설계하거나 동작 방식을 이해하기 위해서는 논리회로를 이용하여 구현되는 기본적인 기능을 표현할 수 있는 도구가 필요하다. 레지스터 전송 언어(register transfer language, RTL)은 이런 목적을 위해 정의된 간단한 규칙들로 구성된 표현 언어이다. 컴퓨터에서의 데이터 처리는 한 요소에 저장되어 있는 데이터가 미리 정의되어 있는 방법에 따라 처리되어 다른 요소로 전송되는 과정이라고 할 수 있다. 이때 처리 대상이 되는 데이터를 임시 저장하는 주요한 저장 요소는 앞서 48 쪽의 2.7.5 절에서 소개한 레지스터이다. 즉, 레지스터에 임시 저장되어 있는 데이터는 연산장치에 의해 처리된 후 레지스터 등의 다른 요소로 전송된다. 이 장에서는 컴퓨터의 기본적인 기능을 표현할 수 있는 레지스터 전송 언어를 다룬다.

4.1 마이크로 연산

컴퓨터에서 실행하는 덧셈, 뺄셈 등을 연산(operation)이라고 하는데, 마이크로 연산(microoperation)은 연산보다 더 원초적인 기능을 의미한다. 그림 4.1은 마이크로 연산의 동작을 나타낸 것이다. 앞서 순서 논리회로는 클록 펄스에 실행을 동기화하며, 대표적인 순서 논리회로로 레지스터를 기술하였다. 이때 마이크로 연산의 동작은 레지스터에 저장되어 있는 데이터가 조합 논리회로를 거쳐 다른 레지스터로 전송하는 과정을 의미한다. 즉, 레지스터 A가 임시 저장하고 있는 값을 입력으로 사용하는 조합 논리회로는 그 입력 조합에 따라 출력을 생성하고, 이 출력 값이 레지스터 B에 입력으로 전송된다. 조합 논리회로의 동작은 동기화 신호가 필요하지 않기 때문에 입력 조합에 따라 결정된 출력 값은 즉시 레지스터 B에 전달이 된다. 그러나 레지스터는 클록 펄스와 같은 동기화 신호에 따라 동작을 동기화하기 때문에 레지스터 B는 동기화 시점이 되면 조합 논리회로의 출력 값을 저장하게 된다. 따라서 레지스터 A에 임시 저장된 데이터가 조합 논리회로에 의해 처리되어 그 결과가 레지스터 B에 저장되기 까지 한 개의 클록 펄스가 필요하다. 이 처럼 한 개의 클록 펄스만에 동작하는 기본적인 기능을 마이크로 연산이라고 한다.

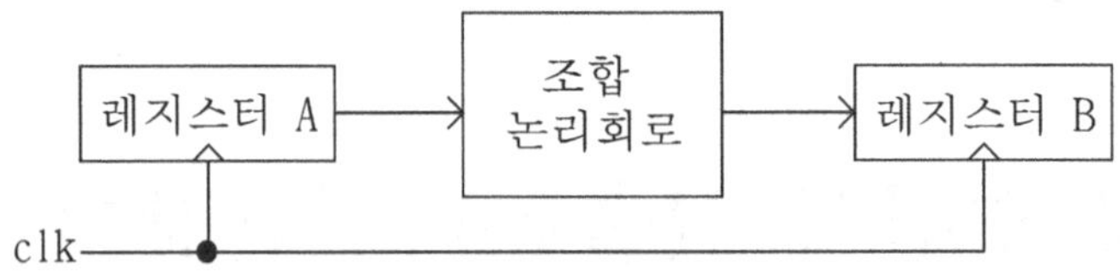

그림 4.1: 마이크로 연산의 동작

마이크로 연산을 심볼로 표현한 것이 레지스터 전송 언어이다. 표 4.1은 레지스터 전송 언어에서 사용하는 심볼을 나타낸 것이다.

Table 4.1: 레지스터 전송 언어의 심볼

심볼	의미	예
문자와 숫자	레지스터를 표현	R1, PC
괄호()	레지스터의 일부 비트 그룹	R1(0-2), PC(ADR)
←	데이터 전송	R1 ←R2
, (콤마)	동시 수행될 마이크로 연산	R1 ← R2, R2 ← R1
c :	마이크로 연산 실행 제어	c : R1 ← R2

마이크로 연산에서 레지스터는 대문자와 숫자를 조합하여 표현된다. 예를 들어, R1은 'R1'이라는 레지스터를 의미한다. 레지스터에 저장되는 데이터 또는 정보는 그 쓰임새에 따라 몇 부분의 비트 그룹으로 나뉠 수 있는데 이를 필드(field)라고 한다. 레지스터의 필드 또는 특정 비트 그룹을 마이크로 연산에서 표현하기 위한 방법은 레지스터 이름과 괄호를 조합하여 사용하는 것이다. 예를 들어, R1(0-2)는 레지스터 R1의 비트 0번 부터 비트 2번 까지 3 비트를 의미하며, PC(ADR)은 레지스터 PC의 ADR 필드을 의미한다. 레지스터에 저장되어 있는 데이터를 전송하는 것은 ←를 이용하여 표현을 한다. 한 클록 펄스에 실행되는 마이크로 연산이 여러 개가 있는 경우에는 동시에 실행되는 마이크로 연산들을 콤마(,)를 이용하여 구분한다. 표 4.1에 있는 동시 실행 마이크로 연산의 예는 레지스터 R2에 저장된 데이터를 레지스터 R1

에 전송하는 동작과 R1에 저장된 데이터를 R2에 전송하는 동작을 동시에 실행하는 것을 표현하고 있다. 이 예는 레지스터 R1에 저장된 데이터와 레지스터 R2에 저장된 데이터를 교환하는 효과를 거둘 수 있다.

마이크로 연산은 간단한 블록도를 이용하여 그림으로 표현할 수 있다. 예를 들어, 그림 4.2는 n 비트 데이터를 저장하는 레지스터 R1의 값을 역시 n 비트 데이터를 저장하는 레지스터 R2에 전송하는 마이크로 연산을 블록도로 나타낸 것이다. 레지스터 R1에 저장되어 있는 데이터는 클록 펄스에 의한 동기화 시점에 레지스터 R2에 저장이 됨을 표현하고 있다. n 비트 데이터를 저장하는 레지스터를 n 비트 레지스터라고 하며, 이 레지스터의 길이(length) 또는 저장 용량은 n 비트이다. 또 레지스터를 표현하는 블록도는 49쪽의 그림 2.30을 참고하여라.

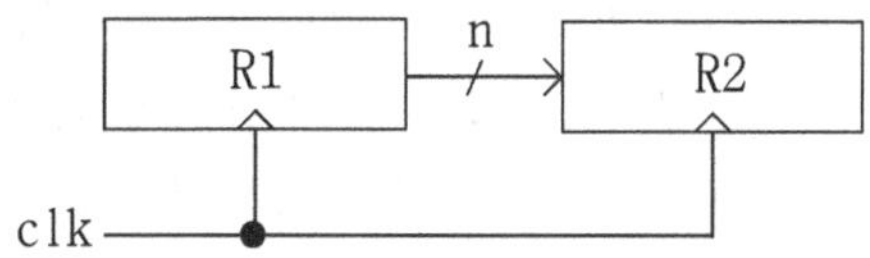

그림 4.2: 마이크로 연산 $R2 \leftarrow R1$을 위한 블록도

그림 4.2에 나타낸 데이터 전송이 갖는 단점은 클럭 펄스에 의한 동기화 시점이 될 때마다 레지스터 R1의 값이 R2에 전송되어 저장된다는 것이다. 따라서 매 동기화 시점에 마이크로 연산이 수행되는 것이 아니라 마이크로 연산이 필요한 시점에 수행될 수 있도록 제어할 수 있는 방법이 필요하다. 다음은 마이크로 연산 수행의 조건을 명시한 예이다.

$$P : R2 \leftarrow R1$$

이것은 조건 P의 값이 '참' 또는 '1'이 될때 레지스터 R1에서 R2로의 전송이 실행됨을 의미한다.

수행될 조건을 포함하고 있는 마이크로 연산을 위한 블록도는 그림 4.3에 나타내었다. 조건 P를 결정하는 논리회로의 출력이 레지스터 R2의 적재(load) 제어 입력으로 사용되었으며, 그 값이 1이 될 때 레지스터 R2는 외부 입력 값을 저장한다. 만약 적재 제어 입력의 값이 0이면 클록 펄스에 의한 동기화 시점이 되어도 레지스터 R2는 외부 입력을 저장하지 않는다.

4.2 메모리 전송 마이크로 연산

1.2에서 다룬 폰 노이만의 저장된 프로그램 개념에서 주기억 장치는 처리될 데이터 뿐만 아니라 프로그램도 저장한다. 따라서 데이터 처리를 위해서는 주기억 장치에 저장되어 있는 데이터를

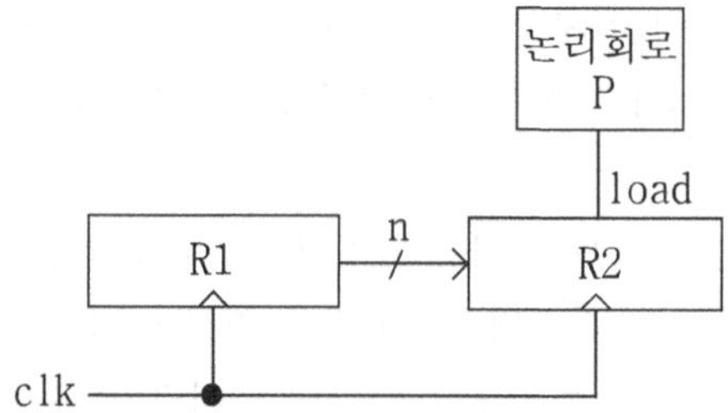

그림 4.3: $P : R2 \leftarrow R1$을 위한 블록도

레지스터로 전송을 하고, 이를 처리한 후 필요하다면 레지스터에 저장된 결과를 다시 주기억 장치로 전송을 해야 한다. 이를 위한 마이크로 연산이 메모리 전송 마이크로 연산이다.

메모리 전송을 위한 마이크로 연산은 메모리에 저장되어 있는 데이터를 레지스터에 저장하는 '메모리 읽기(memory read)'와 레지스터에 저장되어 있는 데이터를 메모리에 전송하는 '메모리 쓰기(memory write)'가 있다. 이를 위한 마이크로 연산은 다음과 같다.

$$memory\_read : DR \leftarrow M$$
$$memory\_write : M \leftarrow DR$$

메모리 읽기는 레지스터 M에 저장되어 있는 데이터를 레지스터 DR에 전송하는 것과 같이 표기되어 있다. 하지만 'M'은 일반적으로 레지스터가 아니라 메모리를 의미한다. 따라서 메모리 읽기는 메모리에 저장되어 있는 데이터를 레지스터 DR(data register)에 전송하는 마이크로 연산이다. 메모리 쓰기 마이크로 연산은 레지스터 DR에 저장되어 있는 데이터를 메모리 M에 전송하는 것으로 표현을 하고 있다.

메모리는 워드(word)라고 불리는 비트 묶음을 저장하는 구성 요소이며, 메모리에 저장되는 워드의 수는 메모리 용량에 의해 결정이 된다. 예를 들어, 한 워드의 길이가 16 비트이고, 메모리 용량이 16 Kb(kilo bit)라고 가정하면, 이 메모리는 1024개의 워드를 저장할 수 있다. 이때 메모리에 저장되는 각 워드를 지정하기 위해 0∼1023까지의 정수로 표현된 메모리 주소(address)가 사용된다. 따라서 메모리 읽기 또는 쓰기를 하기 위해서는 그 연산의 대상이 되는 워드의 주소가 사전에 주소 레지스터(address register, AR)에 전송이 되어야 한다. 따라서 메모리 읽기는 다음의 마이크로 연산이 필요하다.

$$AR \leftarrow address\_source$$
$$DR \leftarrow M[AR] \text{ or } DR \leftarrow M$$

메모리 연산의 대상이 되는 워드의 주소 *address_source*는 다른 레지스터, 주소값 등 다양한 방법으로 결정될 수 있다. 이 마이크로 연산에서 $M[AR]$은 레지스터 AR에 저장되어 있는 값을 주소로 사용한 메모리 연산을 의미하지만 메모리 연산을 위한 주소 저장 레지스터는AR과 같이 사전에 결정되어 있는 경우가 많기 때문에 마이크로 연산을 표현할 때에 생략을 하기도 한다. 메모리 쓰기도 같은 절차에 따라 레지스터 AR에 주소를 전송한 후 메모리 쓰기 마이크로 연산을 수행한다. 그림 4.4은 메모리 전송 마이크로 연산을 위한 블록도를 나타낸 것이다. 레지스터 AR의 주소는 한 방향으로 메모리에게 전송되지만 레지스터 DR에 저장된 데이터의 전송 방향은 읽기 또는 쓰기 연산에 따라 결정된다. 기타 메모리와 관련된 자세한 내용은 제 5 장에서 다룬다.

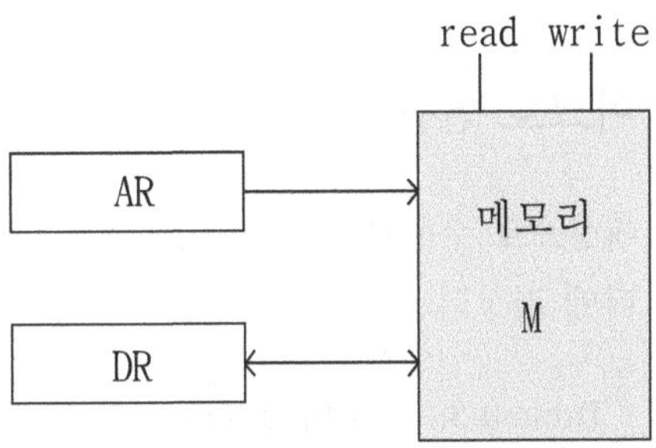

그림 4.4: 메모리 전송 마이크로 연산을 위한 블록도

4.3 산술 마이크로 연산

레지스터에 저장되어 있는 데이터를 대상으로 수행할 수 있는 기본적인 산술 연산은 덧셈, 뺄셈 등이 있다. 표 4.2은 산술 마이크로 연산을 나타낸 것이다. 덧셈, 뺄셈 등의 산술 연산은 그림 4.1에 나타낸 조합 논리회로에서 수행을 한다. 따라서 산술 마이크로 연산이 1 클록 펄스에 실행된다는 것은 조합 논리회로의 결과가 목적 레지스터에 저장되는 것이 클록 펄스에 의한 동기화 시점에 수행됨을 의미한다.

산술 연산 기능은 그림 1.4에 나타낸 저장된 프로그램 개념의 연산장치(ALU)에서 수행한다. 산술 연산은 입력 조합에 대한 출력의 값이 항상 동일해야 하기 때문에 기본적으로 조합 논리회로를 이용하여 구현된다. 연산장치에 대한 자세한 내용과 구현 방법은 제 **??** 장에서 다룬다.

Table 4.2: 산술 마이크로 연산

마이크로 연산	설명
$R1 \leftarrow R2 + R3$	R2와 R3의 내용을 덧셈하여 R1에 전송
$R1 \leftarrow R2 - R3$	R2와 R3의 내용을 뺄셈하여 R1에 전송
$R1 \leftarrow \overline{R1}$	1의 보수화
$R1 \leftarrow \overline{R1} + 1$	2의 보수화
$R1 \leftarrow R2 + \overline{R1} + 1$	뺄셈을 수행
$R1 \leftarrow R1 + 1$	1 증가
$R1 \leftarrow R1 - 1$	1 감소

4.4 논리 및 시프트 마이크로 연산

레지스터에 저장된 데이터를 대상으로 수행할 수 있는 마이크로 연산을 표 4.3에 나타내었다. 논리 마이크로 연산은 레지스터에 저장되어 있는 비트 단위의 연산이다.

Table 4.3: 논리 마이크로 연산

마이크로 연산	설명	마이크로 연산	설명
$F \leftarrow A \wedge B$	AND	$F \leftarrow A \vee B$	OR
$F \leftarrow A$	transfer A	$F \leftarrow B$	transfer B
$F \leftarrow A \oplus B$	배타적 논리합	$F \leftarrow A \odot B$	배타적 논리곱
$F \leftarrow \overline{A}$	complement A	$F \leftarrow \overline{B}$	complement B
$F \leftarrow \overline{A \wedge B}$	NAND	$F \leftarrow \overline{A \vee B}$	NOR
$F \leftarrow 0$	clear	$F \leftarrow all\ 1's$	set to all 1's

시프트 마이크로 연산은 3.4.4절에서 다룬 시프트 연산 기능을 표현하기 위한 것이다. 표 4.4은 시프트 마이크로 연산을 나타낸 것이다.

논리, 시프트 연산 기능도 연산장치(ALU)에서 수행되며, 입력 조합에 대한 출력의 값이 항상 동일해야 하기 때문에 기본적으로 조합 논리회로를 이용하여 구현된다. 마이크로 연산을 표현하기 위해 이 책에서 사용한 표기법은 *Morris Mano*의 “Computer System Architecture”를 참고하였다.

Table 4.4: 시프트 마이크로 연산

마이크로 연산	설명
$R \leftarrow shl\ R$	왼쪽 논리 시프트
$R \leftarrow shr\ R$	오른쪽 논리 시프트
$R \leftarrow cil\ R$	왼쪽 회전
$R \leftarrow cir\ R$	오른쪽 회전
$R \leftarrow ashl\ R$	왼쪽 산술 시프트
$R \leftarrow ashr\ R$	오른쪽 산술 시프트

4.5 산술논리 연산장치

그림 1.4에 보인 저장된 개념에서 주기억장치에 저장되어 있는 데이터를 대상으로 연산을 수행하는 장치가 연산장치(ALU)이다. 데이터를 대상으로 수행하는 연산의 종류는 산술 연산, 논리 연산, 시프트 연산 등이 있다. 이 절에서는 이 연산들을 표현한 마이크로 연산인 산술 마이크로 연산, 논리 마이크로 연산, 시프트 마이크로 연산을 구현한 연산장치를 소개한다.

4.5.1 산술 연산장치

산술 연산 장치는 수 데이터를 대상으로 산술 연산을 수행하는 장치이다. 이 절에서는 2의 보수 표현법을 사용하는 정수 데이터만을 처리하는 연산 장치를 설명하며, 이 산술 연산을 위한 마이크로 연산은 표 4.2에 나타낸 것를 이용한다. n 비트의 산술 연산장치는 n 개의 전가산기와 전가산기의 입력을 결정하는 논리회로로 구성되어 있다. 그림 4.5은 4 비트 산술 연산 장치의 예를 나타낸 것이다.

전가산기의 입력 중 두 개는 4 비트 피연산자 두 개의 i 번째 비트이며, 나머지 한 개는 하위 단계에서 전달되는 자리 올림수 즉, 캐리이다. 그림 4.5에서 4 비트 중 1번 비트에 대한 연산을 수행하는 전가산기의 입력 X_1과 Y_1으로 표시된 것이 두 개의 피연산자로부터 전달되는 것이며, C_1로 표시된 것이 하위 단계에서 전달되는 캐리이다. 전가산기 입력 X_1은 첫 번째 피연산자 A의 1 번 비트 값이 되며, Y_1은 4×1 멀티플렉서(MUX)의 출력값이 전달되었다. 따라서 전가산기의 Y_1의 값을 결정하는 방법에 따라 전가산기를 이용하여 다양한 연산을 수행할 수 있다.

전가산기의 입력 Y_1의 값은 두 번째 피연산자 B의 1번 비트 값 B_1, 그것의 보수 값 $\overline{B_1}$, 0, 1중의 하나가 멀티플렉서의 선택 입력 S_1, S_0의 값에 의해 결정된다. 멀티플렉서의 선택

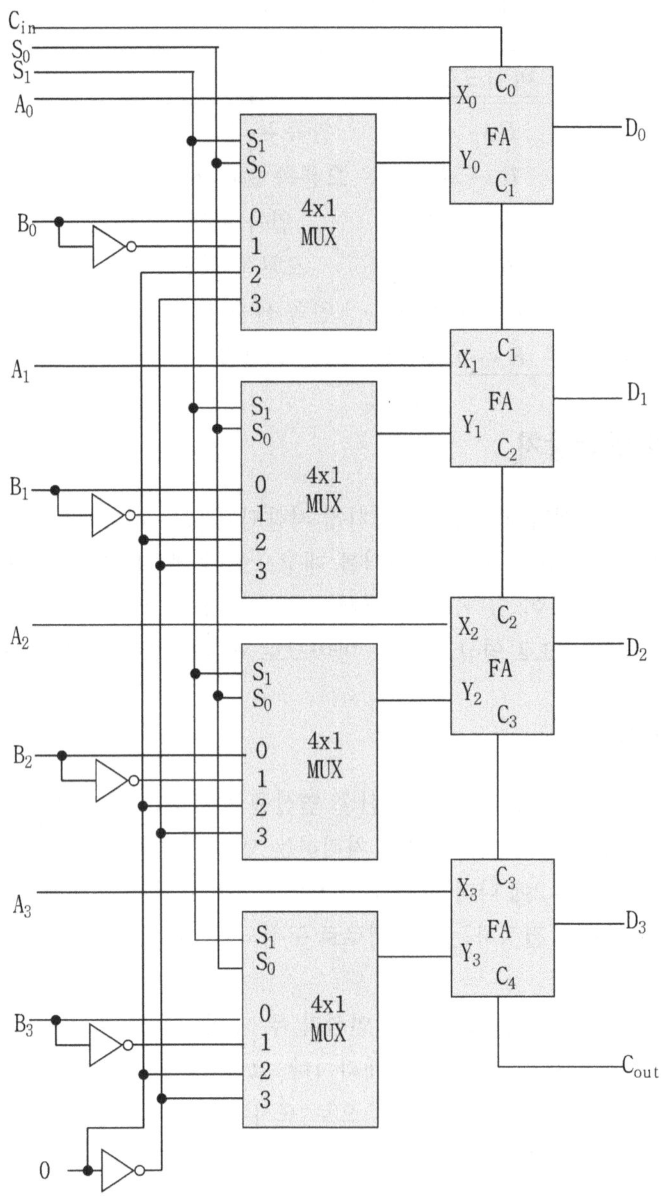

그림 4.5: 산술 연산장치

입력 S_1, S_0의 값에 따른 전가산기들을 이용한 연산은 표 ??에 나타낸 것과 같다. 멀티플렉서 선택 입력 S_1, S_0의 값이 각각 1, 1일 때 연산이 $A-1$인 것은 이 선택 입력에 의해 네 개의

Table 4.5: 멀티플렉서 선택 입력에 따른 전가산기들의 연산

선택 입력		입력 Y	연산
S_1	S_0		
0	0	B	$A+B$
0	1	$\overline{B}$	$A+\overline{B}$
1	0	0	A
1	1	1	A - 1

전가산기 입력 Y의 값이 1111이 되며, 이 값은 -1 을 2의 보수 표기법으로 나타낸 것이다. 그림 4.5에서 가장 하위 단계의 전가산기의 캐리 입력 C_0의 값은 외부 입력 값 C_{in}이며, 이 값에 따라 연산의 결과가 달라 진다. 즉 멀티플렉서의 선택 입력 S_1, S_0, C_0의 값에 따라 산술 연산 장치의 연산 기능이 달라 진다. 표 4.6은 산술 연산 장치의 연산을 나타낸 것이다.

Table 4.6: 산술 연산장치의 기능

기능 선택			마이크로 연산	설명
S_1	S_0	C_{in}		
0	0	0	$D \leftarrow A+B$	덧셈
0	0	1	$D \leftarrow A+B+1$	캐리 포함 덧셈
0	1	0	$D \leftarrow A+\overline{B}$	빌림수 포함 뺄셈
0	1	1	$D \leftarrow A-B$	뺄셈
1	0	0	$D \leftarrow A$	전송
1	0	1	$D \leftarrow A+1$	A 증가
1	1	0	$D \leftarrow A-1$	A 감소
1	1	1	$D \leftarrow A$	전송

4.5.2 논리 연산장치

논리 연산은 레지스터에 저장되어 있는 데이터의 비트 단위로 수행되는 연산이다. 즉, 산술 연산은 수 또는 문자와 같이 하나의 정보를 표현하기 위해 레지스터에 저장되어 있는 데이터를 대상으로 한다면 논리 연산은 레지스터에 저장되어 있는 각각의 비트를 대상으로 연산을 수행하는 것이다. 논리 연산을 표현한 마이크로 연산은 표 4.3에 표현하였지만 이 절에서는 대

표적인 논리 연산이라고 할 수 있는 *AND*, *OR*, *NOT*, *XOR* 연산을 구현한 논리 연산 장치를 설명한다.

논리 연산은 레지스터에 저장된 개별 비트를 대상으로 연산이 수행되기 때문에 각 논리 연산에 해당하는 논리 게이트를 이용하여 구현할 수 있다. 예를 들어, 두 개의 n 비트 레지스터에 저장된 데이터를 대상으로 *AND* 연산을 수행하는 논리 연산 장치는 두 레지스터의 각 비트를 입력으로 하는 n 개의 *AND* 게이트로 구현을 할 수 있다. 그림 4.6은 두 피연산자의 i 번 비트를 대상으로 논리 연산을 수행하는 것은 나타낸 것이다. 따라서 두 개의 n 비트 레지스터에 저장된 데이터를 대상으로 논리 연산 장치를 구현할 경우에 이 논리회로는 n 개가 필요하다.

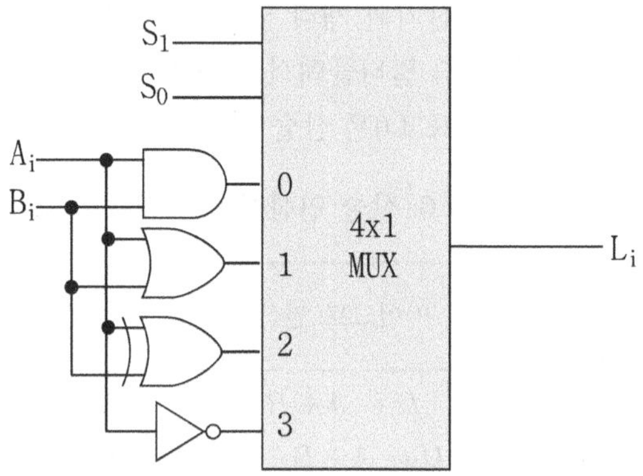

그림 4.6: 논리 연산장치

이 예에서는 두 개의 i 번 비트를 대상으로 네 가지의 논리 연산을 수행하기 때문에 연산 결과는 네 가지 논리 연산 결과 중 한 개를 선택하여야 한다. 이를 위해 4×1 멀티플렉서를 사용하였으며, 선택 입력 S_1, S_0의 값에 따라 결정되는 논리 연산 장치의 결과는 표 4.7에 나타내었다.

이러한 기본적인 논리 연산을 응용하여 수행할 수 있는 추가적인 논리 연산은 다음과 같다.

- 선택 설정
- 선택 보수
- 선택 소거
- 마스크

Table 4.7: 논리 연산장치의 기능 선택

선택 입력 S_1	S_0	출력	설명
0	0	$L \leftarrow A \wedge B$	AND 연산
0	1	$L \leftarrow A \vee B$	OR 연산
1	0	$L \leftarrow A \oplus B$	XOR 연산
1	1	$L \leftarrow \overline{A}$	NOTI(보수) 연산

선택 설정(selective-set) 연산은 선택된 비트들의 값을 1로 설정하는 연산이다. 이를 위해 연산의 대상이 되는 데이터와 1로 설정할 비트를 선택하는 선택 데이터를 이용하여 *OR* 연산을 수행한다. 예를 들어 연산의 대상이 되는 4 비트 데이터가 '1010'이라고 하고, 비트 0, 2번을 선택 설정하고자 할 경우에 비트 선택 데이터는 '0101'이 된다. 이를 이용하여 OR 연산을 수행하여 선택 설정을 한 결과는 '1111'이 된다. 즉, 데이터의 1, 3번 비트의 값은 원래 값을 유지하고, 0, 2번 비트의 값이 1로 설정이 되었다. 선택 보수(selective-complement) 연산은 선택된 비트들의 값을 그 보수 값으로 변경하는 연산이다. 이 연산은 연산의 대상이 되는 데이터와 비트 선택 데이터가 필요하며, 두 값을 이용하여 *XOR* 연산을 수행한다. 선택 소거(selectvie-clear)는 선택된 비트만 0으로 변경하는 연산이며, 연산의 대상이 되는 데이터를 비트 선택 데이터의 보수를 *AND* 연산하여 수행한다. 마스크(mask)는 선택된 비트는 그 값을 유지하지만 그렇지 못한 비트의 값은 0으로 되는 연산이며, *AND* 연산을 이용하여 수행한다. 다음은 연산의 대상이 되는 데이터가 '1010'이고, 비트 선택 데이터가 '0101'일때 각 논리 연산의 예를 나타낸 것이다.

	선택 설정	선택 보수	선택 소거	마스크
연산전 데이터	1010	1010	1010	1010
비트선택 데이터	0101	0101	0101	0101
연산후 데이터	1111	1111	1010	0000

4.5.3 산술 논리 연산장치

그림 1.4에서 표현한 저장된 프로그램 개념의 연산장치를 구현한 산술 논리 연산장치(arithmetic logic unit, ALU)는 산술 연산, 논리 연산 및 시프트 연산을 수행할 수 있다. 이것은 산술 연산을 위한 산술 연산장치, 논리 연산을 위한 논리 연산장치를 결합한 것으로 시프트 연산은

멀티플렉서를 이용하여 간단히 구현할 수 있다. 그림 4.5에 나타낸 산술 연산장치는 수행할 수 있는 여러 산술 연산 중에서 하나를 선택하기 위해 멀티플렉서와 입력 캐리를 이용하였고, 그림 4.6에 나타낸 논리 연산장치도 네 가지 논리 연산 중 하나를 선택하기 위해 멀티플렉서를 이용하였다. 이 두가지를 결합한 산술 논리 연산장치의 논리도의 예는 그림 4.7에서 보인 것과 같다. 이것은 n 비트의 두 피연산자에 대해 산술, 논리, 시프트 연산을 수행하는 연산장치의 i 번 비트 연산을 위한 논리도만을 표현한 것이다. 따라서 완전한 n 비트를 위한 연산장치는 n 개의 i 번 비트를 위한 연산장치로 구성된다.

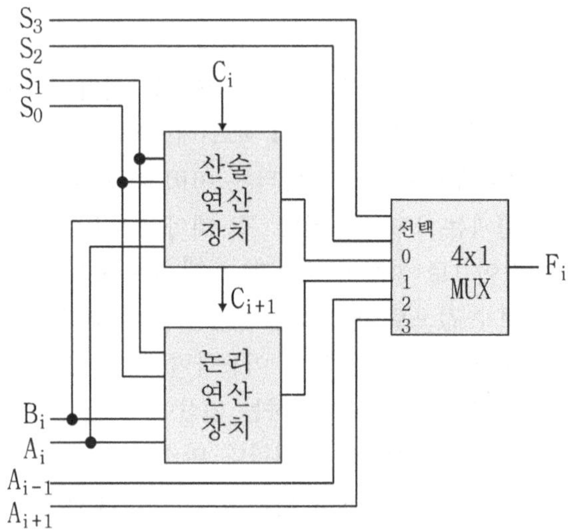

그림 4.7: i 번 비트 연산을 위한 연산장치의 논리도

그림 4.7에 보인 논리도의 출력은 4×1 멀티플렉서에 의해 결정이 되며, 이것의 입력은 각각 i 번째 비트를 대상으로 연산한 산술 연산장치의 출력, 논리 연산장치의 출력, $i-1$ 번 비트,$i+1$ 번 비트이다. 표 4.8은 각 멀티플렉서의 선택 입력값에 따른 산술 논리 연산장치의 기능을 나타낸 것이다. 네 개의 입력 중 하나를 선택하기 위한 선택 입력 S_3, S_2의 값에 따라 이 연산장치의 출력이 달라진다. 이때 n 비트 레지스터에 저장되는 데이터의 *0* 번 비트가 가장 오른쪽 비트이며, n *-1* 번 비트가 가장 왼쪽 비트라고 한다면, 멀티플렉서의 세 번째 입력인 $i-1$ 번 비트의 값이 i 단계의 출력으로 사용된다는 것은 왼쪽 시프트 기능을 수행하는 것이다. 동일하게 $i+1$ 번 비트의 값이 선택되어 i 단계의 출력이 되는 것은 오른쪽 시프트 연산을 수행한 결과로 사용될 수 있다. 이 선택 입력값들은 명령어 수행을 위해 제어 신호를 생성하는 제어장치에 의해 결정된다. 제어장치는 제 8 장에서 설명한다.

Table 4.8: 산술 논리 연산장치의 기능 제어

선택입력 및 입력 캐리					연산	설명
S_3	S_2	S_1	S_0	C_{in}		
0	0	0	0	0	$F \leftarrow A$	A 전송
0	0	0	0	1	$F \leftarrow A+1$	A의 값 증가
0	0	0	1	0	$F \leftarrow A+B$	덧셈
0	0	0	1	1	$F \leftarrow A+B+1$	캐리 포함한 덧셈
0	0	1	0	0	$F \leftarrow A+\overline{B}$	빌림수 포함한 뺄셈
0	0	1	0	1	$F \leftarrow A-B$	뺄셈
0	0	1	1	0	$F \leftarrow A-1$	A의 값 감소
0	0	1	1	1	$F \leftarrow A$	A 전송
0	1	0	0	x	$F \leftarrow A \wedge B$	AND 연산
0	1	0	1	x	$F \leftarrow A \vee B$	OR 연산
0	1	1	0	x	$F \leftarrow A \oplus B$	XOR 연산
0	1	1	1	x	$F \leftarrow \overline{A}$	A의 보수
1	0	x	x	x	$F \leftarrow shl\ A$	왼쪽 시프트
1	1	x	x	x	$F \leftarrow shr\ A$	오른쪽 시프트

4.6 버스

마이크로 연산은 레지스터에 저장되어 있는 데이터를 대상으로 연산을 수행한 후 그 결과를 레지스터를 전송하는 것을 표현한 것이다. 이때 레지스터들 사이에 정보를 교환할 수 있는 데이터 경로로 버스(bus)가 있다. 버스는 데이터 교환을 위해 레지스터들이 공유하는 경로이기 때문에 임의의 순간에는 한 레지스터만 데이터를 버스를 통해 전송할 수 있다. 따라서 버스 시스템은 버스에 데이터를 올리는 레지스터와 버스에 올려져 있는 데이터를 수신하는 레지스터를 선택할 수 있는 논리회로가 필요하다.

버스를 구현하는 간단한 방법은 멀티플렉서와 디코더를 이용하는 것이다. 멀티플렉서는 버스에 데이터를 올릴 레지스터 즉, 소스 레지스터를 선택하기 위해 사용되며, 디코더는 버스에 실려 있는 데이터를 수신하는 레지스터 즉, 목적 레지스터를 선택하기 위해 사용된다. 그림 4.8은 네 개의 레지스터가 버스에 연결되어 데이터를 교환하는 버스 시스템을 나타내고 있다. 이 버스는 데이터 전송을 위해 네 개의 레지스터가 데이터 전송을 위해 공유하지만 어떤 시점에 버스를 통해 데이터를 전송할 수 있는 레지스터는 한 개이다. 따라서 버스는 네 개의

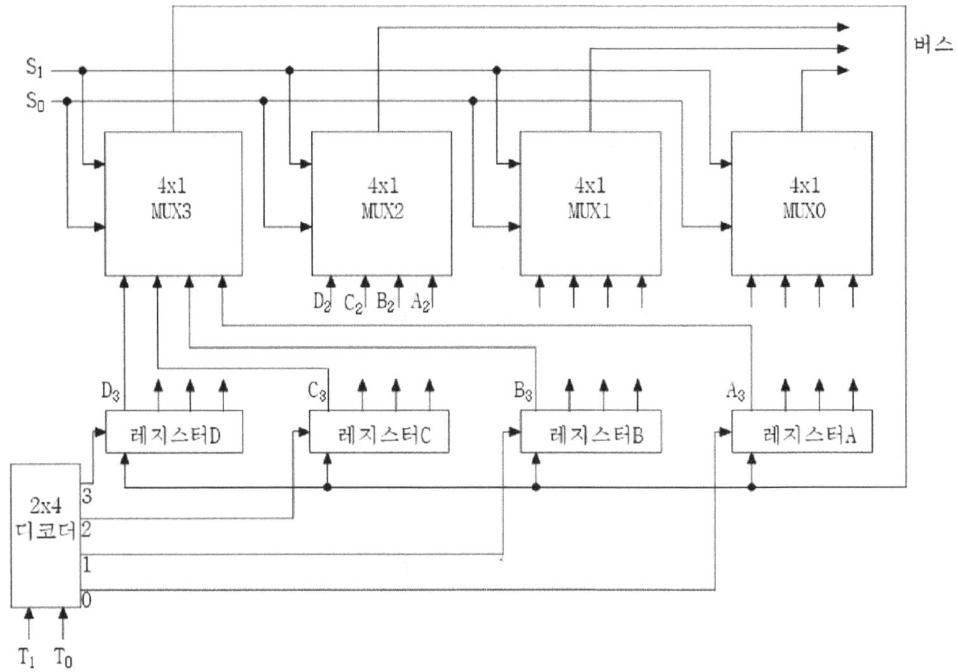

그림 4.8: 네 개의 4 비트 레지스터가 연결된 간단한 버스 시스템의 블록도

레지스터 중 데이터를 버스에 올리는 한 개의 레지스터를 선택해야 한다. 이를 위해 그림 4.8 에서는 4×1 멀티플렉서를 사용하고 있다. 만약 n 개의 레지스터 또는 데이터 소스가 버스에 연결되어 있다면 이들 중 하나를 선택하기 위해 $n \times 1$ 멀티프렉서가 필요하다.

각 레지스터의 길이가 4 비트이기 때문에 버스는 4 비트를 전송할 수 있는 네 개의 신호선을 구성되며, i 번째 버스 신호선은 각 레지스터의 i 번째 비트를 전송하기 위해 사용된다. 즉 버스의 i 번째 신호선은 각 레지스터의 i 번째 비트 중 하나를 선택하여 그 값을 전송한다. 따라서 레지스터의 길이가 4 비트라면 네 개의 비트 전송을 위해 네 개의 멀티플렉서가 필요하다. 즉, 멀티플렉서로 버스 시스템을 구성할 때 멀티플렉서의 수는 레지스터의 길이를 이용하여 결정을 하며, 멀티플렉서의 규격은 버스에 연결되는 레지스터 또는 데이터 소스의 수를 이용하여 결정을 한다. 그림 4.8의 예에서 네 개의 4 비트 레지스터가 버스에 연결되는 경우에 각 레지스터가 4 비트이기 때문에 네 개의 멀티플렉서가 사용되었고, 레지스터의 수가 네 개이기 때문에 4×1 규격의 멀티플렉서가 사용되었다. 이 버스 시스템에서 'MUX3'라고 표시된 멀티플렉서는 각 레지스터의 3번 비트들 중에 하나를 선택하여 버스의 신호선에 그

경우에 각 레지스터가 4 비트이기 때문에 네 개의 멀티플렉서가 사용되었고, 레지스터의 수가 네 개이기 때문에 4×1 규격의 멀티플렉서가 사용되었다. 이 버스 시스템에서 'MUX3'라고 표시된 멀티플렉서는 각 레지스터의 3번 비트들 중에 하나를 선택하여 버스의 신호선에 그 값을 올리는 역할을 하고 있다.

버스에 올려져 있는 값은 버스에 연결되어 있는 레지스터가 수신하여 저장할 수 있다. 특정 레지스터가 버스에 있는 값을 수신하도록 하는 것은 2×4 디코더를 이용하여 각 레지스터의 적재(load) 제어 입력값을 결정함으로써 제어가 가능하다. 버스 시스템에 사용될 디코더의 규격은 버스에 적재되어 있는 값을 수신할 있는 레지스터 또는 데이터 타겟의 수를 이용하여 결정을 한다. 만약 이런 레지스터의 수(또는 데이터 타겟)가 n 개라면 $\log_2 n \times n$ 규격의 디코더가 필요하다.

따라서 버스에 데이터를 적재할 레지스터 선택은 선택 입력 S_1, S_0에 의해 결정되며, 버스에 적재되어 있는 값의 목적지 레지스터 선택은 T_1, T_0에 의해 결정된다. 표 4.9는 각 선택 입력에 따른 동작을 나타내고 있다.

Table 4.9: 선택 입력에 따른 버스 시스템 제어

소스 선택		$BUS \leftarrow$	목적지 선택		$\leftarrow BUS$
S_1	S_0		T_1	T_0	
0	0	A	0	0	A
0	1	B	0	1	B
1	0	C	1	0	C
1	1	D	1	1	D

이 버스 시스템에서 $A \leftarrow D$와 같은 마이크로 연산으로 표현되는 레지스터간 전송은 레지스터 D의 값을 레지스터 A에 전송해야 한다. 따라서 버스의 동작을 제어하는 S_1, S_0, T_1, T_0의 값은 각각 1, 1, 0, 0이 되어야 한다. 이와 같이 버스의 동작 제어를 위한 각 선택 입력값은 제어장치가 결정한다.

연습문제

1. 마이크로 오퍼레이션(micro-operation)의 설명으로 옳지 않은 것은?

   a) 레지스터에 저장된 데이터에 의해 이루어지는 동작이다.

   b) 한 개의 클록(clock)펄스 동안 실행되는 기본동작이다.

   c) 한 개의 instruction은 여러 개의 마이크로 오퍼레이션이 동작되어 실행된다.

   d) 현재 CPU가 무엇을 하고 있는가를 나타내는 상태 동작이다.

2. 그림 4.8은 멀티 플렉서를 이용하여 버스 시스템을 구성하고 있다. 3상 버퍼를 조사하고, 이것과 디코더를 이용하여 버스를 구현하는 블록도를 작성하여라.

3. 다음 마이크로 연산을 구현하는 논리회로 블록도를 작성하여라. AR와 DR은 레지스터이며 x, y, z 는 제어 변수이다.

   $$xy + yz : AR \leftarrow AR + DR$$

4. 레지스터 $R1$ 에 11001101_2이 적재되어 있다고 가정하고, $R1$에 저장된 값을 다음과 같이 변경하기 위해 필요한 값과 이때 사용한 논리 마이크로 연산은 무엇인가?

   a) 00110010
   b) 11001111

5. 레지스터 $R1$ 에 11110101_2 가 적재되어 있다고 가정을 하고, 오른쪽 산술 시프트 → 오른쪽 논리 시프트 → 오른쪽 회전 을 순서대로 수행했을 때 레지스터 R1에 저장되어 있는 값은 무엇인가?

Chapter 5

메모리

Chapter 5

메모리

메모리(memory) 또는 기억장치는 데이터와 명령어를 저장하는 컴퓨터 시스템의 구성요소 중의 하나이다. 이것은 사용 목적에 따라 주기억장치(main memory)와 보조기억장치로 나뉜다. 주기억장치는 중앙처리장치가 직접 접근하여 사용할 데이터를 읽기 또는 쓰기를 할 수 있는 기억장치이며, 보조기억장치는 입출력 인터페이스를 통해 데이터를 전송하여 저장할 수 있는 기억장치이다. 이 장에서는 주기억장치에 대해 다루며, 메모리는 주기억장치를 의미한다. 보조기억장치는 제 6 장에서 다룬다.

5.1 메모리 계층

기억장치는 여러 특성에 따라 그 종류가 나뉘어 진다. 표 5.1는 기억장치의 특성을 표현하는 주요 요소를 나타내고 있다.

정보를 표현하는 가장 기본 단위인 바이트(byte)는 8개의 비트로 구성된 비트 묶음으로 정해져 있지만 워드의 길이는 컴퓨터 시스템마다 다를 수 있다. 즉, 컴퓨터 시스템에 따라 메모리 워드의 길이가 8 비트, 16 비트 또는 그 이상이 될 수 있다. 저장 비용은 1 비트 저장을 위해 요구되는 비용을 의미하며 주기억장치보다 고성능인 캐시 메모리가 비트당 저장 비용이 높다. 접근 시간(access time)이 메모리 워드 읽기 또는 쓰기 연산 수행 시간 즉, 메모리 동작 시간을 의미한다면, 메모리 사이클 시간(memory cycle time)은 접근 시간과 다음 접근을 위해 요구되는 추가적인 시간을 합한 시간이다. 메모리의 다음 접근을 위한 추가 시간으로는 각종 신호선에 전류가 완전히 소멸되기까지의 시간 등이다. 전송 단위는 메모리와 다른 장치들이 데이터를 교환할 때 한번에 전송하는 데이터의 양이다. 이때 전송되는 기본 데이터 양은 한

Table 5.1: 메모리의 특성

특성	설명
워드 길이	메모리에 저장된 데이터에 접근을 할 수 있는 기본 저장 단위
저장 비용	1 비트 저장 비용
접근 시간	메모리 워드 읽기 또는 쓰기 연산 수행 시간
메모리 사이클 시간	메모리 접근과 다음 메모리 접근의 시간 간격
저장 용량	메모리에 저장되는 워드 또는 바이트의 수
전송 단위	메모리와 다른 장치와의 데이터 전송 단위, 워드 또는 블록
전송률	1 초당 메모리 전송 데이터의 비트 또는 바이트 수

개의 워드 또는 복수개의 워드들로 구성되는 블록이다. 블록은 사전에 정해진 갯수의 워드로 구성되며, 메모리의 연속된 공간에 저장되어 있어 연속된 주소를 갖는다.

가장 이상적인 메모리는 저장 비용이 낮고, 접근 시간이 짧으며, 큰 저장 용량을 갖는 것이다. 즉, 저렴하면서 대용량의 고성능 메모리가 이상적인 메모리이다. 그러나 현재 구현되어 있는 메모리 중에서 이러한 조건을 만족시키는 이상적인 메모리는 없다고 할 수 있다. 물론 과거에 비해 현재의 메모리 기술은 이상적인 메모리의 조건에 접근하는 듯 보이지만 메모리에 대한 요구는 더 낮은 비용, 더 짧은 접근 시간, 더 큰 저장용량을 요구하고 있다.

서로 대립되는 요소 사이의 적절한 균형 즉, 트레이드 오프(tradeoff)를 통해 이상적인 메모리의 특성에 근접하고자 하는 시도가 메모리 계층(memory hierarchy)이다. 그림 5.1은 메모리 계층을 나타낸 것이다. 메모리 계층에서 상위에 있는 메모리 요소는 고성능, 저용량의 특성을 가지며, 하위에 있는 것은 저성능, 고용량의 특성을 가진다. 즉, 캐시 메모리는 주기억장치보다 비트당 저장 비용이 높고, 짧은 접근 시간을 갖는 반면 용량은 적다. 반면 레지스터와 캐시 메모리를 비교하면 상위에 있는 레지스터가 더 높은 성능을 가지지만 상대적으로 적은 용량의 데이터를 저장할 수 있다.

각 계층에 해당하는 메모리 요소간의 전송 단위은 각각 다르다. CPU내에 있는 레지스터와 캐시 메모리는 워드 단위의 전송을 하지만 캐시 메모리와 주기억장치, 주기억장치와 보조기억장치는 블록의 크기는 같지 않지만 블록 단위로 데이터를 전송한다. 캐시 메모리와 주기억장치간의 전송에서 블록은 수 십개 이내의 워드로 구성되지만 주기억장치와 보조기억장치간 전송의 블록은 수 백개 이상의 워드로 구성된다.

CPU가 계층화하여 구성한 메모리 시스템에 저장되어 있는 데이터를 사용하는 방법을 다음과 같다. CPU는 처리할 데이터가 레지스터에 있다고 가정을 한다. 따라서, CPU는 레지스터에

그림 5.1: 메모리 계층

저장되어 있는 데이터를 이용하여 처리를 하게 되는데, 만약 처리할 데이터가 레지스터에 이미 적재되어 있다면 레지스터에 저장된 데이터에 즉시 접근하여 처리할 수 있다. 이 경우에 CPU가 요구하는 데이터가 레지스터에 있다는 의미로 '적중했다(hit)'라고 한다. 만약 CPU가 처리할 데이터가 레지스터에 적재되어 있지 않다면 '실패했다(miss)'라고 하며, 이 경우에 메모리 시스템은 레지스터보다 상대적으로 저성능이지만 고용량인 캐시 메모리에서 데이터를 찾아 레지스터에 적재하여 CPU가 처리를 할 수 있도록 한다. 이때 캐시 메모리로의 접근 시간이 요구되기 때문에 CPU가 레지스터에 접근하는 시간보다 더 긴 접근 시간이 필요하다. 그러나 레지스터보다 더 고용량인 캐시 메모리로 인해 CPU는 더 큰 용량의 메모리 공간을 확보하는 효과를 얻을 수 있다. 만야 CPU가 처리에 사용할 데이터가 캐시 메모리에 없다면 더 낮은 계층의 주기억장치에서 그것을 찾아 적재를 한다. 이 경우에는 주기억장치의 접근 시간은 캐시 메모리의 접근 시간보다 더 길지만 더 큰 저장 공간을 확보하는 효과를 얻을 수 있다. 이러한 방법으로 계층화되어 있는 메모리 시스템에 저장되어 있는 데이터를 CPU가 접근하여 처리를 하기 때문에 높은 계층의 메모리 요소에서는 성능을, 낮은 계층의 메모리 요소에서는 저장 용량을 확보하는 효과를 얻을 수 있다.

간단한 예를 통해 메모리 계층이 CPU의 평균 메모리 접근 시간의 개선에 효과가 있음을 확인할 수 있다. 그림 5.2은 두 개의 계층으로 메모리 시스템을 구성한 예이다. 첫 번째 계층의 메모리 접근 시간이 T_c, 두 번째 계층의 메모리 접근 시간이 T_m이라고 하자. 또 CPU가 데이터 처리를 위해 요구하는 데이터가 첫 번째 계층의 메모리에 있는 것을 '적중했다(hit)'라고 했는데, 적중할 확률인 적중률(hit ratio)을 h라고 하자. 적중률은 CPU가 처리를 위해 요구하는 데이터가 첫 번째 계층의 메모리에 이미 적재되어 있을 확률을 의미하며, 90% ~ 95% 정도가 되는 것으로 알려져 있다. 적중률이 90%라는 것은 CPU가 데이터 처리를 위해 메모리 시스템에 접근할 때 100번의 메모리 접근 요구 중 90번 정도는 첫 번째 계층의 메모리에 이미 적재되어 있어 추가적인 접근 시간없이 그 데이터를 CPU에게 제공할 수 있다는 의미이다. 반면 10번 정도의 메모리 접근은 첫 번째 계층이 아닌 두 번째 계층의 메모리에

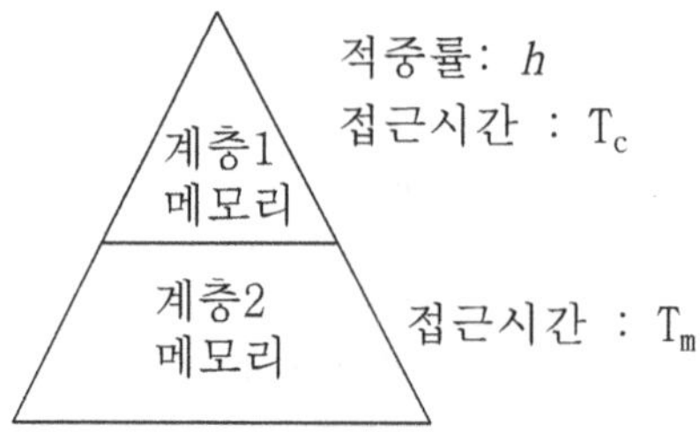

그림 5.2: 2 계층의 메모리 시스템의 예

저장된 데이터를 대상으로 하기 때문에 추가적인 접근 시간이 요구된다. 이때 CPU의 메모리 시스템으로의 평균 접근 시간 T_{avg}은 다음과 같이 계산된다.

$$T_{avg} = h \times T_c + (1 - h) \times (T_c + T_m)$$

적중하지 않았을 때의 접근 시간이 $T_c + T_m$인 것은 두 번째 계층의 메모리 요소에 저장되어 있는 데이터를 첫 번째 계층의 메모리 요소에 적재한 후 그것을 CPU가 사용하므로 두 번째 메모리 요소에 접근하는 시간과 첫 번째 메모리 요소에 접근하는 시간이 필요하기 때문이다.

예를 들어, $T_c = 10\ ns$, $T_m = 100\ ns$, $h = 0.9$인 경우에 평균 접근 시간은 다음과 같다.

$$\begin{aligned} T_{avg} &= 0.9 \times 10 + (1 - 0.9) \times (10 + 100) \\ &= 9 + 11 \\ &= 20\ ns \end{aligned}$$

메모리 시스템의 평균 접근 시간은 고성능의 첫 번째 메모리 요소의 접근 시간에 근접함과 동시에 이 예에서는 용량을 표시하지 않았지만 두 번째 메모리 요소가 제공하는 대용량의 저장 공간을 확보할 수 있다. 이처럼 서로 대립되는 요소 사이의 적절한 균형 즉, 트레이드오프(tradeoff)를 통해 이상적인 메모리의 특성에 근접하고자 메모리 계층을 사용하는데 평균 접근 시간 계산을 통해 확인할 수 있다.

메모리 계층의 최상위에 있는 레지스터는 CPU내에 있는 소용량 고성능 임시 저장소이며, 캐시 메모리는 다음 5.3절에서, 주기억장치는 5.2절에서 다룬다. 또 보조기억장치는 제 6장에서 다룬다.

5.2 주기억장치

주기억장치는 컴퓨터가 실행할 프로그램과 처리할 데이터를 저장하는 것으로 1 비트를 저장하는 이진 셀(binary cell)들로 구성되어 있다. 그림 5.3은 이진 셀의 블록도를 나타낸 것이다.

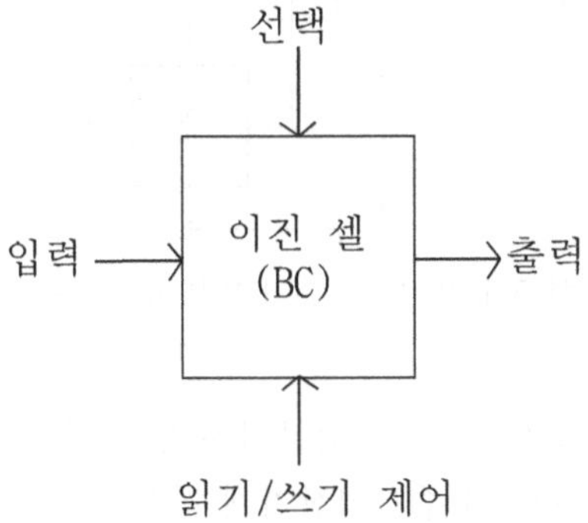

그림 5.3: 이진 셀의 블록도

이진 셀의 입력은 외부의 1 비트 데이터가 셀에게 전송되는 것으로 쓰기 제어 신호에 따라 셀에 그 값이 저장된다. 출력은 읽기 제어 신호에 의해 이진 셀이 저장하고 있는 1 비트 데이터가 출력되어 다른 구성 요소에게 전송된다. 즉 이진 셀의 동작은 '읽기/쓰기 제어' 신호에 의해 결정된다. 주기억장치는 많은 수의 이진 셀로 구성되어 있다고 하였다. 따라서 주기억장치에 저장되어 있는 데이터에 접근하기 위해서는 그 데이터를 저장하고 있는 이진 셀들만 동작을 하여야 한다. 이진 셀의 '선택' 제어선은 메모리 접근 연산에 해당 이진 셀이 참여할지를 결정하는 것이다.

그림 5.4은 2 비트 주기억장치의 블록도를 나타낸 것이다. 이 메모리는 2 비트를 저장할 수 있기 때문에 두 개의 이진 셀과 동작을 제어할 조합 논리회로로 구성되어 있다. 데이터를 저장할 이진 셀을 선택하기 위해 1 비트의 주소가 필요하며, 이 주소는 주소 해석기의 출력을 결정한다. 주소 해석기의 출력은 각각 위와 아래의 이진 셀을 위한 선택 제어로 사용된다. 따라서 주소가 0이었다면 위의 이진 셀이 선택되어 읽기 또는 쓰기 동작을 수행하게 되고, 아래의 이진 셀은 현재 저장하고 있는 데이터를 유지한다. 이 주기억장치의 경우에 주소에 의해 접근할 수 있는 데이터의 길이가 한 개의 이진 셀에 의해 저장되는 1 비트이기 때문에 워드의 길이는 1 비트이다.

워드는 메모리에 저장된 데이터 접근을 위한 기본 단위이며, 정보 표현을 위한 비트들의 묶음이며, 그 길이는 메모리의 특성과 구성에 따라 달라 질 수 있의 수가 있다. 주기억장치는

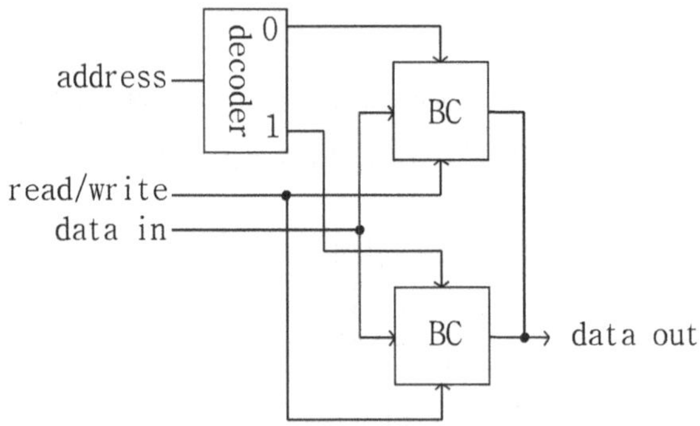

그림 5.4: 2-비트 주기억장치의 블록도

많은 수의 워드를 저장할 수 있으며, 메모리 접근의 대상이 되는 워드를 지정하기 위해 각 워드마다 주소(address)를 갖는다. 따라서 주기억장치에 저장되어 있는 데이터를 읽거나 저장하는 메모리 연산은 그 데이터를 위한 워드를 주소를 이용하여 지정하고, 그 워드를 대상으로 읽기 또는 쓰기를 수행한다.

주기억장치는 워드에 새로운 데이터 '쓰기' 가능 여부에 따라 RAM(Random Access Memory)와 ROM(Read Only Memory)로 나누어 진다. RAM은 워드의 내용을 필요에 따라 언제든지 변경이 가능한 주기억장치이며, ROM은 한번 결정된 워드의 내용을 변경하지 못하고 '읽기'만 가능한 주기억장치이다. RAM은 임의 접근 메모리(Random Access Memory)의 앞 글자를 조합한 명칭인데, 임의 접근 메모리의 개념은 저장된 위치에 상관없이 동일한 워드 접근 시간을 갖는 특성을 가진 메모리라는 의미이다. 즉, 주기억장치의 첫 번째 워드, 중간에 위치한 워드 또는 가장 마지막 워드를 대상으로 한 접근 시간이 동일함을 의미한다. 그런 관점에서 읽기만 가능한 ROM도 임의 접근 메모리 중의 하나이다. 그러나 RAM이라는 용어가 일반화되어 이 용어 자체는 워드의 읽기, 쓰기가 모두 가능한 메모리를 의미한다. 따라서, 용어 RAM와 임의 접근 메모리를 다소 구분하여 사용을 한다.

5.2.1 RAM

RAM은 읽기, 쓰기가 모두 가능한 주기억장치이다. 앞서 이진 셀이 1 비트 정보를 저장한다고 하였는데, 이진 셀을 구현하는 방법에 따라 RAM은 다시 'DRAM'이라고 부르는 동적 RAM(Dynamic RAM)과 'SRAM'이라고 부르는 정적 RAM(Static RAM)으로 구분된다. DRAM은 커패시터(capacitor)의 충전, 방전 상태를 이용하여 비트 정보를 저장하기 때문에 구조가 단순하여 집적도를 높일 수 있지만 커패시터의 동작 시간으로 인해 SRAM에 비해 메모리 연산 즉, 메모리 읽기, 쓰기 성능은 떨어진다. 반면 SRAM은 트랜지스터들로 비트 정보를 저장하기 때문에 DRAM보다 고속으로 동작할 수 있지만 이진 셀의 구조가 DRAM보다 상대적으로 복잡하다. 따라서 현재 DRAM은 적절한 가격의 대용량 저장공간이 요구되는 주기억장치를 구성하기 위해 많이 사용되고 있으며, SRAM 또는 관련 기술은 작은 용량의 주기억장치를 요구하는 임베디드 시스템 또는 고속의 메모리 접근이 요구되는 캐시 메모리 구현을 위해 사용한다.

그림 5.5은 $m \times n$ RAM을 위한 간략화된 심볼을 나타내고 있다. 이때 $m \times n$은 RAM의 저장 용량을 표현한 것이다. 즉, 그림 5.5에 나타낸 RAM은 m 개의 워드를 저장할 수 있으며, 각 워드의 길이는 n 비트임을 나타내고 있다. 이 RAM은 m 개의 워드를 저장할 수 있기 때문에 각 워드를 위한 주소의 범위는 $0 \sim (m-1)$이다. 따라서 주소는 log_2m 비트로 표현할 수 있다.

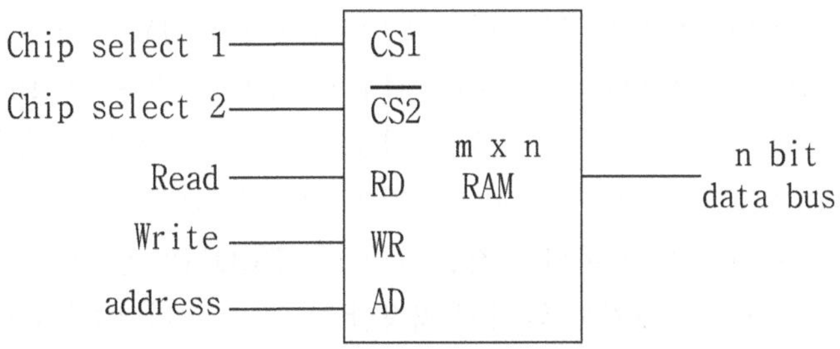

그림 5.5: $m \times n$ RAM의 심볼

Table 5.2: RAM 동작 제어를 위한 제어 신호

$CS1$	$\overline{CS2}$	RD	WR	기능	설명
0	0	×	×	inhibit	아무것도 안함
0	1	×	×	inhibit	아무것도 안함
1	0	0	0	inhibit	아무것도 안함
1	0	0	1	write	버스의 데이터를 RAM 저장
1	0	1	×	read	RAM의 데어틀 버스로 전송
1	1	×	×	inhibit	아무것도 안함

표 5.2은 RAM의 제어 신호를 표현한 것으로 이것을 이용하여 RAM의 동작을 제어한다. 제어 신호 중 $CS1$와 $CS2$는 칩 선태(chip select)이다. 이것은 메모리 시스템을 여러 개의

메모리 IC로 구성할 때 메모리 연산을 수행할 메모리 IC를 선택하는 역할을 수행한다. 그림 5.5에서 이 제어 신호가 $CS1$와 $\overline{CS2}$로 표시된 것은 $CS1$와 $CS2$의 값이 각각 1, 0이 되었을 때 이 메모리 IC가 선택되어 메모리 연산을 수행함을 의미한다. 메모리 연산은 읽기(read)와 쓰기(write)가 있는데 이것은 각각 RD와 WR 제어 신호에 의해 결정이 된다 . n 비트 데이터 버스(bus)는 외부의 데이터를 메모리에 저장하거나, 메모리에 저장되어 있는 데이터를 다른 구성 요소에게 전송하기 위한 전송 경로이다. 버스는 4.6 절에서 다룬다. 주소는 주기억장치에 저장될 수 있는 워드의 수 m에 따라 결정되어 log_2m 비트가 된다. 만약 주기억장치가 128 개의 워드를 저장할 수 있다면 주소는 $log_2 128 = log_2 2^7 = 7$ 비트의 길이를 갖는다.

5.2.2 ROM

ROM은 저장되어 있는 데이터를 읽기만 가능한 주기억장치이다. 저장되어 있는 데이터를 제거하고 다시 저장하는 방법에 따라 ROM은 마스크 ROM(mask ROM), PROM(Programmable ROM), EPROM(Erasable PROM), EEPROM(Electronically Erasable PROM) 등이 있다. 마스크 ROM은 ROM이 생산될 때 그 내용이 결정되는 것으로 저장된 내용을 사용자가 변경을 할 수 없다. PROM은 ROM에 내용을 저장할 수 있는 ROM 라이터(ROM Writer)를 이용하여 사용자가 그 내용을 단 한번 저장할 수 있다. PROM이 단 일회 내용을 저장할 수 있다면 EPROM은 그 내용을 제거한 후 다시 저장할 수 있다. 그러나 EPROM에 저장되어 있는 내용을 제거하기 위해서는 ROM 소거기(ROM Eraser)가 필요하며, 내용을 다시 저장하기 위해서는 ROM 라이터가 필요하다. EEPROM은 그 내용을 전자적으로 제거를 한 후 새로운 내용을 저장할 수 있으며, 내용을 제거하거나 저장할 때 ROM 라이터와 같은 장비가 필요하다. 이처럼 ROM은 기본적으로 저장되어 있는 내용을 읽을 수 있으며, 그 내용을 제거하고 새로운 내용을 저장하기 위해서는 별도의 장비가 요구된다.

그림 5.6은 $m \times n$ ROM을 위한 심볼을 나타내고 있다. 앞서 설명한 것과 같이 m은 ROM에 저장되어 있는 워드의 수를 나타내며, n은 각 워드의 길이를 나타낸 것이다. ROM은 그 내용을 읽기만 가능하기 때문에 RAM의 경우와 같이 읽기, 쓰기 제어 신호가 필요없다. 따라서, CPU가 접근하고자 하는 워드의 주소를 전송하면 그 주소에 해당하는 워드의 내용이 버스에 전송된다. 이 ROM은 m 개의 워드를 저장하기 때문에 주소는 $\log_2 m$ 비트의 길이를 갖는다.

5.2.3 메모리 주소 맵

CPU가 생성할 수 있는 주소의 전체 범위를 주소 공간(address space)이라고 한다. 주소 공간은 RAM과 ROM을 이용하여 저장 공간을 구성한다. 메모리 맵(memory map)은 주소 공간에서

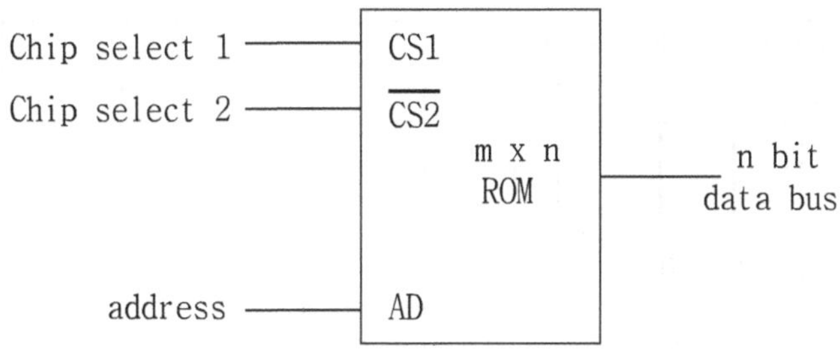

그림 5.6: $m \times n$ ROM의 심볼

RAM 또는 ROM에 할당되는 영역을 나타낸 것이다. 예를 들어, CPU가 생성하는 주소가 10 비트라고 가정하자. 이 CPU가 생성할 수 있는 주소의 범위인 주소 공간은 $0 \sim ()2^{10} - 1)$이 된다. 표 5.3은 이 주소 공간을 RAM과 ROM에 할당한 메모리 맵을 나타낸 것이다. 메모리 맵에 의하면 1K 워드의 주소 공간 중 최초 $0 \sim 511$ 범위의 영역만 메모리를 할당하고 나머지 512 워드는 메모리에 할당하지 않고 비워두고 있다. 메모리에 할당된 주소 공간 중에서 처음 384 워드는 세 개의 128 워드 저장 RAM에 할당을 하고, 나머지 128 워드 영역은 ROM에 할당하고 있다.

Table 5.3: 메모리 맵의 예

주소(16진수)	메모리 요소	주소 버스									
		9	8	7	6	5	4	3	2	1	0
0000-007F	RAM 1	0	0	0	x	x	x	x	x	x	x
0080-00FF	RAM 2	0	0	1	x	x	x	x	x	x	x
0100-017F	RAM 3	0	1	0	x	x	x	x	x	x	x
0180-01FF	ROM	0	1	1	x	x	x	x	x	x	x

표 5.3에서 정의된 메모리 맵에 따라 메모리 시스템을 구현하기 위해서는 다수의 RAM과 ROM이 필요하다. 이때 각 메모리 맵에 따라 동작을 해야 하는 메모리 칩은 CS 제어 신호를 이용하여 선택한다. 그림 5.7은 표 5.3에서 정의한 메모리 맵을 세 개의 128×8 RAM과 한 개의 128×8 ROM을 이용하여 구성한 예를 나타낸 것이다. CPU가 생성한 주소가 0000-007F 범위 내에 있다면 첫 번째 RAM은 $CS1$과 $CS2$ 입력의 값이 각각 1, 0이 되어 읽기 또는 쓰기 동작을 수행한 메모리가 된다.

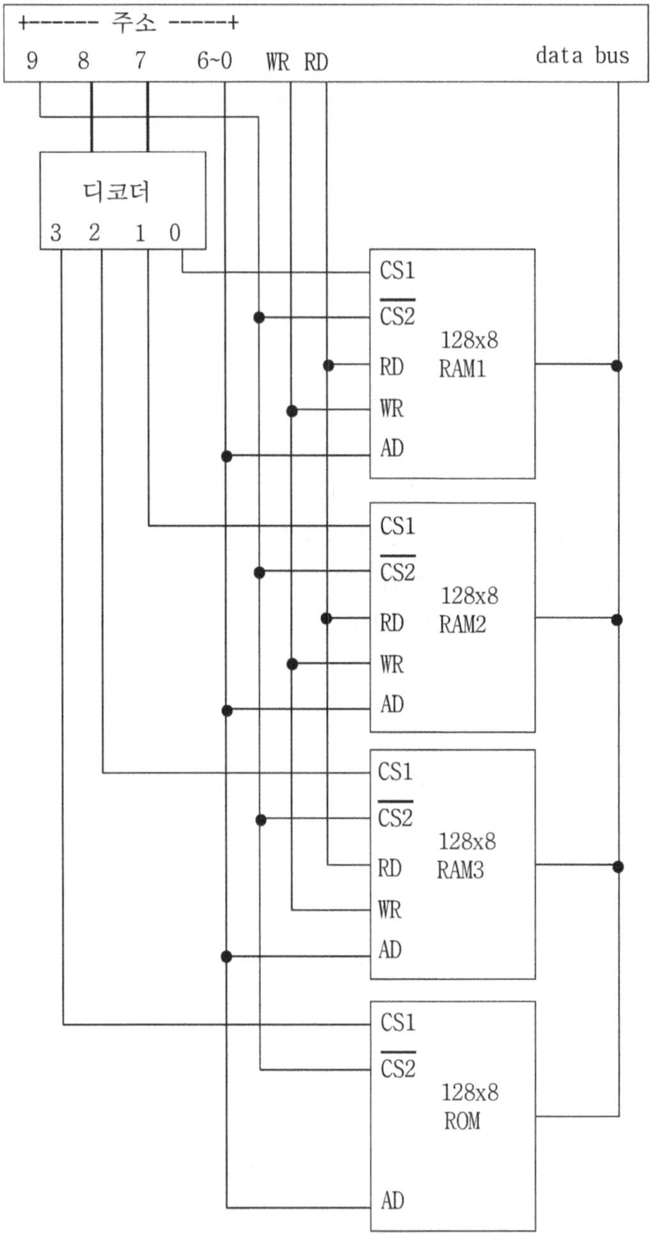

그림 5.7: 128 × 8 RAM과 128 × 8 ROM을 이용한 메모리 맵 구현

5.3 캐시 메모리

5.3.1 캐시 메모리와 참조의 국지성

컴퓨터에서 프로그램이 실행되며 데이터를 처리할 때 처리 대상이 되는 전체 데이터가 주기억장치에 적재되어 있을 필요가 없다. 다음 처리를 위한 데이터는 저장되어 있는 위치상 현재 처리 중인 데이터와 인접해 있을 확률이 높다. 즉, 컴퓨터가 메모리의 i 번지에 저장되어 있는 데이터를 처리할 때 다음 처리에 이용될 데이터는 $i+1$ 번지 또는 근처의 메모리 공간에 저장되어 있는 데이터일 가능성이 높다는 의미이다. 이처럼 프로그램을 실행하고, 그 프로그램에 의해 데이터가 처리될 때, 다음 실행 명령어 또는 데이터는 현재 접근한 메모리 영역과 근접한 영역에 있다. 이를 참조의 국지성(locality of reference)이라고 한다. 이것은 프로그램 반복문과 같이 적은 수의 명령문들이 반복해서 실행되거나 메모리에 연속적으로 저장되어 있는 데이터를 순차적으로 처리하기 때문에 발생한다.

폰노이만의 저장된 프로그램 개념에서 프로그램과 데이터가 주기억장치에 저장되어 있기 때문에 CPU가 명령어를 실행하거나 데이터를 처리하기 위해서는 반드시 주기억장치에 접근해야 한다. 그러나 RAM 또는 ROM과 같은 주기억장치의 성능은 CPU의 그것에 미치지 못하기 때문에 상대적으로 높은 성능의 CPU는 실행할 명령어 또는 데이터에 접근하기 위해 주기억장치가 메모리 연산을 완료할 때가지 대기하여야 한다. 즉, CPU의 성능을 효율적으로 활용하지 못하는 문제가 있다.

이러한 문제는 참조의 국지성을 이용하여 일부 해결할 수 있다. 즉, 참조의 국지성에 근거하여 곧 접근할 가능성이 높은 메모리 워드들을 주기억장치보다 고성능의 메모리에 미리 적재를 해 두고 CPU는 이 고성능의 메모리에서 명령어 또는 데이터에 접근한다면 CPU가 대기하는 시간은 감소될 수 있다. 앞서 그림 5.2의 예에서 제시한 2 레벨의 메모리 계층에서 계층 2의 메모리를 주기억장치라고 하고, 계층 1의 메모리를 고성능의 메모리라고 하면 평균 메모리 접근 시간이 감소된다. 그러나 계층 1의 메모리 용량은 상대적으로 적기 때문에 계층 2의 메모리 즉, 주기억장치의 모든 워드들을 저장할 수 없다. 따라서 계층 1의 메모리는 참조의 국지성을 근거로 하여 주기억장치에 저장되어 있는 워드들 중에서 곧 접근할 가능성이 높은 소량의 메모리 워드들을 적재한다. 이와 같은 메모리 계층 구성은 주기억장치와 CPU의 성능 차이로 인한 비효율 문제를 극복할 수 있다. 이때 주기억장치보다 고성능의 메모리가 캐시 메모리(cache) 이다.

그림 5.8는 CPU, 캐시, 주기억장치간의 논리적인 연결 관계를 나타내고 있다. 캐시와 주기억장치로 메모리 시스템을 구성했을 때 CPU가 메모리 시스템에 접근하여 명령어 또는

데이터를 읽어 오거나 쓰는 절차는 다음과 같다. CPU는 메모리 시스템 접근을 위한 주소를 캐시 제어기에게 전송하면 캐시 제어기는 그 주소에 해당하는 메모리 워드가 이미 캐시 메모리에 적재되어 있는가를 검사한다. 만약 CPU가 원하는 메모리 워드의 내용이 이미 캐시 메모리에 적재되어 있어 적중(hit)한 경우에 캐시 제어기는 캐시에 저장되어 있는 워드의 내용을 CPU에게 전송을 한다. 따라서 CPU와 캐시 메모리간의 전송 단위는 워드이다. 만약 CPU가 접근하고자 하는 메모리 워드가 캐시에 적재되어 있지 않다면 제어기는 CPU가 생성한 주소를 포함하고 있는 메모리 블록을 읽어 캐시 메모리에 전송을 한다. 메모리 블록이 캐시에 적재가 되면 CPU가 원하는 메모리 워드의 내용이 캐시 메모리에 적재되어 있기 때문에 캐시 제어기는 이를 CPU에게 전송한다.

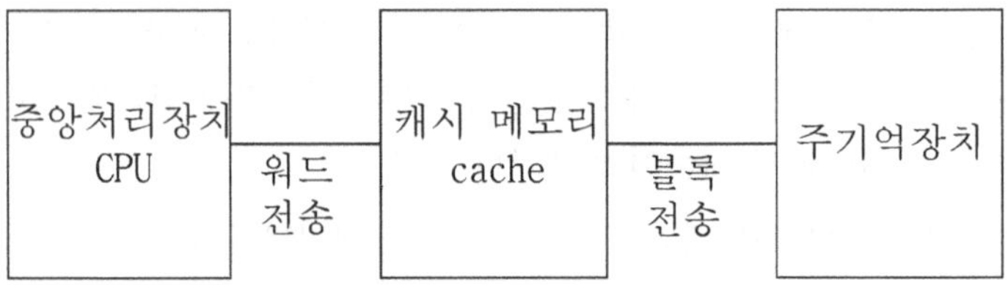

그림 5.8: CPU, 캐시, 주기억장치 연결 블록도

메모리 블록은 주기억장치에 연속적으로 저장되어 있는 워드들로 구성되며, 블록의 구성하는 워드의 수는 컴퓨터 시스템의 설계 과정에서 결정된다. 캐시와 주기억장치간의 전송 단위가 블록인 이유는 앞서 기술한 '참조의 국지성'과 관련이 있다. 참조의 국지성에 의하면 CPU가 어떤 처리를 위해 한 워드에 접근하였다면 CPU가 그 다음 처리를 위해 요구할 데이터는 직전에 접근한 워드와 근접해 있기 때문에 몇 개의 워드 즉, 블록을 사전에 고속의 캐시 메모리에 적재를 해 둔다면 다음 메모리 접근은 상대적으로 성능이 낮은 주기억장치를 대신하여 더 고성능인 캐시 메모리에서 가능하다. 따라서 캐시 메모리와 주기억장치간의 데이터 전송 단위는 블록이다.

5.3.2 캐시 구현 요소

캐시 메모리 시스템을 위한 설계 요소는 다음과 같다.

- 캐시 크기
- 블록 크기
- 사상 함수

- 교체 알고리즘

- 캐시 쓰기 정책

캐시 크기는 캐시 메모리 구성 비용과 접근 시간을 고려하여 결정된다. 비용과 접근 시간은 서로 상충되는 설계 요소이다. 접근 시간이 짧은 고성능 캐시 시스템 구성은 비트당 저장 비용이 증가하며, 캐시 크기는 감소된다. 반면 비용의 감소는 캐시 크기가 감소되거나 접근 시간이 증가될 수 있다. 따라서 캐시 크기는 비용과 접근 시간이라는 설계 요소가 균형을 이룰 수 있도록 결정하여야 한다. 블록은 주기억장치와 캐시 간의 데이터 전송 단위이다. 블록의 크기가 증가되면 '접근의 국지성'에 따라 적중률이 증가될 수 있다. 하지만 캐시에 저장할 수 있는 블록의 수가 감소되어 블록을 교체할 확률이 높아 진다. 블록의 교체가 빈번하게 일어나면 평균 접근 시간에 부정적 영향을 줄 수 있다.

5.3.3 사상함수

캐시 메모리와 주기억장치 사이의 전송 단위가 블록이라고 하였다. 따라서 캐시 메모리 뿐만 아니라 주기억장치의 워드들도 동일한 크기의 블록의 논리적으로 나뉘어 진다. 만약 블록의 크기가 w 워드, 캐시 메모리와 주기억장치의 용량이 각각 c, m 워드라고 하면, 캐시 메모리와 주기억장치에 저장할 수 있는 블록의 수는 각각 $b_c(= c/w)$, $b_m(= m/w)$이 된다. 캐시 메모리의 용량은 주기억장치의 용량보다 적어 $b_c \ll b_m$의 관계가 성립하며, 이것은 주기억장치의 모든 블록이 캐시 메모리에 한 번에 저장될 수 없음을 의미한다. 즉, 어느 한 시점에 캐시 메모리는 주기억장치의 b_m개의 블록 중에서 단지 b_c개의 블록만 저장할 수 있다. 따라서 주기억장치의 $b_m - b_c$개 블록은 캐시 메모리에 적재되지 못한다.

CPU가 요구한 데이터가 캐시 메모리에 이미 적재되어 있는가를 판단하기 위해서 캐시 제어기는 그 데이터를 포함하고 있는 블록이 적재되어 있는 캐시 블록의 위치를 알아야 한다. 만약 그 블록이 캐시 메모리에 적재되어 있지 않았다면 캐시 제어기는 CPU가 요구한 데이터를 저장하고 있는 워드를 포함하는 블록을 주기억장치에서 읽어 캐시 메모리에 저장을 해야 한다. 이때 $b_c \ll b_m$의 관계가 성립하기 때문에 주기억장치의 i 번 블록을 캐시 메모리 i 번 블록에 저장을 할 수 없다. 따라서 캐시 제어기는 주기억장치에서 읽어 온 블록을 저장할 캐시 메모리 블록을 결정해야 한다. 사상함수(mapping function)는 주기억장치의 블록을 저장할 캐시 메모리 블록 결정하거나 CPU가 요구한 데이터를 포함하고 있는 블록이 캐시에 이미 적재되어 있는가를 결정할 때 캐시 제어기가 사용하는 캐시 블록 할당 방법이다.

그림 5.9은 주기억장치와 캐시 메모리의 블록과 사상함수의 기능을 나타낸 것이다. 주기억장치의 용량이 $16MB(= 2^{24})$이고, 블록의 크기가 4 바이트라고 한다면 주기억장치는 2^{22}의 블록을 저장할 수 있으며, 블록 번호 범위는 $0 \sim 2^{22} - 1$이다. 각 블록은 네 개의 바이트로 구성되어 있어 블록 내 바이트 데이터는 두 비트를 이용하여 지정할 수 있다. 또 용량이 $64KB(= 2^{16})$인 캐시 메모리는 2^{14}개의 블록을 저장할 수 있으며, 이 블록은 메모리에서 읽어 온 데이터 블록뿐만 아니라 태그(tag)를 포함하고 있어 슬롯(slot)이라고 불린다. 태그는 슬롯에 저장될 수 있는 많은 주기억장치의 블록 중 CPU가 접근하기를 원하는 워드 데이터를 저장하고 있는 블록이 해당 슬롯에 적재되어 있는가를 검사하기 위해 사용된다. 따라서 이 캐시 메모리 구성에서 슬롯 번호의 범위는 $0 \sim 2^{14} - 1$이다.

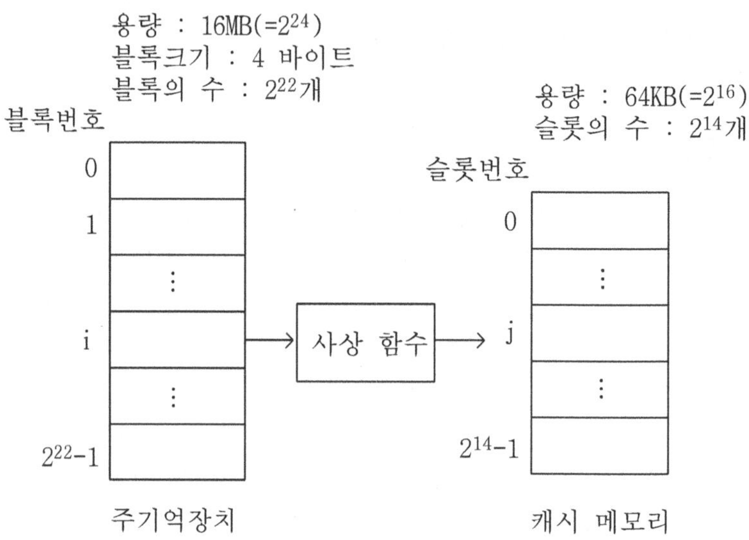

그림 5.9: 캐시 메모리의 사상 함수의 개념

사상 함수는 주기억장치의 블록이 캐시 메모리에 적재되어야 할 때에 이 블록이 저장되는 슬롯을 결정하는 것이다. 블록이 적재될 슬롯을 결정하는 방법에 따라 사상 함수는 직접 사상(direct mapping), 연관 사상(associative mapping), 집합-연관 사상(set-associative mapping)이 있다. 사상 함수에 따라 캐시 메모리 운용의 유연성, 관련 논리회로의 복잡도, CPU의 메모리 워드 접근 방법 등이 달라 진다. 따라서 시스템 설계자는 캐시 용량, 블록 크기뿐만 아니라 사용할 사상 함수를 적절하게 결정해야 한다.

직접 사상

직접 사상은 각 메모리 블록이 적재될 캐시 슬롯을 고정시켜 놓았으며, 각 메모리 블록이 적재될 슬롯을 결정하는 방법은 다음과 같다. 그림 5.9의 예에서 각 메모리 블록은 22 비트의 블록 번호를 가지며, 캐시 슬롯은 14 비트의 슬롯 번호를 가진다고 하였다. 이때 직접 사상은 어떤 메모리 블록의 22 비트 블록 번호 중 하위 14 비트를 이 블록이 적재되어야 캐시 슬롯의 번호로 사용한다.

직접 사상의 방법을 기반으로 캐시 제어기가 CPU가 메모리 워드 접근을 위해 생성한 주소 24 비트를 해석하는 방법은 그림 5.10과 같다. 주기억장치의 용량이 16MB이기 때문에 주소는 24 비트이며, 이것은 세 개의 필드로 구성된다. 주소의 '워드' 필드는 블록내 네 개의 데이터 워드(바이트) 중 하나를 선택하기 위한 필드이다. '워드' 필드 2 비트를 제외한 나머지 22 비트가 그 데이터를 포함하고 있는 블록의 블록 번호이다. 이 블록 번호의 하위 14 비트를 '슬롯 번호' 필드로 사용을 하며, 이것은 블록이 적재될 캐시 슬롯의 번호이다. 2^{22}개의 메모리 블록이 2^{14}개의 캐시 슬롯에 적재되어야 하기 때문에 한 슬롯에 할당될 수 있는 메모리 블록의 수는 2^8개 이다. 즉, 어떤 한 시점에 슬롯에 적재되는 블록은 그 슬롯에 적재될 수 있는 $256 (= 2^8)$개 블록 중의 하나이다. 따라서 256개의 메모리 블록 중 슬롯에 현재 적재되어 있는 블록을 구별하기 위해 8 비트가 필요하며, 이를 위해 CPU가 생성한 주소의 '태그' 필드가 사용된다.

태그	슬롯번호	워드
8	14	2

그림 5.10: 직접 사상의 예

예를 들어, 표 5.4은 캐시에 저장되어 있는 태그와 블록의 일부를 나타낸 것이다. 만약 CPU가 주기억장치의 4번지 데이터를 연산에 사용하려고 한다고 가정을 하자. 이를 위해 CPU는 24 비트 주소인 000004_{16}을 캐시 제어기에게 전송할 것이다. 캐시 제어기는 CPU가 전송한 주소의 '슬롯 번호' 필드의 값을 추출하여 주기억장치 4번지 워드를 포함하고 있는 블록이 캐시 슬롯에 있는가를 우선 확인을 해야 한다. 이때 캐시 제어기가 추출한 '슬롯 번호'의 값은 0001_{16}이며, 이것은 해당 블록이 캐시 슬롯 1에 적재될 수 있음을 의미한다. 그러나 앞서 설명한 것과 같이 캐시 슬롯 1은 256개의 메모리 블록 중 하나를 적재할 수 있기 때문에 블록이 캐시 슬롯에 적재되어 있는가를 확인하는 것은 주소의 '태그' 필드를 이용한다. 캐시 제어기가 추출한 '태그' 필드의 값이 00_{16}이고, 캐시 슬롯 1의 태그 값도 00_{16}이기 때문에 CPU가 필요로 하는 4번지 워드를 포함하고 있는 블록이 캐시 슬롯 1에 적재되어 있음을 알 수 있다. 블록에는 네 개의 데이터가 저장되어 있기 때문에 주소의 '워드' 필드를 이용하여 한 개의 데이터를 지정한다. 주소의 '워드' 필드 값이 0_{16}이기 때문에 캐시 제어기는 슬롯에 저장된 데이터 중 0 번 데이터인 '1A'를 CPU에게 전송을 하여 CPU의 메모리 접근 연산을 완료한다.

Table 5.4: 캐시 슬롯의 예(각 수는 십육진수임)

		블록내 바이트 데이터			
슬롯#	태그	3	2	1	0
0000	00	34	33	32	30
0001	00	30	FF	2B	1A
⋮	⋮		⋮		

다른 예로 CPU가 주기억장치의 65540번지 데이터에 접근하는 경우를 예를 보자. 이를 위해 CPU는 24 비트 주소인 010004_{16}을 캐시 제어기에게 전송할 것이다. 캐시 제어기가 주소에서 추출한 '슬롯 번호'의 값은 0001_{16}이며, 이것은 해당 블록이 캐시 슬롯 1에 적재될 수 있음을 의미한다. 캐시 제어기가 추출한 '태그' 필드의 값은 01_{16}인데 캐시 슬롯 1의 태그 값은 00_{16}이기 때문에 CPU가 필요로 하는 65540번지 워드를 포함하고 있는 블록이 캐시 슬롯 1에 적재되어 있지 않아 캐시 접근 실패(miss)가 되었다. 이 경우에 메모리 시스템은 65540번지를 포함하고 있는 16385번 메모리 블록을 읽어와 캐시 슬롯 1에 저장을 하고, 태그의 값도 01_{16}으로 변경을 한다. 이제 캐시 슬롯 1에 태그 값이 01_{16}인 블록이 적재되어 있기 때문에 캐시 제어기는 '워드' 필드에서 지정한 데이터를 CPU에게 전송을 한다.

직접 사상은 사상 방법이 간단하다는 장점이 있지만 CPU가 동일한 캐시 슬롯에 적재될 메모리 블록을 번갈아 가며 접근할 경우에 계속적인 캐시 실패가 발생하여 CPU의 메모리 접근 관련한 성능을 감소시키는 단점도 있다.

연관 사상

연관 사상은 메모리 블록을 임의의 캐시 슬롯에 적재한다. 즉, 연관 사상은 직접 사상과 달리 메모리 블록이 적재될 캐시 슬롯이 지정되어 있지 않다는 의미이다. 따라서 CPU가 요구하는 워드를 포함하고 있는 메모리 블록이 캐시에 적재되어 있는가를 확인하기 위해 캐시 제어기는 캐시 메모리의 모든 슬롯을 대상으로 태그를 검색해야 한다. 연관 사상의 방법을 기반으로 캐시 제어기가 CPU가 메모리 워드 접근을 위해 생성한 주소 24 비트를 해석하는 방법은 그림 5.11 같다. 연관 사상에서 캐시 제어기는 CPU가 접근하고자 하는 블록의 번호를 이용하여 모든 캐시 슬롯을 탐색하여 메모리 블록이 적재되어 있는 캐시 슬롯을 결정해야 한다. 따라서 연관 사상에서는 블록 번호가 태그 역할을 하며, CPU가 생성하는 24 비트의 주소 중에서는 ‘워드’ 필드를 제외한 22 비트의 블록 번호가 ‘태그’ 필드가 된다.

태그	워드
22	2

그림 5.11: 연관 사상의 예

예를 들어, 표 5.5은 캐시에 저장되어 있는 태그와 블록의 일부를 나타낸 것이다. 만약 CPU가 주기억장치의 4번지 데이터를 연산에 사용하려고 한다고 가정을 하자. 이를 위해 CPU는 24 비트 주소인 000004_{16}을 캐시 제어기에게 전송할 것이다. 캐시 제어기는 CPU가 전송한 주소의 ‘태그’ 필드의 값을 추출하여 주기억장치 4번지 워드를 포함하고 있는 블록이 캐시 슬롯에 있는가를 우선 확인을 해야 한다. 이때 추출한 ‘태그’의 값은 000001_{16}이며, 캐시 제어기는 모든 캐시 슬롯의 ‘태그’ 필드를 검색하여 주소에서 추출한 ‘태그’ 값과 같은 값을 갖는 캐시 슬롯을 찾는다. 캐시 제어기는 주소에서 추출한 ‘태그’ 값과 같은 값을 갖는 슬롯을 찾았다면 주소의 ‘워드’ 필드 값 0_{16}을 기반으로 슬롯에 저장된 데이터 중 0번 데이터인 ‘1A’를 CPU에게 전송을 하여 CPU의 메모리 접근 연산을 완료한다.

Table 5.5: 연관 사상의 캐시 슬롯의 예(각 수는 십육진수임)

	블록내 바이트 데이터			
태그	3	2	1	0
000000	34	33	32	30
⋮	⋮		⋮	
000001	30	FF	2B	1A
⋮	⋮		⋮	
004001	12	FF	A1	0D
⋮	⋮		⋮	

다른 예로 CPU가 주기억장치의 65540번지 데이터에 접근하는 경우를 예를 보자. 이를 위해 CPU는 24 비트 주소인 010004_{16}을 캐시 제어기에게 전송할 것이다. 캐시 제어기는 주소에서 추출한 ‘태그’의 값 004001_{16}을 이용하여 이 값을 갖는 캐시 슬롯을 찾는다. 이 경우도 캐시 슬롯을 찾았기 때문에 캐시 제어기는 주소의 ‘워드’ 필드 값 0_{16}에 의해 슬롯에 저장된

데이터 중 0번 데이터인 '0D'를 CPU에게 전송을 한다. 만약 캐시 제어기가 CPU가 접근하고자 하는 메모리 블록을 적재한 캐시 슬롯을 찾지 못했다면 이 제어기는 주기억장치에서 해당 메모리 블록을 읽어와 현재 사용하고 있지 않은 임의의 캐시 슬롯에 저장을 하고, 그 슬롯의 '태그' 필드의 값을 변경하여 캐시에 메모리 블록을 적재한다.

연관 사상은 메모리 블록을 적재할 캐시 슬롯 결정에 유연성을 제공하지만 주소에서 추출한 '태그' 값을 모든 캐시 슬롯을 대상을 동시에 검색을 해야 하기 때문에 캐시 메모리 접근과 관련된 논리회로가 매우 복잡해 진다는 단점이 있다.

집합-연관 사상

집합-연관 사상은 직접 사상의 단순함과 연관 사상의 유연성을 제공하기 위해 k개의 캐시 슬롯을 집합(set)으로 구성하여 사전에 결정된 방법에 따라 메모리 블록이 적재될 집합을 결정하고, 결정된 집합 내 k개의 캐시 슬롯 중 현재 메모리 블록을 적재하고 있지 않은 임의의 슬롯에 메모리 블록을 적재한다. 메모리 블록이 적재될 집합을 결정하는 방법은 직접 사상의 방법을 사용하고, 슬롯 집합 내 임의의 슬롯에 메모리 블록을 적재하는 것은 연관 사상의 방법을 사용하고 있다. 집합을 구성하는 슬롯의 수가 k개일 때 이 사상 방법을 k-way 집합-연관 사상(k-way set-associative mapping)이라고 한다.

그림 5.12은 주기억장치와 캐시 메모리가 그림 5.9과 같은 구성이면서 집합이 두 개의 캐시 슬롯으로 구성되어 있는 2-way 집합-연관 사상을 나타낸 것이다. 캐시 메모리는 2^{14}개의 캐시 슬롯이 있고, 집합을 두 개의 슬롯으로 구성하였기 때문에 이 구성에서 집합의 수는 2^{13}개가 있고, 집합 번호의 범위는 $0 \sim 2^{13} - 1$이 된다.

그림 5.13은 CPU가 생성한 24 비트 주소를 2-way 집합-연관 사상을 기반으로 하는 캐시 제어기가 해석하는 방법을 나타낸 것이다. 캐시 제어기는 CPU가 생성한 주소의 '집합번호' 필드를 이용하여 그 메모리 블록이 적재될 수 있는 집합을 결정한다. 이 방법은 직접 사상이 '슬롯번호'를 이용하여 메모리 블록이 적재될 슬롯을 결정하는 것과 같은 방법이다. 캐시 메모리에는 2^{13}개의 집합이 있기 때문에 주소의 '집합번호' 필드는 13 비트가 되어야 한다. 메모리 블록이 적재될 집합을 결정한 후 캐시 제어기는 주소의 '태그' 필드와 집합을 구성하는 두 캐시 슬롯의 '태그'를 비교하여 CPU가 접근하기를 원하는 메모리 블록이 캐시 슬롯에 적재되어 있는가를 확인한다. 이때 '태그' 필드의 길이는 9 비트가 되어야 한다. CPU가 접근하려는 메모리 블록이 캐시 슬롯에 이미 적재되어 있다면 캐시 제어기는 '워드' 필드의 값을 이용하여 블록 내 데이터를 CPU에게 전송한다.

예를 들어, 표 5.6은 캐시에 저장되어 있는 태그와 블록의 일부를 나타낸 것이다. 만약 CPU

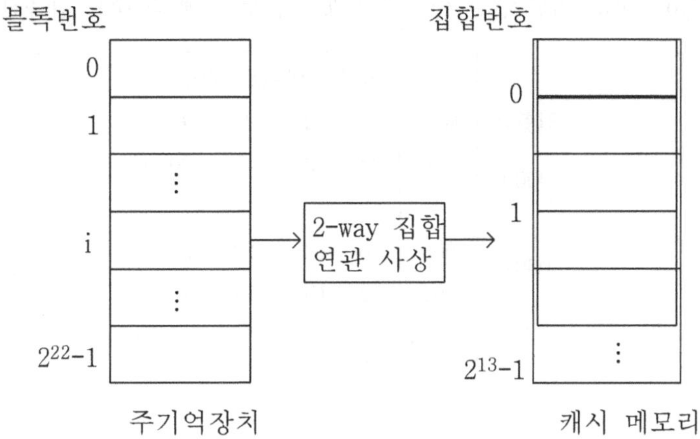

그림 5.12: 2-way 집합-연관 사상의 예

태그	집합번호	워드
9	13	2

그림 5.13: 2-way 집합-연관 사상의 예

가 주기억장치의 4번지 데이터를 연산에 사용하려고 한다고 가정을 하자. 이를 위해 CPU는 24 비트 주소인 000004_{16}을 캐시 제어기에게 전송할 것이다. 캐시 제어기는 CPU가 전송한 주소의 '집합 번호' 필드의 값을 추출하여 주기억장치 4번지 워드를 포함하고 있는 블록이 캐시 슬롯에 있는가를 우선 확인을 해야 한다. 이때 캐시 제어기가 추출한 '집합 번호'의 값은 0001_{16}이며, 이것은 해당 블록이 집합 1에 적재됨을 의미한다. 집합 1은 두 개의 슬롯으로 구성되어 있기 때문에 캐시 제어기는 메모리 블록이 적재되어 있는 슬롯을 주소의 '태그' 필드를 이용하여 결정한다. 주소의 '태그' 필드의 값이 000_{16}이고, 집합 1의 첫 번째 슬롯의 태그 값도 000_{16}이기 때문에 CPU가 필요로 하는 4번지 워드를 포함하고 있는 블록이 캐시 슬롯에 적재되어 있음을 알 수 있다. 나머지 과정은 앞서 캐시 적중했을 때 캐시 제어기가 수행하는 것과 같다.

다른 예로 CPU가 주기억장치의 65540번지 데이터에 접근하는 경우를 예를 보자. 이를 위해 CPU는 24 비트 주소인 010004_{16}을 캐시 제어기에게 전송할 것이다. 캐시 제어기가 주소에서 추출한 '집합 번호'의 값은 0001_{16}이며, 이것은 해당 블록이 집합 1에 적재될 수 있음을 의미한다. 주소에서 추출한 '태그' 필드의 값은 002_{16}인데 집합 1의 두 번째 슬롯의 태그 값

Table 5.6: 2-way 집합-연관 사상에서 캐시 슬롯의 예(각 수는 십육진수임)

집합#	태그	블록내 바이트 데이터 3	2	1	0
0000	000	34	33	32	30
0001	000	30	FF	2B	1A
	002	12	FF	A1	0D
⋮	⋮		⋮		

도이 002_{16}이기 때문에 CPU가 필요로 하는 65540번지 워드를 포함하고 있는 블록이 캐시 메모리에 적재되어 있음을 알 수 있다. 이때 나머지 과정은 동일하여 캐시 제어기가 CPU에게 전송하는 데어터는 캐시 슬롯에 저장되어 있는 '0D'이다.

5.3.4 교체 알고리즘

연관 사상과 집합-연관 사상에서 메모리 블럭을 캐시에 적재할 때 모든 슬롯이 이미 다른 메모리 블록을 적재하고 있는 경우에 캐시 제어기는 이들 슬롯 중 한 개를 선택하여 새롭게 적재할 메모리 블록으로 교체하여야 한다. 교체 알고리즘(replacement algorithm)은 캐시 제어기가 교체할 캐시 슬롯을 결정하는 방법이다. 직접 사상은 메모리 블록이 적재될 슬롯이 정해져 있기 때문에 교체 알고리즘이 필요하지 않다.

교체 알고리즘으로는 최소-최근사용(Least Recently Used, LRU)방법, 선입-선출(First-In-First-Out, FIFO)방법, 최소 사용빈도(Least Frequently Used, LFU)방법, 임의(Random) 선택 방법이 있다. LRU 알고리즘은 사용되지 않은 상태로 가장 오래동안 메모리 블록을 적재하고 있는 슬롯을 선택하는 것이다. 이 방법은 각 슬롯에 한 개의 상태 비트를 두어, 최근 사용한 블럭을 '1'로 세트하는 방법으로 쉽게 구현 할 수 있다. FIFO 알고리즘은 가장 먼저 메모리 블록을 적재한 캐시 슬롯을 교체 대상으로 선택하는 것으로 라운드-로빈(round-robin)이나 원형 버퍼 기법으로 구현될 수 있다. LFU 알고리즘은 CPU에 의해 참조된 수가 가장 적은 슬롯을 교체 대상으로 결정하는 것으로 슬롯에 카운터를 두어 슬롯이 참조될 때마다 카운터 값을 증가시켜 구현할 수 있다. 임의선택 방법은 임의의 슬롯을 교체 대상으로 선택하는 방법이다.

5.3.5 캐시 쓰기 정책

CPU가 캐시에 저장된 데이터를 갱신하는 경우에 캐시 슬롯에 적재되어 있는 블록과 주기억장치의 블록의 데이터간에 그 내용이 일치하지 않는 문제가 발생한다. 이를 해결하기 위해서는 캐시 슬롯에 적재되어 있는 블록이 갱신되면 주기억장치의 블록도 갱신되어야 한다. 캐시 쓰기 정책은 캐시 슬롯의 블록이 갱신될 때 주기억장치의 블록을 갱신하는 시점에 따라 즉시 쓰기(write-through) 방식과 나중 쓰기(write-back) 방식이 있다.

즉시 쓰기 방식은 캐시의 블록이 CPU에 의해 갱신될 때마다 즉시 주기억장치의 블록 내용도 함께 갱신한다. 따라서 캐시에 적재되어 있는 블록과 주기억장치의 블록은 그 내용이 항상 동일하게 유지된다. 그러나 CPU의 메모리 쓰기 연산을 수행할 때마다 주기억장치를 대상으로 한 쓰기 연산도 수행해야 하기 때문에 CPU의 대기 시간이 증가되어 시스템 성능이 감소될 수 있다.

나중 쓰기 방식은 CPU의 쓰기 연산에 의한 블록 갱신은 캐시에서만 이루어지며, 주기억장치의 데이터는 갱신되지 않는다. 이 방식에서 주기억장치의 블록은 캐시 슬롯이 교체될 때 갱신된다. 따라서, 캐시 슬롯이 갱신되기 전까지 CPU의 쓰기 연산은 캐시 메모리에서만 수행되어 메모리 읽기, 쓰기 연산을 위한 CPU 대기 시간을 제거할 수 있지만 입출력 장치에 데이터를 전송해야 할 경우 또는 다중 처리기 시스템에서 주기억장치의 블록에 접근하는 경우에 캐시에 적재된 블록과 주기억장치의 블록의 내용이 일치하지 않기 때문에 이를 해소할 수 있는 방안을 마련해야 한다.

5.4 보조 기억장치

일반적으로 가장 많이 사용되는 보조 메모리 장치는 자기 디스크와 자기 테이프이다. 과거에는 자기 드럼, 자기 버블 메모리 등도 사용 되었다. 최근에는 USB 메모리도 많이 쓰이고 있다. 이러한 메모리의 특성은 액세스 모드와 액세스 시간, 블럭 전송속도, 용량, 비용 등으로 표시되며, 메모리의 성능기준을 평가한다. 보조 기억장치는 보통 읽기/쓰기 헤드가 지정된 읽기/쓰기 위치로 도달하는데 소요되는 탐색시간과 데이터를 메모리 장치 내/외부로 전송하는데 소요되는 전송시간으로 나눌 수 있다. 헤드의 이동시간은 데이터 전송시간보다 길기 때문에 데이터를 저장할 때 여러 개의 워드를 묶어 레코드나 보다 큰 블럭으로 수행하게 된다.

5.4.1 USB 메모리

USB(Universal Serial Bus)란 컴퓨터와 주변기기 사이에 데이터를 주고받을 때 사용하는 버스 규격 중 하나다. 1990년대 후반부터 대부분의 개인용 컴퓨터에 USB 장치 커넥터가 보편적으로 장착되면서 많이 사용되고 있다. 컴퓨터와 외부 저장메모리를 USB 장치 커넥터로 연결하는 구조이며, 외부 저장메모리로 플래시 메모리(flash memory)를 사용한다. 이와 같은 USB와 플래시 메모리, 이 두 가지 요소를 결합해 하나의 제품으로 만든 것이 바로 'USB 플래시 드라이브(USB flash drive)'혹은 'USB 메모리'이다. USB 메모리 내부는 데이터를 저장하는 플래시 메모리 칩, 그리고 커넥터와 메모리 칩 사이에서 데이터 전송을 제어하는 제어기로 구성되어 있다.

USB 메모리는 2000년, 이스라엘의 IT 업체인 M시스템(M-System)에서 8MB와 16MB, 그리고 32MB 용량의 제품을 내놓으면서 처음으로 출시하였다. USB 메모리는 3.5인치 플로피디스크에 비하면 상당히 큰 용량을 갖추고 있었으며, 물리적인 구동이 필요없는 반도체를 저장 매체로 사용하기 때문에 제품의 내구력이 좋다. 또한 데이터를 기록을 하기 위해 별도의 소프트웨어가 필요한 CD나 DVD와 같은 광디스크보다 훨씬 간편하게 사용할 수 있다. USB 메모리는 USB 버스를 이용하므로 언제나 자유롭게 탈부착이 가능하며, 플래시 메모리는 전원이 차단되어도 저장된 데이터를 유지하기 때문에 보조 메모리로 많이 사용되고 있으며, 해당 컴퓨터에 설치되어 있는 운영체제의 종류에 따라 사용 조건이 다르다.

개인용 컴퓨터를 위한 운영체제인 MS 윈도우즈 시리즈의 경우, 2000년에 출시된 윈도우 2000(서비스팩 설치 필요)과 윈도우 Me 부터 USB 메모리를 기본적으로 지원한다. MS 윈도우즈 98의 경우, 별도의 장치 드라이버를 설치해야 사용할 수 있다.

USB 버스의 데이터 전송 속도가 향상됨에 따라 USB 메모리의 속도도 차츰 향상되고 있다. 초기의 USB 메모리는 최대 12Mbps(초당 전송 메가비트)의 데이터 전송속도를 갖춘 USB 1.1 규격을 사용했으나, USB 메모리가 2003년 이후에는 최대 480Mbps속도의 USB 2.0 규격을 지원하고, 최근에는 최대 5Gbps로 데이터를 전송하는 USB 3.0 규격으로 발전하고 있다.

한편 USB 메모리 속도는 USB 버스 규격뿐 아니라 내장된 플래시 메모리의 종류에 따라 달라질 수 있다. 플래시 메모리의 종류는 크게 SLC(Single Level Cell) 방식과 MLC(Multi Level Cell) 방식으로 나뉘는데, SLC 방식 플래시 메모리는 1개의 기억소자당 1비트의 데이터를 저장하는데, 안정성이 높고 데이터 처리 속도가 빠르지만 가격이 비싸다. 반면, MLC 방식은 1개의 기억소자당 2비트 이상의 데이터를 저장할 수 있으며, 상대적으로 안정성과 속도는 낮지만 단가가 저렴해 대용량 제품을 대량 생산할 수 있다. USB 메모리는 속도 및 성능 면에서는 SLC 방식이 유리하며, 가격대비 가용 용량 면에서는 MLC 방식이 유리하다. 현재

유통되고 있는 USB 메모리는 대부분이 MLC 방식이다.

5.4.2 자기 디스크

자기 디스크(magnetic disk)는 대용량 보조기억장치로서 자료에 직접 접근할 수 있는 직접 접근 저장장치(DASD: Direct Access Storage Device)이다. 이 장치는 자화 물질이 입혀진 디스크 형태의 금속 또는 플라스틱 평판으로, 그 위에 데이터를 기록하고 기록된 데이터를 읽어낸다.

자기 디스크는 회전축을 중심으로 자료가 저장되는 동심원 형태로 트랙(track)이 있으며, 하나의 트랙을 여러 개로 구분한 섹터(sector)가 있다. 동일 위치의 트랙 집합을 실린더(cylinder)라고 한다. 안쪽의 트랙과 바깥쪽의 트랙이 길이는 다르지만 저장 정보량은 같다. 자기 디스크의 주소는 실린더, 트랙, 섹터의 번호로 표현된다.

자기디스크는 디스크 구동장치와 디스크 팩으로 구성되며, 디스크 구동장치는 액세스 암, 구동기, 회전축으로 구성되고, 디스크 팩은 여러 매의 디스크를 쌓아 올린 형태로 한 개의 기억단위로 취급되는 것을 뜻하는데, 이들 디스크 전체를 볼륨이라 하며 디스크 팩에서 제일 위의 윗면과 제일 아랫면은 보호면으로 사용되므로 기록되지 않는다.

데이터를 판독하거나 기록하기 위한 작업은 액세스 암의 헤드가 작동할 수 있는 준비 상태에서 시작되며, 디스크면에 기록된 내용을 찾기 위하여 액세스 암이 저장 위치까지 도달하는데 걸리는 시간을 탐구시간(seek time)이라 하고, 해당 실린더에서 데이터가 저장된 섹터까지 읽기/쓰기 헤드가 도달하는 데 걸리는 시간을 회전지연시간(rotational delay)이라고 하며, 섹터에 저장된 데이터를 읽거나 쓰는 시간을 전송 시간(transfer time)이라고 한다.

또한 회전하고 있는 디스크 위에 헤드가 위치한 후 찾고자 하는 데이터 레코드의 기록 부분이 헤드 아래까지 오는 데 걸리는 시간을 회전지연시간이라 하고, 주 메모리 장치와 자기 디스크 장치 간에 데이터 전송을 위하여 걸리는 시간을 데이터 전송시간이라고 한다.

연습문제

1. 중앙처리장치와 4개의 1K×8비트 ROM, 그리고 12개의 주소선들과 8개의 데이터선을 갖는 버스로 구성도닌 시스템의 구성도를 그려라.
2. MBR(Memory Buffer Register)가 16비트로 설계된 컴퓨터에서 가능한 주 기억장치의 용량은 얼마인가?
3. 그림 5.13의 2-way 집합-연관사상을 4-way 집합-연관사상으로 나타내어라.
4. 8×8 RAM 칩으로 32×16 메모리와 64×16 메모리를 구성하는 회로를 나타내어라.
5. 캐시의 블록교체 알고리즘 각각에 대한 프로그램을 작성하라.
6. 연상 메모리에 대해 조사하고 그 용도와 활용분야를 제시하라.

Chapter 6

입출력장치

Chapter 6

입출력장치

그림 1.4에 나타낸 폰 노이만의 저장된 프로그램 개념에서 입출력 장치는 외부의 데이터를 주기억장치에 저장하거나 주기억장치에 저장되어 있는 데이터를 외부로 전송하는 역할을 한다. 그림 6.1은 입출력 장치와 컴퓨터와의 관계를 나타낸 것이다. 컴퓨터에서 처리할 데이터는 난수 생성 등을 제외하면 대부분의 경우 외부에서 생성되는 것이다. 따라서 데이터 처리를 위해서는 외부에 있는 데이터를 처리가 가능한 형태로 변환되어 컴퓨터 내부에 저장이 되어야 한다. 입력 장치(I)는 외부의 데이터를 처리에 적절한 형태로 변환하여 컴퓨터 내부에 저장할 수 있도록 전송을 하는 역할을 수행한다. 주기억장치 등의 컴퓨터 내부에 저장된 데이터는 프로세서에 의해 처리가 되며, 처리된 결과는 입력된 데이터 보다 더 가치가 높은 데이터 즉, 정보이다. 출력 장치(O)는 처리가 완료된 정보를 외부 세계에 표현할 수 있는 적절한 형태로 변환하고, 표현하는 역할을 수행한다. 이처럼 입력 또는 출력을 위해 컴퓨터에 연결되어 있는 입출력 장치를 주변장치(peripheral device)라고 한다. 하드 디스크, USB 메모리 등 데이터를 저장하는 장치도 주변 장치에 포함된다. 이 장에서는 주변 장치를 이용하여 입력 또는 출력하는 방법고, CPU와 주변 장치의 상호 작용 방법을 다룬다.

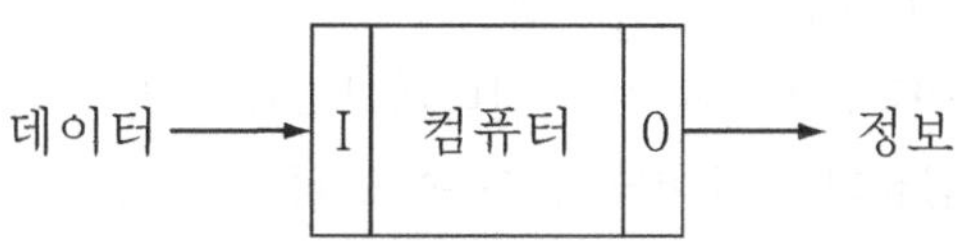

그림 6.1: 입출력장치와 컴퓨터의 상호작용 모델

6.1 입출력 인터페이스

입출력 인터페이스(interface)는 주기억장치나 CPU 레지스터와 같은 내부의 저장 장치와 외부 입출력장치 간의 이진 정보를 전송하기 위한 방법을 제공한다. 즉, 인터페이스는 CPU와 입출력장치를 연결시키는 역할을 하며, 수행하는 기능은 다음과 같다.

- **신호 변환** : 주변장치는 전기 기계적이거나 전자기적인 장치로 그 동작 방식이 CPU 또는 주기억장치의 동작 방식과 다른다. 따라서 CPU 또는 주기억장치와 입출력장치간의 상호작용을 위해서는 신호의 변환이 필요할 수 있다.

- **속도 조절** : 주변 장치의 입출력 속도와 CPU의 데이터 처리 속도의 차이는 매우 크다. 따라서 두 장치가 데이터를 준비하고 전송하는 속도는 다를 수 밖에 없다. 따라서 주변장치와 CPU의 전송 속도 사이에 차이가 있음에도 불구하고 효과적으로 전송할 수 있는 두 장치간의 동기화 및 속도 조절 절차가 필요하다.

- **형식 변환** : 주변장치에서 사용하는 입출력 데이터의 형식과 CPU에처 처리하는 데이터의 형식 및 길이가 다르다. 따라서 두 장치간의 정확한 데이터 교환을 위해서는 데이터의 표현 형식 및 길이를 변환해 줄 필요가 있다.

- **제어 일관성 제공** : CPU가 설계, 생산되는 시점에는 CPU와 시스템을 구성할 주변장치의 종류를 알 수 없다. 따라서 CPU는 종류와 갯수에 영향을 받지 않고 주변장치를 일관성있게 제어할 수 있는 방법이 필요하다.

6.1.1 I/O 버스와 인터페이스 모듈

그림 6.2은 CPU와 여러 주변장치들과의 전형적인 연결을 나타낸 것이다. CPU는 입출력 버스(I/O 버스)를 제어하는 I/O 제어기를 갖고 있으며, 주기억장치에서 인출한 입출력 관련 명령어 실행함으로써 I/O 버스에 입출력과 관련된 제어 신호 등을 올린다. 인터페이스는 I/O 버스에 인가되어 있는 제어 신호 등을 해석하고, 이를 주변장치 제어기에 전송한다. 이 과정을 통해 인터페이스는 CPU와 인터페이스, 인터페이스와 주변장치 사이의 데이터의 흐름을 동기화하고 주변장치와 컴퓨터간 데이터 전송 속도차를 관리한다. 각 주변장치의 제어기는 인터페이스로 부터 수신한 제어신호를 자신의 특정한 전기, 기계적 장치를 동작시킬 수 있는 제어 신호로 변환, 활성화시켜 입출력을 수행할 수 있다. 같은 형태의 입출력 방식을 갖는 다수의 주변장치들은 하나의 제어기를 사용할 수 있다.

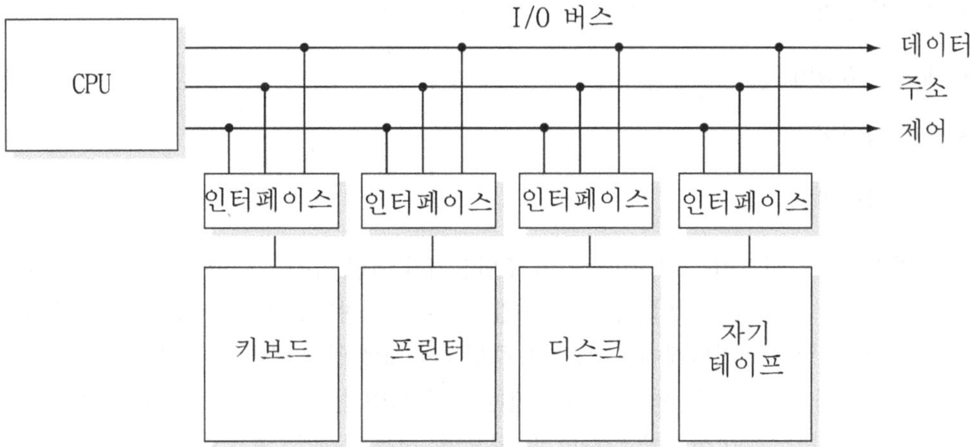

그림 6.2: CPU, 인터페이스, 주변장치의 상호 작용

컴퓨터 시스템의 버스 구성 방법에 따라 입출력 인터페이스를 버스에 연결하는 방법은 여러 가지가 있다. 시스템 버스를 이용하는 방법은 이 버스에 주기억장치뿐만 아니라 입출력 인터페이스를 함께 연결하는 것이다. I/O 버스를 이용하는 방법은 주기억장치 등을 연결하는 시스템 버스와 별도로 입출력 장치들을 연결하기 위한 버스를 별도 구성하는 것이다. 버스를 구성하는 방법이 다르더라도 모든 주변장치의 인터페이스는 버스에 연결되어야 CPU와 상호 작용을 할 수 있다. 컴퓨터 시스템에는 다양한 종류의 주변장치들이 연결되어 있기 때문에 버스에는 여러 개의 인터페이스들이 연결되어 있다. 이때 CPU가 특정 주변장치를 이용하여 입출력을 하고자 할 경우에 CPU는 그 주변장치를 제어하는 인터페이스를 목적지로 하여 제어 신호, 데이터 등을 전송해야 한다. 이때 특정 인터페이스를 목적지로 선택하기 위해 CPU는 인터페이스의 주소를 버스의 주소 라인에 올린다. 버스의 주소 라인은 주소 버스(address bus)라고 불린다.

CPU는 주소 버스에 인터페이스 주소를 올리고, 제어 버스(control bus)라고 불리는 버스의 제어 라인에 인터페이스 동작을 제어할 기능 코드(function code)를 올린다. 주소에 의해 선택된 인터페이스는 제어 버스에 있는 기능 코드에 따라 정의되어 있는 기능을 수행한다. 이 기능 코드는 I/O 명령어(I/O command)라고 불리우며, 주변장치와 인터페이스에서 실행되는 명령어이다. 동일한 '읽기' I/O 명령어라고 하더라도 데이터 입력 방법은 주변장치마다 다르기 때문에 I/O 명령어를 해석하고 실행하는 방법은 인터페이스 또는 주변장치에 따라 다르다. 인터페이스가 실행하는 I/O명령어는 다음과 같이 네 종류가 있다.

- 제어 명령어
- 테스트 명령어
- 출력 명령어
- 입력 명령어

제어 명령어는 주변장치를 활성화시키며 주변장치가 어떤 기능을 수행해야 하는가를 지정하는 것이다. 예를 들면 자기 테이프를 되돌려 감으라든가 순방향으로 계속 작동하라든가 하는 일이다. 테스트 명령어는 인터페이스, 제어기, 주변장치 내에 있는 여러 가지 상태를 검사하고, 그 결과를 CPU에게 반환하는 명령어이다. 예를 들어, CPU는 입출력을 위한 데이터 전송을 시작하기 전에 주변장치의 상태를 검사할 수 있으며, 전송 중에 발생할 수 있는 오류를 감지할 수도 있다. 주변장치 상태 또는 오류 감지를 위해서 CPU는 인터페이스의 상태 레지스터(status register)의 값에 접근한다. 인터페이스의 상태 레지스터는 그 인터페이스에 연결되어 있는 각종 주변장치의 상태들을 저장하고 있다. 데이터 출력 명령어는 인터페이스가 데이터 버스에 있는 데이터를 읽어 내부 레지스터에 적재하도록 하는 명령어이다. 내부 레지스터에 적재된 데이터는 인터페이스의 특별한 동작을 지정하기 위해 사용되거나 주변장치를 통해 출력된다. 데이터 입력 명령어는 인터페이스가 내부 레지스터에 적재되어 있는 데이터를 데이터 버스에 올리도록 하는 명령어 이다. CPU는 데이터 버스에 올려져 있는 데이터를 레지스터에 적재를 한 후 연산 명령어 등을 이용하여 처리할 수 있다.

6.1.2 I/O와 시스템 버스

CPU는 주변장치를 위한 인터페이스 및 주기억장치와 데이터 '읽기', '쓰기'를 위한 상호작용을 한다. 따라서 주기억장치도 시스템 버스(system bus)라고 불리는 버스에 연결되어 있어야 한다. 인터페이스와 주기억장치를 위해 버스 시스템을 구성하는 방법에 따라 CPU와 상호작용하는 방법은 달라진다. 버스 시스템을 구성하는 방법은 다음과 같다.

- 주기억장치와 I/O를 위한 분리된 버스
- 주기억장치와 I/O를 위한 공용 버스, 제어 라인은 분리
- 주기억장치와 I/O를 위한 공용 버스

주기억장치가 연결되는 시스템 버스와 I/O 장치가 연결되는 I/O 버스를 분리하여 구성하는 버스 시스템은 CPU외에 입출력을 담당하는 I/O 프로세서를 별도로 두는 시스템에서

사용된다. 두 종류의 버스가 물리적으로 분리되어 있기 때문에 CPU의 주기억장치 접근와 I/O 프로세서의 입출력 인터페이스 접근이 동시에 이루어질 수 있다. I/O 프로세서는 시스템 버스와 I/O 버스에 연결되어 있기 때문에 CPU와의 데이터 교환 및 주기억장치 접근을 위해 시스템 버스를 사용하고, 주변장치와의 데이터 교환을 위해 I/O 버스를 이용한다.

주기억장치와 I/O 인터페이스가 공용 버스에 연결되어 있지만 제어 라인을 각각 분리하여 구성하는 버스 시스템은 공용 버스에 올라가 있는 데이터, 주소 등을 사용할 구성 요소를 제어 라인을 이용하여 구별한다. 만약 주기억장치에 연결되어 있는 제어 라인이 활성화되면 공용 버스에 올라가 있는 데이터, 주소 등은 주기억장치를 위한 것이다. 동일하게 인터페이스에 연결되어 있는 제어 라인이 활성화되면 입출력을 위해 인터페이스가 공용 버스에 올라가 있는 정보를 사용한다.

주기억장치와 인터페이스를 하나의 시스템 버스에 연결하는 버스 시스템에서 CPU는 주소를 이용하여 시스템 버스에 연결되어 있는 주기억장치와 인터페이스에 접근을 한다. 주소를 이용하여 각 구성 요소에 접근하기 때문에 CPU는 자신이 주소 버스에 올린 주소에 반응하는 구성 요소가 주기억장치인지 또는 인터페이스인지를 구분할 필요가 없다. 즉, CPU가 '주소'를 이용하여 데이터 읽기 연산을 수행하면, 그 데이터가 주기억장치에서 전송된 것인지 아니면 인터페이스의 내부 레지스터에 적재되어 있던 것인지 구분이 되지 않고, 단지 CPU는 그 '주소'에 해당하는 워드의 내용을 데이터 버스를 통해 읽을 수 있다.

6.1.3 격리형 I/O와 메모리 맵형 I/O

많은 컴퓨터는 CPU와 메모리, CPU와 I/O 사이의 정보 전송을 위해서 공통의 버스를 사용한다. 이때 메모리 전송과 I/O 전송의 구별은 분리된 읽기 및 쓰기 제어 라인을 통하여 이루어진다. 즉, CPU는 두 가지 제어 라인 중에서 하나를 인에이블(enable) 함으로써 주소 라인의 주소가 주기억장치의 워드를 위한 것인지 인터페이스의 레지스터를 위한 것인지 지정한다. 이러한 구성은 모든 I/O 인터페이스의 주소를 주기억장치에 할당된 주소로부터 격리시킨 것이기 때문에 격리형 I/O 방식(isolated I/O method)이라고 한다. 격리형 I/O는 주기억장치와 I/O 인터페이스를 위한 주소 공간(address space)이 완전히 분리되어 있다. 예를 들어, CPU가 주소 $00FF_{16}$를 갖는 워드에 접근하려고 할 경우에 주소와 제어 신호를 시스템 버스에 올린다면 CPU는 $00FF_{16}$번지의 주기억장치 워드에 접근을 한다. 반면 그 주소와 제어 신호를 I/O 버스에 올린다면 CPU는 그 주소에 할당되어 있는 인터페이스의 특정 레지스터에 접근을 할 수 있다. 격리형 입출력 구성에서 CPU는 입출력을 위한 별도의 명령어를 가지며, 입출력 명령어는 접근할 인터페이스 레지스터의 주소를 지정할 수 있다. 따라서 CPU는 입출력 명령어를 인출하여 OP 코드를 해독할 때 그 명령어가 갖고 있는 주소를 주소 버스에 넣고 동시에 I/O 읽기나 I/O 쓰기 제어 라인을 활성화 시킨다.

메모리 맵형 I/O(memory mapped I/O) 방식은 CPU가 생성할 수 있는 주소의 범위 즉, 주소 공간의 일부분을 주기억장치와 인터페이스에 각각 할당하여 사용하는 것이다. 이 방식에서는 하나의 시스템 버스에 주기억장치와 인터페이스가 연결되어 있어 주기억장치의 워드 접근과 인터페이스 접근을 통한 입출력이 구별되지 않는다. CPU는 인터페이스 레지스터 주소를 메모리 시스템의 한 부분으로 취급하며, 인터페이스 레지스터를 지정하는 주소는 메모리 워드의 주소 지정에는 사용할 수 없다. 이 방법에서는 입출력을 위한 별도의 명령어가 필요 없고, CPU는 주기억장치 접근을 위한 명령어를 이용하여 인터페이스 레지스터로 접근할 수 있어 데이터 입출력을 할 수 있다. 예를 들어, 16 비트의 주소 라인을 갖는 CPU가 생성할 수 있는 주소의 범위 즉, 주소 공간은 $0 \sim 65535(= 2^{16} - 1)$ 번지 이다. 이때, 주소 공간의 하위 영역인 $0 \sim 32767$의 주소 영역을 주기억장치에 할당을 하고, 상위 영역인 $32768 \sim 65535$의 주소 영역을 입출력을 위한 인터페이스에 할당을 하는 메모리 맵형 I/O 시스템을 가정하자. 만약 CPU가 1,000 번지의 워드에 접근을 하려고 시스템 버스의 주소 라인에 그 주소를 올렸다면 이 접근은 주기억장치로의 접근이다. 이 CPU가 40,000 번지의 워드에 접근을 한다면 이것은 입출력을 위해 CPU가 그 주소에 할당되어 있는 인터페이스에 접근하는 것이다. 즉, CPU는 1,000 번지의 주기억장치 워드에 대한 접근과 40,000 번지에 할당되어 있는 어떤 인터페이스 레지스터에 대한 접근을 구별하지 않는다.

6.1.4 I/O 인터페이스 구조

일반적인 I/O 인터페이스의 구조는 그림 6.3에 나타낸 것과 같다. 이것은 포트(port)라고 하는 두개의 레지스터, 제어 레지스터, 상태 레지스터, 버스 버퍼, 그리고 타이밍과 제어 회로로 구성되어 있다. 인터페이스는 데이터 버스를 통하여 CPU와 데이터를 교환하거나 기능 코드를 수신한다. 칩 선택과 레지스터 선택 입력은 인터페이스에 할당된 주소에 의해 결정된다. 즉, 인터페이스 내부의 각 레지스터는 주소가 할당되어 있고, CPU는 그 주소를 이용하여 인터페이스 레지스터에 접근하여 데이터 또는 입출력 명령을 전송하거나 데이터 또는 상태 정보를 읽어 올 수 있다. 각 레지스터에 주소를 할당하는 방법은 격리형 I/O와 메모리 맵형 I/O 방식에 따라 달라 질 수 있다. 입력과 출력은 I/O 읽기와 쓰기 제어 라인에 의해 선택되고, 네 개의 레지스터는 인터페이스에 연결된 I/O 장치와 직접 통신한다.

I/O 데이터는 포트 A나 B를 통하여 외부 장치로 전송되거나 외부 장치로부터 전송받을 수 있다. 따라서 인터페이스는 출력 장치, 입력 장치, 또는 입출력이 모두 필요한 장치로 동작할

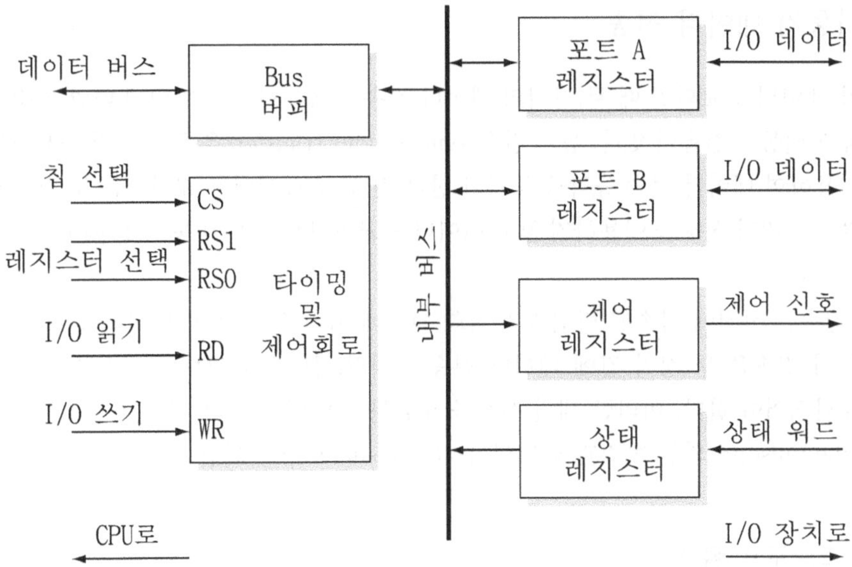

그림 6.3: I/O 인터페이스 구조

수 있다. 예를 들어 자기 디스크 장치는 양방향 전송 라인을 이용하여 입출력 전송을 모두 제공한다. 명령어는 주소로 지정된 인터페이스 레지스터에 데이터 워드를 전송함으로써 I/O 장치로 전달된다. 이와 같은 시스템에서는 제어 레지스터를 통하여 제어가 보내지기 때문에 I/O 버스로 기능 코드를 전송할 필요가 없고, 상태 정보는 상태 레지스터를 통해서 알 수 있으며, 데이터는 포트 A와 B 레지스터를 통하여 전송된다.

CPU는 제어 정보를 제어 레지스터로 전송하여 인터페이스와 I/O 장치가 다양한 동작을 수행하게 한다. 상태 레지스터의 비트들은 주변장치의 상태 조건이나 전송 에러 등을 기록하기 위하여 사용된다. 이러한 인터페이스 레지스터들은 양방향 데이터 버스를 통하여 CPU와 통신한다. 이때 주소 버스는 칩 선택이나 두 개의 레지스터 선택 입력을 통하여 인터페이스 장치를 선택하기 때문에 레지스터에 할당된 주소를 감지하기 위한 외부 회로(주소 디코더)가 필요하다. 즉 이 회로는 주소 버스에 있는 주소가 인터페이스의 레지스터를 위한 것이라면 칩 선택(CS) 입력을 활성화시킨다. 또한 두 개의 레지스터 선택 입력 $RS1$과 $RS0$은 일반적으로 주소 버스에 적재되어 있는 주소의 최하위 두 비트에 연결되어 인터페이스의 네 레지스터 중의 하나를 선택하기 위해 사용된다. I/O 읽기 및 쓰기 제어가 활성화 되면 주소에 의해 선택된 레지스터는 데이터 버스를 통하여 CPU에게 데이터를 전송하거나 CPU로부터 데이터를 수신한다.

6.2 비동기 데이터 전송

두 장치가 데이터를 교환할 때 두 장치의 데이터 전송을 동기화하는 방법에 따랄 전송 유형은 동기 전송과 비동기 전송이 있다. 동기 전송(synchronous transfer)은 두 장치가 공유하는 클록 펄스를 이용하여 데이터 전송 동작을 동기화 한다. 반면에 데이터를 교환하는 두 장치가 클록 펄스와 같은 동기화 신호를 이용하지 않고 데이터를 교환하는 것은 비동기 전송(asynchronous transfer)이다.

동기 전송은 사전에 약속된 방법과 동기화 시점에 따라 두 장치가 데이터를 교환한다. 하지만 비동기 전송은 두 장치 간에 데이터 전송의 시작, 끝 등의 정보를 전송하기 위해 제어 신호가 교환되어야 한다. 이러한 제어 신호를 교환하는 방법에 따라 비동기 전송은 스트로브 펄스(strobe pulse)에 의한 방법과 핸드셰이킹(handshaking)에 의한 방법이 있다.

6.2.1 스트로브 펄스

비동기 데이터 전송의 스트로브 펄스(strobe pulse) 방법은 각 전송의 시간을 맞추기 위해 t단 하나의 제어 라인을 갖는다. 통신을 위한 스트로브 신호는 데이터 송신 장치 또는 수신 장치에 의해 생성된다. 그림 6.4는 데이터 송신 장치에서 스트로브 펄스를 생성하는 예를 나타낸 것이다. 데이터 버스는 송신 장치로부터 수신 장치로의 이진 정보를 운반하며 바이트 또는 워드 비트수의 도선으로 구성되어 있다. 스트로브 신호는 데이터 버스에 있는 신호가 유효한 데이터 신호임을 목적지 장치(destination unit)에 알리는 역할을 한다. 그림 6.4a은 송신 장치가 스트로브 신호를 생성하여 비동기 통신을 수행하는 구조를 나타낸 것이다.

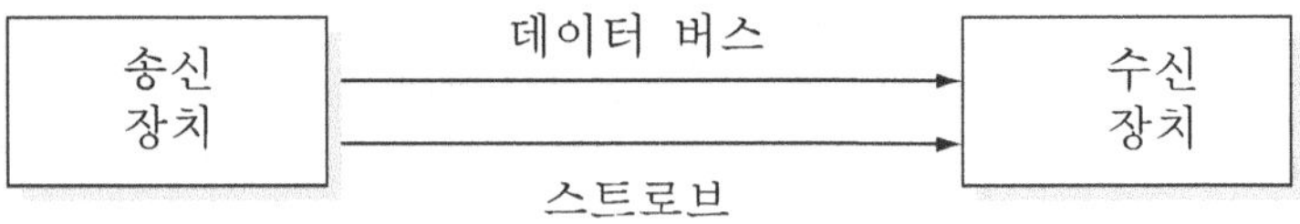

(a) 송신 장치 개시 스트로브 이용 비동기전송 블록도

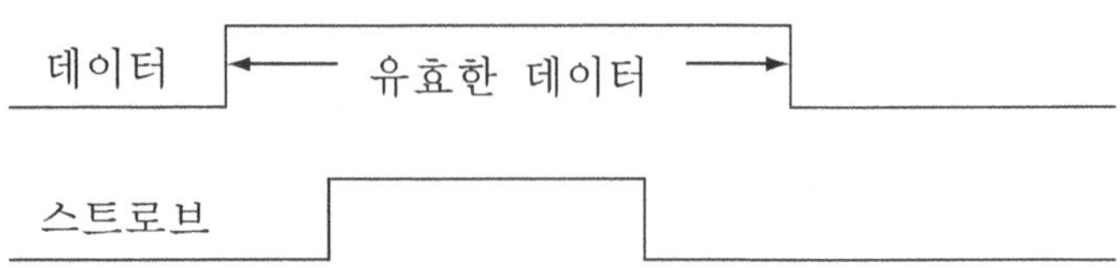

(b) 타이밍도

그림 6.4: 송신 장치가 스트로브 신호를 생성하는 비동기 전송

그림 6.4b은 두 장치간 비동기 데이터 교환을 위한 타이밍 신호를 나타낸 것이다. 데이터 송신 장치는 데이터를 버스에 올린 후 버스에 데이터가 올라가 있음을 수신 장치에게 알리기 위해 스토로브 신호를 활성화시킨다. 수신 장치는 스트로브 신호가 활성화되면 데이터 버스에서 데이터를 읽는다. 데이터 버스의 정보와 스트로브 신호는 수신 장치가 데이터를 받아들일 만큼의 충분한 시간 동안 활성화된 상태로 남아 있어야 한다. 흔히 수신 장치는 데이터 버스의 정보를 내부 레지스터에 전송시키기 위해 스트로브 펄스의 하강 에지를 사용한다.

그림 6.5은 데이터 수신 장치에서 스트로브 펄스를 생성하는 예를 나타낸 것이다. 그림 6.5a에 나타낸 것과 같이 스트포브 펄스 신호는 수신 장치에서 생성하여 송신 장치로 전송한다. 데이터 전송 방법은 그림 6.5b에 나타낸 것과 같이 수신 장치가 스트로브 펄스를 발생시켜 송신 장치에게 데이터를 전송하도록 알린다. 송신 장치는 수신 장치가 생성한 스트로브 펄스에 대한 응답으로 버스에 데이터를 적재한다. 데이터는 수신 장치가 정보를 받아들일 충분한 시간 동안 버스에 남아 있어야 하며, 일반적으로 스트로브의 하강 에지는 수신 장치의 레지스터가 버스에 적재되어 있는 데이터를 저장하도록 하는 트리거로 사용될 수 있다.

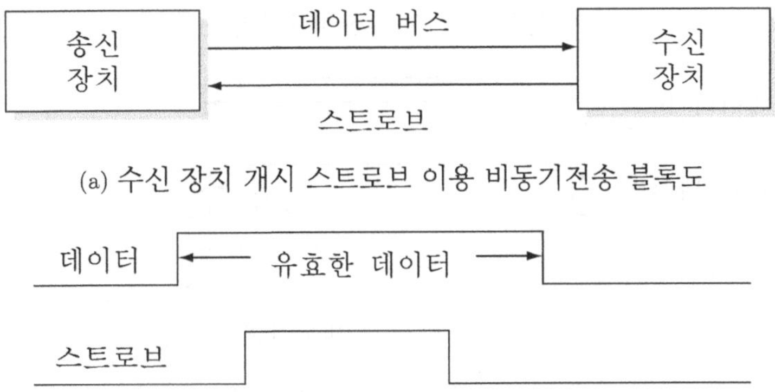

(a) 수신 장치 개시 스트로브 이용 비동기전송 블록도

(b) 타이밍도

그림 6.5: 수신 장치가 스트로브 신호를 생성하는 비동기 전송

그림 6.4b에 나타낸 송신 장치가 스트로브 신호를 생성하는 경우와 그림 6.5b에 나타낸 수신 장치가 스토로브 신호를 생성하는 경우의 타이밍 신호는 동일함을 알 수 있다. 차이점은 스트로브 신호를 생성하는 장치가 송신 장치 또는 수신 장치인가에 있다. 송신 장치가 스트로브 신호를 생성하는 경우는 송신 장치가 수신 장치에게 데이터를 수신할 것을 요청하는 형식이지만 수신 장치가 스트로브 신호를 생성하는 경우는 수신 장치가 송신 장치에게 데이터를 전송해 줄 것을 요청하는 형식이다.

6.2.2 핸드 셰이킹

스트로브 펄스 방식의 비동기 전송은 송신 장치가 전송한 데이터를 수신 장치에서 수신했는가를 알 수 없거나 데이터를 요청한 수신 장치가 송신 장치에서 데이터를 버스에 올렸는지 여부를 알 수 없다는 단점이 있다. 이 문제는 스트로브 펄스를 수신한 장치가 상대방에게 응답 신호를 보내는 핸드 셰이킹(handshaking) 방법을 이용하여 해결될 수 있다. 핸드 셰이킹도 데이터 전송을 위한 제어 신호를 어느 쪽에서 먼저 개시하느냐에 따라 송신 장치 개시 핸드 셰이킹과 수신 장치 핸드 셰이킹이 있다.

그림 6.6은 송신 장치 개시 핸드 셰이킹을 나타내고 있다. 그림 6.6a은 송신 장치와 수신 장치 사이에 교환되는 신호의 방향을 나타낸 것이다. 핸드 셰이킹 방법을 위한 두 개의 제어 신호 라인은 *유효 데이터*(data valid) 신호와 *데이터 수신*(data accepted) 신호이다.

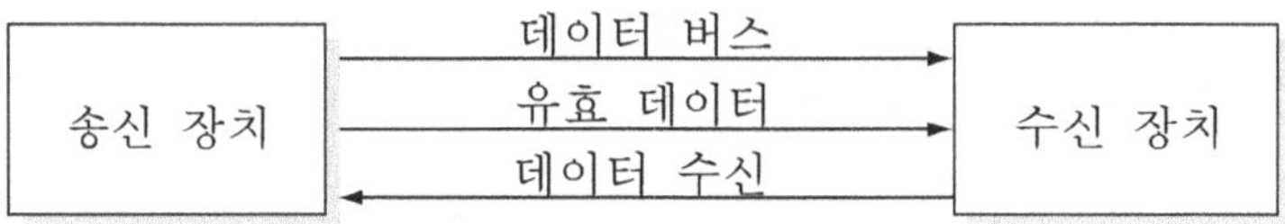

(a) 송신 장치와 수신 장치사이의 신호

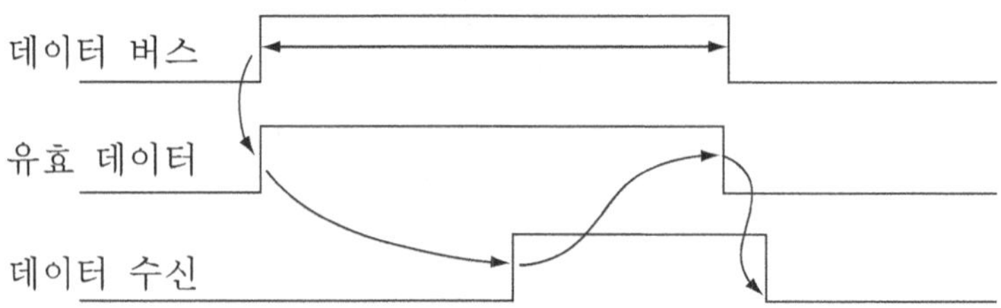

(b) 송신 장치 개시 핸드 셰이킹의 타이밍

그림 6.6: 송신 장치 개시 핸드 셰이킹

송신 장치 개시 핸드 셰이킹을 이용한 비동기 데이터 전송 방법은 그림 6.6b나타낸 것과 같이 다음의 절차를 따른다. 송신 장치는 전송할 데이터를 데이터 버스에 올림과 동시에 *유효 데이터* 신호를 활성화 한다. *유효 데이터* 신호는 현재 데이터 버스에 적재되어 있는 데이터가 유효한 데이터임을 수신 장치에게 알려주는 역할을 한다. 이 제어 신호를 수신한 수신 장치는 데이터 버스에 적재되어 있는 데이터를 읽어 자신의 레지스터 등에 저장을 하며, *데이터 수신* 신호를 활성화 한다. *데이터 수신* 신호는 데이터 버스에 적재되어 있는 데이터를 정상적으로 수신 장치가 수신하였음을 송신 장치에게 알려주는 역할을 한다. *데이터 수신* 신호를 수신한 송신 장치는 *유효 데이터* 신호를 비활성화 하며, 이 신호가 비활성화되면 수신 장치도 *데이터*

수신 제어 신호를 비활성화 한다. *데이터 수신* 신호가 비활성화 되면 송신 장치는 다음 전송을 준비한다.

그림 6.7은 수신 장치 개시 핸드 셰이킹을 나타내고 있다. 그림 6.7a은 송신 장치와 수신 장치 사이에 교환되는 신호의 방향을 나타낸 것이다. 핸드 셰이킹 방법을 위한 두 개의 제어 신호 라인은 *유효 데이터*(data valid) 신호와 *수신 준비*(ready for data) 신호이다.

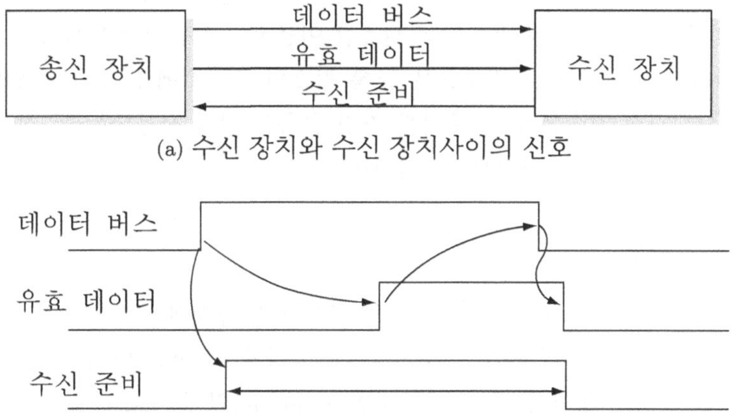

(a) 수신 장치와 수신 장치사이의 신호

(b) 수신 장치 개시 핸드 셰이킹의 타이밍

그림 6.7: 수신 장치 개시 핸드 셰이킹

수신 장치 개시 핸드 셰이킹을 이용한 비동기 데이터 전송 방법은 그림 6.7b나타낸 것과 같이 다음의 절차를 따른다. 데이터를 수신할 준비가 된 수신 장치는 *수신 준비* 신호를 활성화 한다. 이 신호에 따라 송신 장치는 데이터를 버스에 적재를 한 후 *유효 데이터* 신호를 활성화 한다. 이 신호가 활성화되면 수신 장치는 데이터 버스로 부터 데이터를 읽어 레지스터에 저장하는 등의 동작을 수행하며, 데이터 수신이 완료되면 *수신 준비* 신호를 비활성화 한다. 수신 장치에 의해 *수신 준비* 신호가 비활성화 되면 송신 장치는 *유효 데이터* 신호를 비활성화 한다. 송신 장치에 의해 *유효 데이터* 신호가 비활성화되면 수신 장치는 다음 데이터 전송을 준비한다.

핸드 셰이킹을 이용한 비동기 전송은 두 장치가 모두 정상적으로 동작하여야 데이터 전송에 성공하기 때문에 높은 융통성과 신뢰성을 갖는다. 만약 한 장치가 정상적으로 동작하지 않아 데이터의 전송이 성공적으로 이루어지지 않았을 경우에 전송 오류는 타임 아웃 방식에 의해 검출될 수 있다. 타임 아웃 방식은 데이터 전송이 일정 시간 안에 이루어지지 않으면 타임 아웃 신호를 발생시키며, 이 신호는 일반적으로 인터럽트를 발생시킨다.

6.2.3 비동기 직렬 전송

두 장치 사이의 데이터의 전송은 한번에 전송되는 비트 수에 따라 직렬 또는 병렬로 이루어진다. 병렬 전송은 n개의 신호선을 이용하여 n 비트의 데이터를 한번에 전송하는 것이다. 따라서 이 전송은 두 장치 사이의 거리가 짧으며, 고속의 데이터 전송이 요구되는 경우에 사용된다. 직렬 전송은 한 개의 신호선을 이용하여 한번에 1 비트의 데이터를 전송하는 것이다.

직렬 전송은 두 장치의 동기화 방법에 따라 동기적 전송과 비동기적 전송이 있다. 동기적 전송은 두 장치가 공용으로 사용하는 클록 펄스를 이용하여 전송 동기화를 한다. 클록 펄스에 전송을 동기화하기 때문에 비트 전송율은 클록 펄스의 주파수에 비례한다. 만약 두 장치의 거리가 먼 경우에 직렬 전송은 같은 주기를 가진 클록을 각각 사용하는 두 장치의 시간적인 동기화를 위해 동기 신호가 주기적으로 전송된다.

비동기 직렬 전송 방법

비동기 직렬 전송은 전송하고자 하는 데이터의 시작과 끝 부분에 특수한 비트를 넣어 전송의 시작과 끝을 수신 장치가 인식할 수 있도록 한다. 따라서 이 전송 방법은 데이터 전송을 위해 시작 비트(start bit), 데이터 비트, 정지 비트(stop bit)의 순서로 전송을 한다. 이를 위해 비동기 직렬 전송을 이용하여 데이터를 교환하려는 두 장치는 시작 비트, 데이터 비트, 정지 비트의 수를 통신 인자로 사전에 설정되어 있어야 한다. 만약 설정된 비동기 직렬 전송을 위한 통신 인자가 동일하지 않다면 두 장치는 정상적으로 데이터를 교환할 수 없다.

그림 6.8은 시작 비트, 데이터 비트, 정지 비트가 각각 1, 8, 2 비트로 설정되어 있는 경우에 비동기 직렬 전송의 예를 나타낸 것이다. 비동기 직렬 전송은 데이터가 전송되지 않고 있을 경우에 전송 라인은 논리 1 상태를 유지한다. 송신 장치는 전송할 데이터가 있다면 다음의 과정을 통해 데이터를 전송한다. 시작 비트를 전송한 후 사전에 구성되어 있는 데이터 비트 수에 따라 데이터를 전송하고, 마지막으로 정지 비트를 전송함으로써 비동기 직렬 전송을 한다.

1. 송신 장치는 사전에 구성된 시작 비트 수 만큼 전송 라인의 값을 로직 0 상태를 유지한다.

2. 시작 비트를 전송한 후 송신 장치는 구성된 데이터 비트 수 만큼 데이터 비트를 전송한다. 데이터의 각 비트 값에 따라 전송되는 비트는 0 또는 1이다.

3. 데이터 비트 전송이 끝나면 송신 장치는 구성된 정지 비트 수 만큼 전송 라인을 로직 1 상태를 유지한다.

4. 더 이상 전송할 데이터가 없다면 전송 라인은 로직 1 상태를 계속 유지한다.

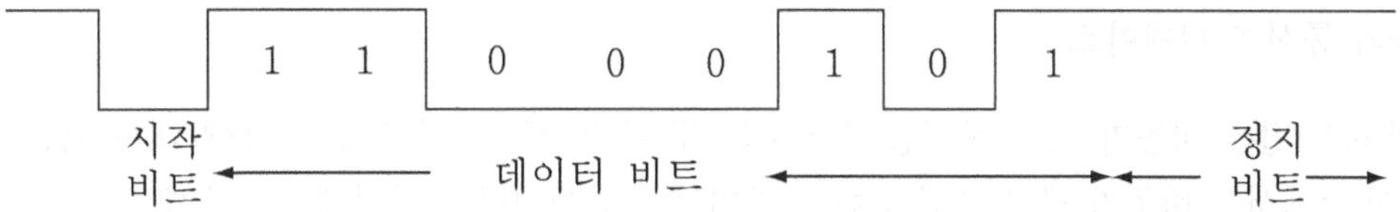

그림 6.8: 비동기 직렬 전송의 예

비동기 직렬 전송 방법에 따라 데이터를 수신하는 수신 장치는 지속적으로 전송 라인의 상태를 감시하며, 그 상태에 따라 다음과 같은 동작을 수행한다.

1. 전송 라인이 로직 1 상태를 유지하는 경우는 데이터 전송이 아니다.
2. 전송 라인이 사전에 구성된 시작 비트 수 만큼 로직 0 상태를 유지하면 수신 장치는 데이터 수신을 준비한다.
3. 시작 비트 다음에 전송되는 신호는 데이터 비트들이므로 수신 장치는 사전에 구성된 데이터 비트 수 만큼 수신하여 레지스터 등에 저장을 한다.
4. 설정된 수 만큼의 데이터 비트를 수신한 뒤에는 역시 사전에 구성된 정지 비트 수 만큼 전송 라인은 로직 1 상태를 유지하기 때문에 이것은 데이터 전송의 완료이다.

예를 들어, 어떤 송, 수신 장치가 시작 비트, 데이터 비트, 패리티 비트, 정지 비트를 각각 1, 7, 1, 2 비트로 구성되어 직렬 전송 방법에 따라 데이터를 교환한다고 가정하자. 이때 패리티 비트(parity bit)는 전송되는 데이터 비트에 전송 중에 발생할 수 있는 오류를 검출하기 위한 비트로서 직렬 전송을 하는 장치의 관점에서는 이 비트 역시 전송해야 하는 데이터 비트이다. 이 구성에서 한 개의 데이터를 전송하기 위해 시작, 정지 비트를 포함하여 총 11 비트가 필요하다. 만약 1초에 10개의 데이터를 전송할 수 있다고 한다면 0.1 초동안에 11 비트를 전송해야 하며, 전송되는 속도는 110 보(baud)이다. **보**(baud)는 데이터 전송을 위한 전송 신호의 수(또는 펄스의 수)를 의미하며, 위의 예에서는 하나의 데이터 전송을 위해 11 비트 즉, 11 개의 전송 신호가 필요하고, 1초 동안에 10개의 데이터를 전송할 수 있다고 하였기 때문에 1 초동안 110번의 전송 신호가 필요하다. 간혹 **보**는 1 초당 전송되는 사용자 데이터 비트의 수인 bps(bit per second)와 같은 의미로 사용하는 경우도 있다. 따라서 전송 속도를 **보**로 표기가 되어 있다면 그 의미는 관련 문서를 통해 확인이 되어야 한다. 비동기직렬 전송이 많은 응용에서 사용되기 때문에 이러한 동작을 수행하는 범용의 집적 회로가 설계, 공급되고 있으며, 이것을 UART(universal asynchronous receiver transmitter, 범용 비동기 수신-전송기)라고 한다.

비동기 통신 인터페이스

앞의 6.2.3절은 비동기 직렬 통신을 수행하는 두 주변장치 간의 상호 작용에 대해 기술하였다. 이 절에서는 비동기 직렬 통신을 하는 주변장치를 제어하는 인터페이스에 대해 기술한다. 비동기 직렬 통신을 할 수 있는 인터페이스는 그림 6.9에 나타내었다. 이 인터페이스는 송신 장치 또는 수신 장치로서 동작을 할 수 있으며, 각 동작을 위해 레지스터들과 제어 논리회로를 포함하고 있다. 버스 버퍼는 데이터 버스에 적재되어 있는 데이터 또는 데이터 버스에 올릴 데이터를 임시 저장하는 역할을 한다. 타이밍과 제어 논리회로는 CPU가 생성한 주소에 의해 지정된 레지스터를 제어하고, 입출력을 위한 제어 신호를 생성한다. 전송 레지스터와 수신 레지스터는 각각 전송할 데이터와 수신한 데이터를 저장하며, 제어 레지스터는 전송 모드 등의 제어 데이터를 저장한다. 상태 레지스터는 데이터의 전송, 수신과 관련한 상태를 저장한다.

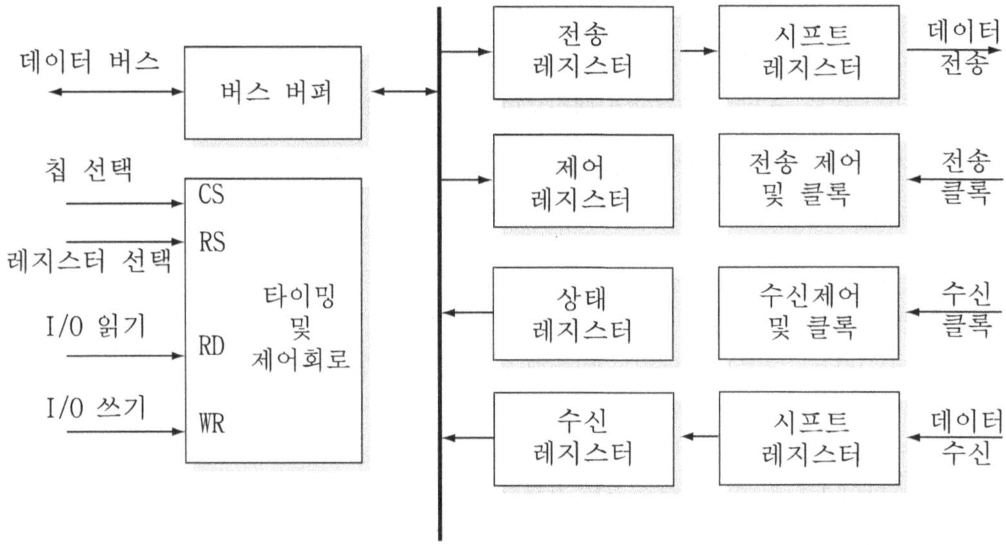

그림 6.9: 비동기 통신 인터페이스의 블록도

송신 장치로서 동작하는 것은 다음과 같다. 데이터 버스를 통해 CPU가 전송한 워드 데이터는 전송 레지스터(transmitter register)에 저장이 된다. 이 레지스터에 저장된 데이터는 사전에 설정된 시작 비트와 정지 비트를 포함하여 시프트 레지스터에 적재된다. 시프트 레지스터는 펄스 신호에 따라 한 비트씩 시프트를 하며, 시프트 연산을 수행한 결과에 따라 직렬 출력값은 3.4.4 절에서 기술한 것과 같이 전송 라인을 통해 상대방에게 전송이 된다. 이때 사용하는 펄스 신호는 전송 제어 및 클록 논리회로에 의해 생성된다.

수신 장치로서 동작하는 것은 다음과 같다. 전송 라인을 통해 수신되는 비트 데이터는 수신 제어 및 클록 논리회로에서 생성한 펄스 신호에 따라 시프트 레지스터에 저장이 된다. 시프트 레지스터에 저장된 비트 데이터 중 시작 비트와 정지 비트를 제외한 데이터 비트를 수신 레지스터(receiver register)에 저장을 한다. 수신 레지스터에 저장된 데이터는 데이터 버스를 통해 CPU에게 전송이 된다.

CPU가 데이터를 비동기 직렬 전송하기 위해 이 인터페이스와 CPU가 상호작용을 하는 방법은 다음과 같다. CPU는 이 인터페이스를 이용하여 입출력을 하기 위해서는 각 레지스터에 할당되어 있는 주소를 이용하여 각각 접근을 한다. 통신 모드 등 통신과 관련된 제어 워드를 제어 레지스터에 전송하기 위해 CPU는 그 레지스터에 할당된 주소와 제어 워드를 각각 주소 버스와 데이터 버스에 올린다. 그리고, CPU는 I/O 쓰기 신호를 활성화 한다. 주소 버스를 모니터링하고 있는 인터페이스의 주소 해석기 회로는 주소 버스에 적재되어 있는 주소가 자신의 인터페이스를 위한 것임을 인지하고 CS와 RS를 신호를 통해 제어 레지스터를 선택하고, 데이터 버스에 적재되어 있는 데이터를 버스 버퍼에 저장을 한다. 그리고, 인터페이스의 제어 회로는 활성화되어 있는 I/O 쓰기 신호에 따라 버스 버퍼에 저장되어 있는 데이터를 선택된 제어 레지스터에 전송을 한다. CPU가 데이터를 출력 즉, 전송하려고 할 경우에 CPU는 먼저 상태 레지스터에 할당된 주소를 이용하여 상태 레지스터의 값에 접근 한다. 이를 위해 CPU는 상태 레지스터의 주소를 주소 버스에 올리고, I/O 읽기 신호를 활성화한다. 주소 버스에 적재되어 있는 주소에 해당하는 상태 레지스터의 값은 I/O 읽기 신호에 따라 버스 버퍼로 전송된 후 데이터 버스에 올려져 CPU에게 전송된다. CPU는 데이터 버스에 올려져 있는 데이터 즉, 주변장치의 상태 데이터를 검사하여 전송을 할 수 있는 준비 상태가 되었다면 전송 레지스터의 주소를 이용하여 데이터를 전송 레지스터에 전송을 한다. CPU가 데이터를 전송 레지스터로 전송하는 과정은 앞서 기술한 것과 같다.

6.3 전송 모드

CPU는 인터페이스를 이용하여 데이터를 입력 또는 출력한다. 즉, 데이터의 입출력을 위해서는 그림 6.2에 나타낸 것과 같이 버스에 연결되어 있는 CPU와 인터페이스가 데이터를 상호 교환하여야 한다. 전송 모드는 CPU와 인터페이스가 데이터를 전송하는 방법에 따라 다음과 같은 종류가 있다.

- 프로그램을 이용한 I/O
- 인터럽트에 의한 I/O

- 직접 메모리 접근(DMA)

6.3.1 프로그램을 이용한 I/O

인터페이스를 이용하여 데이터를 입출력하는 것은 CPU가 인터페이스의 데이터 레지스터에 데이터를 저장하거나 읽어오는 과정이라고 할 수 있다. CPU가 인터페이스의 데이터 레지스터에 저장된 자료에 접근하여 처리하는 속도는 인터페이스가 주변 장치로부터 입출력 데이터를 준비하는 속도보다 매우 빠르다. 따라서 주변 장치로부터 데이터가 준비되기 전에 CPU가 인터페이스의 데이터 레지스터에 접근하는 경우에 입력된 데이터를 중복해서 읽어 가거나 아직 출력이 완료되지 못한 데이터를 저장하고 있는 데이터 레지스터에 새로운 데이터를 적재하는 등의 문제가 발생할 수 있다. 이러한 문제를 해결하기 위한 방법은 CPU가 인터페이스에 있는 상태 레지스터의 값에 접근하여 입출력 데이터가 준비된 경우에만 데이터 레지스터에 접근하여 입출력할 수 있는데, 이를 프로그램을 이용한 I/O(programmed I/O)라고 한다.

그림 6.10은 프로그램을 이용한 I/O를 이용한 입력을 나타낸 것이다. CPU는 인터페이스의 상태 레지스터에 할당된 주소를 이용하여 이 레지스터의 값을 버스를 통해 읽어 입력 데이터가 데이터 레지스터에 적재되어 있는가를 확인한다. 만약 입력 데이터가 데이터 레지스터에 준비되어 있지 않은 상태라면 CPU는 준비상태가 될 때까지 동일한 과정을 거쳐 상태 레지스터의 값을 지속적으로 모니터링 한다. 입력 데이터가 데이터 레지스터에 준비되지 않은 상태라는 것은 인터페이스가 입력 장치로부터 아직 입력된 데이터를 수신하지 못하였다는 것을 의미한다. 예를 들어, 주변 장치 중에서 대표적인 입력 장치라고 할 수 있는 키보드를 통해 데이터를 입력한다고 가정을 하면 사용자가 키를 누르기 전에는 주변 장치인 키보드는 인터페이스에 전송할 데이터가 없으며, 인터페이스의 데이터 레지스터에도 입력된 데이터가 적재되어 있지 않다. 이 경우에 인터페이스의 상태는 데이터 전송이 준비되어 있지 않은 상태이다.

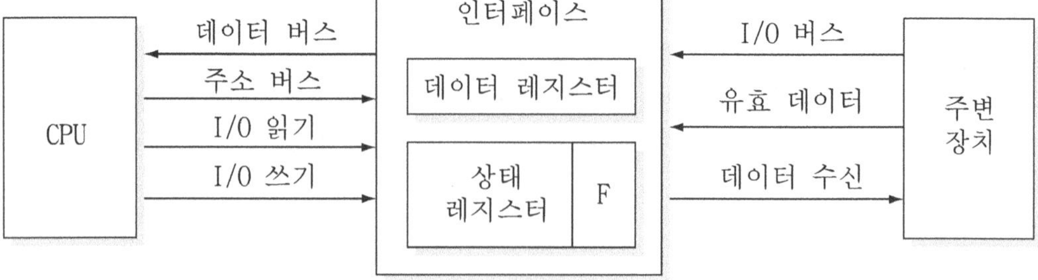

그림 6.10: 프로그램을 이용한 I/O 방식에 따른 입력

CPU가 인터페이스의 상태를 지속적으로 모니터링하고 있는 중에 사용자가 키보드의 키를 눌러 입력을 하였다면 키보드는 입력된 키에 대한 코드 데이터를 인터페이스의 데이터 레지스터에 전송을 한다. 이때 데이터 레지스터에 비로소 입력된 데이터가 적재되었기 때문에 인터페이스는 상태 레지스터의 값을 데이터가 준비되어 있는 상태로 변경을 한다. 인터페이스의 상태를 지속적으로 모니터링하고 있었던 CPU는 인터페이스의 상태가 변경된 것을 인지하고 데이터 레지스터에 적재된 입력 데이터 값을 읽어 간다. 이 예에서 주변 장치는 핸드 셰이킹 방식으로 인터페이스에게 데이터를 전송하고 있으며, 주변 장치가 송신 장치, 인터페이스가 수신 장치에 해당한다.

인터페이스에서 입출력을 위한 데이터가 준비되어 있는 상태를 표현하기 위해 그림 6.10에서 플래그 '**F**' 라고 표시한 상태 레지스터의 한 비트를 사용한다. 이 비트의 값이 1 이면 입출력을 위한 데이터가 인터페이스에 준비가 되어 있어 CPU가 입출력을 위해 데이터 레지스터에 접근할 수 있음을 의미한다. 이 값이 0이면 입출력을 위한 준비가 되지 않은 상태이므로 CPU가 인터페이스의 데이터 레지스터에 접근하는 것은 의미가 없거나 잘못된 데이터에 대한 접근이다. 그러나 '데이터가 준비된 상태'는 입력 또는 출력에 따라 다르게 해석이 되어야 하기 때문에 플래그의 값을 해석하는 것이 다소 명확하지 않을 수 있다.

따라서 플래그 F의 값을 데이터가 준비된 상태 여부가 아닌 '**입출력의 완료 상태**'로 해석을 하는 것이 더 명확하다. 입력 장치의 측면에서 입력이 완료되었다는 것은 키보드와 같은 주변 장치에서 데이터가 입력되어 인터페이스의 데이터 레지스터에 전송되었음을 의미한다. 따라서 CPU는 인터페이스의 데이터 레지스터에서 입력된 데이터를 읽어 갈 수 있다. 출력 장치의 측면에서 출력이 완료되었다는 것은 인터페이스의 데이터 레지스터에 적재되어 있는 데이터가 프린터와 같은 출력 장치에 의해 출력이 되었음을 의미한다. 즉, 데이터 레지스터에 적재되어 있는 값은 이미 출력이 완료된 데이터이기 때문에 CPU는 다음 출력 데이터를 이 데이터 레지스터에 전송할 수 있다. 이처럼 입출력이 완료된 상태를 표현하기 위해 플래그 F의 값을 1로 설정한다. 데이터 입력이 완료되지 않은 경우에 입력 장치는 이 플래그 F의 값을 0으로 유지하며, 데이터를 출력하고 있는 출력 장치도 이 플래그 값을 0으로 유지한다. 즉 플래그 F의 값이 0인 것은 현재 입력 또는 출력이 진행 중에 있음을 의미한다. 그림 6.11는 프로그램을 이용한 I/O 방식을 이용한 데이터 입력 단계를 흐름도로 나타낸 것이다.

프로그램을 이용한 I/O 방식은 고속 동작을 하는 CPU가 저속 동작을 하는 주변 장치의 상태를 지속적으로 모니터링하고, 그 동안에는 다른 작업을 할 수 없다는 문제가 있어 비효율적이라고 할 수 있다. 예를 들어, CPU가 한 명령어 실행을 위해 1 μs, 입력 장치가 한 개의 데이터 입력에 10 ms의 시간이 필요하다고 가정하면 데이터의 입력과 다음 입력 사이에 CPU

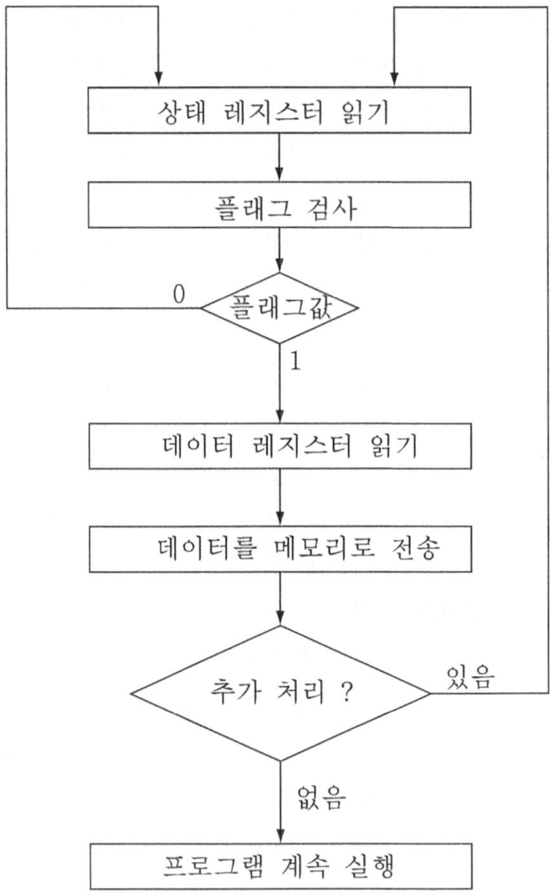

그림 6.11: 프로그램을 이용한 I/O의 데이터 입력 단계

는 다른 작업을 위해 10,000개의 명령어를 실행할 수 있지만 그것을 하지 못하고 인터페이스의 상태를 5,000번 검사하고 있다. 따라서 프로그램을 이용한 I/O 방식은 간단하지만 비효율적인 전송 모드라고 할 수 있다. 그러나 센서의 값을 지속적으로 모니터링해야 하는 소규모의 임베디드 시스템은 이 방법이 입출력을 위해 간단하면서도 효과적일 수 있다.

6.3.2 인터럽트에 의한 I/O

인터럽트에 의한 I/O(interrupted I/O)는 데이터를 입출력할 준비가 되면 인터페이스가 인터럽트 신호를 CPU에게 전달하여 입출력이 가능함을 알리는 방법이다. 이때 CPU는 인터페이스가 생성한 인터럽트 신호에 의해 현재 처리하고 있는 작업을 중단하고 인터럽트 처리

루틴(interrupt service routine, ISR)을 수행하여 인터럽트를 처리한다. 인터페이스에 의해 인터럽트는 데이터 입출력을 위한 것이기 때문에 인터럽트 서비스 루틴은 인터페이스의 상태 레지스터에 접근하여 입출력이 가능한 상태인지를 우선 검사한다. 만약 입출력이 가능한 상태라면 CPU는 데이터 레지스터에 접근하여 데이터를 저장하거나 읽어 온다. 인터럽트 처리가 완료되면 CPU는 인터럽트에 의해 중단된 지점부터 작업을 계속한다.

인터럽트가 발생하면 CPU는 인터럽트 처리 루틴에서 이를 처리하여야 한다. 인터럽트 처리 루틴은 발생한 인터럽트를 처리하기 위한 소프트웨어 루틴을 의미한다. 따라서 인터럽트 처리 루틴도 사전에 주기억장치에 적재되어 있어야 하며, 발생한 인터럽트에 따라 그것을 위한 인터럽트 처리 루틴의 주소가 결정된다. CPU가 인터럽트 처리 루틴의 주소를 결정하는 방법에 따라 인터럽트는 비벡터 인터럽트(non-vectored interrupt)와 벡터(vectored interrupt)로 나뉠 수 있다. 비벡터 인터럽트는 인터럽트 서비스 루틴이 주기억장치의 임의의 위치에 있으며, 인터럽트가 발생하면 CPU는 인터럽트 처리를 위해 그 위치로 분기한다. 벡터 인터럽트는 인터럽트 원인 또는 번호를 이용하여 분기 정보를 얻게 된다. 일반적으로 분기 정보는 사전에 주기억장치에 적재되어 있으며, 이를 인터럽트 벡터(interrupt vector)라고 한다. 인터럽트 벡터에는 각 인터럽트 처리를 위한 서비스 루틴의 주소 또는 실행할 명령어 등이 올 수 있으며, 많은 시스템은 주기억장치 0 번지부터 일정 메모리 영역에 인터럽트 벡터를 적재한다. 인터럽트 벡터의 내용이 서비스 루틴의 주소이면 CPU는 그 주소로 분기하여 인터럽트를 처리한다. 만약 벡터의 내용이 명령어라면 CPU는 그 명령어를 실행하며, 그 명령어는 일반적으로 서비스 루틴으로 분기하는 명령어이다.

인터럽트에 의한 I/O 방법은 입출력이 가능한 상태가 될 때까지 CPU가 인터페이스의 상태를 지속적으로 모니터링할 필요가 없어 효과적으로 입출력을 수행할 수 있다. 즉 CPU는 주변 장치를 이용한 입출력을 활성화시킨 후 앞서 기술한 '**입출력의 완료**' 상태가 될 동안에 다른 작업을 처리할 수 있다. 입출력의 완료 상태가 되면 인터페이스가 인터럽트를 통해 CPU에게 상태의 변화를 알리고, CPU는 인터럽트 처리 루틴에서 데이터를 인터페이스의 데이터 레지스터에 저장하거나 읽어 오면 된다.

6.3.3 직접 메모리 접근

DMA와 CPU

인터럽트에 의한 I/O는 비교적 저속의 주변 장치에서 소량의 데이터를 입출력할 경우에 효과적으로 사용될 수 있다. 반면 디스크 시스템과 같은 고속의 주변 장치에서 대량의 데이터를 입출력할 경우에는 인터럽트 처리로 인한 오버헤드가 증가되어 처리의 효율성을 감소시킨다.

예를 들어, CPU가 주기억장치에 저장되어 있는 2048 워드를 디스크 시스템에 저장한다고 가정하자. 만약 인터럽트에 의한 I/O 방법을 사용한다면 CPU가 한 워드를 인터페이스에게 전송을 하고, 인터페이스는 이 워드를 디스크 시스템에 전송을 하고, 디스크 시스템이 이 워드를 디스크에 저장을 하면 한 워드 저장이 완료된다. 이때 인터페이스는 '**입출력 완료**' 상태가 되어 CPU에게 인터럽트 신호를 전송한다. CPU는 디스크가 한 워드 저장을 완료할 때까지 다른 작업을 처리하다가 인터럽트 신호에 의해 다음 워드 전송을 준비할 것이다.

그러나 디크스 시스템은 고속으로 동작을 하기 때문에 CPU가 다른 작업을 하려고 할 때 (또는 다른 작업을 위한 적은 수의 명령어만을 수행했을 때) '**입출력 완료**' 상태가 되어 다시 인터럽트가 발생한다. 따라서 CPU는 다시 인터럽트 처리를 위한 단계를 밟아 인터럽트를 처리하게 되는데 이런 경우에 모두 2048회의 인터럽트가 발생하고, 이 인터럽트 처리를 위한 오버헤드가 증가되어 효율적인 입출력이 되지 못한다.

이러한 문제는 주기억장치에 저장되어 있는 데이터를 주변 장치를 이용하여 입출력할 때에 인터페이스가 주기억장치에 직접 접근하지 못하고 CPU를 거쳐 데이터를 주기억장치에 저장하거나 주기억장치에서 데이터를 읽어 오기 때문에 발생한다. 예를 들어, 입력 장치에서 입력된 데이터를 주기억장치에 저장을 하는 경우에 절차는 인터페이스의 데이터 레지스터에 적재되어 있는 입력 데이터를 CPU에게 전송하고, CPU는 이 데이터를 다시 주기억장치에 저장을 한다. 또 주기억장치에 저장되어 있는 데이터를 출력 장치를 이용하여 출력할 경우에 절차는 CPU가 주기억장치에서 워드를 읽어 오고, 그 데이터를 인터페이스에게 전송을 하며, 인터페이스는 이를 출력 장치에게 전달하여 출력한다.

이것은 인터페이스가 CPU를 거치지 않고 직접 주기억장치에 접근할 수 있으며 해결될 수 있다. DMA(direct memory access, 직접 메모리 접근)는 CPU를 거치지 않고 인터페이스가 주기억장치에 직접 접근하여 입출력하는 방법이다. 따라서 DMA는 CPU를 대신하여 주소 버스에 주소를 올릴 수 있으며, 주기억장치를 위한 제어 신호도 생성하여 제어 버스에 올릴 수 있다. DMA가 시스템 버스를 이용하여 주기억장치에 접근하고 있는 동안에 CPU는 시스템 버스를 사용할 수 없다. 그러나 DMA는 시스템 버스를 사용할 필요가 있을 때 CPU에게 버스 사용 권한을 요청하고, CPU가 버스 사용 권한을 주면 DMA가 버스를 사용할 수 있다. 이를 위한 CPU의 버스 관련 신호는 그림 6.12에 나타내었다.

버스 요청(bus request; BR)입력은 DMA 제어기가 버스 사용을 CPU에게 요청하는 것으로, 이 제어 입력이 활성화되면 CPU는 현재 명령어의 실행을 끝낸 다음 시스템 버스의 각 신호선을 고저항 상태로 만들어 준다. 그리고 CPU는 버스 승인(bus grant; BG) 출력을 통하여 버스가 고저항 상태임을 DMA에게 알리며, 이것은 DMA에게 버스 사용을 허락한다는

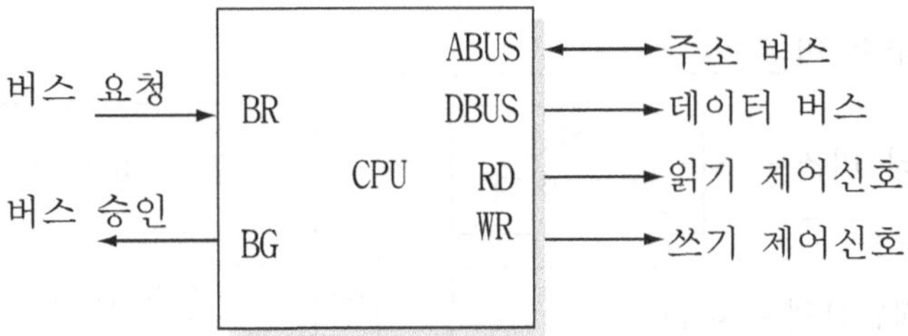

그림 6.12: DMA 전송을 위한 CPU 신호

의미로 해석할 수 있다. 버스 승인 신호에 따라 버스 요청 신호를 보낸 DMA는 시스템 버스를 사용할 수 있으며, 이를 이용하여 CPU의 개입없이 주기억장치에 접근할 수 있다. DMA 전송이 완료되면, 버스 요청을 비활성화하고, CPU가 버스 승인을 비활성화함으로써 정상적인 동작으로 되돌아 온다.

DMA를 이용한 입출력 방법은 DMA가 버스를 사용하는 기간에 따라 버스트(burst) 모드와 단일 사이클 모드가 있다. 버스트 모드는 디스크 시스템과 같은 고속의 주변 장치를 이용하여 데이터를 입출력하는 경우에 다수의 워드로 구성되어 있는 블록을 전송하는 동안 DMA가 버스 사용권을 유지하는 것이다. 단일 사이클 모드는 한 워드를 전송한 후 DMA가 버스를 CPU에게 되돌려 주는 것으로 사이클 스틸링(cycle stealing)이라고 불린다. 이것은 CPU가 DMA에게 하나의 메모리 사이클을 빼앗기기 때문에 붙여진 이름이다.

DMA 제어기

DMA 제어기의 블록도는 그림 6.13나타낸 것과 같이 인터페이스에 주소 레지스터, 워드 카운트 레지스터, 주소 버스 버퍼 및 DMA 동작을 위한 제어 회로 등이 추가된 구조라고 할 수 있다. CPU와 DMA 제어기간의 통신은 데이터 버스와 제어 라인을 통하여 이루어지며, CPU가 접근하는 레지스터는 각 레지스터에 할당된 주소를 이용하여 결정된다. 즉 CPU가 생성한 주소는 주소 해독기를 통해 DS(DMA 선택)와 RS(레지스터 선택)입력의 값이 결정되며, 이것을 통해 CPU가 접근할 DMA의 레지스터가 선택된다. RD(읽기)와 WR(쓰기)입력은 인터페이스와는 달리 양방향으로 신호를 전송할 수 있다. 즉, CPU가 생성한 RD, WR 신호를 수신할 수 있으며, DMA가 주기억장치에 접근할 때에는 이 제어 신호를 DMA가 전송하는 제어선으로 사용된다. BR(버스 요청)과 BG(버스 승인) 신호는 앞서 기술한 바와 같이 버스 사용을 위해 CPU에게 버스 사용을 요청하고, 버스 사용을 승인 받기 위한 제어 신호이다.

DMA는 다수의 데이터 입출력을 위해 주기억장치에 접근하는 방법이기 때문에 주기억

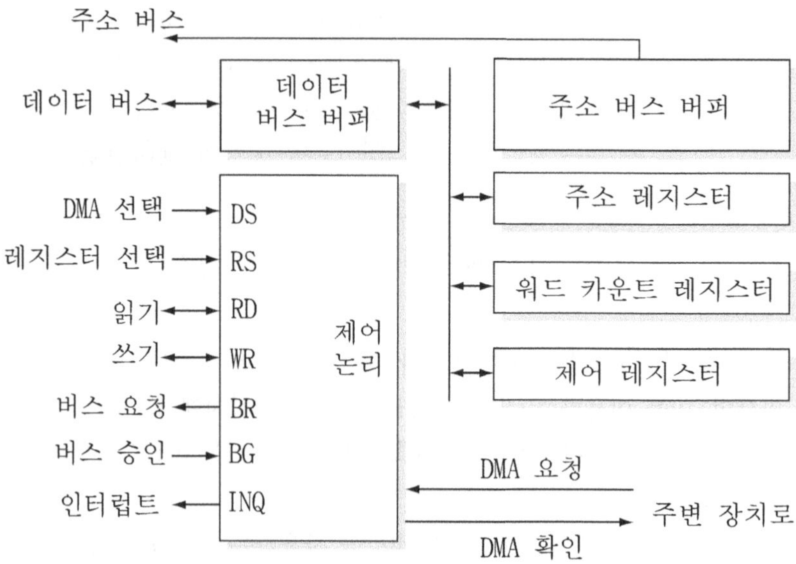

그림 6.13: DMA 제어기 블록도

장치의 워드 접근을 위한 주소를 생성하여야 한다. 따라서 DMA는 주소를 저장하는 주소 레지스터와 이 주소를 주소 버스에 올리기 위해 임시 저장하는 주소 버스 버퍼가 필요하다. 주소 레지스터에 저장되어 있는 주소는 DMA에 의해 한 워드 전송이 완료될 때마다 1씩 증가되어 DMA는 주기억장치의 연속된 주소 공간에 다수의 워드를 입출력할 수 있다. DMA의 워드 카운트 레지스터는 DMA가 입출력할 워드의 수를 저장하는 것으로 한 워드 전송이 완료될 때마다 1씩 감소되며, 이 레지스터의 값이 0이 되면 DMA를 이용한 데이터 전송이 완료된다. 따라서 DMA는 CPU에 의해 초기화된 다음에 주기억장치 접근을 통한 입출력을 수행할 수 있는데 다음은 CPU에 의해 DMA가 초기화되는 항목이다.

- 데이터 입출력을 위해 접근하려는 주기억장치의 시작 주소는 주소 레지스터에 적재된다.
- 입출력 워드의 수는 워드 카운트 레지스터에 적재된다.
- 읽기 또는 쓰기를 위한 제어 워드는 제어 레지스터에 적재된다.
- DMA 전송을 시작하는 제어도 제어 레지스터에 적재된다.

DMA는 한 워드를 전송할 때마다 주소 레지스터를 증가시키고, 워드 카운트 레지스터를 감소시킨다고 기술하였다. DMA가 전송해야할 블록의 모든 워드를 전송하면 워드 카운트 레지스터의 값이 0이 되며, 데이터 전송이 완료된다. 데이터 전송이 완료되면 DMA는 인터럽트 신호를 CPU에게 전송하여 데이터 입출력이 완료되었음을 알린다. 따라서 앞에서 사용한 예에서 2048 워드의 데이터를 입출력할 때 인터럽트를 이용한 I/O 방법은 2048 번의 인터럽트가 발생하지만 DMA를 이용하는 경우에는 1회의 인터럽트만 발생한다. 따라서 대량의 데이터를 고속의 주변 장치를 이용하여 입출력하는 경우에 DMA는 효율적인 입출력 방법이다.

6.4 입출력 프로세서

입출력 프로세서(I/O processor, IOP)는 효과적인 입출력을 위해 입출력을 담당하는 프로세서이며, 입출력장치와의 직접적인 통신을 할 수 있다. 입출력 프로세서를 사용하는 컴퓨터 시스템은 CPU, 주기억장치, 하나 이상의 IOP를 시스템 버스를 이용하여 연결하고 있으며, 각 IOP는 주변 장치와의 통신을 위한 I/O 버스라고 하는 별도의 버스 시스템을 구성하고 있다. IOP는 입출력장치와 직접 통신하기 때문에 데이터 채널(data channel)이라고도 부른다. IOP는 입출력을 담당하지만 처리 기능을 갖는 프로세서이기 때문에 IOP 고유의 명령어로 구성된 프로그램을 실행할 수 있다. 이를 위해 IOP도 입출력과 관련된 명령어뿐만 아니라 산술연산, 논리 연산, 분기, 코드 변환 등의 작업도 수행할 수 있다.

IOP는 시스템 버스에 연결되어 있는 주기억장치를 DMA 방법을 이용하여 CPU의 간섭없이 직접 접근할 수 있다. 따라서 CPU는 IOP가 IO 프로그램을 실행하도록 시작시키면 IOP는 CPU와 독립적으로 IO 프로그램을 실행할 수 있으며, 이때 실행되는 IO 프로그램은 데이터 변환, 처리, 입출력 장치를 이용한 데이터 입출력 등을 수행한다. 그림 6.14은 CPU와 IOP가 통신하는 흐름도를 나타내고 있다.

6.5 우선순위 인터럽트

인터럽트를 이용한 I/O 또는 DMA는 입출력 동작이 완료되어 다음 입출력이 가능한 상태일 때 CPU에게 인터럽트 신호를 전송하였다. 일반적으로 컴퓨터 시스템에는 다수의 입출력 장치가 있기 때문에 다수의 인터페이스(또는 DMA 장치)가 CPU와 상호작용을 한다. 따라서 다수의 인터페이스가 CPU에게 인터럽트 신호를 전송한 경우에 CPU는 인터럽트 신호를 전송한 인터페이스를 식별할 수 있어야 그것을 위한 인터럽트 처리를 실행할 수 있다. 또 동시 또는 짧은 순간에 여러 개의 인터럽트가 발생하였을 경우에 CPU는 어떤 인터럽트를 우선적으로 서비스할 것인가를 결정하여야 한다.

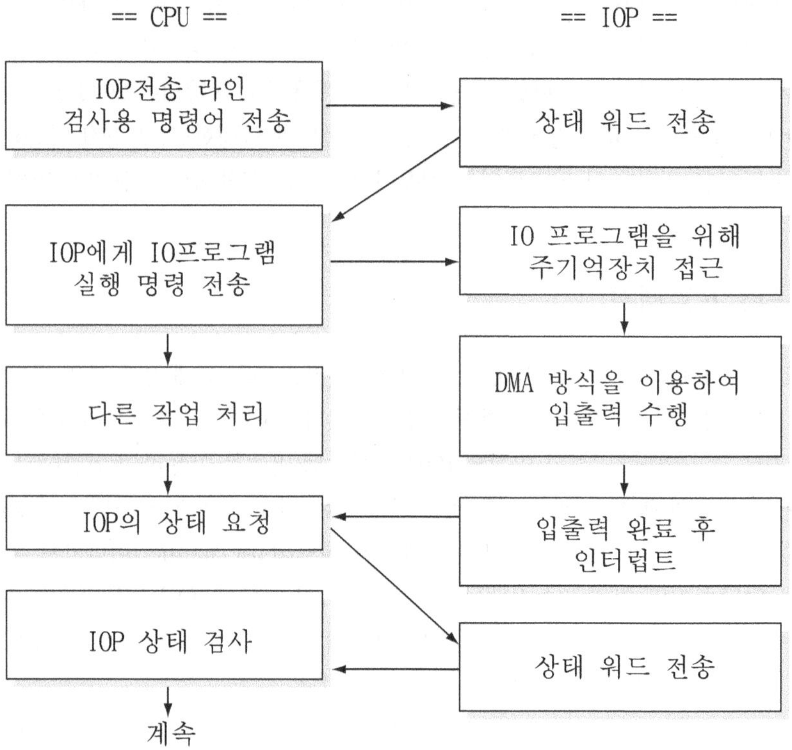

그림 6.14: CPU와 IOP의 통신

우선순위 인터럽트는 동시 또는 짧은 순간에 여러 개의 인터럽트가 발생하였을 때에 우선적으로 서비스할 인터럽트를 결정하기 위해 인터럽트를 발생한 인터페이스, 즉 인터럽트 소스(interrupt source)에게 우선순위를 부여한 인터럽트 시스템이다. 각 인터페이스에게 우선순위를 부여하고 인터럽트 처리 순서를 결정하는 방법에 따라 폴링(polling), 데이지 체인(daisy chain) 등의 방법이 있다.

6.5.1 폴링

폴링은 영어 단어 'polling(여론조사)'의 뜻과 같이 인터럽트가 발생하면 각 인터페이스에게 인터럽트 신호 발생 여부를 순서대로 조사하여 인터럽트를 발생시킨 인터페이스를 찾는 방법이다. 이때 폴링하는 순서가 각 인터페이스에게 부여된 우선순위가 된다. 즉, 인터럽트 발생 후 가장 먼저 폴링되는 인터페이스는 가장 높은 우선순위를 가지며, 가장 마지막으로 폴링되는 인터페이스는 가장 낮은 우선순위를 갖는다. 따라서 우선순위가 다른 두 인터페이스가 동시에 인터럽트 신호를 생성하였을 경우에 우선순위가 높은 인터페이스는 인터럽트 발생 여부를 조사하는 폴링 신호를 먼저 수신하게 되어 CPU에 의해 우선적으로 인터럽트 서비스가 이루어진다.

폴링하는 순서를 변경하는 것은 각 인터페이스에 부여된 우선순위 변경을 의미하기 때문에 폴링은 소프트웨어적으로 우선순위를 결정하는 방법이라고 할 수 있다. 따라서 폴링은 각 인터페이스의 우선순위를 부여하고 우선순위를 기반으로 한 인터럽트 처리 순서를 결정할 때 별도의 하드웨어가 필요하지 않고, 응용 분야에 따라 인터페이스의 우선순위를 유연하게 변경할 수 있다는 장점을 갖는다. 하지만 시스템에 많은 수의 인터페이스가 연결되어 있고, 동시에 많은 인터럽트가 발생할 경우에 폴링을 통한 인터럽트 서비스 처리의 우선순위를 결정하는 것은 상대적으로 긴 시간이 필요하며, 이것인 시스템의 효율을 감소시키는 요인이 될 수 있다. 이것은 다음 절에서 기술할 하드웨어적인 방법으로 해결할 수 있다.

6.5.2 데이지 체인

데이지 체인(daisy-chain) 방법은 그림 6.15에 보인 것과 같이 인터럽트를 발생시키는 인터페이스들을 직렬로 연결하여 인터페이스의 우선순위 부여하고, 인터럽트 처리 순서를 결정하는 것이다. 인터럽트 요청 라인(IRQ)은 인터페이스가 CPU에게 인터럽트 신호를 전송하기 위해 사용하는 것으로 모든 인터페이스들이 공유를 한다. 따라서 한 인터페이스가 인터럽트 요청 신호를 CPU에게 전송을 하면 CPU는 인터럽트 요청 신호에 대해 인터럽트 확인((INTACK) 신호를 전송하여 인터럽트 요청에 대해 응답을 한다. 이 인터럽트 확인 신호는 데이지 체인에 연결되어 있는 첫 번째 인터페이스의 PI 제어 입력을 전달된다. 이 신호를 수신한 인터페이스는 자신이 인터럽트를 발생하지 않았다면 그 신호를 PO 출력으로 전달하며, 이 신호는 다음 인터페이스의 PI 입력으로 전송된다. 만약 PI 입력으로 신호를 수신한 인터페이스는 자신이 인터럽트를 발생시킨 인터럽트 소스라면 데이터 버스를 통해 인터럽트 처리 루틴의 주소를 결정할 수 있는 정보를 전송한다. 이때 인터럽트 처리 루틴의 주소를 결정할 수 있는 정보로는 처리 루틴의 주소, 인터럽터 벡터, 인터럽트 번호 등이 될 수 있다. 이 인터페이스가 발생시킨 인터럽트에 대한 처리가 완료되면, 자신이 PI를 통해 수신한 인터럽트 확인 신호를 PO를 통해 다음 인터페이스에게 전송을 한다.

데이지 체인 방법은 CPU의 인터럽트 확인 신호 체인에 연결된 첫 번째 장치가 가장 우선순위가 높으며, 가장 마지막 인터페이스가 가장 낮은 우선순위를 갖는다. 두 인터페이스가 동시에 인터럽트를 발생시킨 경우에 인터럽트 요청 라인을 이들 인터페이스들이 공유하기 때

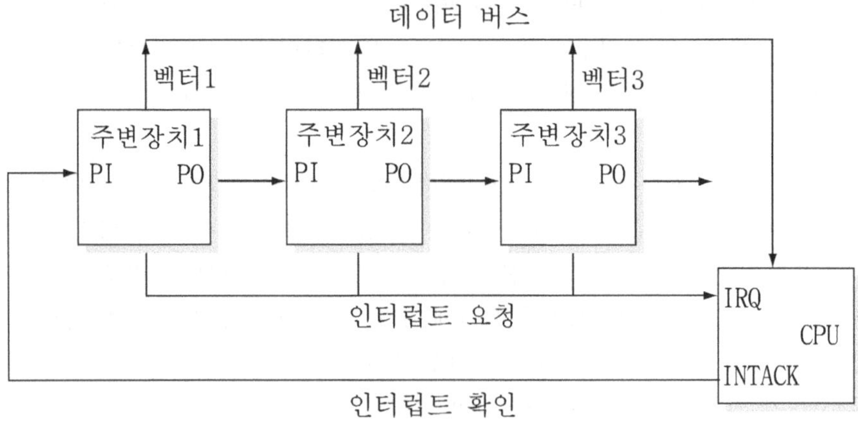

그림 6.15: 데이터 체인을 이용한 인터럽트 우선순위 결정

문에 CPU는 인터럽트 발생 사실을 인식하지만 인터럽트를 발생시킨 인터페이스를 알지 못한 상태에게 인터럽트 확인 신호를 전송한다. 이 신호를 먼저 수신한 인터페이스가 서비스를 받기 때문에 체인에 연결될 순서가 우선순위가 된다.

인터럽트 확인 신호 체인에 연결되는 순서는 컴퓨터 시스템의 설계 단계에서 하드웨어적으로 결정되기 때문에 이 방법은 하드웨어적인 우선순위 결정 방법이라고 할 수 있다. 따라서 데이터 체인 방법은 인터럽트가 발생했을 때 인터럽스 소스를 결정하고, 서비스하는 것이 폴링 방법보다 짧은 시간 내에 이루어질 수 있다. 그러나 체인을 구현하기 위한 하드웨어적인 지원이 필요하고, 한번 결정된 우선순위는 변경할 수 없는 단점을 갖고 있다.

일반적인 경우에 높은 우선순위의 인터럽트가 서비스되고 있는 동안에 낮은 우선순위의 인터럽트 발생이 금지되고, 낮은 우선순위 인터럽트가 서비스되고 있는 동안에 높은 우선순위의 인터럽트는 발생할 수 있다. 또 많은 컴퓨터 시스템은 인터럽트 관련 마스크 레지스터(mask register)를 두어 각 인터럽트의 활성화/비활성화(enable/disable)를 제어하여 발생할 수 있는 인터럽트를 선택할 수도 있다.

연습문제

1. 버스 중재에 있어서 소프트웨어 폴링 방식에 대한 설명으로 틀린 것은?

    a) 비교적 큰 정보를 교환하는 시스템에 적합하다.

    b) 융통성이 있다.

    c) 반응속도가 느리다.

    d) 우선순위를 변경하기 어렵다.

2. 입출력 인터페이스를 사용해야 하는 이유로 틀린 것은?

    a) 속도의 차이

    b) 마이크로 오퍼레이션의 차이

    c) 전압레벨의 차이

    d) 전송사이클 길이의 차이

3. 입출력 제어방식에 대한 설명으로 가장 거리가 먼 것은?

    a) 프로세서에 의한 입출력 제어 방식으로 크게 동기제어 방식과 비동기 제어방식으로 구분할 수 있다.

    b) 인터럽트 제어방식은 프로세서에 의한 제어방식으로 비동기 제어방식이다.

    c) 프로그램 제어방식은 전용장치 제어방식으로 동기방식과 플래그 검사 방식으로 구분할 수 있다.

    d) 전용장치에 의한 제어방식으로 DMA방식과 채널방식이 있다.

4. 비교적 속도가 빠른 자기 디스크에 연결하는 채널은?

    a) 바이트 채널

    b) 셀렉터 채널

    c) 서브 채널

d) 멀티플렉서 채널

5. 컴퓨터 시스템과 주변장치간의 데이터 전송 방식에 해당되지 않는 것은?

   a) 루프 입출력(loop I/O) 방식
   b) DMA(Direct Memory Access) 방식
   c) 인터럽트 입출력(interrupt I/O) 방식
   d) 프로그램 입출력(programmed I/O) 방식

6. DMA 제어기에서 CPU와 I/O 장치 사이의 통신을 위해 필요한 것이 아닌 것은?

   a) address register
   b) word count register
   c) address line
   d) device register

7. 다음 중 DMA에 대한 설명으로 옳지 않은 것은?

   a) DMA는 Direct Memory Access의 약자이다.
   b) DMA는 기억장치와 주변장치 사이의 직접적인 데이터 전송을 제공한다.
   c) DMA는 블록으로 대용량의 데이터를 전송할 수 있다.
   d) DMA는 입출력 전송에 따른 CPU의 부하를 증가시킬 수 있다.

Chapter 7

간단한 컴퓨터 구조

Chapter 7

간단한 컴퓨터 구조

컴퓨터 구조를 정의하는 간단한 방법은 메모리 구조를 통해 정의하는 것으로 폰 노이만 구조와 하바드 구조가 있다. 그림 7.1은 두 가지 대표적인 구조를 나타낸 것이다. 그림 7.1a에 나타낸 폰 노이만 구조는 그림1.4의 저장된 프로그램 개념의 구조를 간략화한 것으로 주기억장치에 데이터와 프로그램이 저장되어 있는 구조이다. 이때 CPU와 주기억장치는 버스를 통해 연결이 되어 있다. 따라서 CPU는 주기억장치에서 프로그램의 명령어를 인출하여 이를 실행하며, 실행할 때 요구되는 데이터는 주기억장치에서 인출하여 사용한다. 이러한 구조는 단순하다는 장점이 있지만 속도 향상을 위해 파이프라인 등의 기술을 사용할 때 주기억장치에서 명령어를 인출하는 것과 데이터를 인출하는 작업이 동시에 이루어져야 하는데 주기억장치는 메모리 접근을 위한 두 개의 요청을 동시에 처리하지 못한다. 파이프라인에 대한 것은 제 10 장의 10.2 절에서 설명을 한다.

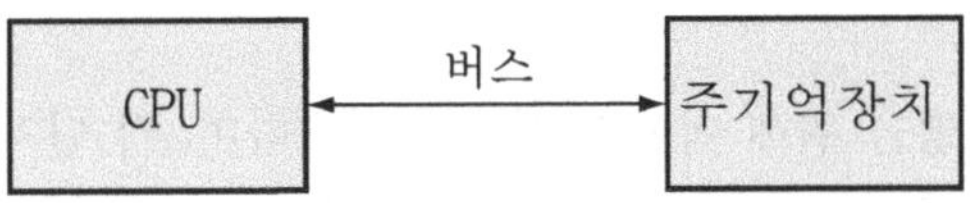

(a) 폰 노이만 구조

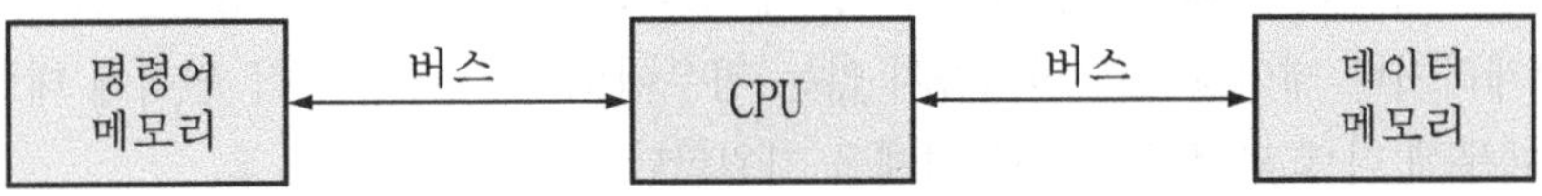

(b) 하바드 구조

그림 7.1: 메모리 구조에 따른 컴퓨터 구조

폰 노이만 구조의 약점을 해소하기 위해 그림 7.1b에 나타낸 하바드 구조는 프로그램을 저장하는 메모리와 데이터를 저장하는 메모리를 별도로 두어 프로그램의 명령어 인출과 데이터 인출을 동시에 수행할 수 있도록 한 것이다. 이를 위해 CPU는 두 개의 버스 시스템을 이용하여 각각 데이터 메모리와 프로그램 메모리와 상호작용을 한다. 메모리를 구성하는 방법에 따라 컴퓨터 구조를 정의하였지만 명령어를 실행하는 기본적인 절차는 두 구조가 동일하다.

시스템 설계자 또는 프로그래머 관점에서의 컴퓨터는 구조는 다음의 세 가지 요소에 의해 정의된다.

- 레지스터
- 명령어 집합
- 제어구조

레지스터는 처리를 위해 데이터를 임시로 저장하는 저장 요소로서 시스템 설계자에게 보여 지는 것(visible register)과 보여지지 않지만 CPU 내부에서 명령어 실행을 위해 사용되는 레지스터(invisible register)로 구분될 수 있다. 시스템 설계자 관점에서 레지스터는 그에게 보여지는 레지스터 집합이며, 이를 통해 시스템 설계자는 시스템을 설계하거나 프로그램을 작성할 때 사용할 수 있는 레지스터의 수, 길이 및 각 레지스터의 기능을 알 수 있다.

명령어 집합(instruction set)은 설계자가 사용할 수 있는 명령어들의 집합이며, 이를 통해 설계자는 CPU가 어떤 기능을 제공하고 있는가를 알 수 있으며, 그가 구현하고자 하는 기능을 하드웨어적으로 처리할 수 있는지 또는 소프트웨어 라이브러리를 이용하여야 하는가를 판단할 수 있다. 예를 들어, 덧셈 명령어를 제공하는 CPU에서 곱셈을 수행하고자 할 경우에 설계자는 반복적인 덧셈 또는 제 9 장에서 설명할 곱셈 알고리즘에 따라 소프트웨어적을 곱셈을 실행할 수 있다.

제어구조는 명령어 실행을 위해 어떤 단계들이 필요하며, 각 단계에서 어떤 제어 신호가 생성되어야 하며, 어떻게 생성되는가에 대한 정보를 제공하는 것으로 이를 통해 설계자는 컴퓨터 시스템이 동작하는 기본적인 원리를 알 수 있다. 이 제어구조는 시스템 설계자가 직접 CPU를 설계하거나 제어장치를 설계하지 않는 경우에도 시스템의 동작 원리에 대한 이해를 제공하기 때문에 더 효과적인 시스템 설계을 지원한다.

따라서 설계자의 관점에서 컴퓨터 구조는 게이트 레벨 또는 논리회로 레벨보다는 상위 레벨의 시스템 구조를 의미하며, 이 구조는 레지스터, 명령어 집합, 제어구조에 의해 정의된다. 이 장에서는 아주 간단한 컴퓨터 시스템 모델을 이용하여 설계자 관점에서의 컴퓨터 구조를 다룬다.

7.1 매우 간단한 컴퓨터

그림 7.2은 매우 간단한 컴퓨터에서 설계자가 사용할 수 있는 레지스터와 주기억장치를 나타낸 것이다. 주기억장치는 4K 개의 워드를 저장할 수 있으며, 각 워드의 길이는 16 비트이다. 이 기억장치에 저장하는 워드의 수가 4K 즉, $4096(=2^{12})$이기 때문에 각 워드의 주소를 위해서 12 비트가 필요하다.

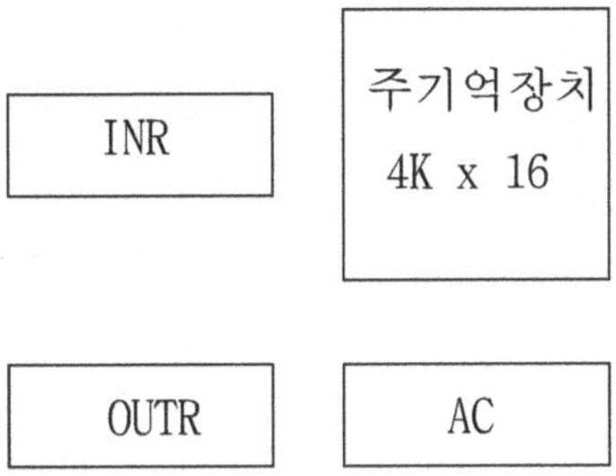

그림 7.2: 메모리와 사용자 레지스터

레지스터 AC 는 누산기(accumulator) 레지스터로 한 워드를 저장할 수 있어 16 비트의 길이를 갖는다. 이 레지스터는 CPU의 ALU에서 연산을 수행할 때 두 개의 피연산자 중 한 개를 저장하며, 연산 결과를 저장하는 레지스터이다. 나머지 한 개의 피연산자는 주기억장치에 저장되어 있다. 즉, CPU의 ALU는 AC 에 저장되어 있는 데이터와 주기억장치의 워드에 저장되어 있는 데이터를 대상으로 연산을 수행하며, 그 결과는 최종적으로 AC 에 저장이 된다.

레지스터 INR , $OUTR$ 은 입출력 데이터 저장을 위한 레지스터이다. 입력장치는 외부에서 입력된 데이터를 레지스터 INR 에 전송을 하면, 이 데이터를 필요에 따라 레지스터 AC 로 전송을 한다. 또 처리된 결과를 저장하고 있는 AC 의 값을 $OUTR$ 레지스터에 전송을 하면, 출력장치는 이 레지스터에 저장되어 있는 값을 외부로 출력을 한다.

이 장에서 설계를 하고 있는 매우 간단한 컴퓨터의 구조를 세 개의 레지스터와 주기억장치의 구성과 각 레지스터의 기능을 표현하는 것은 설계자 또는 시스템 프로그래머의 관점에서는 부족하지 않다고 할 수 있다. 그러나 시스템 프로그래머가 사용할 수 있는 레지스터와 주기억장치의 구성으로 매우 간단한 컴퓨터의 구조를 정의하는 것은 그 동작 원리를 충분하게 표현할 수 없다.

그림 7.3은 매우 간단한 컴퓨터의 레지스터, 주기억장치, ALU 및 각 구성요소간의 연결을 나타낸 것이다. 이 구조는 아홉 개의 레지스터, 세 개의 멀티플렉서, 주기억장치, ALU로 구성

되어 있다. 물론 이 구조는 실용적으로 활용하기에는 너무 간단하고, 기능도 매우 제한적이지만 컴퓨터의 동작 원리 설명에는 충분하다.

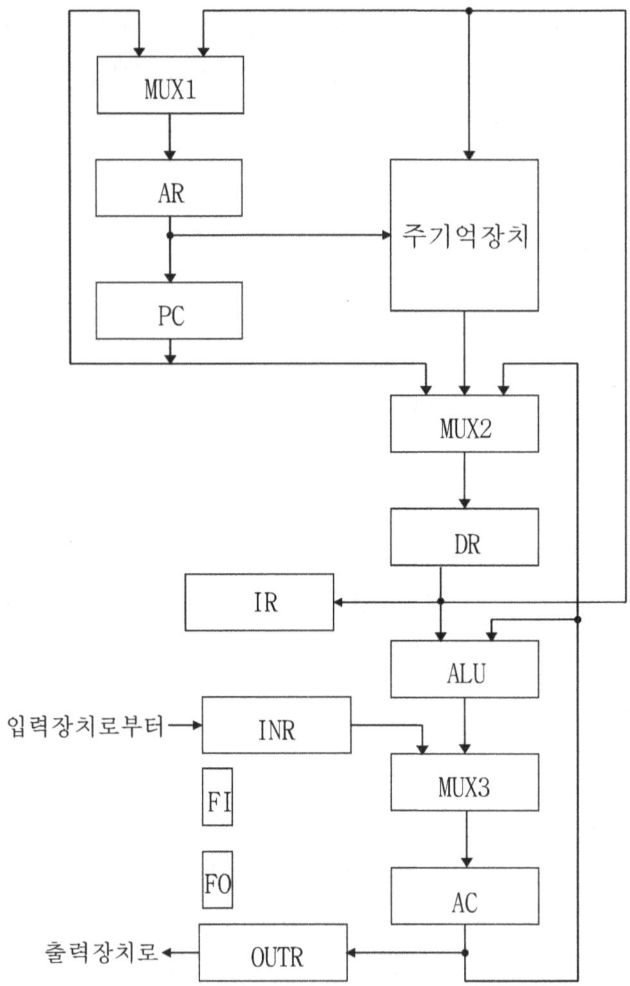

그림 7.3: 매우 간단한 컴퓨터의 구조

이 구조에서 레지스터는 설계자에게 보여지는 레지스터뿐만 아니라 보이지 않는 레지스터를 포함하고 있다. 설계자에게 보이지 않는 레지스터는 명령어 실행을 위해 추가적으로 필요한 레지스터이다. 각 레지스터의 기능과 길이는 다음과 같다.

AC(accumulator) 이 레지스터는 누산기 레지스터로서 ALU에서 데이터 처리를 위해 필요한 두 개의 데이터 중 하나를 저장하고 있으며, ALU의 연산 결과를 저장하는 역할을 한다. 이 레지스터는 앞서 기술한 것과 같이 한 개의 워드를 저장할 수 있기 때문에 그 길이는 16 비트이다.

AR(address register) 주기억장치의 워드에 접근하기 위해서는 주소가 필요하다. 이 레지스터는 메모리 접근을 위한 주소를 저장하는 것으로 주기억장치 워드에 접근하기 전에 그 주소를 이 레지스터에 전송을 하여야 한다. 주기억장치가 4K 워드를 저장할 수 있기 때문에 이를 위한 주소가 12 비트이다. 따라서 주소를 저장하는 이 레지스터의 길이도 12 비트이다.

PC(program counter) 프로그램은 주기억장치에 저장이 되어 있으며, 프로그램을 실행한다는 것은 주기억장치에 저장되어 있는 프로그램의 명령어를 실행하는 과정이다. CPU는 명령어를 실행하기 위해 주기억장치에서 명령어를 읽어와야 한다. 이를 위해 CPU가 다음에 실행해야 하는 명령어가 저장되어 있는 주소가 필요한데 이 주소를 저장하고 있는 레지스터가 PC이다. 보통의 경우에 프로그램을 구성하는 명령어들은 순차적으로 실행된다. 따라서, 이 레지스터는 다음 명령어 주소를 적재하기 위해 그 내용 즉, 주소를 자동으로 증가시키는 기능을 가지고 있다. 이 레지스터는 주소를 저장하기 때문에 12 비트 레지스터이다.

DR(data register) CPU는 메모리의 워드에 접근하여 데이터를 저장하거나 저장되어 있는 데이트를 읽어올 수 있다. 이때 이 레지스터는 메모리에 저장할 데이터를 임시 저장하거나, 메모리에서 읽어온 데이터를 임시 저장하는 목적으로 사용된다. 즉, 메모리 접근을 위한 주소 저장을 위해 AR 레지스터를 사용하고, 데이터을 위해 DR 레지스터를 사용한다. 또 DR 레지스터는 ALU에서 연산을 수행할 때 필요한 두 개의 피연산자 중의 하나를 저장하는 역할도 있다. 즉, ALU는 AC와 DR에 저장되어 있는 데이터를 대상으로 연산을 수행한다. 이 레지스터는 메모리에서 읽거나 저장할 한 개의 워드를 저장할 수 있어야 하기 때문에 16 비트이다.

IR(instruction register) 이 레지스터는 주기억장치에서 인출된 명령를 임시로 저장하며, 제어장치는 이 레지스터에 저장된 명령어를 이용하여 각 명령어 실행을 위한 제어신호를 생성한다. 일반적으로 한 워드에 한 개의 명령어를 저장하기 때문에 이 레지스터의 길이는 16 비트이다.

INR(input register) 외부의 입력장치에서 입력된 데이터를 임시저장하는 레지스터로서 이 레지스터에 저장된 데이터는 필요에 따라 AC 로 전송된 후 사용된다. 이 레지스터의 길이는 메모리 워드의 비트 수와 관련이 없지만 구조의 간략화를 위해 한 워드의 길이와 동일하다고 가정을 한다. 따라서 이 레지스터의 길이는 16 비트이다.

OUTR(output register) 외부의 출력장치를 이용하여 출력할 데이터를 임시 저장하는 레지스터로서 누산기 레지스터 즉, *AC* 에 저장되어 있는 데이터를 전송받아 출력에 사용을 한다. 이 레지스터의 길이도 구조의 간략화를 위해 한 워드의 길이와 동일하게 16 비트이다.

FI(input flag) 이 레지스터는 1 비트의 플래그 레지스터로서 입력장치에서 데이터 입력이 완료되어 그 데이터가 *INR* 에 적재된 경우에 입력장치는 이 플래그 레지스터의 값을 1로 설정을 한다. 따라서 이 플래그 레지스터의 값이 1인 경우에 *INR* 에 적재되어 있는 데이터를 사용할 수 있다.

FO(output flag) 이 레지스터도 1 비트의 플래그 레지스터로서 *OUTR* 에 적재되어 있는 데이터를 출력장치가 출력을 완료한 경우에 이 레지스터의 값을 1로 설정을 한다. 따라서 이 플래그 레지스터의 값이 1인 경우에 다음 출력 데이터를 *OUTR* 에 적재할 수 있다.

이 구조는 각 데이터가 전달되는 경로를 결정하기 위해 세 개의 멀티플렉서를 포함하고 있다. 멀티플렉서 *MUX1* 은 레지스터 *DR* 또는 *PC* 의 값 중 하나를 *AR* 에 전송하기 위한 데이터 경로를 제공한다. 멀티플렉서 *MUX2* 는 레지스터 *DR* 에 적재할 데이터를 결정하기 위해 사용하는 것으로 레지스터 *PC* , *AC* 또는 주기억장치 워드 중 한 개를 선택하여 그 데이터를 *DR*이 적재할 수 있도록 한다. 멀티플렉서 *MUX3* 는 AC 에 적재할 데이터를 선택하기 위한 것으로 입력 레지스터 *IR* 또는 *ALU*의 처리 결과 중에서 선택을 한다. 산술논리연산장치 ALU는 4.5.3 절에서 소개한 것으로 레지스터에 적재되어 있는 데이터를 대상으로 산술연산 또는 논리연산을 수행하는 장치이다. 이 ALU는 레지스터 *DR* 과 *AC* 에 적재되어 있는 데이터를 대상으로 연산을 수행하며, 연살 결과는 다시 *AC* 에 적재를 한다.

7.2 명령어 형식과 주소모드

컴퓨터구조를 정의하는 중요한 요소 중의 하나가 그 컴퓨터에서 제공하는 기능 즉, 명령어와 관련된 내용이다. 명령어를 구성하고 있는 각 필드들과 명령어 실행에 필요한 데이터를 찾는 방법 등이 컴퓨터 구조에 따라 달라질 수 있다. 이 절에서는 명령어를 구성하고 있는 각 요소들 및 명령어 실행에 필요한 데이터에 접근하는 방법인 주소모드에 대해 다룬다.

7.2.1 명령어 형식

명령어(instruction)은 CPU가 데이터를 대상으로 어떤 처리를 하도록 하는 비트들의 모임이다. 이를 위해 명령어는 두 가지 요소를 포함하고 있는데 그것은 '어떤 처리를 할 것인가'와 '어디에 있는 데이터를 대상으로 할 것인가'이다. 따라서 명령어를 구성하는 요소 중 '어떤 처리를 할 것인가'를 지정하는 요소를 연산 코드(operation code, op-code)라고 하며, '어디에 있는 데이터를 대상으로 할 것인가'를 지정하는 요소를 주소 필드(address field)라고 한다. 즉, 명령어는 연산 코드와 주소 필드로 구성된다. 주소 필드의 갯수에 따라 명령어는 0-주소 명령어, 1-주소 명령어, 2-주소 명령어, 3-주소 명령어로 나뉘어 진다. 그림 7.4은 주소 필드의 갯수에 따른 명령어 형식을 나타낸 것이다.

연산코드

(a) 0-주소 명령어 형식

연산코드	주소필드-1

(b) 1-주소 명령어 형식

연산코드	주소필드-1	주소필드-2

(c) 2-주소 명령어 형식

연산코드	주소필드-1	주소필드-2	주소필드-3

(d) 3-주소 명령어 형식

그림 7.4: 일반적인 명령어 형식

그림 7.4a에 나타낸 0-주소 명령어 형식은 연산 코드만으로 구성되는 명령어 형식으로 명령어 실행에 필요한 데이터들은 사전에 정해진 곳에 저장되어 있으며,이들 데이터를 이용하여 연산을 수행한다. 0-주소 명령어 형식의 명령어에서 사용할 데이터는 일반적으로 스택(stack)에 저장이 되어 있다고 가정을 한다. 예를 들어, 덧셈 명령어를 실행할 경우에 스택의 톱에 있는 두 개의 데이터를 pop하여, 그 데이터를 대상으로 덧셈을 수행하며, 그 결과는 다시 스택에 push한다. 물론 0-주소 명령어 형식을 사용하는 시스템은 모든 명령어를 0-주소 명령어 형식으로 사용할 수 있는 것은 아니다. 연산 명령어 수행을 위해 두 개의 피연산자가 필요하다고 가정을 하면, 이 피연산자들은 스택에 저장되어 있어야 한다. 스택에 데이터를 저장하는 push

명령어 등은 연산 코드와 함께 주소 필드가 필요하다.

그림 7.4b에 나타낸 1-주소 명령어 형식은 연산 코드와 더불어 한 개의 주소 필드로 구성이 되어 있다. 덧셈 등과 같은 연산에 필요한 데이터 중 하나는 주소 필드에서 지정한 주소로 접근하는 주기억장치의 워드 데이터이며, 나머지 하나는 AC 라고 표현하는 누산기 레지스터이다. 따라서 1-주소 명령어 형식의 명령어는 주기억장치의 워드와 AC 에 저장되어 있는 데이터를 대상으로 연산을 수행하며, 그 결과는 보통 AC 에 저장이 된다.

그림 7.4c와 7.4d에서 보인 2-주소 명령어 형식과 3-주소 명령어 형식은 한 명령어에 두 개 또는 세 개의 주소 필드를 갖고 있다. 2-주소 명령어 형식의 명령어는 연산을 수행할 때 두 개의 주소 필드에서 지정한 데이터를 사용하며, 연산의 결과도 둘 중 하나의 필드에서 지정한 곳에 저장된다. 3-주소 명령어 형식은 연산에 사용할 두 개의 데이터와 연산 결과를 저장할 곳을 각각 지정하는 것으로 연산에 사용된 두 피연사자를 저장하고 있는 곳의 내용은 변경되지 않는다.

그림 7.5은 각 명령어 형식으로 $X = (A + B) \times (C + D)$를 계산하는 프로그램을 작성한 것이다. 주기억장치의 A, B, C, D에 저장되어 있는 워드의 내용을 이용하여 연산을 수행한 뒤 그 결과는 X에 저장하는 것이다. 그림 7.5a에 보인 3-주소 명령어 형식은 두 번째와 세 번째 주소 필드에서 지정한 데이터를 이용하여 연산을 한 후 그 결과를 첫 번째 주소 필드에서 지정한 곳에 저장을 한다. 이 형식을 사용하는 명령어의 길이가 가장 길지만 프로그램을 구성하는 명령문의 수는 가장 적다. 반면, 그림 7.5d에 보인 0-주소 명령어 형식의 명령어를 사용하여 작성한 프로그램은 각 명령어의 길이는 상대적으로 짧지만 프로그램을 구성하는 명령문의 수가 가장 많다. 그림 7.5b와 7.5c에 보인 2-주소 명령어 형식과 1-주소 명령어 형식은 각 명령어의 길이와 프로그램을 구성하는 명령문의 수를 3-주소 명령어 형식과 0-주소 명령어 형식의 그것과 비교하면 중간 정도의 길이와 수를 갖는다.

앞의 7.1 절에서 기술한 매우 간단한 컴퓨터의 경우 한 워드는 16 비트이며, 주소는 12 비트 길이를 갖는다고 하였다. 이 구조에서 1-주소 명령어 형식을 명령어를 사용한다면 주소 필드는 12 비트가 되어야 하며, 연산 코드는 4 비트가 되어야 한다. 연산 코드가 4 비트이기 때문에 이 연산 코드로 지정할 수 있는 명령어의 수는 모두 $16(=2^4)$ 개 된다. 또 주소 필드의 길이가 12 비트이기 때문에 이 주소 필드로 지정할 수 있는 주소의 범위는 $0 \sim 4095(= 2^{12} - 1)$이다. 만약 동일한 구성으로 2-주소, 3-주소 명령어 형식을 사용한다면 명령어의 길이는 각각 28, 40 비트가 된다.

동일한 구성으로 0-주소 명령어 형식을 고려하면 한 명령어의 길이는 4 비트가 되어야 하지만 앞서 기술한 것과 같이 0-주소 명령어 형식을 사용하는 컴퓨터 시스템 조차도 메모리

```
ADD    R1, A, B
ADD    R2, C, D
MUL    X, R1, R2
```

(a) 3-주소 명령어 형식

```
MOV    R1, A
ADD    R1, B
MOV    R2, C
ADD    R2, D
MUL    R1, R2
MOV    X, R1
```

(b) 2-주소 명령어 형식

```
LOAD   A
ADD    B
STORE  T
LOAD   C
ADD    D
MUL    T
STORE  X
```

(c) 1-주소 명령어 형식

```
PUSH   A
PUSH   B
ADD
PUSH   C
PUSH   D
ADD
MUL
POP    X
```

(d) 0-주소 명령어 형식

그림 7.5: $X = (A + B) \times (C + D)$ 계산 프로그램 예제

접근이 필요한 명령어들은 1-주소 명령어 형식(또는 그 외)이 필요하다. 또, 주기억장치에서 명령어를 인출할 때 주기억장치 접근 단위는 워드이기 때문에 연산 코드가 단지 4 비트라고 하더라도 4 비트만 주기억장치에서 인출할 수 있는 것은 아니다. 이 경우에 한 워드 16비트 중에서 연산 코드 4 비트를 제외한 나머지 12 비트는 사용되지 않는 비트이다. 이런 경우에 한 명령어의 길이는 4 비트인지 아니면 사용되지 않는 영역을 포함하여 16 비트인지 명확하지 않다. 동일한 이유로 2-주소 명령어 형식은 연산 코드와 두 개의 주소 필드를 구성되는 28 비트이지만 주기억장치에서 이 명령어를 읽어 올 때는 두 개의 워드 즉, 32 비트를 읽어와야 한다. 역시 이 명령어의 길이도 28 비트인지 아니면 사용되지 않는 4 비트를 포함한 32 비트인지는 명확하지 않다. 따라서 시스템 설계 등을 위해 명령어 길이를 논의할 때 연산 코드, 주소 필드 등 의미를 갖는 비트만 포함한 길이인지 아니면 사용되지 않는 비트를 포함한 주기억장치 워드 단위의 길이인지는 명확하게 하여야 한다.

명령어에 포함되는 주소 필드의 수에 따라 명령어 형식을 구분하였는데 이 형식에 따라 CPU 구조도 다음과 같이 구분될 수 있다.

- 단일 누산기 구조
- 범용 레지스터 구조
- 스택 구조

그림 7.4b에 보인 것과 같은 1-주소 명령어 형식의 명령문은 누산기 AC 의 내용과 명령문의 주소 필드에서 지정한 곳의 데이터를 대상으로 연산 코드에 해당하는 연산을 수행하고, 그 결과를 누산기에 저장을 한다. 이 처럼 두 개 또는 한 개의 피연산자가 필요한 연산을 위한 데이터를 누산기 AC 에 적재되어 있고, 연산 수행 결과가 다신 AC 에 저장되는 방법으로 명령문을 실행하는 구조를 '단일 누산기 구조'라고 한다.

반면 그림 7.4c와 7.4d에 보인 것과 같은 2-주소 명령어 형식과 3-주소 명령어 형식은 데이터를 저장할 수 있는 레지스터가 여러 개가 있고 이들 레지스터들이 피연산자 또는 연산 결과를 저장할 수 있다. 이처럼 다양한 목적의 데이터를 임시 저장하는 레지스터를 범용 레지스터(general purpose register)라고 한다. 범용 레지스터에 저장된 데이터를 처리하고, 그 결과도 범용 레지스터에 저장할 수 있는 구조를 '범용 레지스터 구조'라고 한다.

CPU 구조 중 '스택 구조'는 연산 명령어는 그림 7.4a에 보인 것과 같이 0-주소 명령어 형식을 따르지만 주기억장치 접근이 필요한 경우에는 1-주소 명령어 형식의 명령어를 사용한다. 앞서 설명한 것과 같이 이 구조에서 연산 명령어는 스택의 톱에 있는 두 개의 데이터를 꺼내어 이를 연산에 사용을 하며, 연산 결과는 다시 스택에 저장을 하기 때문에 연산 명령어는 별도의 주소 필드가 필요없다. 하지만 스택에 데이터를 저장하거나 읽을 때에는 주기억장치 접근을 위한 명령어와 더불어 하나의 주소 필드가 필요하기 때문에 이런 명령어들은 1-주소 명령어 형식을 갖는다. 따라서 스택 구조라고 모든 명령어가 0-주소 명령어 형식을 갖는 것은 아니다.

이 처럼 CPU가 특정한 형식의 구조를 갖는다고 하더라도 그 CPU에서 사용할 수 있는 모든 명령문의 형식이 동일한 것은 아니다. 예를 들어, 범용 레지스터 구조의 CPU에서 실행할 수 있는 모든 명령어가 2-주소 또는 3-주소 명령어 형식을 갖는 것은 아니다는 의미이다. 즉, 연산 명령어는 2-주소 또는 3-주소 명령어 형식을 갖지만 분기(branch) 명령어, 중단 명령어 등과 같은 명령어들은 1-주소 또는 0-주소 명령어 형식을 가질 수 있다.

그림 7.3에서 정의한 매우 간단한 컴퓨터 구조는 누산기 레지스터 AC 를 중심으로 모든 연산을 수행하는 단일 누산기 구조이다. 하지만 이 컴퓨터 구조에서 사용할 수 있는 명령어는 7.3 절에서 설명하는 것 처럼 명령어의 종류에 따라 1-주소 명령어 형식 또는 0-주소 명령어 형식이 될 수 있다.

모드	연산코드	주소필드

그림 7.6: 모드 필드를 포함한 명령어 형식

7.2.2 주소모드

그림 7.5b에 나타낸 2-주소 명령어 형식의 프로그램에서 첫 번째와 마지막 명령어를 다시 살펴보자. 이 프로그램의 첫 번째 명령어 *MOV R1, A* 는 주기억장치의 *A* 번지의 내용을 레지스터 *R1* 에 적재하는 것이다. 이 명령어에 포함된 두 개의 주소 필드 중에서 첫 번째 주소 필드는 레지스터를 지정하는 것이고, 두 번째 주소 필드는 주기억장치 워드에 접근하기 위한 주소를 나타낸 것이다. 이 프로그램의 마지막 명령어 *MOV X, R1* 은 레지스터 *R1* 에 적재되어 있는 데이터를 주기억장치 *X* 번지에 저장을 하는 것이다. 이 명령어의 첫 번째 주소 필드는 주기억장치 워드의 주소를 나타내고 있으며, 두 번째 주소 필드는 레지스터를 지정하고 있다. 위의 두 명령어는 동일한 연산 코드를 위한 심볼 *MOV* 를 사용하고 있는데 두 주소 필드를 이용하여 연산의 대상이 되는 것에 접근하는 방법이 각각 다르다. 예를 들어, 첫 번째 명령어의 첫 번째 주소 필드는 레지스터를 지정하기 위해 사용되었지만 마지막 명령어의 첫 번째 주소 필드는 주기억장치 워드를 위한 주소로 사용되었다. 이처럼 명령어에 포함된 주소 필드를 이용하여 피연산자에 접근하는 방법 또는 주소 필드를 해석하여 피연산자에 접근하는 방법을 주소 모드 (address mode)라고 한다.

주소 모드에 따라 명령어의 주소 필드를 이용하여 데이터에 접근하는 방법이 다르다. 따라서 그림 7.6에 보인 명령어 형식과 같이 명령어는 주소 필드의 주소 모드를 표현하기 위한 '모드 필드'를 포함하고 있다. 그림 7.6에서는 모드 필드를 연산 코드 앞에 두었지만 모드 필드의 위치는 CPU를 설계할 때 CPU 설계자가 결정할 수 있으며, 각 주소 필드의 앞에 둘 수도 있다. 예를 들어, 1-주소 명령어 형식에서는 주소 필드가 한 개이기 때문에 그 주소 필드를 위한 모드 필드를 명령어의 가장 왼쪽에 두었지만 2-주소 또는 3-주소 명령어 형식과 같이 한 명령어에 복수개의 주소 필드가 있는 경우에는 각 주소 필드 앞에 그 주소 필드를 위한 모드 필드를 각각 둘 수도 있다.

모드 필드의 비트 수에 따라 그 명령어 형식에서 사용할 수 있는 주소 모드의 수가 결정된다. 즉, 모드 필드가 m 비트이라면 이 명령어 형식에서 사용할 수 있는 주소 모드는 2^m 개의 종류가 된다. 앞의 예에서 주소 필드는 레지스터 지정 또는 주기억장치 주소로 사용되었는데 이처럼 두 가지 주소 모드 중 한 가지를 지정해야 할 경우에 모드 필드는 1 비트로도 표현할 수 있다. 그러나 주소 모드는 레지스터 또는 주기억장치 주소뿐만 아니라 다음과 같이 많은 종류가 있다.

묵시적 주소 지정(implied addressing mode)

이 모드에서는 피연산자가 명령어의 정의에 따라 묵시적으로 정해져 있다. 즉 명령어 형식에 피연산자 지정을 위한 주소 필드는 없지만 명령어에 따라 피연산자 또는 피연산자가 저장되어 있는 장소가 정해져 있어 '묵시적'이라고 한다. 예를 들어, 1-주소 명령어 형식에서 명령어 *ADD B* 는 누산기 레지스터 *AC* 의 내용과 주기억장치의 *B* 번지의 내용을 덧셈하여 그 결과를 *AC* 에 저장하는 것이다. 이 명령어에는 누산기 레지스터 *AC* 를 사용하라고 명시적으로 표현되어 있지 않다. 하지만 단일 누산기 구조는 누산기 레지스터 AC 에 적재되어 있는 데이터를 연산 수행에 사용하는 것으로 되어 있기 때문에 명령어에 명시적으로 표현되어 있지 않아도 이 레지스터에 적재되어 있는 데이터를 연산에 사용하고 있다. 또 스택 구조에서 명령어 *ADD* 는 덧셈에 사용할 피연산자를 명시적으로 표현하고 있지 않다. 하지만 스택 구조에서는 스택의 톱에 있는 두 개의 데이터를 연산 수행에 사용하도록 정의되어 있기 때문에 피연산자를 명령어에 명시적으로 표현하고 있지 않다.

즉시 주소 지정 방식(immediate addressing mode)

이 모드에서는 피연산자가 명령어 그 자체 내에 있다. 즉 이 주소 모드를 사용하는 명령어의 주소 필드는 주소를 표현하는 것이 아니라 연산에 사용될 피연산자를 표현하고 있는 것이다. 예를 들어, 2-주소 명령어 형식에서 명령어 *MOV R1, #2* 는 주기억장치 2번지 워드의 내용을 레지스터 *R1*에 적재하는 것이 아니라 상수 2를 레지스터 *R1*에 적재하는 것이다. 이때 이 명령어의 두 번째 주소 필드인 *#2* 는 주소로서의 의미가 아니라 그 자체가 데이터가 되는 것이다. 이 주소 모드는 주소 레지스터에 상수 값을 적재할 경우에 사용을 한다.

직접 주소 지정 방식(direct address mode)

직접 주소 지정 방식에서는 명령어의 주소 필드가 주기억장치 워드의 주소가 되는 것이다. 앞에서 명령어 *MOV R1, A* 은 주기억장치 *A* 번지 워드에 저장되어 있는 데이터를 레지스터 *R1* 에 적재하는 것이다. 이 명령어의 두 번째 주소 필드인 *A* 는 연산에 사용할 피연산자가 주기억장치 *A* 번지 워드에 저장되어 있음을 의미한다. 명령어를 실행할 때 명령어 실행을 위해 필요한 주기억장치 워드의 주소를 유효 주소(effective address)라고 한다. 위 명령어의 두 번째 주소 필드의 내용은 주기억장치에 피연산자가 저장되어 있는 주소, 즉 유효 주소이다. 따라서 주기억장치 *A* 번지 워드의 내용이 100이라면 이 명령어를 수행한 결과는 레지스터

R1 에 100이 저장되는 것이다. 프로그램의 실행 흐름을 변경하는 분기 명령어는 주소 필드의 내용으로 직접 주소 지정 방식으로 유효 주소가 지정되면 그 주소로 분기를 한다.

간접 주소 지정 방식(indirect address mode)

간접 주소 지정 방식은 명령어의 주소 필드에 유효 주소를 저장하고 있는 주기억장치 워드의 주소가 지정되어 있다. 따라서 이 주소 모드는 주기억장치에서 유효 주소를 읽어오기 위해 주소 필드에 지정된 주소를 이용하며, 이 주소를 이용하여 읽어온 유효 주소를 이용하여 주기억장치에 접근함으로써 명령어 실행에 필요한 피연산자을 사용할 수 있다. 명령어의 두 번째 주소 필드를 간접 주소 지정 방식으로 사용하는 명령어는 *MOV R1, [A]* 와 같이 표현한다고 하자. 그리고 주기억장치 *A* 번지 워드의 내용이 100이라고 하면, 이 명령어를 수행한 결과는 주기억장치 *A* 번지의 내용 즉, 100을 유효 주소로 하여 주기억장치에 접근한 100번지의 내용이 레지스터 *R1*에 적재된다. 즉, 직접 주소 지정 방식은 레지스터 *R1*에 100이 적재되지만 간접 주소 지정 방식은 주기억장치 100 번지 워드의 내용이 *R1* 에 적재된다.

레지스터 주소 지정 방식(register addressing mode)

레지스터 주소 지정 방식은 피연산자가 CPU내의 레지스터에 적재되어 있음을 표현한 것이다. 앞에서 명령어 *MOV X, R1* 은 레지스터 *R1* 에 적재되어 있는 데이터를 주기억장치 *X* 번지에 저장을 하는 것이라고 하였다. 이때 두 번째 주소 필드인 *R1* 은 연산에 사용할 피연산자가 레지스터 R1에 적재되어 있음을 의미하며, 그 레지스터에 적재되어 있는 값이 연산에 사용됨을 의미한다. 이 처럼 주소 필드에 레지스터 이름 또는 레지스터 번호가 오는 경우에 레지스터를 이용하여 명령어를 실행한다. 만약 레지스터 R1에 정수 100이 적재되어 있다면 이 명령어를 실행한 수에 주기억장치 X 번지의 워드에는 100이 저장되어 있다. 물론 이 명령어를 실행하였다고 하더라도 레지스터 R1에 적재되어 있는 값은 변경이 되지 않는다.

레지스터 간접 주소 지정 방식(register-indirect addressing mode)

레지스터 간접 주소 지정 방식은 명령어가 피연산자의 주소를 가지고 있는 레지스터를 지정한다. 즉 선택된 레지스터는 피연산자 그 자체가 아니라 피연산자의 주소이다. 예를 들어, 앞에서 명령어 *MOV X, R1* 의 두 번째 주소 필드인 *R1* 은 레지스터 주소 지정 방식이었기 때문에 레지스터 *R1* 에 적재되어 있는 값을 피연산자로 이용을 하였다. 하지만 명령어 *MOV X, [R1]* 의 두 번째 주소 필드인 *[R1]*은 레지스터 간접 주소 지정 방식으로 지정하였기 때문에 레지스터 *R1*은 피연산자를 적재하고 있는 것이 아니라 피연사자를 저장하고 있는 주기억장치 워드의 주소를 적재하고 있는 것이다. 따라서 레지스터 *R1* 에 100 이라는 값이 적재되어 있다고 하면 명령어 *MOV X, R1* 은 R1에 저장되어 있는 100 을 주기억장치 X 번지에 저장을 하는 것이며, 레지스터 간접 주소 저정 방식을 사용하는 명령어 *MOV X,[R1]* 은 주기억장치 100번지 워드의 내용을 X 번지에 저장하는 것이다. 이 모드의 장점은 직접 메모리의 주소를 지정하는 것보다 적은 비트가 든다는 것이다.

자동증가 또는 자동감소 주소 지정 방식

이 주소 모드는 주기억장치를 액세스하고 난 직후 주소를 저장하고 있던 레지스터의 값이 자동적으로 하나 증가하거나 감소한다는 사실을 제외하면 레지스터 간접 주소 모드와 같다. 만약 주기억장치에 있는 데이터가 벡터 데이터라면 매번 접근할 때마다 하나씩 증가 또는 감소시켜야 할 필요가 있다. 이런 상황은 일반적으로 흔히 발생하므로 어떤 컴퓨터에서는 데이터 액세스 뒤에 자동적으로 레지스터의 값을 증가 또는 감소시킨다.

상대 주소 지정 방식(relative address mode)

상대 주소 지정 방식은 레지스터 *PC* 와 명령어의 주소 필드의 내용이 더해 져서 유효 주소가 결정된다. 명령어의 주소 필드는 보통 부호를 갖는 2의 보수 표현을 이용하여 음수 또는 양수를 그 내용으로 가질 수 있다. 이 수가 레지스터 *PC* 에 더해져서 유효 주소가 된다. 예를 들어 다음 실행할 명령어의 주소를 저장하는 PC에 825가 적재되어 있고, 명령어의 주소 필드에 24가 지정되어 있다고 하자. 주기억장치의 825 번지의 명령어를 실행할 시점에 PC는 다음 명령어를 위한 주소인 826이 적재되어 있기 때문에 실행할 때 피연산자에 접근하기 위한 유효 주소는 850(=826 + 24) 번지가 된다. 이런 주소 지정 방법은 명령어에서 분기해야 할 위치가 그 명령어 부근에 있을 때 흔히 사용된다. 또 이 주소 모드는 주기억장치의 전체 주소를 지정하는 것보다 적은 수의 비트로 주소를 지정할 수 있기 때문에 더욱 짧은 주소 필드를 가질 수가 있다.

인덱스 주소 지정 방식(indexed addressing mode)

인덱스 주소 지정 방식은 인덱스 레지스터의 내용이 명령어의 주소 부분에 더해져서 유효 주소가 결정된다. 인덱스 레지스터는 인덱스 값을 갖는 CPU 레지스터이다. 명령어의 주소 부분은 주기억장치에 저장된 데이터 배열의 시작 주소이며, 명령어 실행에 필요한 피연산자는 데이터 배열이 저장되기 시작한 주소에서 상태적인 위치 즉, 인덱스를 이용하여 접근할 수 있다. 따라서 배열내의 임의의 피연산자는 적당한 인덱스 값을 가진 인덱스 레지스터에 의해 똑같은 명령어로 접근될 수 있다. 인덱스 레지스터는 연속적으로 피연산자를 액세스하기 위해 하나씩 증가되는 기능도 가질 수 있다. 컴퓨터 시스템에 따라서는 인덱스 레지스터가 명령어에 명시적으로 지정되거나 묵시적으로 지정될 수 있다.

베이스 레지스터 주소 지정 방식(base register addressing mode)

베이스 레지스터 주소 지정 방식에는 베이스 레지스터의 내용이 명령어의 주소 필드에 더해져서 유효 주소가 결정된다. 인덱스 주소 모드에서는 인덱스 레지스터를 사용하지만 이 주소 모드에서는 베이스 레지스터가 사용된다. 하지만 두 주소 모드의 차이점은 유효 주소를 계산하는 방법이 아니라 쓰임새의 다름에 있다. 인덱스 레지스터는 명령어의 주소 필드에 대한 상대적인 위치를 지정하는 반면, 베이스 레지스터에 적재되어 있는 베이스 주소로 부터의 오프셋(offset, 변위)이 명령어의 주소 필드에서 지정된다. 따라서 이 주소 모드는 주기억장치의 한 영역에 저장되어 있는 프로그램 또는 데이터를 다른 영역으로 재 배치할 때 그 영역의 시작 주소 즉, 베이스 주소만 변경을 하면 다른 부분은 변경할 필요가 없는 유연성을 제공한다. 이런 점에서 주기억장치의 연속된 공간에 저장되어 있는 각각의 데이터에 접근하기 위해 인덱스 레지스터를 사용한 인덱스 주소 모드와 구별이 된다.

그림 7.7은 앞서 설명한 각 주소 모드를 위한 간단한 예이다. 이 예는 한 개의 명령어는 두 개의 주기억장치 워드로 구성된다고 가정을 하고 있다. 즉, PC 레지스터의 값이 200이며, 실행해야 하는 명령어는 주기억장치 200과 201 번지에 있는 두 워드로 구성이 된다는 의미이다. 이 주소에 저장되어 있는 명령어 *LDR mode 500* 은 연산 코드(*LDR*), 주소 모드(*mode*), 주소 필드(*500*)으로 구성되어 있으며, 주소 모드에 따라 주소 필드의 값 500을 이용하여 피연산자를 결정하는 방법이 달라진다.

이 예제에서 연산 코드 *LDR*은 피연산자의 값을 누산기 레지스터 AC 에 적재하는 것이며, 레지스터 XR은 인덱스 레지스터, 레지스터 R1은 레지스터 번호가 500–명령어 주소 필드의 값이 500이어서 이 값이 레지스터 R1을 지정한다는 의미를 부여함–으로 지정되어 있다고 가정을 하자. 이때 200번지의 명령어를 실행 할 때 결정되는 유효 주소와 명령어 실행 후 누산기 레지스터 AC 에 적재된 값은 표 7.1 에 나타내었다.

각 주소 모드에 따라 명령어의 주소 필드의 값 500을 이용하여 유효 주소를 결정하는 방법이 다른다. 직접 주소 모드의 경우에는 주소 필드의 값이 곧 유효 주소이며, 간접 주소 모드은 이 값은 유효 주소를 저장하고 있는 주기억장치 워드의 주소이기 때문에 500 번지의 내용 즉, 800이 유효 주소가 된다. 상대 주소는 PC의 값과 주소 필드의 값을 더하여 유효 주소를 결정하는데 이 명령어가 실행될 시점에 PC에는 이미 다음 명려어를 위한 주소를 적재하고 있기

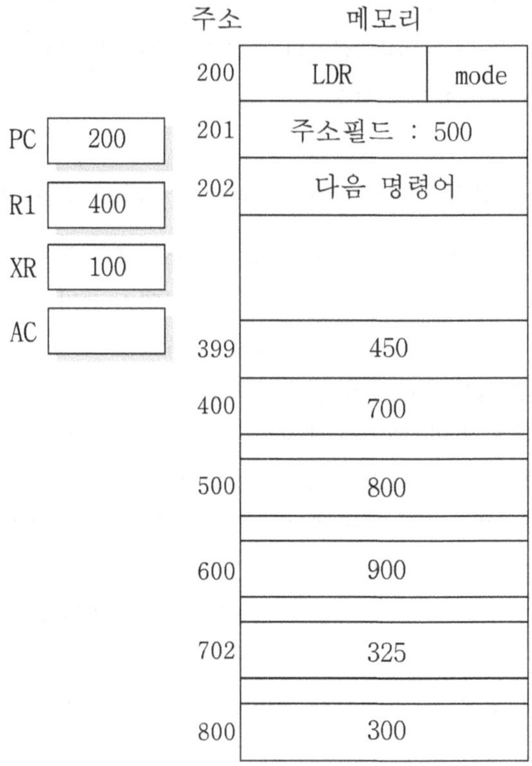

그림 7.7: 주소 모드에 따른 유효 주소 및 AC에 적재된 값 예제

때문에 PC의 값은 200이 아니라 202이 된다. 따라서 이 주소 모드에서 유효 주소는 702 번지가 된다. 레지스터 주소 모드는 주소 필드에 피연산자를 적재하고 있는 피연산자를 저장하고 있는 레지스터를 지정하기 때문에 별도의 유효 주소는 없다. 앞의 가정에서 500은 레지스터 R1의 지정하는 값으로 하였기 때문에 *R1* 에 적재되어 있는 값이 *AC*에 적재된다. 레지스터 간접 주소 모드는 레지스터 *R1*에 유효 주소가 저장되어 있기 때문에 400이 유효 주소가 된다. 인덱스 주소 모드는 지정된 인덱스 레지스터의 값과 주소 필드의 값을 더하여 유효 주소를 결정하기 때문에 유효 주소는 600이 되며, 즉시 모드는 주소 필드의 값이 곧 피연산자이기 때문에 유효 주소를 고려할 필요가 없지만, 유효 주소를 계산해야 한다면 명령어의 주소 필드가 저장되어 있는 201번지가 유효 주소이다. 자동 증가와 감소 모드의 경우에 증가 또는 감소되는 시점에 따라 유효 주소가 달라질 수 있다. 만약 레지스터에 적재되어 있는 주소를 이용하여 주기억장치에 접근한 후 증가 또는 감소되는 사후 증가/감소인 경우에 유효 주소는 레지스터

Table 7.1: 명령어 *LDR mode 500* 실행을 위한 유효 주소와 실행 후 AC 값

주소 모드	유효 주소	AC에 적재된 값
직접 주소 모드	500	800
간접 주소 모드	800	300
상대 주소 모드	702	325
레지스터 주소 모드	-	400
레지스터 간접 주소 모드	400	700
인덱스 주소 모드	600	900
즉시 모드	(201)	500
자동 증가 모드	400	700
자동 감소 모드	400	700

*R1*의 값이 증가 또는 감소되기 전의 값인 400이 된다. 반대로 주기억장치에 접근하기 전에 주소가 증가 또는 감소되는 사전 증가/감소의 경우에 유효 주소는 각각 401, 399 번지가 된다. 따라서 자동 증가/감소 주소 모드를 사용할 경우에 증가 또는 감소되는 시점을 고려하여 사용하여야 한다. 표 7.1는 사후 증가/감소의 경우를 나타낸 것이다.

7.3 명령어 집합

명령어 집합(instruction set)은 컴퓨터 시스템에서 사용할 수 있는 명령어들을 의미하며, 이 명령어들은 컴퓨터에서 제공할 수 있는 기능들이라고 할 수 있다. 따라서 새로운 컴퓨터 또는 CPU 설계를 위한 초기 단계에 설계자들은 명령어 집합을 결정한다. 이 명령어 집합에 따라 CPU에서 제공해야 하는 기능이 결정되며, 각 기능을 구현한 방법이 결정이 된다. 구현 방법에 따라 CPU의 기본적인 구조가 결정된다. 따라서 명령어 집합을 결정하거나 명령어 집합에 대한 정보를 검토하는 것은 설계 또는 프로그램 작성에 중요한 단계라고 할 수 있다.

명령어 집합에 포함되어 있는 명령어는 실행하는 기능 또는 실행을 위해 주기억장치 접근 여부에 따라 분류될 수 있다. 수행하는 기능에 따라 명령어를 분류하면 다음과 같다.

- 데이터 전송 명령어, data transfer instruction
- 데이터 처리 명령어, data manipulation instruction
- 프로그램 제어 명령어, program control instruction

7.3.1 데이터 전송 명령어

데이터 전송 명령어는 데이터를 한 요소에서 다른 요소로 전송하는 것이며, 전송 중에 데이터가 변경되지 않는다. 전송할 데이터를 저장하는 요소(source, 근원지,소스) 또는 수신할 요소(destination, 목적지)는 주기억장치 워드, 레지스터, I/O 장치이며, 이들 요소들을 근원지와 목적지로 조합하여 다음의 데이터 전송 방법이 있다.

- 레지스터-레지스터 전송
- 레지스터-메모리 전송
- 레지스터-I/O 장치 전송

레지스터-레지스터 전송은 데이터의 근원지와 목적지가 모두 CPU 내의 레지스터가 되는 것이며, 레지스터-메모리 전송은 데이터의 근원지와 목적지가 레지스터와 주기억장치 또는 주기억장치와 레지스터가 되는 것이다. 컴퓨터의 구조에 따라 레지스터-레지스터 전송과 레지스터-메모리 전송을 위한 별도의 명령어가 제공되거나 두 종류의 데이터 전송을 위한 한 종류의 명령어가 제공될 수 있다. 만약 한 종류의 명령어로 두 종류의 데이터 전송을 할 수 있는 컴퓨터 시스템은 명령어의 주소 모드를 이용하여 두 데이터 전송을 구분할 수 있다. 예를 들어, 데이터 전송 명령어를 위해 2-주소 명령어 형식의 명령어가 제공될 경우에 두 주소 필드가 모두 레지스터 모드라면 레지스터-레지스터 전송을 위한 것이라고 할 수 있다. 반면 한 개의 주소 필드는 레지스터 주소 모드이고 나머지 주소 필드는 레지스터 주소 모드가 아닌 모드인 경우에 레지스터-메모리 전송이라고 할 수 있다. 레지스터-I/O 장치 전송은 입력과 출력에 따라 근원지와 목적지가 달라 질 수 있다. 입력은 I/O 장치가 근원지가 되며, 레지스터가 목적지가 된다. 출력은 근원지와 목적지가 각각 레지스터와 I/O 장치가 된다.

데이터 근원지와 목적지에 다른 조합은 현재의 컴퓨터 구조에서는 지원하지 않거나 한 개의 명령어로 데이터 전송을 할 수 없는 것이다. 예를 들어, 메모리-메모리 전송은 주기억장치 한 워드의 내용을 다른 워드로 전송하는 의미를 갖는데, 현재의 컴퓨터 구조에서는 주기억장치에 한 워드를 읽는 것은 시스템 버스를 통해 CPU의 레지스터로 전송되는 과정이기 때문에 이런 종류의 데이터 전송을 지원할 수 없다. 또, CPU의 주소 공간과 각 메모리 요소에 할당된 저장 영역과 용량이 다르기 때문에 현재의 컴퓨터 구조에서 메모리-메모리 전송은 비효율적이며, 지원을 한다고 하더라도 메모리 시스템 및 메모리 제어기가 매우 복잡해 진다. 또, 메모리와 I/O 장치의 전송은 6.3.3 절에서 기술한 DMA로 가능하다. 그러나 데이터 전송 명령어 분류에 포함하지 않은 이유는 DMA 전송은 한 개의 명령어로 데이터 전송을 하는 것이 아니기 때문이다. 즉, DMA 전송을 위해서는 전송을 위한 주소를 설정하고, 전송의 워드 수를 설정하는 등의 과정을 위한 여러 명령어가 필요하기 때문에 이 장에서 논의하고 있는 데이터 전송 명령어에 메모리-I/O 장치 전송이 포함되지 않는다.

표 7.4는 많은 컴퓨터에서 사용되는 데이터 전송 명령어의 기호 코드(mnemonic code)와 의미를 나타낸 것이다. 물론 컴퓨터 시스템마다 기호 코드가 다를 수 있지만 그 의미와 기능을 동일하다고 할 수 있다. 이 표에서는 *R*과 *M*은 각각 레지스터와 주기억장치 워드를 의미하며, *I/O* 는 I/O 장치를 의미한다.

Table 7.2: 데이터 전송 명령어의 예

기능	기호 코드	의미
적재(load)	LD	$R \leftarrow M$
저장(store)	ST	$M \leftarrow R$
이동(move)	MOV	$R \leftarrow R$
교환(exchange)	XCH	$R \leftrightarrow R(or M)$
입력(input)	IN	$R \leftarrow I/O$
출력(output)	OUT	$I/O \leftarrow R$
스택 푸쉬(push)	PUSH	$M \leftarrow R^{\dagger}$
스택 팝(pop)	POP	$R \leftarrow M^{\dagger}$

적재는 주기억장치 워드의 내용을 레지스터로 전송하는 명령어이며, 저장은 레지스터의 내용을 주기억장치 워드에 전송하는 명령어이다. 이동은 레지스터와 레지스터간의 데이터 전송 명령어이다. 교환은 두 요소의 내용을 교환하는 것으로 컴퓨터 시스템의 구조에 따라 레지스터와 레지스터 간의 교환만 가능하거나 레지스터와 주기억장치 워드 간의 교환이 가능할 수 있다. 입력과 출력은 레지스터와 입출력장치 간의 데이터 전송이다. 표 7.4에서 †로 표현한 스택 연산은 스택을 구현하는 방법에 따라 데이터 전송의 근원지와 목적지가 달라 질 수 있다. 최근의 많은 컴퓨터 시스템들이 주기억장치의 영역을 이용하여 스택을 구현하고 있기 때문에 스택 연산은 레지스터와 주기억장치 간의 데이터 전송이라고 할 수 있다. 만약 스택을 레지스터를 이용하여 구현할 경우에는 스택과 관련한 연산은 레지스터와 레지스터 사이의 데이터 전송이라고 할 수 있다.

7.3.2 데이터 처리 명령어

데이터 처리 명령어는 레지스터 또는 주기억장치 워드에 저장되어 있는 데이터를 대상으로 연산을 수행하는 것이다. 연산 수행에 필요한 피연산자를 저장하고 있는 레지스터 또는 주기억장치 워드를 근원지라고 하고, 연산을 수행한 결과를 저장하는 레지스터를 목적지라고 한다. 명령어 형식에 따라 근원지 중 하나와 목적지가 동일하거나 근원지 또는 목적지가 묵시적으로 정해진다. 예를 들어, 범용 레지스터 구조의 2-주소 명령어 형식은 첫 번째 주소 필드가 연산에 필요한 데이터를 저장하는 근원지이자 결과를 저장하는 목적지가 된다. 단일 누산기 구조의 1-주소 명령어는 두 피연산자 중 하나를 저장하는 근원지와 결과를 저장하는 목적지가 명령어 명시적으로 표현되어 있지 않고 묵시적으로 지정되어 있다. 컴퓨터 CPU가 실행할 수 있는 데이터 처리 명령어의 종류는 다음과 같다.

- 산술 연산
- 논리 연산 및 비트 처리
- 시프트

산술 연산 명령어

산술 연산 명령어는 수를 대상을 덧셈, 뺄셈, 곱셈, 나눗셈 등과 같은 산술 연산을 수행하는 것이다. 많은 컴퓨터 시스템에서 이 명령어는 부호가 있는 2의 보수 표현의 수를 대상으로 산술 연산을 수행하며, 10진수를 대상으로 한 연산을 지원하는 시스템은 별도의 10진수 연산을 위한 명령어를 제공하고 있다. 이 책에서는 별도로 지정하지 않은 경우에 정수는 부호가 있는 2의 보수 표현법을 사용하는 것으로 한다.

표 7.3는 많은 컴퓨터에서 사용되는 산술 연산 명령어의 기호 코드와 의미를 나타낸 것이다. 덧셈 등의 사칙 연산 명령어는 기본적으로 두 개의 피연산자를 이용하여 연산을 수행하는데, 컴퓨터의 구조에 따라 두 개의 피연산자 모두 레지스터에 저장되어 있거나, 레지스터와 주기억장치 워드에 각각 피연산자가 저장되어 있다. 연산을 수행한 결과를 저장하는 목적지는 레지스터인 것이 일반적이다.

캐리 포함 덧셈 또는 빌림수 포함 뺄셈은 각각 덧셈 또는 뺄셈 연산과 동일하다. 하지만 캐리 포함 덧셈은 이전 연산 명령어 실행으로 결정된 캐리 값을 포함하여 덧셈을 하는 것으로 2배의 워드 길이의 피연산자를 덧셈할 때 두개의 하위 워드를 대상으로 덧셈을 수행하고, 상위 워드를 대상으로 덧셈을 수행할 때 하위 워드 덧셈때 발생한 캐리를 포함한다. 이렇게 함으로써 한 워드 길이 이상의 데이터를 대상으로 덧셈을 할 때 이 명령어를 사용한다. 빌림수 포함 뺄셈도 동일하게 한 워드 길이 이상의 데이터 뺄셈에 이용될 수 있다. 보호 변경 명령어는 레지스터에 저장되어 있는 수 데이터의 2의 보수를 취하여 부호를 변경하는 것이다.

Table 7.3: 산술 연산 명령어의 예

기능	기호 코드	의미
증가(increment)	INC	$R \leftarrow R + 1$
감소(decrement)	DEC	$R \leftarrow R + 1$
덧셈(add)	ADD	$R \leftarrow R + R(orM)$
뺄셈(subtract)	SUB	$R \leftarrow R - R(orM)$
곱셈(multiply)	MUL	$R \leftarrow R \times R(orM)$
나눗셈(divide)	DIV	$R \leftarrow R \div R(orM)$
캐리 포함 덧셈	ADC	$R \leftarrow R + R(orM) + C$
빌림수 포함 뺄셈	SBB	$R \leftarrow R - R(orM) - C$
부호 변경(negate)	NEG	$R \leftarrow -R$

논리 연산 및 비트 처리 명령어

논리 연산 명령어는 레지스터 또는 주기억장치에 저장되어 있는 데이터의 각 비트 단위로 논리합, 논리곱, 부정 등의 논리 연산을 수행하는 것이다. 수 처럼 비트들의 그룹을 이용하여 표현된 데이터를 연산에 사용하는 산술 연산 명령어와는 달리 논리 연산 명령어는 첫 번째 피연산자의 비트 및 그 비트와 동일한 위치에 있는 두 번째 피연산자의 비트를 대상으로 논리 연산을 수행한다.

표 ??는 많은 컴퓨터에서 사용되는 논리 연산 명령어의 기호 코드와 의미를 나타낸 것이다. 논리곱, 논리합, 배타적 논리합 연산 명령어는 레지스터와 레지스터 또는 주기억장치 워드에 저장되어 있는 피연산자를 대상으로 연산을 수행하는 것이다. 보수, 지우기 등의 명령어는 레지스터에 저장되어 있는 데이터를 대상으로 연산을 수행하는 것이다.

논리곱 연산 명령어는 데이터의 특정 비트를 0으로 지우기 위한 목적으로 많이 사용되며, 논리합 명령어는 1로 설정하기 위한 목적으로 많이 사용된다. 또 배타적 논리합 명령어는 특정 비트를 역전시켜 보수를 구할 때 사용된다. 그림 7.8은 8비트의 피연산자 10001110_2 의 비트 2부터 5까지 0으로 지우거나 1로 설정 또는 보수화 시키기 위해 논리곱, 논리합, 배타적 논리합 명령어를 사용하는 예를 나타내고 있다.

그림 7.8a에 보인 선택 지우기는 피연산자의 비트 2부터 5까지 0으로 지우는 것으로 0으로 지울 비트에 해당하는 값을 0으로 한 비트 선택 데이터를 피연산자와 논리곱 연산을 수행하는 것이다. 그림 reffig:or-instruction-example에 보인 선택 설정은 피연산자의 일부 비트를 1로 설정하는 것으로 비트 선택을 위한 워드의 내용과 피연산자를 논리합 연산을 수행하는 것이다.

Table 7.4: 데이터 전송 명령어의 예

기능	기호 코드	의미
논리곱(AND)	AND	$R \leftarrow R \cdot R(orM)$
논리합(OR)	OR	$R \leftarrow R + R(orM)$
배타적 논리합(XOR)	XOR	$R \leftarrow R \oplus R(orM)$
보수(complement)	COM	$R \leftarrow \overline{R}$
지우기(clear)	CLR	$R \leftarrow 0$
캐리 지우기(clear carry)	$C \leftarrow 0$	
캐리 설정(set carry)	$C \leftarrow 1$	
캐리 보수(complement carry)	$C \leftarrow \overline{C}$	

피연산자: 10001110
비트선택: $\underline{11000011}$
선택 지우기 AND : 10000010

(a) 선택 지우기

피연산자: 10001110
비트선택: $\underline{00111100}$
선택 설정 OR : 10111110

(b) 선택 설정

피연산자: 10001110
비트선택: $\underline{00111100}$
선택 보수 XOR : 10110010

(c) 선택 보수

그림 7.8: 논리 연산 명령어를 이용한 선택 지우기, 설정, 보수화 예제

그림 7.8c에 보인 선택 보수는 피연산자의 일부 비트를 보수화하는 것으로 비트 선택을 위한 워드의 내용과 피연산자를 배타적 논리합 연산을 수행하는 것이다. 보수화를 위한 비트는 그 대응하는 위치에 선택 비트의 값을 1로 설정한 것과 배타적 논리합 연산이 수행된다.

7.3.3 프로그램 제어 명령어

프로그램은 어떤 처리를 위해 실행해야 하는 명령어들을 나열해 놓은 것이며, 주기억장치에 저장되어 있다. CPU는 주기억장치에 저장되어 있는 순서 즉, 프로그램에 명령어가 나열된 순서에 따라 순차적으로 명령어를 실행한다. 이러한 실행 흐름을 순차 실행이라고 한다. 그러나 CPU가 프로그램을 실행할 때 실행의 흐름을 변경해야 하는 경우에 사용하는 명령어가 프로그램 제어 명령어 이다. 즉, CPU가 다음에 실행해야 하는 명령어가 주기억장치에 저장된 순서상 다음 주기억장치 워드에 저장된 명령어가 아닌 다른 워드에 저장되어 있는 명령어인 경우에 제어 명령어를 사용한다.

표 ??는 일반적인 프로그램 제어 명령어를 나타낸 것이다. 분기와 점프 명령어는 동일한 의미를 가지지만 컴퓨터 시스템에 따라 다른 주소 모드를 의미하는 경우가 있다. 건너뜀은 다음 명령어를 실행하지 않고 그 다음 명령어를 실행하는 명령어이다. 이 명령어는 분기 명령어와 함께 반복 실행을 구현할 때 사용될 수 있다. 호출은 분기 또는 점프 명령어와 동일하게 유효 주소로 실행 흐름을 변경하지만 실행 흐름을 다시 되돌리기 위한 반환 주소(return address)를 저장하여 반환 명령어를 이용하여 실행 흐름을 되돌릴 수 있다. 반환 주소는 호출 명령어의 다음 명령어의 주소이다.

Table 7.5: 일반적인 프로그램 제어 명령어

기능	기호 코드	의미
분기(branch)	BR	유효 주소로 실행 흐름을 변경
점프(jump)	JMP	유효 주소로 실행 흐름을 변경
건너뜀(skip)	SKP	다음 명령어를 건너뜀
호출(call)	CALL	서브루틴 호출
반환(return)	RET	서브루틴에서 반환
비교(compare)	CMP	두 피연산자를 비교
테스트(test)	TST	두 피연산자를 테스트

비교와 테스트 명령어는 프로그램 실행 순서를 변경하지 않지만 이들 명령어 수행의 결과에 따라 상태 레지스터의 값을 변경한다. 비교 명령어는 두 피연산자를 대상으로 뺄셈을 수행하지만 연산 결과를 레지스터에 저장하지 않으며 상태 레지스터의 값만 변경하다. 테스트 명령어는 두 피연산자를 대상으로 논리곱(AND) 연산을 수행하며, 연산 결과를 저장하지 않고 상태 레지스터의 값만 변경한다.

이들 명령어 실행으로 설정되는 상태는 캐리 비트, 부호 비트, 영 표시, 오버플로 조건 등이 있으며, 이들을 각각 C, S, Z, V로 표현을 한다. 이것들은 각각 1 비트이며, 플래그(flag)라고 한다. 플래그 C 의 값은 산술 연산 장치의 출력 캐리 값에 의해 결정된다. 즉, 연산 장치의 출력 캐리 값이 1이면 플래그 C 의 값은 1이 된다. 플래그 S 의 값은 산술 연산 장치의 출력 워드의 가장 왼쪽 비트의 값에 의해 결정된다. 따라서 플래그 S 값이 1이면 출력 결과는 음수이며, 0이면 양수이다. 플래그 Z 의 값은 산술 연산 장치의 결과가 0인 경우 1이 되며, 그렇지 않으면 0이 된다. 즉, 결과의 모든 비트의 값이 0이면 이 플래그의 값은 1이 된다. 플래그 V 의 값은 연산 중 오버플로가 발생한 경우에 1이 되며, 그렇지 않으면 0이 된다. 오버플로 발생 여부를 결정하는 방법은 79 쪽의 3.4.2 절에 기술하였다.

앞의 *BR* 또는 *JMP* 명령어는 앞의 플래그의 값을 검사하지 않고 실행 흐름을 변경하는 무조건 분기 명령문이다. 반면 위의 플래그를 검사하고, 그 결과에 따라 실행 흐름을 변경하는 것이 조건 명령문이다. 표 7.6는 조건 명령문의 예를 나타낸 것이다.

인터럽트 처리

인터럽트는 정상적인 프로그램의 진행을 벗어나게 하는 여러 가지 문제들을 다루는 것이다. 이는 내부적 또는 외부적인 요청에 의해 현재 진행되고 있는 프로그램을 벗어나 다른 서비스 프로그램을 수행하도록 한다. 인터럽트 서비스 프로그램의 수행이 끝나면 다시 원래의 프로그램을 수행하게 된다. 원칙적으로 인터럽트는 다음 세 가지 요건을 제외하면 서브루틴 호출과 비슷한 것이다.

- 명령어의 수행에 의한 것보다 내·외부적 신호에 의해 프로그램의 진행이 바뀐다.
- 서비스 프로그램의 주소는 명령어의 주소 필드에 있는 것이 아니라 하드웨어에 의해 결정된다.
- 인터럽트에서는 프로그램 카운터만이 아니라 CPU의 다른 상태를 나타내는 정보도 대피시킨다.

프로그램이 인터럽트되어 서비스 프로그램을 수행하고 나서 다시 원래의 프로그램으로 돌아올 때에는 인터럽트가 발생하기 이전과 똑같은 상태로 CPU를 돌려놓아야 한다. 인터럽트 요인이 발생했을 때 CPU의 다음과 같은 상태를 확인해야 한다.

모든 상태 비트 조건의 집합을 프로그램 상태 워드(PSW : program status word)라고 부르기도 한다. PSW는 CPU의 상태를 나타내는 정보를 가지게 되고 독립된 레지스터로 구성된다. 이는 ALU로부터의 상태 비트, 발생 가능한 인터럽트, CPU가 감독자 모드인가 사용자 모드인가 등을 나타낸다.

Table 7.6: 조건 명령문

기호 코드	분기 조건	검사 플래그
BZ	영(0)이면 분기	$Z = 1$
BNZ	영이 아니면 분기	$Z = 0$
BC	캐리의 값이 1이면 분기	$C = 1$
BNC	캐리의 값이 0이면 분기	$C = 0$
BP	양수이면 분기	$S = 0$
BM	음수이면 분기	$S = 1$
BV	오버플로이면 분기	$V = 1$
BNV	오버플로가 아니면 분기	$V = 0$
	부호없는 수 비교(A-B)	
BHI	크면 분기	$A > B$
BHE	크거나 같으면 분기	$A \geq B$
BLO	작으면 분기	$A < B$
BLOE	작거나 같으면 분기	$A \leq B$
BE	같으면 분기	$A = B$
BNE	같지 않으면 분기	$A \neq B$
	부호있는 수 비교(A-B)	
BGT	크면 분기	$A > B$
BGE	크거나 같으면 분기	$A \geq B$
BLT	작으면 분기	$A < B$
BLE	작거나 같으면 분기	$A \leq B$
BE	같으면 분기	$A = B$
BNE	같지 않으면 분기	$A \neq B$

어떤 기종에서는 인터럽트 발생시 프로그램 카운터만 대피하는 것도 있는데, 어떤 때에 서비스 프로그램이 레지스터나 상태 비트 등을 가리키게 된다면 그 이전에 그 내용을 보관하는 명령어가 있어야 한다. 대부분의 컴퓨터에서는 프로그램 카운터와 PSW만을 인터럽트시에 보관하며 모든 레지스터의 내용까지 보관하는 경우는 거의 없다. CPU 구조에 따라 두 집합의 레지스터가 있어 각 CPU의 모드에 따라 레지스터를 사용할 때도 있는데, 이 경우에는 감독자 모드로 프로그램이 바뀌어도 사용자 모드에서 사용하던 레지스터의 내용을 저장할 필요가 없다.

인터럽트와 서브루틴 호출은 매우 유사한 점이 있다. 인터럽트시에 CPU의 상태가 스택에 저장되며, 서비스 프로그램 카운터가 바뀌게 된다. 단, 이때 서비스 프로그램의 시작 위치는 하드웨어적 요건에 의해 결정된다. 어떤 기종에 따라서는 인터럽트가 발생하면 항상 일정한 주소에서 프로그램이 수행되게 하는데, 여기에서 어떤 요인이 인터럽트를 발생하게 했는가를 조사하고 그에 대한 서비스를 해준다.

CPU는 실행 사이클이 한 번씩 완료될 때마다 인터럽트가 발생했는가를 확인하고, 이때 발생했다면 인터럽트 사이클로 들어가게 된다. 이 사이클 동안 PC와 PSW가 스택에 저장되고, 분기해야 할 주소가 PC에 놓여지고, 새로운 PSW가 결정된다. 이렇게 됨으로 해서 서비스 프로그램이 진행될 수 있다.

인터럽트 서비스 루틴에서의 반환 명령어는 스택에서 이전의 PC와 PSW를 읽어와서 리턴 주소를 결정하게 된다. PSW는 이전 상태 그대로 유지될 수 있어 원래의 프로그램이 진행될 수 있다.

발생할 수 있는 인터럽트의 종류는 다음과 같다.

- 외부 인터럽트(external interrupt)
- 내부 인터럽트(internal interrupt)
- 소프트웨어 인터럽트(software interrupt)

외부 인터럽트는 입출력(I/O) 장치, 타이밍 장치, 전원 등 외부적인 요인으로 발생하는 것으로 다음과 같은 예를 들 수 있다. 즉 입출력장치가 데이터의 전송을 요청하거나, 정보 전송이 끝났음을 알릴 때, 정해진 시간이 지났을 때, 전원 공급이 중단되었을 때 등이다. 무한 루프를 진행함으로써 그 프로그램에 할당된 시간이 지나면 인터럽트가 발생한다. 전원 공급이 중단되었을 때에는 CPU의 전 상태가 비소멸성 기억 장치로 수 밀리 초 이내에 기억되게 하는 서비스 프로그램의 인터럽트가 발생한다.

내부 인터럽트는 불법적인 명령어나 데이터를 사용할 때 발생한다. 이는 트랩(trap)이라 불리기도 한다. 오버플로가 발생했거나, 0으로 나눈다거나, 스택이 넘치거나, 메모리 보호가 어려워졌을 때 등의 상황에서 발생한다. 이때 서비스 프로그램은 인터럽트가 발생한 상황에 따라 적절한 조치를 해준다.

내부 인터럽트는 프로그램 자체 내에서 발생하는 문제이고 외부 인터럽트는 프로그램 외적인 상황에 일어나는 것이다. 내부 인터럽트 프로그램은 동기성인데 비해 외부 인터럽트는 비동기성이다. 만약 원래의 프로그램이 다시 수행된다고 하면 내부 인터럽트는 매번 같은 위치에서 발생하는 반면, 외부 인터럽트는 프로그램이 수행되는 당시의 상황(입출력장치 등)에 의해 좌우된다.

외부나 내부 인터럽트는 CPU의 하드웨어에서의 신호에 의해 일어난다. 그러나 소프트웨어 인터럽트는 명령어의 수행에 의해 일어나게 된다. 소프트웨어 인터럽트는 인터럽트처럼 행동하는 특수한 호출 명령어로, 프로그래머에 의해 프로그램상의 원하는 위치에서 인터럽트를 일으키게 한다. 가장 흔한 소프트웨어 인터럽트로는 감독자 호출 명령어(supervisor call instruction)의 사용이다. 이 명령어는 사용자 모드에서 감독자 모드로 CPU의 상태를 변화시키는 것이다. 복잡한 입력이나 출력 전송 절차와 같은 감독자 모드에서만 사용되는 특수한 연산이 있는데, 이런 연산이 필요한 경우 감독자 호출 명령어로 감독자 모드가 되게 한다. 이때 이 프로그램은 요청한 작업에 관한 정보를 운영체제에 제공해 주어야 한다.

7.3.4 매우 간단한 컴퓨터의 명령어 집합

그림 7.3에서 나타낸 매우 간단한 컴퓨터 구조는 단일 누산기 구조이다. 따라서 이 컴퓨터에서 사용하는 명령어 형식은 기본적으로 1-주소 명령어 형식을 사용한다. 또 구조의 간략화를 위해 이 컴퓨터에서 사용하는 주소 모드는 직접 주소와 간접 주소 모드만을 사용할 수 있다고 가정한다. 따라서 매우 간단한 컴퓨터의 명령어 형식은 그림 7.9에 나타낸 것과 같다.

15	14 12	11 0
모드	연산코드	주소 필드

그림 7.9: 매우 간단한 컴퓨터의 명령어 형식

매우 간단한 컴퓨터의 명령어 길이는 주기억장치의 한 워드 길이와 동일하게 16 비트이며, 가장 왼쪽의 1 비트는 명령어 실행을 위한 주소 모드를 지정하는 모드 필드이다. 모드 필드가 1 비트이기 때문에 이 명령어 형식으로 표현할 수 있는 주소 모드의 수는 두 개이며, 매우 간단한 컴퓨터는 직접 주소 모드와 간접 주소 모드만을 지원한다. 이 컴퓨터의 명령어 형식의 연산 코드는 3 비트이며, 이를 이용하여 모두 여덟 개의 명령어 종류를 나타낼 수 있다. 주소 필드는 12 비트의 길이를 가지면 이를 이용하여 4096 워드를 저장하는 주기억장치 워드의 주소를 표현할 수 있다.

매우 간단한 컴퓨터를 위한 명령어 집합은 표 7.7에 나타낸 것과 같다. 이 컴퓨터의 명령어 집합은 명령어 실행에 메모리 접근의 필요성에 따라 메모리 참조 명령어, 레지스터 참조 명령어, 입출력 명령어로 나누었다. 메모리 참조 명령어는 명령어 실행을 위한 피연산자가 주기억장치에 저장되어 있어 주기억장치 접근이 필요한 명령어이다. 레지스터 참조 명령어는 누산기 레지스터에 저장되어 있는 값을 대상으로 연산을 수행하는 것으로 명령어 실행을 위해 주기억장치 접근이 필요하지 않는 명령어이다. 또 입출력 명령어는 데이터 입출력을 위한 명령어로써 이 명령어도 주기억장치 접근이 필요하지 않다.

메모리 참조 명령어를 위한 연산 코드는 $000_2 \sim 110_2$ 의 범위에 있으며, 메모리를 참조를 하지 않는 명령어의 연산 코드는 111_2이다. 메모리를 참조하지 않는 명령어는 1 비트의 주소 모드가 필요하지 않기 때문에 이 비트의 값을 이용하여 레지스터 참조 명령어와 입출력 명령어를 구분하고 있다. 이 모드 비트의 값이 0인 경우 즉, 연산 코드를 포함한 값이 0111_2이면 레지스터 참조 명령어이며, 이 값이 1111_2이면 입출력 명령어이다.

Table 7.7: 매우 간단한 컴퓨터의 명령어 집합

연산코드	기호 코드	접근 분류	기능
x000	ADD(I)	메모리 참조 명령어	$AC \leftarrow AC + M$
x001	AND(I)	메모리 참조 명령어	$AC \leftarrow AC \cdot M$
x010	BR(I)	메모리 참조 명령어	$PC \leftarrow M$
x011	STR(I)	메모리 참조 명령어	$M \leftarrow AC$
x100	LD(I)	메모리 참조 명령어	$AC \leftarrow M$
0111	CLA	레지스터 참조 명려어	$addr\_field(11) : AC \leftarrow 0$
0111	INA	레지스터 참조 명령어	$addr\_field(10) : AC \leftarrow AC + 1$
0111	COMP	레지스터 참조 명령어	$addr\_field(9) : AC \leftarrow \overline{AC}$
0111	SHL	레지스터 참조 명령어	$addr\_field(8) : AC \leftarrow SHL(AC)$
0111	SHR	레지스터 참조 명령어	$addr\_field(7) : AC \leftarrow SHR(AC)$
1111	IN	입출력 명령어	$addr\_field(11) : AC \leftarrow INR$
1111	OUT	입출력 명령어	$addr\_field(10) : OUTR \leftarrow AC$

메모리 참조 명령어는 주소 모드에 따라 피연산자를 결정하는 방법이 다르기 때문에 3 비트의 연산 코드 앞에 1 비트를 이용하여 주소 모드를 표현한다. 그림 7.7에서 연산 코드 앞에 x 로 표시한 것은 주소 모드를 나타내기 위한 것으로 이 비트의 값이 0이면 직접 주소 모드, 1이면 간접 주소 모드를 나타내는 것이다. 동일한 명령어라고 하더라도 직접 주소와 간접 주소 모드를 사용하는 명령어를 구별하기 위해 각 명령어에 I 를 붙인다. 예를 들어, 덧셈 명령어는 직접 주소 모드를 사용하는 경우에 기호 코드로 ADD 를, 간접 주소 모드인 경우에 $ADDI$ 를 사용한다.

표 7.7에 나타낸 것과 같이 매우 간단한 컴퓨터는 레지스터 참조 명령어와 입출력 명령어를 각각 구별하기 위해 이런 종류의 명령어들이 사용하지 않는 주소 필드를 이용하고 있다. 예를 들어, 명령어 CLA 는 누산기 레지스터의 값을 0으로 지우는 것으로 레지스터 참조 명령어이다. 이 명령어를 위한 코드는 *0x7800*이 된다. 즉 명령어 코드의 가장 왼쪽 4 비트의 값이 $0x7(=0111_2)$ 인 것은 이 명령어가 레지스터 참조 명령어임을 의미하며, 이때 주소 필드의 값 $0x800(=100000000000_2)$ 은 비트 11의 값이 1이며, 이것은 CLA 명령어임을 표현하고 있다. 동일하게 명령어 *OUT* 의 코드 값 *0xF400*은 이 명령어가 입출력 명령어이며, 10번 비트의 값이 1이기 때문에 출력 명령어임을 알 수 있다.

매우 간단한 컴퓨터의 명령어 집합을 표 7.7에서 기호 코드와 함께 사용을 했지만 실행을 위해서는 0과 1의 조합인 이진 코드로 표현되어야 한다. 예를 들어, 주기억장치 8번지 워드의 내용을 누산기 레지스터에 적재하기 위한 기호 명령문은 *LD 8* 이 된다. 그러나 이 명령문은 개발자 또는 프로그래머가 기억하기 쉬운 기호를 사용하여 작성된 것이지만 CPU는 이진 형식으로 표현된 16 비트 명령어를 실행할 수 있다. 즉, CPU는 명령어 *LD 8* 에 대응하는 이진 형식의 명령문인 0100000000001000_2을 실행할 수 있다. 또, 명령어 *LDI 8* 은 이진 형식의 명령문인 1100000000001000_2 로 변환되어야 CPU가 이를 실행할 수 있다. 따라서 개발자가 기호 명령문을 이용하여 작성한 프로그램은 CPU가 실행할 수 있는 이진 형식 즉, 기계어(machine language)으로 변환되어야 한다.

이처럼 기호 명령문을 이용하여 작성된 프로그램을 어셈블리어 프로그램이라고 하며, 이 프로그램을 CPU가 실행할 수 있는 이진 형식으로 변환해 주는 시스템 소프트웨어를 어셈블러(assembler)라고 한다. 컴퓨터 시스템 또는 운영체제 마다 어셈블리어 정의가 다르고, 어셈블러도 다르기 때문에 한 시스템에서 개발된 어셈블리어 프로그램은 종류가 다른 시스템에서 실행될 수 없다. 어셈블러를 작성하는 것은 이 책의 범위를 벗어나기 때문에 필요하다면 이 책에서는 표 7.7에 나타낸 이진 코드 및 값을 참고하여 직접 이진 형식의 명령문으로 변환하는 것으로 한다.

7.4 RISC와 CISC

명령어 집합의 크기는 시스템의 복잡도에 영향을 주며, 이것을 이용하여 컴퓨터 구조를 분류한 것인 CISC(complex instruction set comput)와 RISC(reduced instruction set computer)이다. CISC는 컴퓨터 시스템이 가능한 한 많은 기능을 제공할 수 있도록 설계가 되어 있으며, 각 기능을 위해 명령어를 제공하기 때문에 명령어 집합의 크기가 큰 특징을 가지고 있다. 반면 RISC는 사용 빈도가 높은 기능을 고속으로 제공할 수 있도록 설계가 되어 있어 명령어 집합의 크기가 상대적으로 적다. 이 절에서는 RISC와 CISC에 대해 기술을 한다.

7.4.1 CISC

명령어 집합의 크기가 크다는 것은 컴퓨터 시스템에서 사용할 수 있는 명령어가 많으며, 각 명령어을 통해 지원하는 기능도 많다는 의미를 갖는다. 또한 이 구조의 CPU는 다양한 종류의 주소 모드를 제공하기 때문에 주기억장치 사용의 유연성을 제공하고 있다. 따라서 시스템 개발자 또는 프로그래머가 어떤 기능을 구현하고자 할 경우에 다양한 명령어와 주소 모드 등을 이용하여 비교적 쉽게 접근할 수 있다. 하지만 큰 규모의 명령어 집합은 CPU를 구성하는 제어장치 및 연산장치의 복잡도가 증가한다. 따라서 CISC 구조는 상대적으로 적은 수의 레지스터와 비교적 단순한 구조의 제어 장치를 사용하고 있다.

이러한 CISC 구조의 특징은 다음과 같다. 컴퓨터의 제어정보는 CPU 내부의 제어 메모리에 마이크로 프로그램이라고 부르는 소프트웨어 형태로 존재하고 제어 메모리에서 제어 명령어에 의해서 컴퓨터의 실행이 이루어지는 구조이다. 이러한 구조를 마이크로프로그램된 제어라고 하며, 197쪽의 8.4 절에서 다룬다.

기본적인 하드웨어 플랫폼에 새로운 명령어를 추가 설계할 때 마이크로프로그램만 추가시켜도 되기 때문에 시스템의 설계 및 개선의 유연성이 높아 이 구조의 시스템들은 일반적으로 명령어의 개수가 상대적으로 많고 명령어 세트의 수는 250개를 넘는 것이 보통이다. 또한, 이 구조는 다양한 주소모드를 제공하고 있으며, CPU 종류에 따라 수 십 종의 주소 모드를 사용할 수 있다.

CISC 계열 시스템의 발전 역사에서 기존의 플랫폼에 새로운 명령어를 계속 증가시키는 기법을 사용하다 보니 명령어의 길이가 달라지면서 특히, 연산 코드가 길어져 그것을 해독하는 과정이 복잡해지면서 하드웨어적인 방법(one-shot-decoding)을 사용하지는 못하고 마이크로프로그램 내부의 로직에 의해 소프트웨어적인 방법의 비트 해독(bit-by-bit decoding) 기법을 사용하고 있다. 하지만, 시스템 계열 간의 호환성을 유지 하기 위한 설계를 했기 때문에 CISC 구조는 상대적으로 같은 계열의 시스템 호환에는 효과적이다.

7.4.2 RISC

CISC 구조는 수 백개의 명령어를 제공하지만 빈번하게 사용되는 명령어의 수는 백 여개 정도 밖에 되지 않는다. 따라서 빈번하게 사용되지 않을 많은 명령어 구현을 위해 복잡해진 CISC 구조는 풍부한 기능을 제공하지만 복잡도와 처리 속도의 측면에서 상대적으로 약점으로 지적되었다.

RISC는 시스템 개발 및 소프트웨어 개발에 사용 빈도가 높은 백 여개의 명령어만 제공하여 CISC에 비해 상대적으로 간단한 하드웨어와 많은 레지스터를 포함하여 복잡도와 처리 속도의 측면에서 상대적으로 강점을 갖는다. 즉, 명령어 집합의 크기가 작은 컴퓨터 시스템은 사용할 수 있는 명령어의 수가 적기 때문에 CISC에 비해 상대적으로 작은 규모의 하드웨어로 설계할 수 있어, 고속의 CPU을 구현할 수 있다. 하지만 RISC 구조는 상대적으로 적은 수의 기능을 제공하기 때문에 특정 기능을 구현하기 위해서는 소프트웨어 라이브러리를 사용해야 한다. 즉, CISC 구조에서는 한 개의 명령어로 처리할 수 있는 어떤 기능을 위해 RISC 구조에서는 여러 개의 명령어로 '프로그래밍'해야 한다.

RISC 구조의 제어는 하드웨어가 상대적으로 간단하기 때문에 논리회로를 이용하여 제어 신호를 직접 생성할 수 있다. 이러한 제어 장치를 하드웨어로 구성된 제어기(hard-wired control)하고 하며, ??쪽의 ?? 절에서 다룬다. 하드웨어 제어 방식을 사용하기 때문에 제어회로가 차지하는 면적이 증가되어 시스템에서 제공할 수 있는 명령어 수를 많이 유지할 수가 없다. 따라서 일반적으로 명령어 집합에 포함되는 명령어의 수는 CISC에 비해서 많이 축약되어 빈번하게 필수적으로 사용되는 백 여개 정도이다.

RISC 구조에서 사용할 수 있는 주소 모드는 다양하지 못하고, 메모리 접근 명령어로 적재, 저장 등 두 개의 명령어만을 제공하는 것이 일반적이다. 덧셈, 뺄셈 등 데이터 처리 명령어는 레지스터에 저장된 데이터만을 대상으로 연산을 수행하기 때문에 연산 처리 속도가 빠르다. 즉, 데이터 처리 명령어는 피연산자에 접근하기 위해 주기억장치를 사용할 필요가 없어 명령어 실행 속도가 빠르다. 또, 명령어 종류와 주소 모드에 따라 명령어 길이가 다른 CISC와는 달리 RISC는 명령어 길이가 일정하기 때문에 하드웨어 해독기를 이용해 즉시 해독(one-shot decoding)이 가능하다. 명령어 실행 제어기의 구조가 하드웨어적으로 설계되기 때문에, 시스템 계열의 모델 간 호환성은 다소 떨어진다고 할 수 있다 . RISC 구조는 제어 메모리가 필요없기 때문에 그 대신 많은 레지스터를 배치할 수 있어 주기억장치 접근의 빈도 수를 최소화할 수 있으며, 이는 처리 성능 개선에 효과를 준다.

연습문제

1. Von Neumann형 구조에서의 적용기법인 Stored program Method의 의미와 장,단점을 설명하라.

2. 컴퓨터 구조의 역사적인 발전 양상을 메모리 구조의 분류로서 Harvard Architecture와 Von Neumann Architecture로 구분하여 설명하라.

3. 컴퓨터 구조의 역사적 발전 양상을 명령어 구조의 분류로서 CISC(Complex Instruction Set Computer)와 RISC(Reduced Instruction Set Computer) 시스템으로 구분하여 설명하라.

4. CISC형, RISC형 컴퓨터 각각의 명령어 포맷의 특징을 설명하라.

5. CISC형, RISC형 컴퓨터의 명령어 형식이 각각 variable length format과 fixed length format으로 구성되는 이유는 무엇인지를 명시하라.

6. 명령어를 구성하는 명령어 내 비트들이 할당에 영향을 주는 요소가 아닌 것은?

   a) 버스 개스　　　b) 주소지정방식의 개수
   c) 주소 영역　　　d) 연산코드

7. 명령어의 구성 형태 중 하나의 오퍼랜드만 포함하고 다른 오퍼랜드나 결과값은 누산기에 저장되는 명령어 형식은?

   a) 0-주소 명령어　　　b) 1-주소 명령어
   c) 2-주소 명령어　　　d) 3-주소 명령어

Chapter 8

제어 장치

Chapter 8

제어 장치

제어 장치는 1.4에서 나타낸 폰노이만의 저장된 프로그램 개념에서 주기억장치, 입출력 장치, 연산장치 등 컴퓨터 구성 요소들에게 제어 신호를 생성, 전송하여 컴퓨터를 이용한 데이터 처리를 할 수 있도록 하는 장치이다. 데이터 처리는 CPU가 명령어를 실행함으로써 실행된다. 따라서 제어 장치는 컴퓨터의 각 구성요소들이 명령어 실행을 위해 유기적으로 동작할 수 있도록 제어 신호를 생성하여야 한다. 이 장에서는 제어 장치가 명령어 실행을 위해 제어 신호를 생성하는 방법을 다룬다.

8.1 명령어 사이클

저장된 프로그램 개념에서 프로그램은 주기억장치에 저장이 되어 있다. 따라서 명령어가 실행되기 위해서는 주기억장치에 저장되어 있는 명령어를 읽어 온 후 해석하고, 이를 기반으로 각 구성 요소들이 동작을 해야 한다. 즉, 한 개의 명령어가 실행되기 위해서는 여러 세부 단계가 필요하다. 명령어 사이클(instruciton cycle)은 한 개의 명령어를 실행하기 위한 단계이며, 다음과 같은 단계를 명령어가 실행된다. 각 단계에 대한 설명을 위해 이 책에서는 7.1 절에서 설명한 매우 간단한 컴퓨터의 구조를 이용한다.

1. 명령어를 주기억장치에서 가져옴
2. 명령어를 해석함
3. 주소 모드에 따라 유효 주소를 결정함
4. 연산 코드에 따라 명령어를 실행함

8.1.1 명령어 인출 사이클

저장된 프로그램 개념은 주기억장치에 프로그램이 저장되어 있는 것으로 정의하고 있다. 따라서 프로그램을 실행한다는 것은 프로그램을 구성하고 있는 명령어를 CPU가 실행한다는 의미이다. CPU가 명령어를 실행하기 위해 가장 먼저 해야 하는 단계는 주기억장치에 저장되어 있는 명령어를 가져오는 것이다.

명령어 인출 사이클(fetch cycle)은 주기억장치에 저장되어 있는 명령어를 그림 7.3에 나타낸 레지스터 IR에 적재를 하는 것이다. 그림 8.1은 인출 사이클을 위한 마이크로 연산을 나타낸 것이다. 명령어 실행을 위한 각 사이클도 여러 단계를 거쳐 수행되기 때문에 각 단계에서 수행해야 하는 기능은 마이크로 연산으로 표현을 한다. 인출 사이클의 첫 번째 단계는 실행할 명령어가 저장되어 있는 주기억장치 워드이 주소를 레지스터 AR 에 전송하는 것이다. 다음 실행 명령어가 저장된 주소는 레지스터 PC 에 적재되어 있기 때문에 PC 의 값을 AR 에 전송하는 것이 첫 번째 수행할 내용이다.

$$\begin{array}{l} \text{AR} \leftarrow \text{PC} \\ \text{DR} \leftarrow \text{M}\ ,\ \text{PC} \leftarrow \text{PC} + 1 \\ \text{IR} \leftarrow \text{DR},\ \text{AR} \leftarrow \text{DR(11-0)} \end{array}$$

그림 8.1: 인출 사이클을 위한 마이크로 연산

인출 사이클에서 실행해야 하는 두 번째 마이크로 연산은 메모리 읽기 연산이다. 즉, 레지스터 AR 에 적재되어 있는 주소를 이용하여 주기억장치 M 의 워드 내용을 DR에 전송을 하는 것이다. 또 이 단계에서 PC 의 값을 1 증가시킨다. 보통은 명령어가 실행되는 순서는 프로그램에 나열된 순서이기 때문에 다음 실행 명령어의 주소는 PC 의 값을 1 증가시킨 것이 된다.

인출 사이클의 세 번째 단계는 레지스터 DR 에 적재되어 있는 명령어를 IR 로 전송하여 해석하고, 동시에 DR의 비트 0부터 11까지의 내용 즉, 명령어의 주소 필드의 내용을 레지스터 AR에 적재를 한다. 레지스터 DR에 적재되어 있는 명령어 주소 필드의 내용을 AR 에 전송하는 이유는 매우 간단한 컴퓨터는 직접 주소와 간접 주소 모드만을 사용하고 있기 때문이다. 따라서 DR의 주소 필드에 저장되어 있는 것은 유효 주소이거나 유효 주소를 저장하고 있는 주기억장치 워드이 주소이기 때문에 주기억장치로 부터 피연산자를 읽거나 유효 주소를 읽어오기 위해서는 주기억장치 접근이 필요하다. 이를 위해 DR의 주소 필드 내용은 AR에 적재되어야 한다.

인출 사이클이 완료된 결과는 레지스터 IR에 실행할 명령어가 적재되어 있고, PC에는 다음 실행 명령어가 저장되어 있는 주기억장치 워드 주소가 적재되어 있으며, AR에는 유효 주소–직접 주소 모드– 또는 유효 주소를 저장하고 있는 주기억장치 워드 주소–간접 주소 모드–가 적재되어 있다. 레지스터 *IR* 에 적재되어 있는 명령어의 주소 모드가 직접 모드라면 피연산자를 주기억장치에서 읽어 오기 위한 유효 주소가 *AR* 에 적재되어 있기 때문에 8.1.3 절에서 설명할 실행 사이클로 옮겨 가면 된다. 명령어의 주소 모드가 간접 주소 모드라면 제어 장치는 피연산자를 위한 유효 주소를 주기억장치에서 읽어 오기 위한 간접 사이클로 옮겨 가야 한다.

8.1.2 간접 사이클

간접 사이클은 명령어가 간접 주소 모드를 사용하는 경우에 유효 주소를 주기억장치에서 읽어 오기 위해 주기억장치에 접근한다. 유효 주소를 저장하고 있는 주기억장치 워드의 주소는 인출 사이클을 수행할 때 레지스터 *AR* 에 적재를 하였기 때문에 이 사이클에서 수행해야 하는 마이크로 연산은 그림 8.2에 보인 것과 같다.

$$\begin{array}{l} \mathrm{DR} \leftarrow \mathrm{M} \\ \mathrm{AR} \leftarrow \mathrm{DR(11\text{-}0)} \end{array}$$

그림 8.2: 간접 사이클을 위한 마이크로 연산

간접 사이클의 목적은 유효 주소를 레지스터 *AR* 에 적재하는 것이다. 따라서 버스 시스템을 구성하는 방법에 따라 이 사이클을 위한 마이크로 연산이 달라 질 수 있다. 예를 들어, 버스 시스템에 주기억장치와 더불어 레지스터 *AR* 이 연결되어 있다면 $AR \leftarrow M$ 과 같이 한 개의 마이크로 연산으로 이 사이클에서 수행해야 하는 동작을 표현할 수 있다. 그러나 그림 7.3에서 보인 매우 간단한 컴퓨터의 구조에서는 주기억장치에서 읽은 워드는 우선 레지스터 *DR* 에 저장되기 때문에 *DR* 에 저장된 유효 주소를 다시 *AR* 로 전송을 해야 한다. 간접 사이클의 수행이 완료되면 레지스터 AR 에는 실행 사이클에서 필요한 피연산자의 유효 주소가 저장되며, 제어 장치는 실행 사이클로 간다.

8.1.3 실행 사이클

실행 사이클은 레지스터 *IR* 에 적재되어 있는 명령어의 연산 코드에 따라 명령 실행을 위한 단계들은 각각 다르다. 그림 8.3은 메모리 참조 명령어 *ADD*, *BR* 과 레지스터 참조 명령어 *CLA*, 그리고 입출력 명령어 *IN* 수행을 위한 마이크로 연산을 나타낸 것이다.

그림 8.3a은 명령어 ADD 실행을 위한 사이클을 나타낸 것으로 첫 번째 수행해야 하는 것은 피연산자를 주기억장치에 읽어 오는 과정이다. 피연산자의 유효 주소는 인출 또는 간접 사이클에서 레지스터 AR 에 적재되었기 때문에 주기억장치 접근하여 해당 워드의 내용을 레지스터 DR 에 적재를 한다. 그 다음에 수행하는 것은 덧셈 명령어 수행을 위해 필요한 두 개의 피연산자 중 하나를 저장하고 있는 누산기 레지스터 AC 와 주기억장치에서 읽어온 워드의 내용을 적재하고 있는 DR 의 내용을 덧셈한 후 그 결과를 누산기 레지스터에 전송하는 것이다. 명령어 $ADDI$ 는 간접 주소 모드를 사용하는 덧셈 명령어이며, 이 명령어 수행을 위해 간접 사이클에서 유효 주소를 레지스터 AR 에 적재를 하였기 때문에 실행 사이클에서는 명령어 ADD 와 $ADDI$ 는 동일하다.

DR ← M AC ← AC + DR	PC ← AR	AC ← 0	FI : AC ← INR
(a) ADD 명령어	(b) BR 명령어	(c) CLA 명령어	(d) IN 명령어

그림 8.3: 실행 사이클을 위한 마이크로 연산

그림 8.3b은 메모리 참조 명령어이지만 피연산자를 읽어 오기 위해 주기억장치에 접근할 필요가 없다. 왜냐하면 레지스터 AR에 적재되어 있는 유효 주소는 피연산자에 접근하기 위한 주소가 아니고 분기 대상이 되는 명령어의 주소이다. 분기는 레지스터 PC 에 분기하고자 하는 주소를 적재하는 것으로 구현할 수 있다. 따라서 이 명령어 BR을 위해 실행 사이클에서 수행해야 하는 것은 AR 에 적재되어 있는 유효 주소를 PC 에 전송하는 것이다. 명령어 BRI 은 간접 주소 모드를 사용하는 BR 명령어고, 간접 주소 모드에서 유효 주소를 결정하기 위해 간접 사이클을 수행하였기 때문에 실행 사이클에서는 BR 과 BRI 는 동일한 동작을 한다.

그림 8.3c은 레지스터 참조 명령어이기 때문에 피연산자를 위해 주기억장치에 접근할 필요가 없다. 따라서 메모리 참조 명령어를 위한 실행 사이클보다 간단하다. 이 예에서 보인 것과 같이 누산기 레지스터 AC 에 0을 적재함으로써 이 명령어 실행 사이클을 완료할 수 있다.

그림 8.3d은 입출력 명령어인 IN 을 위한 마이크로 연산을 나타낸 것이다. 이 명령어는 기본적으로 입력 레지스터인 INR 의 값을 누산기 레지스터 AC에 전송을 하는 것이다. 이때 레지스터 INR 에 적재되어 있는 값이 최근에 입력된 값인지 또는 이미 AC 로 전송되어 입력 데이터로서의 의미가 없는 것인지를 판단하기 위해 1 비트 플래그 레지스터 FI 의 값을 검사한다. 이 값이 1이면 INR 에 적재되어 있는 값은 최근에 입력된 값이며, 아직 AC에 전송되지 않았기 때문에 이 값을 AC로 전송하면 된다. 플래그 레지스터 FI 를 검사하는 방법은 이 레지스터의 값을 마이크로 연산의 실행 제어 조건으로 사용하면 된다.

그림 8.4은 주기억장치에 저장되어 있는 명령어 *ADDI 20* 을 실행하기 위한 수행되어야 하는 전체 마이크로 연산을 나타낸 것이다. 이 명령어는 간접 주소 모드를 사용하고 있기 때문에 주기억장치의 20번지에 유효 주소가 저장되어 있다. 한 개의 명령어 실행을 위해 모두 일곱 개의 마이크로 연산이 수행된다. 즉, 명령어 *ADDI 20* 이 일곱 개의 마이크로 연산을 순서대로 활성화시키기 때문에 명령어를 매크로 연산(macro operation)이라고 부르기도 한다.

% 인출 사이클
AR ← PC
DR ← M , PC ← PC + 1
IR ← DR, AR ← DR(0-11)

% 간접 사이클
DR ← M
AR ← DR(11-0)

% 실행 사이클
DR ← M
AC ← AC + DR

그림 8.4: 명령어 *ADDI 20* 실행을 위한 전체 마이크로 연산

명령어 실행을 위한 모든 마이크로 연산을 수행한 후 다음 명령어 실행을 위해 제어 장치는 인출 사이클부터 다시 각 단계를 실행하며, 이 과정을 계속 반복한다.

8.2 제어장치 기능

제어 장치는 주기억장치에 저장되어 있는 명령어 실행을 위한 제어 신호를 생성하는 기능을 갖고 있다. 앞서 기술한 것과 같이 한 명령어 실행은 여러 세부 단계로 구성되어 있으며, 이 단계를 명령어 사이클이라고 했다. 즉, 제어 장치는 명령어 사이클을 반복적으로 수행하며, 그 과정을 통해 제어 신호를 생성, 각 구성요소에 제어 신호를 전달하고 있다.

그림 8.5은 제어 장치가 반복 수행해야 하는 명령어 사이클을 나타낸 것이다. 제어 장치는 인출 사이클에서 명령어를 주기억장치에서 읽어 온 후 이 명령어의 주소 필가 간접 주소 모드이면, 간접 사이클을 수행하며, 직접 주소 모드이면 실행 사이클을 수행한다. 제어 장치는 간접 사이클에서 유효 주소를 주기억장치에서 읽어 온 후 실행 사이클을 수행한다. 또 제어 장치는 실행 사이클에서 명령어의 연산 코드를 이용하여 실행을 위한 마이크로 연산을 수행한 후 인터럽트 발생 여부에 따라 인출 사이클 또는 인터럽트 사이클을 수행한다.

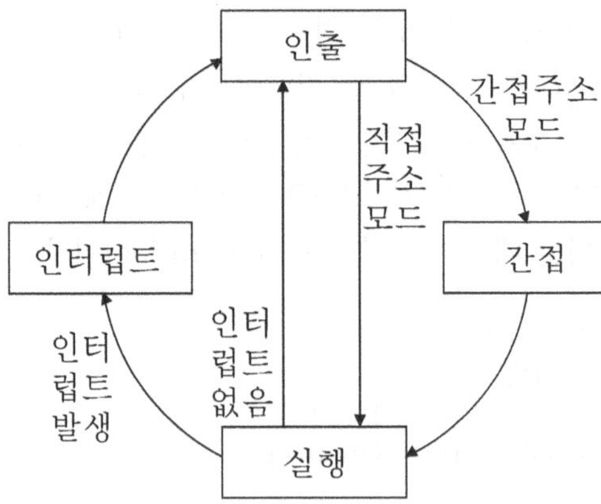

그림 8.5: 명령어 사이클

제어 장치가 명령어 사이클을 수행한다는 것의 의미는 각 사이클에서 수행해야 하는 마이크로 연산을 실행하는 것이며, 이는 각 마이크로 연산 수행을 위한 제어 신호를 생성한다는 의미이다. 즉, 제어 장치는 한 명령어 실행을 위해 명령어 사이클을 수행해야 하며, 명령어 사이클 수행을 위해 각 단계별 마이크로 연산을 위한 제어 신호를 생성한다. 예를 들어, 그림 8.4에 나타낸 것과 같이 명령어 *ADDI 20* 을 실행하기 위해 제어 장치는 명령어 사이클의 일곱 개 마이크로 연산을 순서에 따라 실행하기 위한 제어 신호를 생성해야 한다.

그림 8.6은 매우 간단한 컴퓨터를 구성하는 각 구성 요소들을 위한 제어 점(control point)을 나타낸 것이다 각 제어 점에 대한 기능은 다음과 같다. 멀티 플렉서 *MUX1* 은 레지스터 AR 에 전송할 데이터를 레지스터 DR 에 적재되어 있는 값과 PC 에 적재되어 있는 값 중에서 하나를 선택하는 기능을 수행한다. 이 멀티 플렉서는 두 개의 데이터 소스 중 하나를 선택하기 때문에 한 개의 선택 라인 S_{AR}을 제어 점으로 갖는다. 제어점 S_{AR}의 값이 0이면 *PC* 의 값이 *AR* 로 전달되며, 1이면 *DR* 의 값이 *AR* 로 전달된다.

레지스터 *AR* 의 제어 점은 외부 입력값의 적재를 제어하는 AR_{LD}이며, 이 제어 점의 값이 1인 경우에 레지스터의 외부 입력 즉, 멀티 플렉서 *MUX1* 의 출력을 레지스터에 적재한다. 레지스터 PC의 제어 점은 PC_{LD} 와 PC_{INC} 가 있으며, 이것은 각각 외부 입력 값을 레지스터에 적재하거나 레지스터 저장 값을 1 증가 시키는 제어 신호이다.

주기억장치를 위한 제어 점은 M_{RD} 와 M_{WR} 이 있으며, 각각 주기억장치에 저장되어 있는 데이터를 읽어 오거나 *DR* 에 적재되어 있는 값을 주기억장치에 저장하는 것을 제어한다. 주기억장치 읽기/쓰기 연산의 대상이 되는 워드의 주소는 *AR* 에 저장되어 있는 주소가 이용된다.

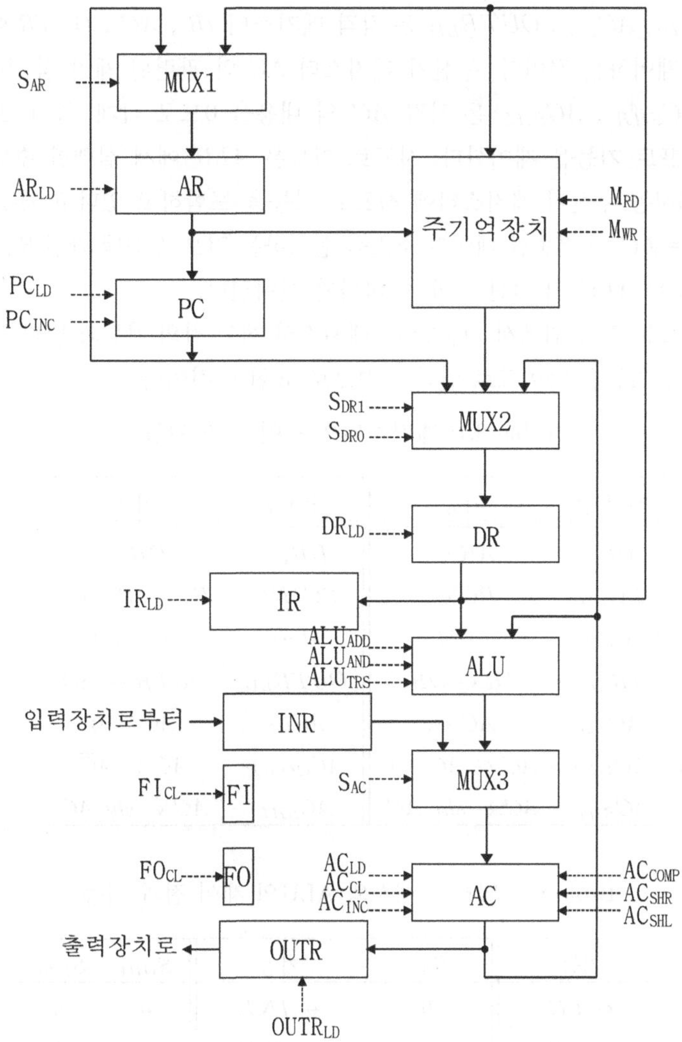

그림 8.6: 매우 간단한 컴퓨터의 제어점

멀티 플렉서 *MUX2*는 *DR* 에 전송할 데이터 소스를 결정하는 것이다. 레지스터 *DR* 에 데이터를 전송할 수 있는 데이터 소스로는 *PC*, 주기억장치 워드, *AC*가 있다. 따라서 멀티 플렉서 *MUX2*의 선택 라인 S_{DR1} , S_{DR0} 은 이들 세 개의 데이터 소스 중 하나를 선택한다. 레지스터 *DR* 의 제어 점 DR_{LD} 는 *MUX2*의 출력 데이터를 레지스터에 적재하는 것을 제어한다.

제어 점 IR_{LD} , AC_{LD} , $OUTR_{LD}$ 은 각각 레지스터 IR , AC , $OUTR$ 에 외부 데이터의 적재 여부를 제어하는 것이다. 누산기 레지스터 AC 와 관련된 제어 점 AC_{CL} , AC_{INC} , AC_{COMP} , AC_{SHR} , AC_{SHL} 은 각각 AC 의 내용을 0으로 삭제, 증가, 보수화, 오른쪽 시프트, 왼쪽 시프트 기능을 제어한다. 시프트 기능은 ALU 에서 실행할 수도 있지만 매우 간단한 컴퓨터에서는 누산기 레지스터에 시프트 기능을 포함하고 있다고 가정을 한다. 멀티플렉서 $MUX3$ 는 AC 에 전송할 데이터 소스를 선택하는 것으로 선택 라인 S_{AC} 의 값에 따라 레지스터 INR 또는 ALU 의 연산 결과 중 하나가 선택된다.

표 8.1과 표 8.2는 각각 위에서 기술한 각 레지스터 제어 점의 기능과 멀티 플렉서 및 ALU 의 제어 점이 갖는 기능을 마이크로 연산 형식으로 표현한 것이다.

Table 8.1: 레지스터의 제어 점과 기능

제어 점	기능	제어 점	기능
AR_{LD}	$AR \leftarrow$	DR_{LD}	$DR \leftarrow$
PC_{LD}	$PC \leftarrow$	$PCINC$	$PC \leftarrow PC + 1$
M_{RD}	$\leftarrow M$	M_{WR}	$M \leftarrow DR$
IR_{LD}	$IR \leftarrow DR$	$OUTR_{LD}$	$OUTR \leftarrow AC$
AC_{LD}	$AC \leftarrow$	AC_{CL}	$AC \leftarrow 0$
AC_{INC}	$AC \leftarrow AC + 1$	AC_{COMP}	$AC \leftarrow \overline{AC}$
AC_{SHR}	$AC \leftarrow shr\ AC$	AC_{SHL}	$AC \leftarrow shl\ AC$

Table 8.2: 멀티 플렉서와 ALU의 제어 점과 기능

S_{AR}	기능	S_{AC}	기능	S_{DR1}	S_{DR0}	기능
0	$\leftarrow PC$	0	$\leftarrow INR$	0	0	$\leftarrow PC$
1	$\leftarrow DR$	1	$\leftarrow ALU$	0	1	$\leftarrow M$
				1	0	$\leftarrow AC$

ALU_{ADD}	기능	ALU_{AND}	기능	ALU_{TRS}	기능
0	-	0	-	0	-
1	$\leftarrow AC + DR$	1	$\leftarrow AC \wedge DR$	1	$\leftarrow DR$

각 제어 점의 값은 제어 장치가 수행해야 하는 마이크로 연산에 의해 결정 된다. 예를 들어, 인출 사이클의 첫 번째 마이크로 연산인 $AR \leftarrow PC$을 위한 제어 점은 AR_{LD} 와 S_{AR}이며, 이들의 값은 각각 1, 0이 되어야 한다. 제어 점 AR_{LD}의 값이 1이라는 것은 $AR \leftarrow$을 의미하며,

이것은 외부 입력 데이터를 AR 에 적재하는 것이다. 또, 제어 점 S_{AR}의 값이 0이라는 것은 $\leftarrow PC$를 의미한다. 따라서, 이 두 제어 점의 값에 의해 PC의 값이 AR에 전송된다.

다른 예로 그림 8.4의 가장 마지막 마이크로 연산인 $AC \leftarrow AC+DR$을 위한 제어 점으로는 ALU_{ADD}, S_{AC}, AC_{LD}이며, 이 제어 점들의 값은 각각 1, 1, 1이 되어야 한다.

이처럼 마이크로 연산을 실행한다는 것은 제어 장치가 그 마이크로 연산을 위한 제어 점들의 값을 적절하게 결정해야 함을 의미하며, 이 제어 점의 값이 제어 신호가 된다. 즉, 마이크로 연산 $AC \leftarrow AC + DR$을 실행하기 위한 제어 신호는 ALU_{ADD}, S_{AC}, AC_{LD} 에 전달되는 1, 1, 1이다. 따라서 제어 장치는 마이크로 연산 실행을 위해 각 제어 점에 0 또는 1 즉, 논리-0 또는 논리-1 신호를 전송한다.

제어 장치가 이러한 제어 신호를 생성하는 방법으로는 각 제어 점의 값을 결정하는 논리회로를 각각 설계하는 방법인 고정 배선에 의한 제어(hard-wired control)과 마이크로 프로그램을 이용한 방법인 마이크로프로그램된 제어(microprogrammed control)이 있다. 이 두 방법은 각각 8.3 절과 8.4 절에서 다룬다.

8.3 고정 배선에 의한 제어

고정 배선에 의한 제어(hard-wired control)–이하 고정 배선 제어–는 그림 8.6에 나타낸 각 제어 점의 값을 21 개 출력의 논리회로로 결정하는 것이다. 즉, 고정 배선 제어는 각 제어 점이 0 또는 1의 값이 되는 조건을 부울 식으로 표현하고, 이 부울식을 간략화 등의 과정을 거친 후 설계한 논리회로를 이용하여 제어 장치를 구성하는 것이다. 따라서 제어 점에 입력되는 신호 즉, 제어 신호 생성 속도가 빠르다는 특징을 갖고 있어 고속의 CPU 설계에 이용될 수 있다. 하지만 명령어 집합의 규모가 큰 경우에는 다양한 종류의 명령어 실행을 위해 CPU 구조가 복잡해 지고, 이것은 제어 점의 수가 증가되며, 각 제어 점의 값을 결정하는 조건들이 많아 진다. 따라서 명령어 집합의 규모가 큰 경우에 제어 신호 생성을 위한 논리회로가 매우 복잡해 질 수 있어, 앞의 7.4.1 절에서 기술한 CISC 구조보다는 7.4.2 절에서 기술한 RISC 구조에 고정 배선 제어가 사용된다.

고정 배선 제어는 각 제어 점을 위한 제어 신호가 논리회로를 이용하여 생성되기 때문에 설계 변경이 어렵다는 특징을 갖고 있다. 만일 제어 점의 제어 신호 조건이 변경되면 그 제어 점을 위한 부울 식이 변경이되며, 이에 따라 논리회로 설계 자체가 변경된다. 따라서 고정 배선 제어는 설계 변경 또는 개선이 어렵다.

8.3.1 고정 배선 제어 모델

그림 8.7은 고정 배선 제어를 위한 블록도를 나타낸 것이다. 명령어의 연산 코드는 3×8 디코더의 입력이 되며, 이 디코더의 출력이 제어 장치의 입력으로 사용된다. 연산 코드의 값이 000 즉, *ADD(I)* 명령어인 경우에 디코더 출력 I_0 이 1되고 나머지 출력은 0이 된다. 따라서 제어 장치는 디코더의 출력을 이용하여 각 명령어를 구별할 수 있다. 제어 장치는 명령어 디코더의 I_0에서 I_6 까지의 출력 중 하나가 1인 경우, 즉 메모리 참조 명령어인 경우에 명령어의 모드 비트 m 을 주소 모드 구별을 위해 사용한다. 명령어 디코더의 I_7이 1인 경우에 제어 장치는 모드 비트 m 를 레지스터 참조 또는 입출력 명령어를 구별하기 위해 사용한다.

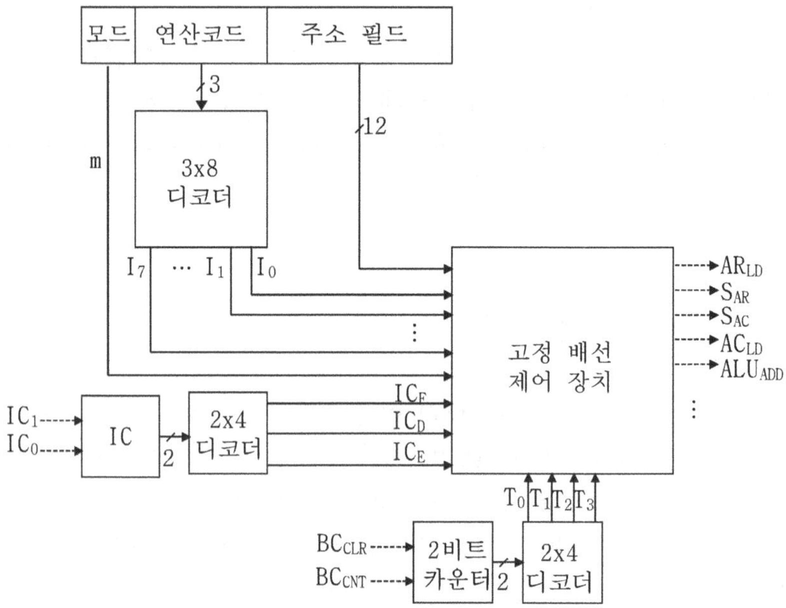

그림 8.7: 고정 배선 제어 블록도

제어 장치는 주소 필드 12 비트의 내용도 입력으로 사용되는데 이것은 레지스터 참조 또는 입출력 명령어인 경우에 각각의 명령어를 구별하기 위해 사용을 한다. 예를 들어, 명령어 디코더 I_7의 값이 1이고, 주소 필드의 가장 왼쪽 비트의 값이 1이면 *CLA* 명령어임을 표 7.7을 참고하여 확인할 수 있다.

매우 간단한 컴퓨터는 명령어 사이클로 인출, 간접, 실행 사이클만을 고려하고 있다. 제어 장치는 현재의 명령어 사이클을 추적하기 위해 2 비트 레지스터 *IC*를 사용하고 있는데, 이 레지스터의 출력이 2×4 디코더에 연결되어 있다. 따라서 제어 장치는 명령어 사이클 디코더의 출력 IC_F , IC_D, ID_E 를 이용하여 현재 명령어 사이클을 알 수 있으며, 각각 인출, 간접, 실행 사이클을 의미한다.

각 명령어 사이클의 마이크로 연산들은 정해진 순서에 따라 수행되어야 하며, 이 순서를 제어하기 위해 고정 배전 제어 장치는 타이밍 신호를 사용한다. 그림 8.7에서 타이밍 신호는 T_0 , T_1 , T_2 , T_3 으로 표현되어 있으며, 이 신호는 2 비트 카운터의 값을 입력으로 하는 2×4 디코더 출력으로 결정된다. 이 책에서 사용하는 매우 간단한 컴퓨터의 경우에 네 개의 타이밍 신호만으로도 충분하지만 더 복잡한 시스템의 경우에는 타이밍 신호의 수가 증가될 수 있다.

제어 점 IC_1, IC_0은 명령어 사이클 제어를 위한 것이며, BC_{CLR} , BC_{CNT} 은 타이밍 신호 제어를 위한 것이다. 제어 점 BC_{CLR}은 카운터의 값을 0으로 삭제하는 것이며, BC_{CNT}는 카운트 여부를 제어하기 위한 것이다. 제어 점 BC_{CNT} 의 값이 1이며 정상적인 카운트를 하여 주기적으로 타이밍 신호를 생성하지만, 이 값이 0이면 카운트를 하지 않기 때문에 시스템이 동작을 하지 않고 멈춘다.

앞서 기술한 여러 입력을 이용하여 고정 배선 제어 장치는 마이크로 연산 수행을 위한 21 개의 제어 점을 위한 제어 신호 및 고정 배선 제어를 위한 추가의 제어점 IC_1, IC_0, BC_{CLR} , BC_{CNT}을 위한 제어 신호를 논리회로를 이용하여 생성하여야 한다.

8.3.2 고정 배선에 의한 제어 신호 생성

이 절에서는 고정 배선 제어 장치가 제어 점을 위한 제어 신호를 생성하는 방법을 다룬다. 이를 위해서는 앞서 작성한 명령어 사이클에서 수행해야 하는 마이크로 연산에 연산 코드와 명령어 사이클, 타이밍 등의 조건을 고려하여 제어 함수를 작성해야 한다. 예를 들어, 그림 8.8은 고정 배선 제어를 위해 그림 8.4에 나타낸 명령어 ADDI 20 실행을 위한 전체 마이크로 연산을 다시 작성한 것이다.

예를 들어, 인출 사이클의 첫 번째 마이크로 연산 $AR \leftarrow PC$는 인출 사이클(IC_F)의 첫 번째(T_0)에 단계에서 수행되는 것이다. 따라서 이 마이크로 연산을 위한 제어 함수는 $T_0 \cdot IC_F$ 가된다. 간접 사이클의 두 번째 마이크로 연산을 위한 제어 함수는 $T_1 \cdot IC_D \cdot \overline{I_7} \cdot m$이 되어야 한다. 이는 간접 사이클($IC_D$), 두 번째 타이밍($T_1$), 메모리 참조 명령어($\overline{I_7}$) 그리고, 간접 주소 모드($m$) 이라는 조건이 될 때 수행되어야 하는 것이기 때문이다. 또 실행 사이클의 두 번째 마이크로 연산 $AC \leftarrow AC + DR$은 덧셈 명령어(I_0)의 실행 사이클(IC_E) 두 번째(T_1) 수행되어야 하는 것이다. 따라서 이를 이용하여 제어 함수를 작성하면 $T_1 \cdot IC_E \cdot I_0$ 이 된다.

앞에서 인출 사이클의 첫 번째 마이크로 연산인 $AR \leftarrow PC$을 위한 제어 점은 AR_{LD} 와 S_{AR}이며, 이들의 값은 각각 1, 0이 되어야 한다. 즉, 제어 점 AR_{LD} 와 S_{AR}의 값이 각각 1, 0

% 인출 사이클
$T_0 \cdot IC_F$: AR ← PC
$T_1 \cdot IC_F$: DR ← M , PC ← PC + 1
$T_2 \cdot IC_F$: IR ← DR, AR ← DR(0-11)

% 간접 사이클
$T_0 \cdot IC_D \cdot \overline{I_7} \cdot m$: DR ← M
$T_1 \cdot IC_D \cdot \overline{I_7} \cdot m$: AR ← DR(11-0)

% 실행 사이클
$T_0 \cdot IC_E \cdot I_0$: DR ← M
$T_1 \cdot IC_E \cdot I_0$: AC ← AC + DR

그림 8.8: 명령어 *ADDI 20* 실행을 위한 고정 배선 제어 마이크로 연산

이 되면 마이크로 연산 $AR \leftarrow PC$을 수행할 수 있다. 따라서, 이 마이크로 연산이 수행되는 제어 함수를 이용하여 제어 점 AR_{LD} 와 S_{AR}의 값이 각각 1, 0이 되도록 하면 된다. 제어 점 AR_{LD} 와 S_{AR}을 위한 부울 식과 제어 신호 생성을 위한 논리회로 블록도는 그림 8.9에 나타낸 것과 같다.

$$AR_{LD} = T_0 \cdot IC_F$$

$$S_{AR} = \overline{T_0 \cdot IC_F}$$

(a) AR_{LD} 와 S_{AR}을 위한 부울 식

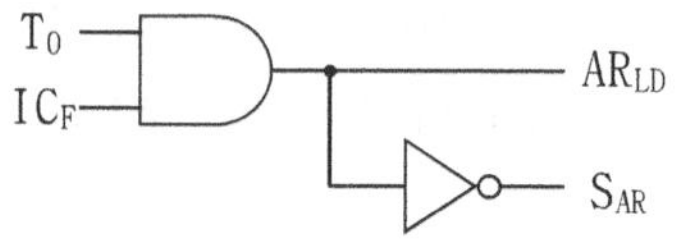

(b) AR_{LD} 와 S_{AR}을 위한 논리회로

그림 8.9: 마이크로 연산 $AR \leftarrow PC$을 위한 제어 신호 생성

그림 8.9a은 수행할 마이크로 연산을 위한 제어 함수를 이용하여 제어 점 AR_{LD} 와 S_{AR}을 위한 부울 식을 나타낸 것이며, 이 식을 이용하여 작성한 논리회로는 그림 8.9b에 나타내 었다. 이 논리회로의 출력이 제어 신호가 되며, 그 신호는 각각 제어 점 AR_{LD} 와 S_{AR}에 연결이 된다.

앞에서 실행 사이클의 두 번째 마이크로 연산인 $AC \leftarrow AC + DR$을 위한 제어 점으로는 ALU_{ADD}, S_{AC}, AC_{LD}이며, 이 제어 점들의 값은 각각 1, 1, 1이 되어야 한다. 이들 제어 점에

1의 값이 입력될 때 덧셈을 수행하며, 제어 점의 값을 1로 설정하는 조건은 $T_1 \cdot IC_E \cdot I_0$ 이다. 즉, 부울 식 $T_1 \cdot IC_E \cdot I_0$의 값이 1이 될 때 제어 점 ALU_{ADD}, S_{AC}, AC_{LD} 의 값이 1이 되도록 논리회로를 작성하면 된다. 그림 8.10은 마이크로 연산 $AC \leftarrow AC + DR$ 수행을 위한 제어 신호를 생성하는 논리회로를 나타낸 것이다.

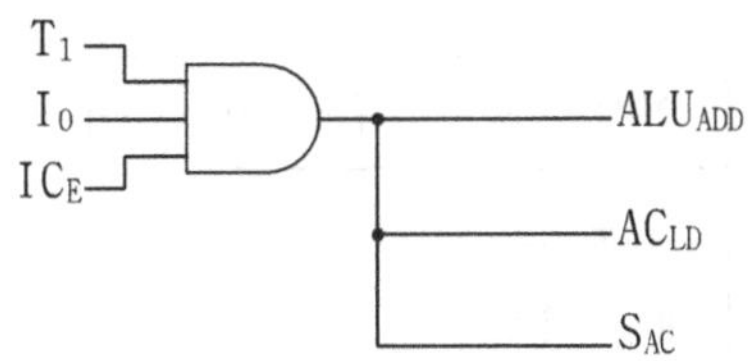

그림 8.10: 마이크로 연산 $AC \leftarrow AC + DR$ 수행을 위한 제어 논리회로

이 절에서는 고정 배선 제어 장치가 마이크로 연산 수행을 위해 제어 신호를 생성하는 방법을 소개하였다. 설명의 편의성을 위해 이 책에서는 매우 간단한 컴퓨터 구조를 정의하고 이 구조 상에서 고정 배선 제어 장치를 논의하였기 때문에 각 제어 점을 위한 제어 신호 생성을 위한 논리회로가 간단하였지만 실용적인 CPU를 위한 고정 배선 제어 장치는 매우 복잡하다. 하지만 제어 신호 생성을 위한 기본적인 방법을 다르지 않다.

8.4 마이크로프로그램된 제어

마이크로프로그램된 제어(microprogrammed control)는 그림 8.6에 나타낸 각 제어 점의 값을 마이크로프로그램을 이용하여 결정하는 것이다. 마이크로프로그램된 제어는 각 제어 점이 0 또는 1의 값이 되는 조건에 따라 마이크로프래그램을 작성하여 제어 메모리(control memory)에 저장하고, 이 메모리에 저장된 마이크로프로그램을 이용하여 제어 신호를 생성한다. 따라서 제어 메모리에 저장되는 마이크로프로그램을 교체함으로써 각 제어 점을 위한 제어 신호 값의 조건을 변경할 수 있기 때문에 설계 변경 및 수정이 어렵지 않아 설계의 유연성이 있으며 명령어 집합의 규모가 큰 경우도 적정 규모의 복잡도를 유지할 수 있다. 하지만 제어 메모리에 저장되어 있는 마이크로프로그램을 이용하여 제어 신호를 생성하기 때문에 고정 배선 제어에 비해 상대적으로 저속으로 제어 신호를 생성한다. 따라서 명령어 집합의 규모가 큰 경우에도 제어 장치의 복잡도에 많은 영향을 주지 않기 때문에 CISC 구조에서 많이 사용된다.

8.4.1 마이크로프로그램된 제어 모델

그림 8.11은 마이크로프로그램된 제어를 위한 블록도를 나타낸 것이다. 마이크로프로그램된 제어는 마이크로 명령어(micro-instruction)으로 구성되어 있는 마이크로 프로그램이 제어 메모리에 저장되어 있으며, 제어 장치는 이 마이크로 프로그램을 실행함으로써 제어 신호를 생성한다. 마이크로프로그램된 제어 모델의 각 구성요소의 기능은 다음과 같다.

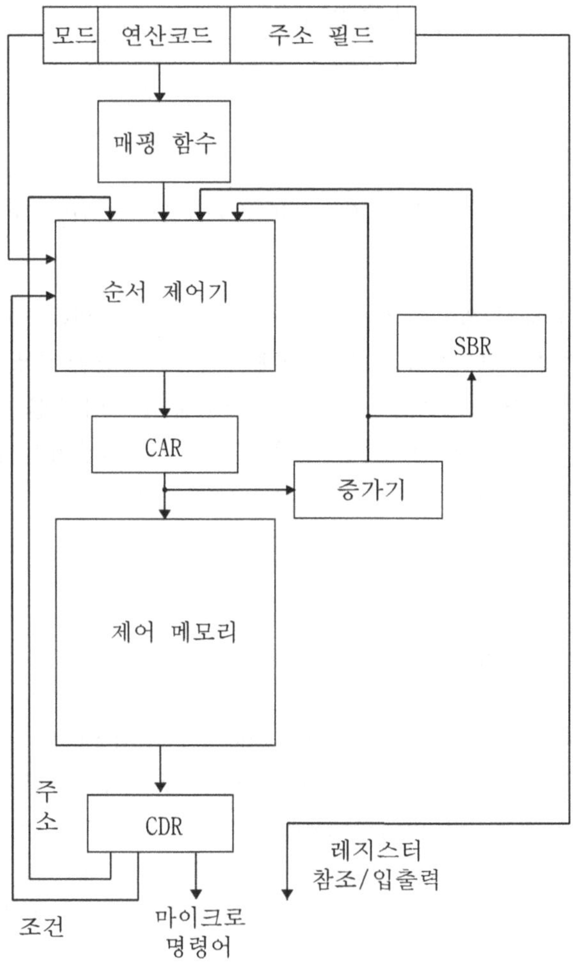

그림 8.11: 마이크로프로그램된 제어 모델

제어 메모리(control memory)는 마이크로 명령어들로 구성된 마이크로 프로그램을 저장하는 것으로 비휘발성 메모리를 사용한다. 이 제어 메모리는 일반적인 데이터와 프로그램을 저장하는 주기억장치와 달리 제어 신호 생성을 위한 마이크로 프로그램을 저장하며, 제어 장치에서 사용하는 것이다. 따라서 CPU에서 생성할 수 있는 주소 공간 및 주기억장치와 완전히 분리되어 있는 별도의 메모리이다. 하지만 제어 메모리에 저장되어 있는 마이크로 명령어에 접근하기 위해서는 주소가 필요하다.

레지스터 CAR 은 제어 장치가 제어 메모리에 저장되어 있는 마이크로 명령어에 접근하기 위한 주소를 저장하고 있으며, 주기억장치의 AR과 동일한 목적으로 사용된다. 레지스터 CAR에 적재되어 있는 주소를 이용하여 제어 메모리에서 인출된 마이크로 명령어는 레지스터 CDR에 임시 저장이 된다. 레지스터 CDR 은 주기억장치의 레지스터 DR 과 같이 제어 메모리에서 인출된 데이터 즉, 마이크로 명령어를 임시 저장하는 역할을 하며, 이 레지스터에 적재된 마이크로 명령어를 이용하여 제어 신호를 생성한다. 설계 환경에 따라 이 CDR 레지스터는 생략하고 제어 메모리의 출력을 제어 신호 생성에 직접 사용할 수 있다.

제어비트	조건	다음 주소

그림 8.12: 마이크로 명령어 형식

제어 메모리에서 인출된 마이크로 명령어는 그림 8.12에 나타낸 것과 같이 수행할 마이크로 연산을 위한 제어 비트, 다음 마이크로 명령어 주소 선택을 위한 조건, 다음 마이크로 명령어 주소 필드로 구성되어 있다. 마이크로 명령어의 제어 비트는 그림 8.6에 나타낸 각종 제어 점의 값을 위한 제어 신호를 생성할 때 사용된다. 이 제어 비트를 이용하여 제어 신호를 생성하는 방법에 따라 수평적 마이크로 명령어와 수직적 마이크로 명령어로 분류된다. 수평적 마이크로 명령어(horizontal microinstruction)는 각각 제어 비트가 하나의 제어 신호가 되는 것이다. 따라서 이 형식의 마이크로 명령어는 제어 신호 생성을 위한 하드웨어가 단순하고, 제어 비트를 해독을 위한 지연시간이 필요없지만 모든 제어 점을 위해 각각 한 비트의 제어 비트가 필요하기 때문에 마이크로 명령어의 길이가 수직적 마이크로 명령어보다 길어 진다. 수직적 마이크로 명령어(vertical microinstruction)는 제어 비트들을 그룹화 하여 각 그룹의 해독하여 제어신호를 생성하는 것으로 각 제어 비트 그룹을 해독하기 위한 지연 시간이 있지만 마이크로 명령어의 길이는 상대적으로 짧다. 그림 8.13은 그림 8.6에 나타낸 제어 점 중에서 AR_{LD}를 위한 제어 신호 생성 방법을 나타낸 것이다.

그림 8.13b은 수평적 마이크로 명령어의 예를 나타낸 것으로마이크로 명령어의 제어 비트 중 제어 점 AR_{LD}를 위한 비트를 나타낸 것이다. 제어 메모리에서 인출된 마이크로 명령어에서 이 비트의 값이 1이면 제어 점 AR_{LD}에 1, 0이면 0이 되는 제어 신호로 사용된다. 이 예에서 나타낸 것과 같이 마이크로 명령어의 제어 비트를 이용하여 제어 신호를 생성할 때 별도의

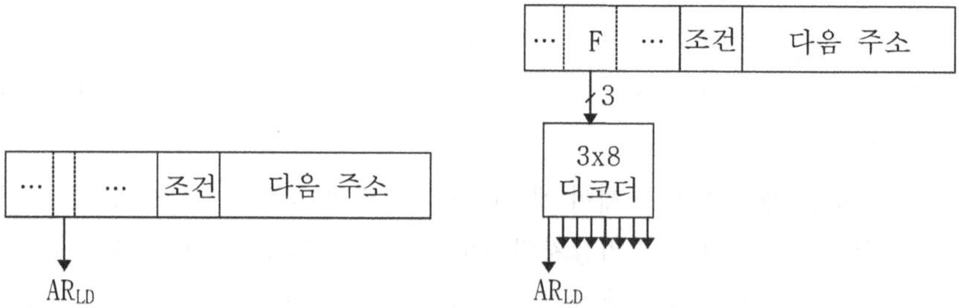

(a) 수평적 마이크로 명령어 (b) 수직적 마이크로 명령어

그림 8.13: 마이크로 명령어 종류에 따른 제어 신호 생성

논리회로가 필요하지 않고 그 비트의 값이 곧 제어 신호가 된다.

그림 8.13b은 수직적 마이크로 명령어의 예를 나타낸 것으로 마이크로 명령어의 제어 비트를 3 비트씩 그룹으로 묶어 3 비트로 최대 8 개의 제어 신호 중 하나를 생성할 수 있다. 이 예에서 F 로 표시된 3 비트의 제어 비트들은 3×8 디코더의 입력으로 사용되면 디코더는 여덟 개의 출력 중 하나만 1을 출력하고 나머지는 0을 출력한다. 이때 F 필드의 값이 *000* 이면 첫 번째 출력의 값이 1이 되는데 이 출력이 제어 점 AR_{LD}과 연결되어 이를 위한 제어 신호로 사용될 수 있다. 이 예에서 나타낸 것과 같이 수직적 마이크로 명령어는 적은 수의 비트로 동시에 활성화되지 않는 많은 제어 신호를 생성할 수 있어 마이크로 명령어의 길이를 감소시킬 수 있지만 디코더를 통해 제어 신호가 생성되기 때문에 지연 시간이 있다.

그림 8.11의 제어기 모델에서 순서 제어기는 다음 마이크로 명령어를 위한 주소를 결정하여 CAR에 적재하는 역할을 한다. 다음 마이크로 명령어 주소는 마이크로 명령어의 주소 필드에 있는 주소, CAR에 적재되어 있는 주소에 1을 증가시킨 주소, 레지스터 SBR에 적재되어 있는 주소, 맵핑 함수의 결과 중 하나를 마이크로 명령어의 조건 필드에 따라 순서 제어기에 의해 결정된다. 마이크로 명령어로 구성되어 있는 마이크로 프로그램의 기본적인 실행 순서는 순차 실행이다. 즉, CAR에 n 번지가 적재되어 있어 제어 메모리 n 번지의 마이크로 명령어를 제어 신호 생성에 사용하였다면 다음 마이크로 명령어는 순차적으로 $n+1$ 번지에 적재되어 있다.

마이크로 프로그램도 일반적인 프로그램과 비슷하게 서브루틴을 정의하고 호출, 반환 구조를 가질 수 있다. 물론 이 서브루틴은 제어 메모리에 저장되어 있는 마이크로 프로그램의 일부이다. 레지스터 SBR 은 서브루틴을 호출할 때 반환 주소를 저장한다. 따라서 서브루틴에서 반환할 때 반환 주소는 SBR에 적재되어 있는 주소를 이용한다.

각 마이크로 명령어에는 다음 실행을 위한 주소 필드가 있는데 제어 프로그램 내에서 분기를 할 경우에 이 필드의 주소가 이용된다.

매핑 함수는 명령어의 연산 코드를 이용하여 제어 메모리의 주소를 생성하는 것이다. 이것은 각 명령어마다 실행 사이클에서 생성되어야 하는 제어 신호가 다르기 때문에 실행 사이클에서 각 명령어를 위한 제어 신호를 생성하는 마이크로 프로그램 루틴의 주소를 결정하기 위한 목적이다. 간단한 매핑 하는 방법은 연산 코드 앞, 뒤에 적정한 수의 0을 붙여 제어 메모리의 주소 길이를 맞추는 것이다. 그림 8.14은 3 비트의 연산 코드의 앞과 뒤에 각각 한 개, 두 개의 0을 붙여 6 비트의 제어 메모리 주소로 매핑하는 것을 나타내 었다.

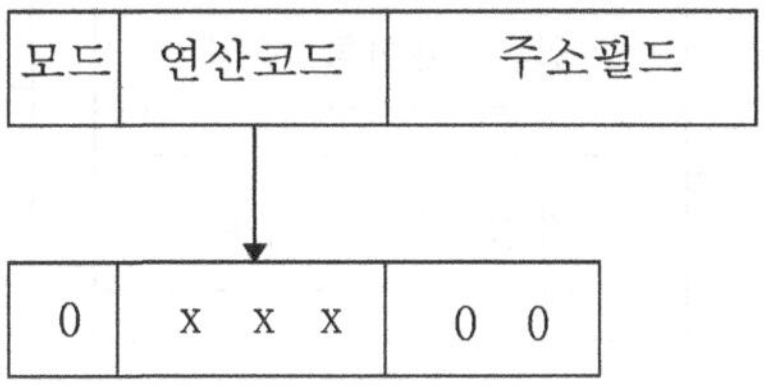

그림 8.14: 간단한 매핑 방법

순서 제어기가 다음 마이크로 명령어의 주소를 결정하여 제어 장치가 명령어 실행을 위한 제어 신호를 생성하는 과정 즉, 마이프로 프로그램을 이용하는 과정은 다음과 같다. 이를 위해 제어 메모리에 적재되어 있는 각 명령어 사이클을 위한 루틴이 그림 8.15에 나타낸 것과 같이 저장이 되어 있다고 가정을 한다.

인출 사이클 루틴은 인출 사이클 실행을 위한 마이크로 명령어들로 구성되어 있으며, 그림 8.1을 위한 마이크로 연산을 수행할 수 있는 제어 신호를 생성하는 마이크로 프로그램 루틴이다. 명령어 실행을 위해서는 가정 먼저 *1* 로 표시한 인출 사이클 루틴이 실행되며 관련 제어 신호가 생성된다. 마이크로 명령어를 이용하여 제어 신호를 생성하는 방법은 앞서 그림 8.13에서 설명한 것과 같다.

인출 사이클을 통해 주기억장치에서 읽어 온 명령어가 *ADDI 20* 이라고 가정을 하자. 제어 장치는 인출 사이클 루틴의 마지막에 각 명령어 실행을 위한 실행 사이클을 수행하게 되는데 실행 사이클은 명령어 마다 다르다. 따라서 제어 장치는 각 명령어를 위한 실행 마이크로 프로그램 루틴의 주소를 매핑을 통해 계산을 한다. 예를 들어, 명령어 *ADDI 20* 의 연산 코드는 180 쪽의 표 7.7 를 참고하면 000_2임을 알 수 있다. 이 연산 코드를 그림 8.14 에 나타낸 방법에 따라 매핑을 한 결과는 000000_2이 된다. 즉, 이 명령어를 위한 실행 마이크로 프로그램 루틴은 제어 메모리 0번지이며, 순서 제어기는 매핑된 결과를 다음 마이크로 명령어 주소로 결정하여 *CAR* 에 적재를 한다. 따라서 제어 장치는 2로 표시한 제어 메모리의 'ADD 명령어 루틴'을 실행하게 된다.

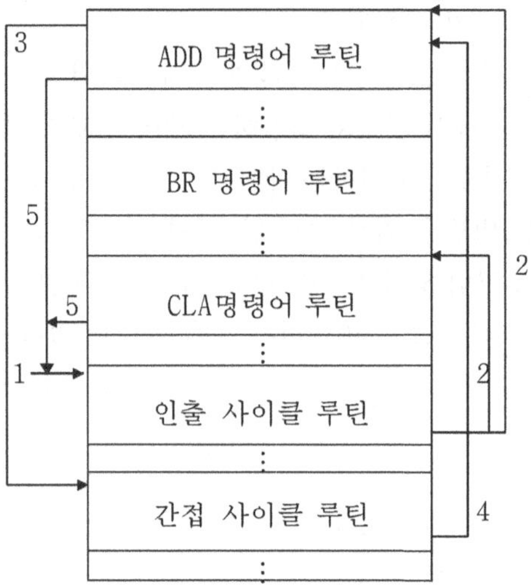

그림 8.15: 제어 메모리에 마이크로 프로그램 루틴

이 명령어는 간접 주소 모드를 사용하고 있기 때문에 유효 주소 계산을 위한 간접 사이클로 진행해야 한다. 이를 위해 *3* 번으로 표시한 것과 같이 간접 사이클 루틴을 호출하였다. 왜냐하면 모든 명령어에 대해 간접 사이클이 필요하지 않으며, 메모리 참조 명령어 중 간접 주소 모드를 사용하는 명령어의 경우에만 간접 사이클 루틴이 필요하기 때문에 호출을 하였다. 이때 반환 주소는 레지스터 SBR 에 저장이 된다. 반환 주소는 주기억장치의 주소가 아니라 제어 메모리 상의 주소이며, 제어 장치가 간접 사이클 루틴에서 반환하기 위해 사용하는 주소이다. 간접 사이클 루틴을 완료하면 제어 장치는 SBR 에 저장된 반환 주소를 이용하여 *4*으로 표시한 것과 같이 간접 사이클 루틴에서 명령어 실행을 위한 루틴으로 되돌아 온다.

이 루틴에는 188 쪽에 그림 8.3a에서 나타낸 마이크로 연산 실행을 위한 마이크로 명령어들로 구성된다. 실행 사이클을 위한 루틴이 완료되면 제어 장치는 다음 명령어 실행을 위한 인출 사이클을 실행해야 하기 때문에 5로 표시한 것과 같이 제어 메모리의 인출 사이클 마이크로 프로그램 루틴을 실행한다.

명령어 CLA 는 레지스터 참조 명령어이기 때문에 제어 장치는 간접 사이크 루틴을 호출할 필요없이 이 명령어의 매핑된 결과인 제어 메모리 $28(= 011100_2)$ 번지의 실행 마이크로 프로그램 루틴을 실행하면 된다. 그림 8.11의 모델에서 매핑 방법은 명령어 연산 코드만 사용하기 때문에 연산 코드가 111_2 인 레지스터 참조 명령어와 입출력 명령어를 구별할 수 없다. 물론 더 복잡한 매핑 방법을 사용하면 각각의 명령어를 구별할 수 있겠지만 모델의 단순함을 유지하기 위해 마이크로 프로그램된 제어의 기본 개념을 벗어 나지 않는 범위 내에서 레지스터 참조 또는 입출력 명령어의 경우에는 명령어의 주소 필드를 직접 이용하여 제어 신호를 생성할 수 있게 하였다.

8.4.2 마이크로프로그램에 의한 제어 신호 생성

이 절에서는 마이크로 프로그램된 제어 장치가 제어 점을 위한 제어 신호를 생성하는 방법을 다룬다. 이를 위해 앞서 작성한 명령어 사이클에서 수행해야 하는 마이크로 연산을 수행하기 위한 마이크로 프로그램 루틴을 저장할 제어 메모리 영역을 결정하여야 한다.

먼저 그림 8.14에 나타낸 매핑 방법을 사용한다고 가정을 하면 제어 메모리의 용량은 64 워드를 저장할 수 있어야 하며, 주소는 6 비트가 됨을 알 수 있다. 또 매우 간단한 컴퓨터의 명령어 집합을 표현한 180 쪽의 표 7.7을 참고하면 연산 코드가 000_2인 ADD 명령어를 위한 마이크로 프로그램 루틴은 제어 메모리의 000000_2에 배치되고, 연산 코드가 001_2 인 AND 명령어를 위한 마이크로 프로그램 루틴은 제어 메모리 000100_2 에 배치되어야 함을 알 수 있다. 즉, 명령어 한 개를 위한 마이크로 프로그램 루틴은 최대 네 개의 마이크로 명령어로 구성될 수 있음을 알 수 있다. 또 마지막 연산 코드 111_2를 위한 루틴은 제어 메모리 28(=011100_2) 번지 부터 31(=011111_2)번지 까지 배치된다. 따라서 명령어 집합의 명령어 실행을 위한 마이크로 프로그램 루틴은 제어 메모리 하위 32 워드에 저장되며, 상위 32 워드는 다른 명령어 사이클을 위해 사용할 수 있다. 인출 사이클을 위한 마이크로 프로그램 루틴은 제어 메모리 32(=100000_2) 번지부터 배치를 하며, 간접 사이클은 36(=100100_2)번지에 저장을 한다.

그림 8.16은 매우 간단한 컴퓨터를 위한 마이크로 프로그램된 제어에 사용할 마이크로 명령어의 형식을 나타낸 것이다. 이 예에서는 수직적 마이크로 명령어 형식을 사용하며, 각 기능을 위해 두 개의 3 비트 기능 필드 *F1*, *F2*를 두었다. 또 마이크로 명령어는 다음 주소 결정을 위해 사용할 조건과 분기 종류를 나타내기 위해 각각 2비트의 조건(CD) 과 분기(BR) 필드와 6 비트의 제어 메모리 주소를 포함하고 있다. 따라서 마이크로 명령어는 16 비트의 길이를 가지며, 제어 메모리는 64×16 의 사양을 갖는다.

3	3	2	2	6
F1	F2	CD	BR	AD

그림 8.16: 매우 간단한 컴퓨터의 마이크로 명령어 형식

표 8.3는 마이크로 명령어에 있는 *F1* , *F2* 필드의 값에 따라 수행되어야 하는 마이크로

연산을 나타낸 것이다. 각 필드의 값은 그림 8.13b에 나타낸 것과 같이 각각 디코더에 입력으로 사용되며, 디코더의 출력이 각 마이크로 연산을 수행하기 위한 제어 신호로 사용이 된다. 예를 들어, 마이크로 명령어의 *F1* 필드의 값이 010_2라고 하면, 이 코드 값은 마이크로 연산 $AC \leftarrow AC + DR$을 실행해야 한다. 이때 *F1* 필드와 연결된 디코더의 2번 출력의 값이 1이 되고, 이 출력을 그림 8.6에 나타낸 제어 점 ALU_{LD}, S_{AC}, AC_{LD}에 연결하면 마이크로 연산 $AC \leftarrow AC + DR$을 실행할 수 있다. 즉, 이 출력이 제어 신호로 사용된다.

Table 8.3: 마이크로 명령어 F1, F2 필드 내용

F1	마이크로 연산	심볼	F2	마이크로 연산	심볼
000	-	NOP	000	-	NOP
001	$DR \leftarrow M$	READ	001	$PC \leftarrow PC + 1$	INCPC
010	$AC \leftarrow AC + DR$	ADD	010	$PC \leftarrow AR$	ARTPC
011	$IR \leftarrow DR$	DRTIR	011	$AR \leftarrow DR$	DRTAR
100	$ACREG$	ACREG	100	IO	IO
101	$AC \leftarrow AC \wedge DR$	AND	101	$M \leftarrow$	WRITE
110	$DR \leftarrow AC$	ACTDR	110	$AR \leftarrow PC$	PCTAR
111	$AC \leftarrow DR$	DRTAC	111	-	NOP

마이크로 연산의 *F1*, *F2* 필드의 값이 100_2 인 경우는 앞서 기술한 것과 같이 레지스터 참조 명령어이거나 입출력 명령어를 수행하기 위한 것이다. 따라서 이 필드이 값이 100_2인 경우에 디코더 출력은 명령어의 주소 필드의 각 비트 값과 논리곱을 하여 제어 신호를 생성하여야 한다.

마이크로 명령어의 *CD*, *BR* 필드의 기능은 표 8.4와 8.5에 각각 나타내었다. 마이크로 명령어의 *CD* 필드의 값이 *U*로 표현되는 00인 경우는 항상 참을 표현하고 있으며, *I*로 표현되는 것은 명령어의 모드 비트 값을 검사하는 것이다. 이 비트의 값이 1이라는 것은 간접 주소 모드이거나 입출력 명령어인 경우이다. 심볼 *S*와 *Z*로 표현되는 것은 부호와 *AC*의 값이 0인가를 검사하는 것이데 우리의 모델에서 사용하지 않는다.

마이크로 명령어의 *BR* 필드의 값이 *JMP*와 *CALL* 은 앞의 *CD* 필드의 조건에 따라 마이크로 명령어의 *AD* 필드를 다음 마이크로 명령어의 주소로 하여 분기하는 효과를 줄 수 있다. 호출 *CALL* 은 분기를 하기 전에 레지스터 *SBR* 에 현재 마이크로 명령어 주소의 다음 주소를 반환 주소로 적재한다. 만약 조건이 맞지 않으면 제어 장치는 현재 마이크로 명령어 주소의 다음 주소 즉, *CAR + 1* 을 다음 마이크로 명령어 주소로 사용한다. 반환 RET 와 명령어

Table 8.4: CD필드의 기능

CD	조건	심볼	의미
00	항상 1	U	항상 참
01	DR(15)	I	간접 주소 또는 입출력 명령
10	AC(15)	S	부호 비트
11	AC = 0	Z	AC 값이 0

연산 코드를 매핑하는 MAP 은 *CD* 필드에서 설정된 조건을 검사하지 않고 SBR에 저장되어 있는 반환 주소 또는 매핑된 주소를 다음 마이크로 명령어 주소로 사용한다.

Table 8.5: BR 필드의 기능

BR	심볼	의미
00	JMP	조건이 참이면 $CAR \leftarrow AD$
01	CALL	조건이 참이면 $CAR \leftarrow AD, SBR \leftarrow CAR + 1$
10	RET	$CAR \leftarrow SBR$: 반환 주소 이용
11	MAP	매핑한 주소 이용

앞서 순서 제어기는 다음 마이크로 명령어의 주소를 결정하여 *CAR*에 적재를 한다고 하였다. 마이크로 명령어의 *BR* 필드와 *CD* 필드의 내용을 이용하여 다음 마이크로 명령어의 주소를 결정한다. 예를 들어, *CD*와 *BR* 필드의 값이 각각 00, 00이라고 하면, 무조건 점프가 조건이 되어 순서 제어기가 선택하는 다음 마이크로 명령어의 주소는 현재 마이크로 명령어의 주소 필드(AD)에 있는 주소이다.

매우 간단한 컴퓨터를 위한 마이크로 프로그램된 제어 장치 모델에서 제어 메모리에 적재되어야 하는 마이크로 프로그램은 표 8.6에 나타내었다. 이해의 편의성을 위해 저장되어 있는 마이크로 프로그램을 모두 심볼로 표시를 했지만 실제로는 각각을 위한 이진 형식으로 저장을 해야 한다. 예를 들어, 1 번지에 저장되어 있는 *READ,U,JMP,2*는 0010000000000010_2와 같은 이진 형식으로 저장되어야 한다. 동일하게 33 번지에 저장되어 있는 *READ,INCPC,U,JMP,34*는 0010010000100010_2와 같이 저장이 되어야 한다.

64 워드를 저장할 수 있는 제어 메모리에 최대 64개의 마이크로 명령어를 저장할 수 있지만 매우 간단한 컴퓨터의 명령어 집합이 매우 간단하기 때문에 많은 워드가 비어 있다. 표현되지 않은 20 ~ 26과 52 ~ 58 범위의 주소는 워드의 내용이 비어 있으며, 표의 간략화를 위해 생략을 하였다.

Table 8.6: 제어 메모리에 적재되는 마이크로 프로그램

주소	마이크로 명령어	주소	마이크로 명령어
0	NOP,I,CALL,36	32	ACTAR,U,JMP,33
1	READ,U,JMP,2	33	READ, INCPC,U, JMP,34
2	ADD,U,JMP,32	34	DRTIR, DRTAR,U,MAP,0
3	-	35	-
4	NOT,I,CALL,36	36	READ,U,JMP,37
5	READ,U,JMP,6	37	DRTAR,U,RET
6	AND,U,JMP,32	38	-
7	-	39	-
8	NOP,I,CALL,36	40	IN,U,JMP,32
9	ARTPC,U,JMP,32	41	-
10	-	42	-
11	-	43	-
12	NOP,I,CALL,36	44	-
13	ACTDR,U,JMP,13	45	-
14	WRITE,U,JMP,32	46	-
15	-	47	-
16	NOP,I,CALL, 36	48	-
17	READ,U,JMP,18	49	-
18	DRTAC,U,JMP,32	50	-
19	-	51	-
27	-	59	-
28	NOP,I,JMP,40	60	-
29	ACREG,U,JMP,32	61	-
30	-	62	-
31	-	63	-

그림 8.4은 간접 주소 모드를 사용하는 명령어 *ADDI 20* 가 주기억장치에서 인출되어 실행되기 까지의 전체 마이크로 연산을 나타내 었다. 이 명령어를 실행하기 위해 수행되는 마이크로 명령어는 그림 8.17에 나타내었다. 실행되는 마이크로 명령어를 그림 8.4에서 나타낸 마이크로 연산과 비교를 해 보면 유사함을 알 수 있다. 마이크로 명령어는 마이크로 연산을

수행하는 제어 신호를 생성하는 필드 *F1*, *F2*를 포함하고 있고, 이것을 이용하여 마이크로 연산 수행을 위한 제어 점의 제어 신호를 생성한다.

```
% 명령어 인출
ACTAR,U,JMP,33
READ,INCPC,U,JMP,34
DRTIR,DRTAR,U,MAP,0

% 명령어 실행
NOP, I,CALL, 36 % 간접 사이클 호출
READ,U,JMP,2 % 이곳으로 반환됨
ADD,U,JMP,32

%간접 사이클
READ,U,JMP,37
DTRAR,U,RET % 반환
```

그림 8.17: 명령어 *ADDI 20* 실행을 위한 마이크로 프로그램

연습문제

1. 그림 8.6의 모델에서 마이크로 연산 $AC \leftarrow AC \wedge DR$ 을 수행하기 위한 각 제어 점의 값을 결정하여라.

2. 그림 7.3의 매우 간단한 컴퓨터 모델과 이를 위한 마이크로 연산들을 참고하여 제어 점 PC_{LD}에 전송될 제어 신호를 위한 부울 식을 작성하고, 논리회로로 그려라.

3. 프로그램 카운터가 명령어의 주소부분과 더해져서 유효번지를 결정하는 주소지정방식은?

   a) 레지스터 주소 지정　　b) 상대 주소 지정
   c) 간접 주소 지정　　d) 인덱스 주소 지정

4. 중앙 연산 처리장치의 하드웨어적인 요소가 아닌 것은?

   a) IR　　b) MAR
   c) MODEM　　d) PC

5. 컴퓨터 연산에서 단항(unary) 연산에 해당되지 않는 것은?

   a) shift　　b) complement
   c) rotate　　d) OR

Chapter 9

컴퓨터 산술연산

Chapter 9

컴퓨터 산술연산

9.1 개요

디지털 컴퓨터에 있어서 산술 연산 명령어는 계산 문제를 해결하는데 필요한 처리를 한다. 이러한 명령어들은 수치 데이터를 이용한 산술 계산들을 수행하며, 컴퓨터 내에서 데이터들을 처리하는 것과 관련이 깊다. 기본적인 네 개의 산술연산은 덧셈, 뺄셈, 곱셈, 나눗셈이다. 이 네 개의 기본적인 연산은 다른 산술 함수를 구성하거나, 수치해석적인 방법으로 과학적인 문제들을 해결할 때 사용될 수 있다.

그림 1.4의 모델에 나타낸 구성요소 중에서 연산장치는 논리 연산뿐만 아니라 산술연산을 수행하는 주요 요소이다. 산술 명령어 실행을 위해 레지스터에 저장되어 있는 데이터의 유형은 명령어의 정의에 규정되어 있다. 산술 명령어는 이진 또는 십진의 데이터들을 이용하여 연산을 수행할 수 있는데, 그 데이터들은 고정소수점 또는 부동소수점을 이용하여 표현한 수 데이터이다. 고정소수점 표현법은 고정된 소수점의 위치에 따랄 표현할 수 있는 수의 종류가 다른다. 소수점이 수 표현의 가장 왼쪽에 있다면 소수를 표현할 수 있으며, 가장 오른쪽에 있다면 정수를 표현할 수 있다. 앞의 3.2.1절에서 다룬 것과 같이 정수는 부호-크기, 부호가 있는 1의 보수, 부호가 있는 2의 보수 형식으로 표현될 수 있다. 수를 표현하는 방법에 따라 그것을 연산하는 방법은 다르다. 특히 부동소수점 표현의 수 데이터를 이용하는 연산은 여러 단계의 처리 과정이 필요한 만큼 그것을 위한 논리회로도 복잡하다. 이 장에서는 다음과 같이 수를 표현했을 때 사칙 연산 방법을 설명한다.

- 부호-크기 표현법의 정수 데이터

- 부호가 있는 2의 보수 표현법의 정수 데이터
- 부동소수점 표현법의 실수 데이터

9.2 덧셈과 뺄셈

고정소수점으로 정수를 표현하는 표현법은 앞서 서술한 것과 같이 세 가지 종류가 있다. 그 중에서는 2의 보수 표현법은 현재 많은 컴퓨터 시스템에서 정수 표현을 위해 사용하고 있다. 소수점이 가장 왼쪽에 고정되어 있는 것으로 가정하는 부동소수점의 가수는 부호-크기 방법으로 소수를 표현하고 있다. 이 절에는 부호 절대값과 부호가 있는 2의 보수로 표현된 데이터에 대한 덧셈과 뺄셈 과정을 서술한다.

9.2.1 부호-크기 표현의 데이터 덧셈, 뺄셈

부호-크기 표현법에서 덧셈, 뺄셈은 수의 부호와 크기를 분리하여 연산에 사용을 한다. 이때 연산에 사용하는 두 수의 크기를 각각 A, B라 하자. 이 수를 이용하여 덧셈 또는 뺄셈을 할 때 부호와 연산의 종류에 따라 여덟 가지의 경우를 고려해야 한다. 덧셈과 뺄셈을 함께 고려하는 이유는 피연산자의 부호에 따라 이들 연산은 서로 전환이 가능하기 때문이다. 표 9.1는 두 피연산자의 부호와 연산의 종류에 따른 여덟 가지 조합을 나타내고 있다.

Table 9.1: 부호-크기 표현법의 수 덧셈과 뺄셈

연산	크기 덧셈	크기 뺄셈		
		$A > B$	$A < B$	$A = B$
$(+A) + (+B)$	$+(A + B)$			
$(+A) + (-B)$		$+(A - B)$	$-(B - A)$	$+(A - B)$
$(-A) + (+B)$		$-(A - B)$	$+(B - A)$	$+(A - B)$
$(-A) + (-B)$	$-(A + B)$			
$(+A) - (+B)$		$+(A - B)$	$-(B - A)$	$+(A - B)$
$(+A) - (-B)$	$+(A + B)$			
$(-A) - (+B)$	$-(A + B)$			
$(-A) - (-B)$		$-(A - B)$	$+(B - A)$	$+(A - B)$

예를 들어, 표 9.1의 두 번째 연산 $(+A) + (-B)$ 경우에 다음과 같이 연산이 된다. 만약 두 수의 크기가 $A > B$의 관계를 갖는다면 결과의 부호는 '+'가 되며, 크기는 $A - B$를 계산한

것이 된다. 크기가 $A < B$의 관계를 갖는다면 결과의 부호는 더 큰 수의 부호인 '-'이 되며, 크기는 $B - A$를 계산한 것이 된다. 이 처럼 덧셈 연산이지만 두 수의 부호가 달라 뺄셈을 하여야 한다. 즉, 두 수의 부호가 다른 덧셈은 뺄셈을 하여야 하며, 부호, 피감수, 감수는 두 수의 크기에 따라 결정이 된다. 이와 반대의 경우는 연산 조합의 여섯 번째에 있다. 이것은 뺄셈이지만 두 수의 부호가 달라 덧셈을 수행한 것이다.

연산장치를 이용하여 산술연산을 수행하기 위해 피연산자인 두 수는 레지스터에 저장되어야 한다. 부호와 크기로 표현된 두 수의 크기는 레지스터 A, B에 저장되고, 각 수의 부호는 1 비트의 레지스터 A_S, B_S에 저장된다고 하자. 이 레지스터들에 저장된 수를 대상으로 연산을 수행한 후 결과는 다른 레지스터에 전송되어 저장될 수 있으나 결과의 크기와 부호는 각각 A, A_S에 저장이 된다고 하자. 즉 레지스터 A와 A_S는 한 개의 피연산자와 연산 후의 결과를 저장한다. 이런 접근법을 사용하는 이유는 연산장치가 조합 논리회로이기 때문에 클록 펄스와 같은 동기 신호가 없어도 입력 값에 따라 출력 값이 즉시 결정이 되고, 이 값을 버스를 이용하여 다른 레지스터로 전송하기 보다 결과를 저장하는 레지스터로 직접 전송하는 것이 한 클록 펄스에 연산 및 결과 저장을 간단하게 할 수 있기 때문이다. 이러한 목적으로 사용되는 레지스터가 누산기(accumulator) 레지스터이다.

그림 9.1은 부호-크기 표현법의 두 수를 덧셈 또는 뺄셈을 하기 위한 블록도를 나타내고 있다. 덧셈의 두 피연산자 피가산수(augend)와 가수(addend) 또는 뺄셈의 피감수(minuend)와 감수(subtrahend)의 부호와 크기를 저장하는 레지스터와 병렬 덧셈기, 덧셈기를 이용하여 뺄셈 수행을 위해 필요한 보수기, 상태 저장을 위한 두 개의 1 비트 레지스터 및 제어 로직으로 구성되어 있다.

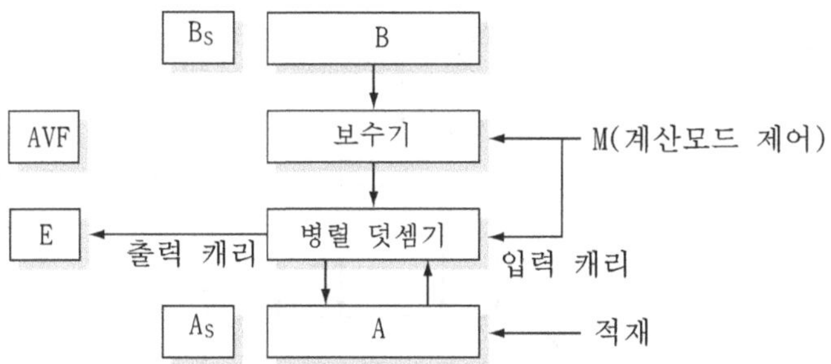

그림 9.1: 부호-크기 표현법에서 덧셈과 뺄셈을 위한 하드웨어 블록도

상태 레지스터 AVF 는 덧셈을 수행했을 때 생성되는 캐리를 저장하며, 이것을 이용하여 연산 중에 오버플로가 발생했는지를 알 수 있다. 상태 레지스터 E 는 뺄셈을 했을 때 생성되는

캐리 값을 저장하는 것으로 이것을 이용하여 두 피연산자의 상태적 크기를 판단할 수 있다. 이 레지스터의 값이 1 이면 레지스터 A에 저장되어 있는 첫 번째 피연산자가 레지스터 B에 저장되어 있는 두 번째 피연산자보다 값이 크거나 같은 경우이며, 0이면 작은 경우이다.

연산의 종류에 따라 생성되는 제어 입력값 M, 캐리 입력, 적재 등은 제어장치가 결정하며, 이를 위한 흐름도는 그림 9.2에 나타내었다. 두 피연산자의 부호를 비교하는 것은 두 피연산자의 부호를 저장하고 있는 A_S, B_S의 값을 XOR 연산함으로써 알 수 있다. 이 값이 0이면 두 피연산자의 부호가 같으며, 1이면 다름을 알 수 있다. 따라서, 이 값을 이용하여 덧셈과 뺄셈 중에서 어떤 연산을 수행할 것인가를 결정할 수 있다. 앞서 설명한 것과 같이 덧셈 연산도 두 수의 부호가 다르면 뺄셈을 해야 한다.

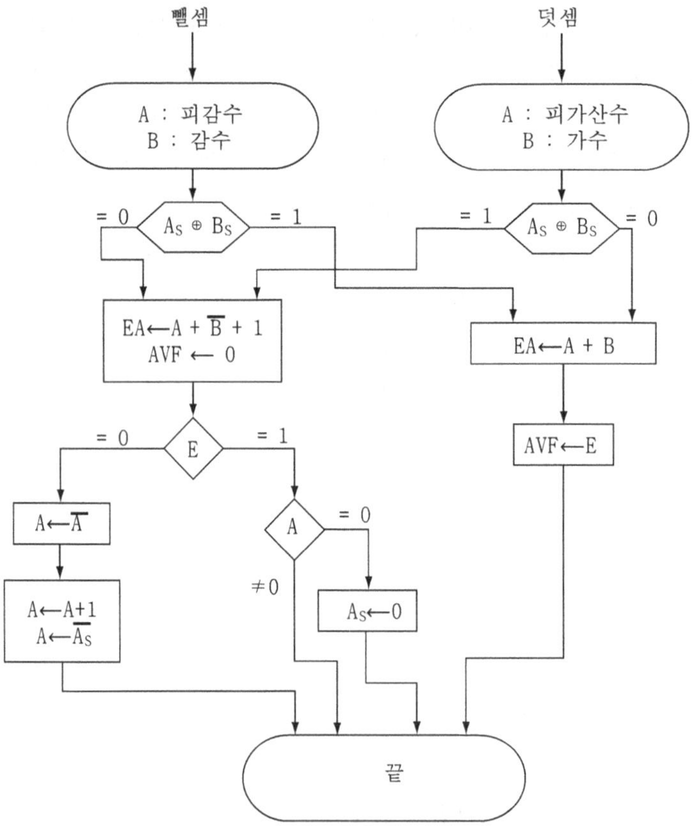

그림 9.2: 부호-크기 표현법에서 덧셈, 뺄셈을 위한 흐름도

뺄셈을 수행할 때 뺄셈기를 이용하지 않고 3.4.1 절에서 서술한 2의 보수 표현법에서의

뺄셈 방법을 이용하여 $EA \leftarrow A + \overline{B} + 1$와 같이 연산을 하였다. 이때 출력 캐리의 값을 저장하는 레지스터 E 의 값이 0인 경우는 레지스터 A에 저장된 것이 레지스터 B에 저장된 값보다 작은 경우이다. 따라서 뺄셈을 수행한 결과의 부호를 바꾸어야 하며, 이를 위해 결과 값에 2의 보수를 취하기 위해 $A \leftarrow \overline{A}$와 $A \leftarrow A + 1$을 연산하였다.

9.2.2 부호가 있는 2진 보수를 이용한 덧셈과 뺄셈

부호가 있는 2진 보수 표현법과 이를 이용한 덧셈, 뺄셈 방법에 대해 각각 3.2.1 절과 3.4.1 절에서 서술한 것과 같이 덧셈과 뺄셈 연산 과정이 매우 간단하다. 또 연산 과정 중에 발생할 수 있는 오버플로도 3.4.2 절에서 서술한 것과 같이 간단하게 검사할 수 있다. 따라서, 부호가 있는 2진 보수 표현법의 덧셈과 뺄셈을 수행하는 것도 하드웨어로 간단하게 구현할 수 있다. 그림 9.3은 부호가 있는 2의 보수 표현법에서 덧셈, 뺄셈을 수행할 수 있는 하드웨어 구성의 블록도를 나타낸 것이다.

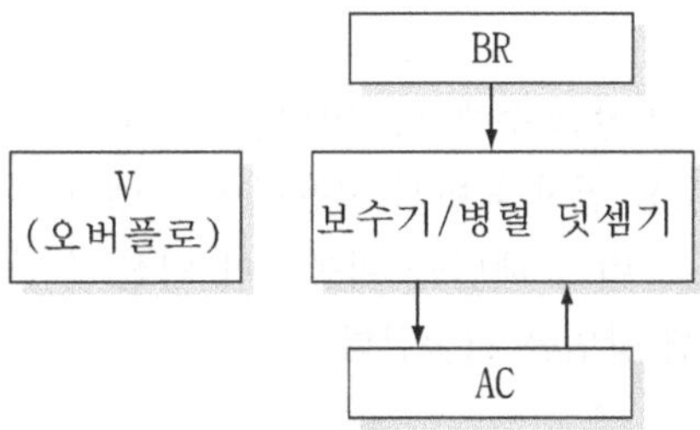

그림 9.3: 부호가 있는 2의 보수 표현법의 덧셈, 뺄셈 하드웨어 구성 블록도

2의 보수 표현법에 따라 덧셈의 두 피연산자 피가산수(augend)와 가수(addend) 또는 뺄셈의 피감수(minuend)와 감수(subtrahend)는 각각 레지스터 AC 와 BR 에 저장이 되며, 연산 결과는 누산기 레지스터인 AC 에 저장이 된다. 덧셈 또는 뺄셈을 수행하는 병렬 덧셈기는 보수기를 포함하고 있으며, 오버플로 검사 방법에 따라 결정된 값은 레지스터 V에 저장이 된다. 이 레지스터의 값이 1이면 연산 중에 오버플로가 발생한 것이기 때문에 레지스터 AC 에 저장된 결과는 옳바른 결과가 아닌 것으로 판단할 수 있다. 그림 9.4은 이 하드웨어 구성에서 덧셈 또는 뺄셈을 수행하는 과정을 흐름도 형식으로 나타낸 것이다.

2의 보수 표현법을 사용하는 두 피연산자를 연산하는 경우는 두 피연산자의 부호를 비교하거나 수의 크기를 비교할 필요없이 부호를 포함하여 덧셈 또는 뺄셈을 수행하면 된다. 따라서 연산 수행을 위한 흐름도 및 하드웨어 구성이 간단하다. 이러한 이유로 많은 컴퓨터 시스템이 정수 표현을 위해 2의 보수 표현법을 사용하고 있다.

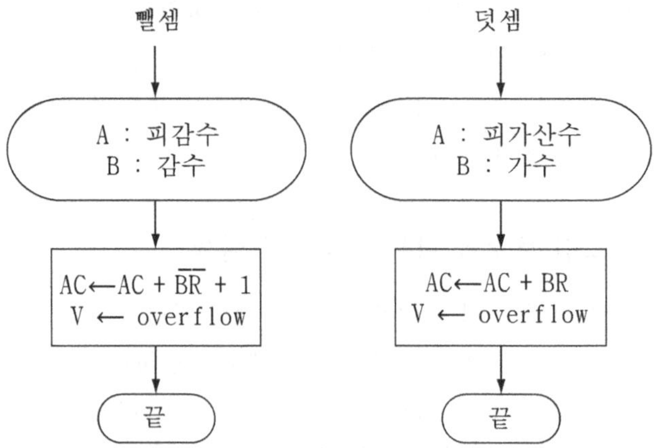

그림 9.4: 2의 보수 표현법에서 덧셈, 뺄셈을 위한 흐름도

9.3 곱셈

정수를 표현하는 방법에 곱셈 연산을 수행하는 방법은 다르다. 부호-크기 표현법의 고정소수점 이진수의 곱셈은 시프트와 덧셈 연산을 반복 사용하여 실행할 수 있으며, 2의 보수 표현법을 사용하는 경우에 정수 곱셈은 비트 패턴을 이용하여 연산 수행을 할 수 있다 이 절에서는 정수의 두 표현법에 따른 곱셈 방법을 서술한다.

9.3.1 부호-크기 표현법의 정수 곱셈

곱셈을 위해 사용되는 두 피연산자는 피승수(multiplicand)와 승수(multiplier)가 있다. 예를 들어, 연산 $A \times B$ 에서 피승수와 승수는 각각 A, B 이다. 부호-크기 표현법의 두 정수를 곱셈하는 과정은 승수의 비트를 가장 오른쪽부터 왼쪽으로 차례대로 그 값을 검사하는 과정으로 이루어져 있다. 만약 검사 대상 비트의 값이 1이면 그 비트만큼 피승수는 왼쪽으로 시프트시킨 후 중간 결과값에 더한다. 만약 그 비트의 값이 0이면 중간 결과값은 변화가 없다. 이와 같은 과정은 승수의 전체 비트에 대해 수행하면 곱셈한 결과를 얻을 수 있다. 곱셈의 부호는 승수와 피승수의 부호에 의해 결정된다. 두 피연산자의 부호가 같으면 곱셈된 결과의 부호는 양이며, 그렇지 않으면 결과의 부호는 음이다.

그림 9.5은 부호-크기 표현법의 정수 곱셈을 구현하기 위한 하드웨어 블록도를 나타낸 것이다. 레지스터 B_S와 B는 피승수의 부호와 크기를 각각 저장을 하며, Q_S와 Q는 승수의 부호와 크기를 각각 저장하기 위해 사용되는 레지스터이다. 레지스터 SC 는 위의 곱셈 과정을

반복하는 횟수를 저장하는 목적으로 사용된다. n 비트 길이를 갖는 두 피연자를 곱셈할 경우에 결과는 $2n$ 비트가 된다. 하지만 곱셈의 결과를 저장하기 위한 별도의 $2n$ 비트의 레지스터를 구성하기 보다는 n 비트 레지스터만 추가 구성하여 기존의 승수 또는 피승수를 저장하고 있는 레지스터와 연결한 $2n$ 비트의 곱셈 결과를 저장하는 것이 일반적이다. 이렇게 설계하는 이유 중 하나는 모든 레지스터의 길이가 동일한 경우에 설계 및 구현 상의 이점이 있으며, $2n$ 비트의 레지스터를 위한 별도의 버스 또는 제어 논리가 필요하지 않기 때문이다.

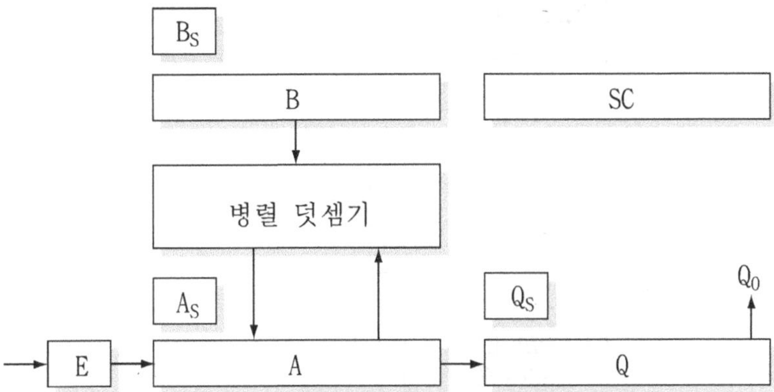

그림 9.5: 부호-크기 표현법의 곱셈 구현을 위한 하드웨어 블록도

그림 9.5에서 레지스터 B 에 저장된 피승수와 Q 에 저장된 승수를 곱셈한 결과는 레지스터 A 와 Q 를 연결하여 두배 길이의 레지스터에 저장된다. 이 하드웨어 구성에서는 승수의 비트를 오른쪽부터 왼쪽으로 한 비트씩 순서대로 검사하는데 그 방법으로는 승수의 가장 오른쪽 비트 즉, 시프트 연산에 의해 출력되는 비트 Q_0 의 값을 이용한다. 그 값이 1이면 피승수를 저장하는 레지스터 B 의 값과 초기 0으로 설정되어 있었던 레지스터 A 의 값을 더하고, 그 결과를 레지스터 A 에 저장을 한 후 오른쪽으로 시프트시킨다. 레지스터 A 의 값을 오른쪽으로 시프트할 때 레지스터 Q 도 함께 시프트된다. 즉, 시프트 결과로 레지스터 A 에서 출력되는 비트의 값이 레지스터 Q 의 입력 비트로 사용된다. 이것은 앞서 왼쪽으로 시프트시켜 중간 결과에 더하는 것을 중간 결과를 오른쪽으로 시프트 시킴으로써 동일한 효과를 얻을 수 있다.

그림 9.6은 부호-크기 표현법 곱셈을 수행하는 단계를 나타낸 흐름도이다. 곱셈 결과의 부호는 피승수와 승수의 부호가 같은 경우에 양, 그렇지 않으면 음이 되는데 이는 두 피연산자의 부호를 이용하여 XOR 연산을 수행하면 된다.

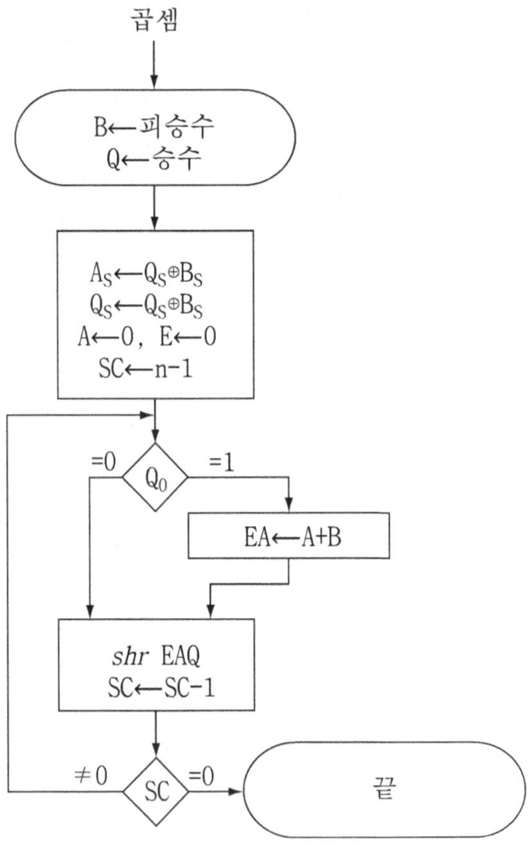

그림 9.6: 부호-크기 표현법 곱셈 연산수행의 흐름도

9.3.2 2의 보수 표현법의 곱셈

2의 보수 표현법의 정수를 곱셈하는 방법은 Booth의 곱셈 알고리즘이 있다. 이 알고리즘에서는 곱셈을 수행할 때, 승수에서 값이 0인 자리들에 대해서는 그 곱을 더할 필요없이 시프트만 하면 되고, 2^k 에서 2^m 까지의 값이 1인 자리들은 $2^{k+1} - 2^m$ 과 동등하게 취급할 수 있다는 점을 이용한다. 예를 들어, $001110_2(+14)$은 가중값이 2^3 에서 2^1 까지의 값이 1이다. 따라서 이 숫자들은 $2^{k+1} - 2^m = 2^4 - 2^1 = 14$로 나타낼 수 있다. 따라서, 곱셈 $M \times 001110_2$ 는 $M \times 2^4 - M \times 2^1$로 나타낼 수 있다. 즉 이 연산의 곱은 이진 피승수 M 을 왼쪽 시프트를 네 번한 수에 한번 시프트한 수를 빼면 된다.

Booth의 알고리즘은 2의 보수로 표현된 수에 대한 곱셈을 할때 부호를 포함하여 곱셈을 할 수 있다. 이 알고리즘에서는 시프트를 하기 이전에 다음의 규칙에 따라 피승수를 부분곱에 더하거나 빼는 과정을 수행한다.

- 승수의 1의 스트링에서의 처음 1을 만나게 되면 피승수를 부분곱으로부터 뺀다.
- 승수의 0의 스트링에서의 처음 0을 만나게 되면 피승수를 부분곱에 더한다.
- 승수에서 이전의 비트와 같은 비트가 나오면 부분곱은 바뀌어지지 않는다.

이 알고리즘은 2의 보수 표현을 사용한 수이면 양수 또는 음수이든 관계없이 곱셈을 할 수 있다. ㅏ 음수의 승수는 1의 스트링으로 끝나며 마지막 연산은 해당 가중치를 뺌으로써 이루어진다. 예를 들어 -14의 값을 가진 승수는 110010_2으로 표시되며$-2^4+2^2-2^1$ 로 생각할 수 있다. 이것은 위의 규칙으로부터 알 수 있다.

Booth의 알고리즘을 위한 하드웨어 구성은 그림 9.7에 보인 것과 같다. 곱셈에 사용될 승수와 피승수는 각각 레지스터 B와 Q에 저장되며, 레지스터 SC는 승수를 저장하고 있는 레지스터의 길이를 저장한다. 레지스터 Q의 가장 오른쪽 비트인 Q_0 과 Q_{-1} 은 비트 패턴을 검사하기 위한 것으로 비트 패턴에 따라 피승수를 덧셈 또는 뺄셈을 하게 된다.

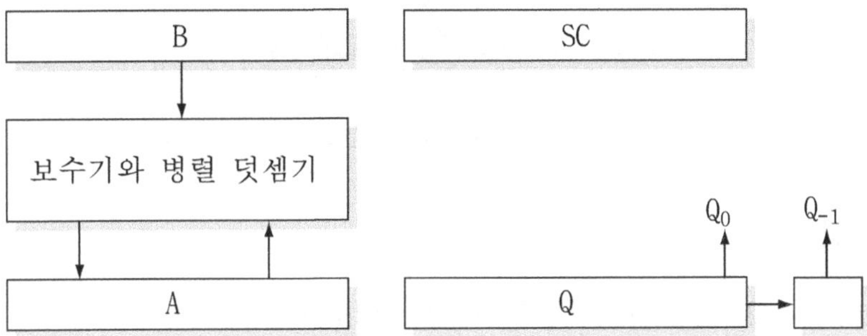

그림 9.7: 2의 보수 곱셈을 위한 Booth 알고리즘

이 하드웨어 구성을 이용하여 2의 보수 표현법으로 표현된 피승수와 승수를 곱셈하는 흐름도는 그림 9.8에 나타내었다. Q_0 와 Q_{-1} 에 저장되는 비트의 값이 '10'인 경우는 앞서 2^m 에 해당하기 때문에 중간 결과에 피승수를 뺄셈을 한다. 반면 그 값이 '01'인 경우는 앞의 2^k 에 해당되기 때문에 이 경우는 중간 결과에 피승수를 덧셈해야 한다. 이때 중간 결과는 비트 패턴을 검사할 때마다 오른쪽으로 시프트하기 때문에 피승수 덧셈은 $B\times 2^{k+1}$을 중간 결과에 덧셈하는 효과이며, 뺄셈은 $B\times 2^k$를 중간 결과에 뺄셈하는 효과를 갖는다.

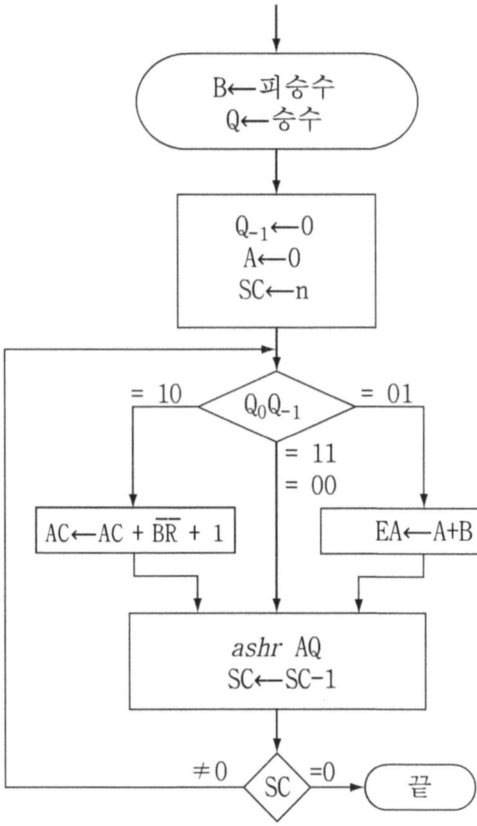

그림 9.8: Booth 알고리즘

9.4 나눗셈

부호 크기 고정소수점 이진수의 나눗셈은 연필과 종이로 행할 때 연속적인 비교, 시프트, 그리고 뺄셈 연산으로 이루어진다. 나눗셈 연산의 두 피연산자는 피제수(diviend)와 제수(divisor)이다. 일반적으로 $2n$ 비트의 피제수와 n 비트의 제수를 이용하여 나눗셈은 n 비트의 몫(quitient)와 n 비트의 나머지(remainder)를 결과로 생성한다. 이 절에서는 수의 나눗셈에 대해 다룬다.

9.4.1 나눗셈의 기본 방법

나눗셈을 하는 방법은 우리가 두 수를 이용하여 직접 나눗셈을 하는 것과 동일하다. 그림 9.9는 10 비트의 피제수 0111000000_2와 5 비트의 제수 10001_2를 이용하여 나눗셈을 하는 과정을 나타내고 있다. 각 단계별 기본적인 처리 방법은 피제수의 중간 나머지 5 또는 6 비트와 제수를 비교하여 중간 나머지의 크기가 제수보다 크다면 나누어 지며, 몫은 1이 된다. 만약 제수가 더 큰 값이면 나누어지지 않으며 이때 몫은 0이 된다.

```
                  11010
제수→ 10001 ) 0111000000 ←피제수
              01110
              011100
              -10001
              -010110
              --10001
              --001010
              ---010100
              ----10001
              ----000110
              -----00110
```

그림 9.9: 이진 나눗셈의 예

그림 9.9의 예에서 첫 번째 단계는 피제수의 가장 왼쪽 5 비트의 값 01110_2과 제수 10001_2을 비교하는 것이다. 이때 피제수의 값이 제수보다 작은 값이기 때문에 나누어지지 않는다. 이때 중간 나머지는 피제수의 5 비트의 값과 그 다음 1 비트의 값을 연결한 011100_2이 된다. 그 다음 단계는 첫 번째 단계에서의 중간 나머지 011100_2와 제수의 값을 비교하는 것이다. 이번에는 중간 나머지가 제수 보다 큰 값이기 때문에 제수로 나누어 질 수 있으며, 그 몫은 1이 된다. 이 경우에 중간 나머지에 제수의 값을 뺄셈한 것과 피제수의 다음 비트를 연결한 010110_2이 다음 단계를 위한 중간 나머지가 된다. 이러한 과정을 반복하여 몫과 나머지를 계산할 수 있다. 이때 몫과 나머지는 각각 5 비트이다.

9.4.2 나눗셈을 위한 하드웨어 블록도

부호 크기 표현법에 따라 표현된 두 수를 이용하여 나눗셈을 컴퓨터 하드웨어를 이용하여 계산하는 것은 그 방법을 다소 변형을 하는 것이 간단하며 편리하다. 먼저 제수를 오른쪽으로 시프트시켜 덧셈을 하는 것이 아니라 피제수 또는 중간 나머지를 왼쪽으로 시프트시키면 제수를 오른쪽으로 시프트시키는 것과 동일한 상대적 위치에 둘 수 있어 간단한 덧셈 연산만으로도 나눗셈을 할 수 있다. 뺄셈은 앞에서의 여러 예와 마찬가지로 2의 보수를 취한 후 덧셈을 하여 구현한다.

그림 9.10은 부호 크기 표현법 나눗셈을 위한 하드웨어 구성을 나타내고 있다. $2n$ 비트 피제수는 두 개의 레지스터 A, Q를 결합한 곳에 저장을 하며, n 비트 제수는 레지스터 B에 저장이 된다. 레지스터 SC는 제수의 비트 수를 저장하며 나눗셈의 각 단계마다 1씩 감소된다. 나눗셈의 과정을 완료한 경우에 레지스터 Q 에는 나눗셈의 몫이 저장되며, 레지스터 A 에는 나머지가 저장된다. 나눗셈의 각 단계에서 수행하는 기본적인 처리 내용은 중간 나머지의 값을 저장하고 있는 레지스터 A의 값에 제수를 저장하고 있는 레지스터 B의 값을 뺀다. 만약 레지스터 A의 값이 큰 경우에 이것은 제수로 나누어질 수 있다. 이때 Q_0 에 1을 입력으로 하여 왼쪽 시프트를 한다. 그렇지 않은 경우 즉, 제수를 저장하는 레지스터 B의 값이 레지스터 A의 값보다 큰 경우는 중간 나머지 값은 제수로 나누어 질 수 없다. 이때, 레지스터 A의 값에 B의 값을 더하여 레지스터 A 의 원래 값으로 복귀한 후 Q_0 에 0을 입력함으로 왼쪽 시프트를 한다.

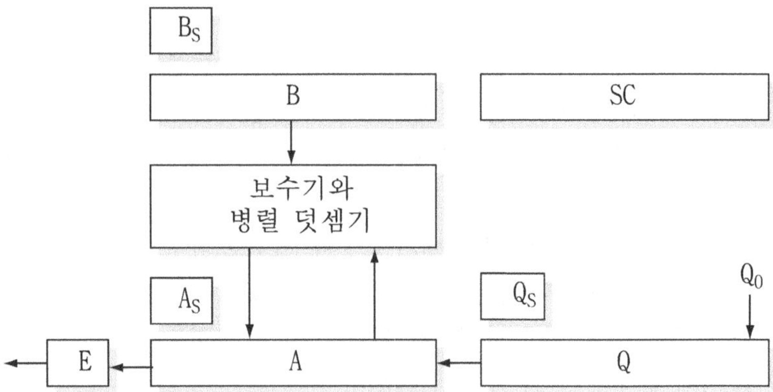

그림 9.10: 부호 크기 표현법 나눗셈 하드웨어 구성

그림 9.11은 그림 9.10에 나타낸 하드웨어 구성에서 나눗셈을 수행하는 흐름도를 나타낸 것이다. 알고리즘에서 레지스터 DVF 는 나눗셈 오버플로를 저장한다. 나눗셈 오버플로의 조건은 피제수의 상위 n 비트의 값이 제수보다 작은 경우이다. 이 경우에는 나눗셈의 몫이 $n+1$ 비트가 되기 때문이다.

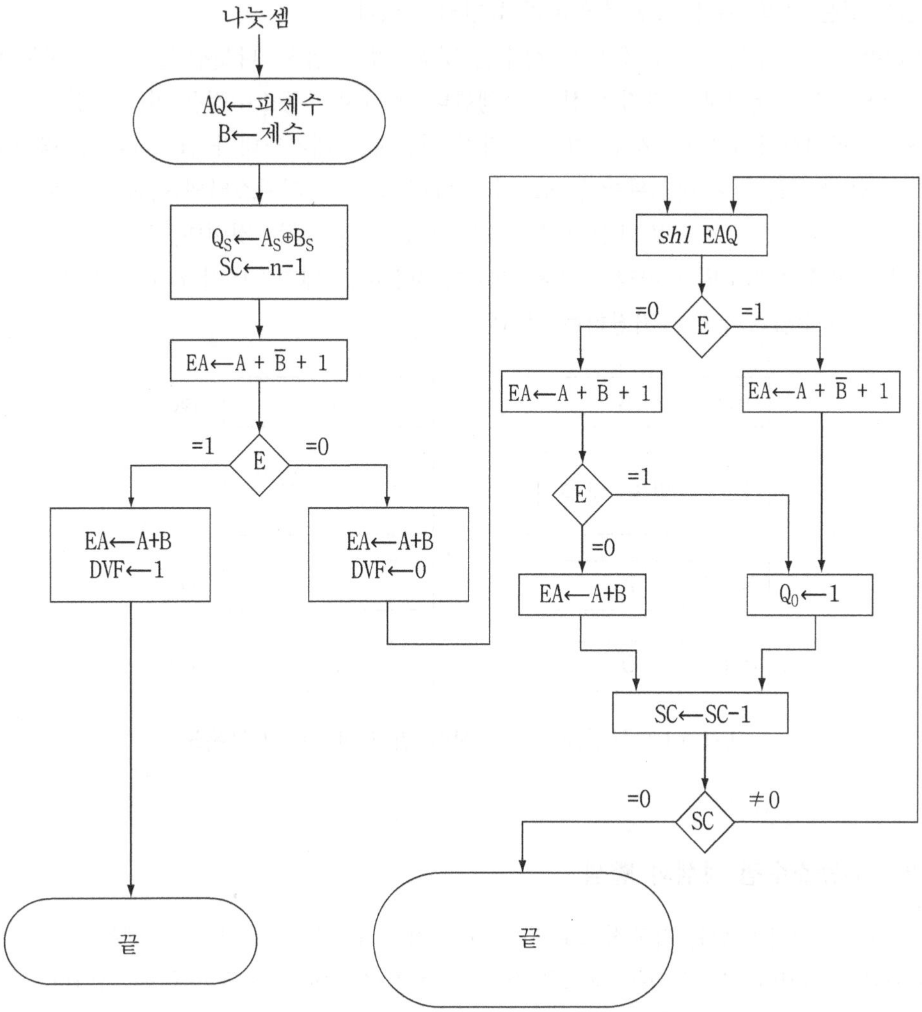

그림 9.11: 부호 크기 표현법 나눗셈 알고리즘

9.5 부동소수점 산술 연산

9.5.1 기본적인 개념

이진 실수를 표현하는 부동소수점 표현법은 3.2.2 절에서 설명한 것과 같이 IEEE에서 정한 표준에 따라 부호, 지수, 가수로 구성된다. 32 비트 부동소수점 표현법에서는 지수는 편중된 지수법에 따라 표현되며, 편중값은 127이다. 가수는 유효수를 정규화한 것으로 가장 왼쪽에 소수점이 있는 고정소수점 표현법에 따라 표현되어 있다.

이러한 부동소수점 표현법에 따른 실수를 덧셈, 뺄셈, 곱셈, 나눗셈 등을 수행하는 방법은 지수와 가수를 분리하여 각각 연산을 수행한다. 따라서 부동소수점을 이용한 산술 연산을 위해서 두 피연산자의 부호, 지수, 가수를 각각 저장하는 레지스터가 필요하다. 그림 9.12은 부동소수점 연산을 위한 하드웨어 블록도를 나타낸 것이다. 레지스터의 이름이 대문자로 표시되어 있는 것은 부동소수점 표현의 정규화된 가수를 저장하는 것이며, 소문자로 표시되어 있는 것은 편중된 지수법에 따라 표현된 지수를 저장하는 레지스터이다. 레지스터 A_S, B_S, Q_S 는 부동소수점의 부호를 저장하는 것이다.

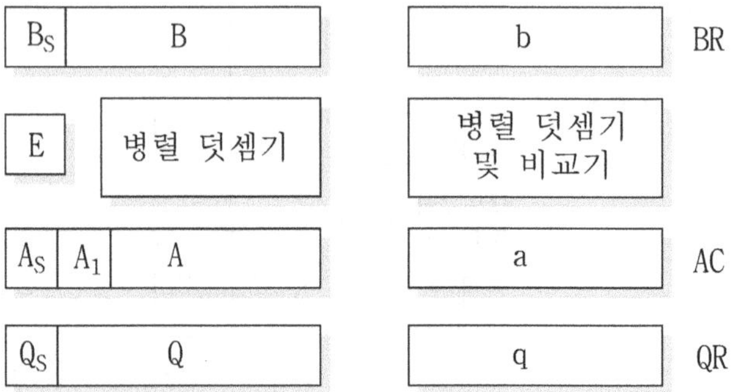

그림 9.12: 부동소수점 연산을 위한 하드웨어 블록도

9.5.2 부동소수점 덧셈과 뺄셈

부동소수점 덧셈과 뺄셈은 기본적으로 세 단계를 거쳐 수행된다. 첫 번째 단계는 두 피연산자의 소수점의 위치를 일치시키는 것으로 같은 지수 값을 갖도록 조정을 하는 것이다. 이것은 정규화되어 있는 가수를 적절히 시프트시켜 수행할 수 있다. 두 번째 단계는 소수점의 위치 즉, 지수의 값이 동일하도록 조정된 두 피연산자의 가수를 덧셈 또는 뺄셈을 수행하는 단계이다. 가수는 앞서 설명한 부호 크기 표현법을 사용하고 있기 때문에 앞의 9.2.1 절에서 기술한 방법에 따라 덧셈, 뺄셈을 할 수 있다. 마지막 단계는 계산된 결과를 다시 정규화하는 것이다.

그림 9.13은 부동소수점 수를 대상으로 덧셈과 뺄셈을 수행하는 흐름도를 나타낸 것이다. 덧셈을 위한 피가산수와 가산수는 각각 레지스터 AC, BR 에 저장되어 있다. 두 피연산자의 가수는 레지스터 A 와 B 에, 지수는 a 와 b 에 각각 저장되어 있다. 뺄셈의 경우에 피감수와 감수의 가수도 각각 레지스터 A 와 B 에 저장이 된다. 연산을 수행한 결과는 레지스터 AC 에 저장된다.

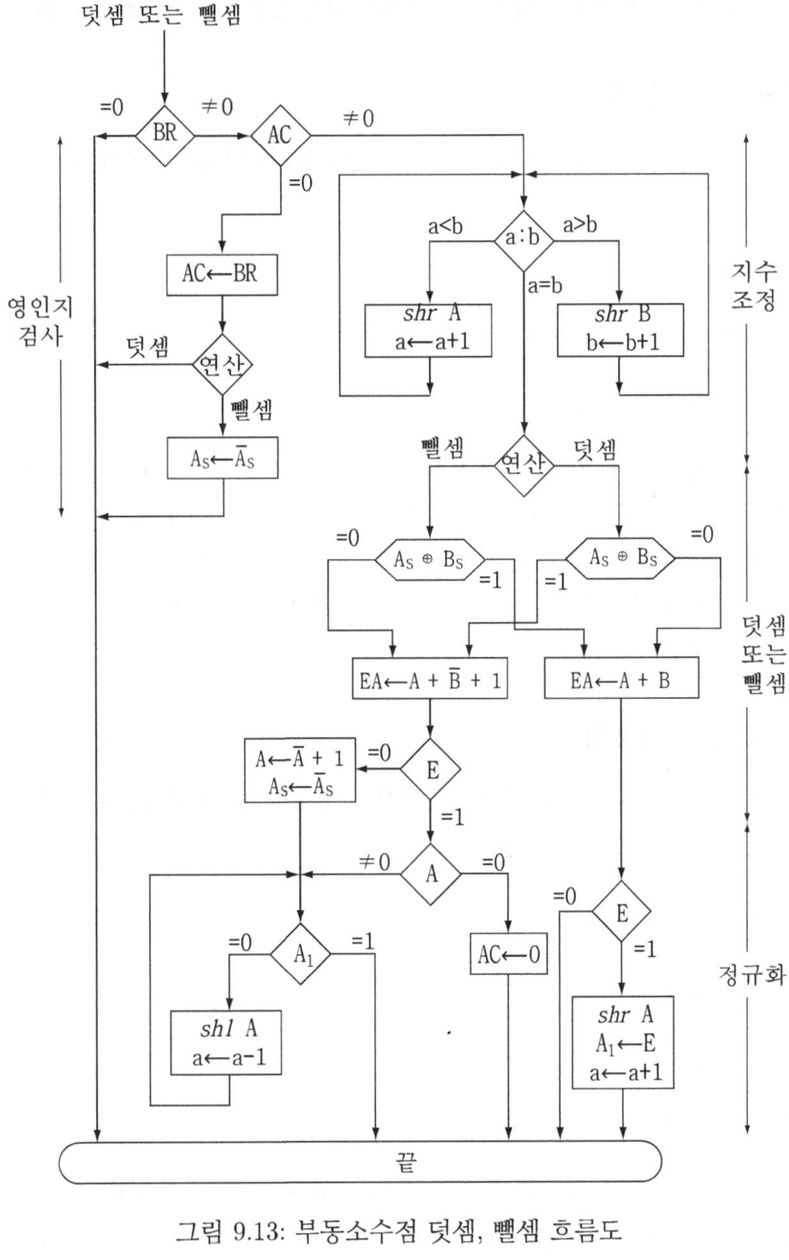

그림 9.13: 부동소수점 덧셈, 뺄셈 흐름도

두 피연산자의 지수를 동일하게 조정하는 것은 지수 값이 작은 피연산자를 반복적으로 오른쪽으로 시프트시켜 수행할 수 있다. 지수의 값이 동일하게 되면 가수를 대상으로 덧셈 또는 뺄셈을 수행하며, 그 결과를 다시 정규화하여 부동소수점 덧셈, 뺄셈 수행을 완료한다.

9.5.3 부동소수점 곱셈

부동소수점 곱셈은 지수 덧셈과 가수 곱셈으로 구성된다. 부동소수점 곱셈 단계는 다음과 같다.

1. 지수를 덧셈한다.
2. 가수를 곱셈한다.
3. 결과를 정규화한다.

그림 9.14은 부동소수점 곱셈의 흐름도를 나타낸 것이다. 피승수와 승수는 각각 레지스터 BR , QR 에 저장되어 곱셈을 한다. 계산된 결과는 레지스터 AC 에 저장된다. 두 피연산자의 지수를 더한 후 편중값(bias)을 빼는 것은 지수 표현에 이미 편중값이 포함되어 있기 때문에 지수 표현 값을 덧셈한 결과에는 두 번의 편중값이 더해지기 때문에 편중값을 빼 주어야 한다. 연산이 끝난 후의 정규화는 수행되어야 한다.

9.5.4 부동소수점 나눗셈

부동소수점 나눗셈은 지수 뺄셈과 가수 나누셈으로 구성되며, 그 과정은 다음과 같다.

1. 부호를 결정한다.
2. 피젯수의 위치 조정한다.
3. 지수를 뺄셈한다.
4. 가수를 나눗셈한다.
5. 결과를 정규화한다.

그림 9.15은 부동소수점 나눗셈의 흐름도를 나타낸 것이다. 피젯수와 제수는 각각 레지스터 AC , BR 에 저장되어 나눗셈을 한다. 계산된 결과 즉, 몫은 레지스터 QR 에 저장된다. 두 피연산자의 지수를 뺀 후 편중값(bias)을 더하는 것은 지수 표현에 이미 편중값이 포함되어 있기 때문에 지수 표현 값을 뺄셈한 결과는 편중값도 뺄셈이 되었기 때문에 편중값을 다시 더해 주어야 한다.

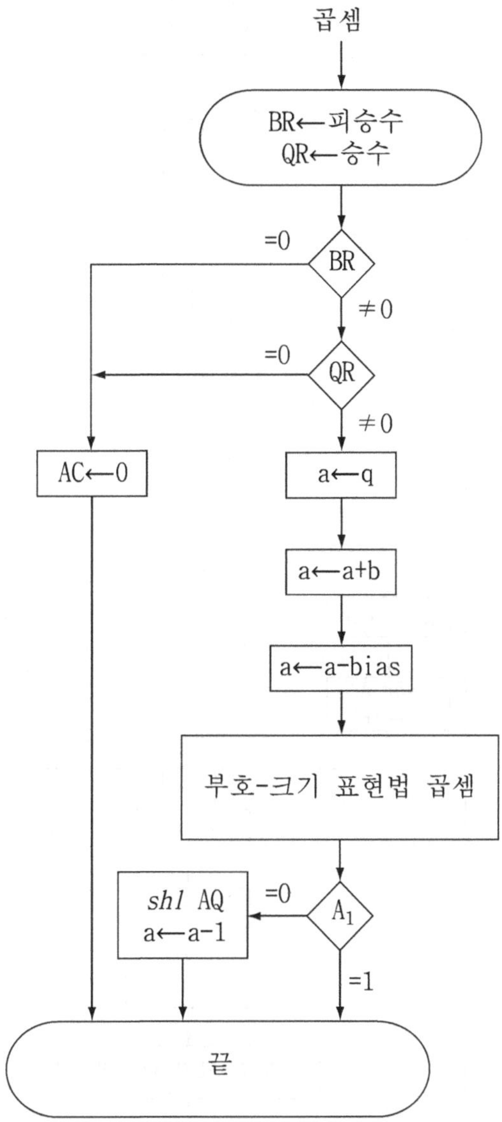

그림 9.14: 부동소수점 곱셈 알고리즘

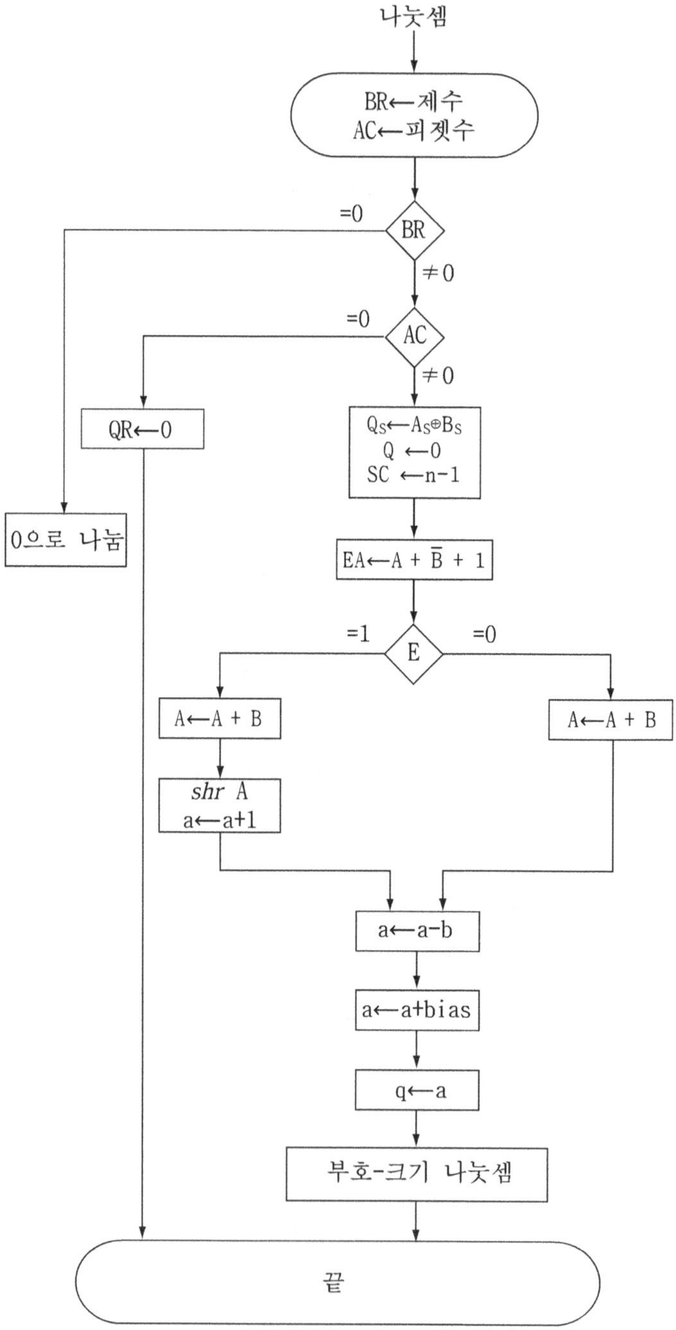

그림 9.15: 부동소수점 나눗셈 알고리즘

연습문제

1. 1의 보수로 음수를 표현하는 방식에 비하여 2의 보수로 음수를 표현하는 방식의 특징으로 옳은 것은?

   a) 디지털 장치에서 음수화 구현이 쉽지 않다.

   b) 연산과정이 간단하다.

   c) 0이 두 개이다.

   d) 4비트로 수를 표현하면 -7 ~ +7 범위의 수를 표현할 수 있다.

2. 8비트 메모리 워드에서 비트패턴 11101101_2는 '부호와 크기(signed magnitude)', '부호있는 1의 보수', '부호있는 2의 보수' 로 해석될 수 있다. 각각에 대응되는 10진수를 순서대로 나타낸 것은?

   a) -109, -19, -18

   b) -109, -18, -19

   c) 237, -19, -18

   d) 237, -18, -19

3. 1의 보수 표현 방식에 의해 8비트로 표현된 9+(-24)의 연산 수행시 그 결과는?

   a) 0100 1111

   b) 1111 0000

   c) 1000 1111

   d) 0111 0000

4. 부호를 포함하여 6비트로 수를 표현할 때 오버플로우가 발생하는 경우는?

   a) 14+18 b) 30-14
   c) (-10)-4 d) 24+6

5. 양수 A와 B가 있다. 2의 보수 표현 방식을 사용하여 A-B를 수행하였을 때 최상위비트에서 캐리(carry)가 발생하였다. 이 결과로부터 A와 B에 대한 설명으로 가장 옳은 것은?

   a) 캐리가 발생한 것으로 보아 A는 B보다 작은 수이다.
   b) B-A를 수행하면 최상위비트에서 캐리가 발생하지 않는다.
   c) A+B를 수행하면 최상위비트에서 캐리가 발생한다.
   d) A-B의 결과에 캐리를 제거하고 1을 더해주면 올바른 결과를 얻을 수 있다.

6. 부동소수점인 두 수의 나눗셈을 위한 순서를 올바르게 나열한 것은?

a) 가수의 나눗셈을 한다. b) 피젯수를 위치 조정한다. c) 레지스터를 초기화시키고 부호를 결정한다. d) 지수의 뺄셈을 한다. e) 0(ZERO) 인지의 여부를 조사한다.

   a) 3-2-4-1-5
   b) 5-3-2-1-4
   c) 3-2-1-4-5
   d) 5-3-2-4-1

7. 4비트로 자료를 표시할 때 2진화 16진수는 이진화십진수(BCD)에 비해 몇 개를 더 표시할 수 있는가?

   a) 0   b) 2   c) 4   d) 6

Chapter 10

고성능 시스템 구조

Chapter 10

고성능 시스템 구조

컴퓨터 하드웨어 및 소프트웨어 기술의 발전으로 컴퓨터가 다양한 응용 분야에서 사용됨에 따라 컴퓨터 성능 향상에 대한 요구가 증대되고 있다. 컴퓨터 성능 향상을 위한 방법은 컴퓨터의 구성 요소들 간의 신호 전달 및 처리 속도를 높이는 방법, 처리의 병렬성(parallelism)을 이용하는 방법 등이 있다. 구성 요소들 간의 신호 전달 및 처리 속도를 높이는 방법은 집적 회로(IC)를 설계할 때 더 작은 소자, 더 좁은 신호선 폭 등을 이용하여 집적도를 높임으로써 신호가 통과해야 하는 거리를 감소시키는 것과 클록 펄스의 주파수를 높여 단위 시간에 더 많은 처리를 할 수 있도록 하는 것 등이 있다. 그러나 집적 회로 관련 기술의 지속적 혁신에도 불구하고 집적도 증가는 물리적 한계에 도달하게 되었으며, 이 방법을 통한 컴퓨터의 고성능화도 한계에 도달하고 있다.

컴퓨터 성능 향상을 위한 다른 접근 방법은 컴퓨터가 명령어를 수행하거나 어떤 처리를 하는 과정에서 동시에 수행할 수 있는 단계들 즉, 병렬성을 찾아 그것을 동시에 수행함으로써 처리량을 증가시키거나 처리 시간을 감소시키는 것이다. 이 장에서는 컴퓨터의 명령어 수행 또는 데이터 처리의 병렬성을 이용하여 성능을 높이는 방법인 파이프라인, 벡터 프로세서, 배열 프로세서, 다중 프로세서를 다룬다.

10.1 컴퓨터 분류

병렬성은은 데이터를 처리할 때 데이터간의 종속성이 없어 여러 개의 데이터들이 개별적으로 동시에 처리될 수 있는 데이터들이 있거나 실행되는 명령어들간에 종속성이 없어 동시에 실행될 수 있는 명령어들이 존재하는 경우를 의미한다. 데이터 처리 또는 프로그램 실행에 병렬성이 존재하는 경우에 컴퓨터 시스템은 여러 구성 요소들을 이용하여 이를 동시에 처리할 수 있으며, 이를 통해 데이터 처리 시간 또는 실행 시간을 감소시키고 컴퓨터 시스템의 처리량(throughput)을 증가시키는 기술을 병렬 처리(parallel processing)이라고 한다. 병렬 처리의 구현은 레지스터, 명령어, 태스크 등 여러 수준에서 이루어질 수 있다. 특히 실행되는 명령어와 처리되는 데이터의 병렬성에 따라 다양한 형태의 컴퓨터 구조가 가능하다.

그림 1.4에 나타낸 폰노이만의 저장된 프로그램 모델에서 주기억장치는 명령어와 데이터를 저장하고 있다. 따라서 CPU는 주기억장치에 저장되어 있는 명령어를 인출한 후 그 명령어를 실행할 수 있다. 이때 명령어 흐름(instruction stream)은 실행을 위해 주기억장치로부터 인출되는 일련의 명령어들 이다. 명령어의 실행을 통해 처리되는 데이터도 주기억장치에 저장되어 있기 때문에 데이터 처리를 위해서는 주기억장치로부터 데이터가 인출되어야 한다. 데이터 흐름(data stream)은 주기억장치로부터 인출되는 일련의 데이터들 이다. Flynn은 명령어와 데이터의 병렬성 즉, 명령어 흐름과 데이터 흐름의 수를 이용하여 컴퓨터를 네 가지 종류로 분류하였다.

- SISD : single instruction stream, single data stream
- SIMD : single instruction stream, multiple data stream
- MISD : multiple instruction stream, single data stream
- MIMD : multiple instruction stream, multiple data stream

SISD는 단일 명령어 흐름, 단일 데이터 흐름을 의미하는 것으로 한 개의 명령어 흐름에 의해 한 개의 데이터가 처리되는 것을 의미한다. 이런 종류의 컴퓨터는 명령어를 순차적으로 실행하며, 그 명령어에 의해 데이터도 하나씩 처리하는 구조이다. 즉 CPU의 제어 장치는 메모리에서 명령어를 인출하고 이 명령어를 이용하여 생성한 제어 신호를 ALU, 레지스터 등 데이터를 처리하거나 전송하는 장치에 전송하여 한 명령어에 대한 처리를 완료한 후 다음 명령어에 대한 처리를 수행하는 구조이다. 이러한 순차 처리의 과정에서 존재하는 병렬성을 찾아 컴퓨터의 처리 속도를 향상시킬 수 있는 방법 중 하나가 다음 절에서 설명하는 파이프라인 기술이다.

SIMD는 단일 명령어 흐름, 다중 데이터 흐름을 의미하는 것으로 한 개의 명령어 흐름에 의해 여러 개의 데이터가 동시에 처리되는 것이다. 이런 종류의 컴퓨터는 명령어를 하나씩 순차적으로 실행하지만, 그 명령어의 의해 여러 개의 데이터가 동시에 처리되는 구조이다. 즉 CPU의 제어 장치는 메모리에서 명령어를 인출하고 이 명령어를 이용하여 생성한 제어 신호를 여러 개의 처리장치에 전송하며, 각 처리장치들은 레지스터 또는 메모리에 저장되어 있는 서로 다른 데이터를 대상으로 처리를 한다. 따라서 이런 종류의 컴퓨터는 한 개의 명령어로 여러 개의 데이터를 처리함으로써 처리 성능을 높이고 있다. 이 분류에 해당하는 기술로는 벡터 처리, 배열 프로세서가 있다. 또 픽셀 처리, 텍스쳐 처리 등 다량의 데이터를 고속으로 처리하는 그래픽 프로세서들의 기능이 확장됨에 따라 일반 처리 목적으로도 사용할 수 있는 GPGPU(General-Purpose computing on Graphics Processing Units)의 데이터 처리 모델도 SIMD 분류에 해당한다.

MISD는 다중 명령어 흐름, 단일 데이터 흐름을 의미하는 것으로 여러 개의 명령어 흐름에 의해 한 개의 데이터가 처리되는 것을 의미한다. 이 분류에 해당하는 컴퓨터 구조는 이론적으로 연구가 되는 것으로, 실존하지 않는 것으로 파악된다.

MIMD는 다중 명령어 흐름, 다중 데이터 흐름을 의미하는 것으로 여러 개의 명령어 흐름에 의해 여러 개의 데이터가 처리되는 것을 의미한다. 즉, 여러 개의 제어장치가 메모리에서 명령어를 각각 인출하여 그 명령어에 해당하는 제어 신호를 생성, ALU와 같은 연산 장치에 전달하고, 각 연산 장치는 처리할 데이터를 각각 메모리에서 인출하여 처리하는 것이다. 이런 종류의 컴퓨터는 여러 명령어를 동시에 수행하며, 다수의 데이터를 동시에 처리하는 것을 의미한다. 일반적으로 제어장치는 하나의 CPU에 한 개가 있기 때문에, 이 분류에 속하는 컴퓨터는 기본적으로 여러 개의 CPU를 포함하고 있으며, 복수 개의 CPU와 메모리 사이에 명령어 또는 데이터를 전송하는 방법에 따라 다중 프로세서와 다중 컴퓨터 시스템으로 나뉠 수 있다. 하나의 마이크로프로세서에 여러 개의 처리 코어를 장착한 다중 코어 마이크로프로세서도 이 분류에 해당된다.

10.2 명령어 파이프라인

자동차 기업들이 자동차를 생산하는 과정은 다음과 같이 4 단계로 구성되어 있다고 가정을 하자. 작업자 1이 자동차 프레임을 조립하여 작업자 2에게 넘겨주면, 작업자 2는 그 프레임에 자동차 엔진을 조립한 후 작업자 3에게 넘겨준다. 작업자 3은 자동차 엔진이 조립된 프레임에 실내 부품들을 조립하여 작업자 4에게 넘겨주며, 작업자 4는 조립된 자동차에 색칠을 하여 자동차를 완성한다. 이때 작업자 4가 자동차에 색칠을 하고 있는 동안에 작업자 1, 2, 3은 쉬고 있지 않다. 즉 작업자 4가 자신의 작업을 하고 있는 동안에 작업자 1, 2, 3은 각각 그 다음 자동차 생산을 위해 각자에게 주어진 작업을 수행하고 있다. 즉, 작업자 4가 자동차 n에 대한 색칠 작업을 하고 있다면 작업자 3은 자동차 $n+1$에 대한 실내 부품을 조립하며, 작업자 2는 자동차 $n+2$에 대한 엔진 조립 작업을 수행하고 있다. 또한 작업자 1은 자동차 $n+3$에 대한 프레임을 조립하고 있다. 이처럼 자동차 기업들은 자동차 생산 과정을 몇 단계로 나누고, 각 단계의 조립 작업만을 수행하는 작업자를 배치하여 각 조립 단계를 동시에 수행하는 병렬성을 이용하여 자동차 생산량을 증가시키고 있다. 이와 같은 방법을 컴퓨터를 이용한 데이터 처리에 적용한 것인 파이프라인(pipeline)이다.

파이프라인이란 하나의 처리 작업(또는 절차, process)을 분리되어 독립적으로 처리될 수 있는 부분 작업(subprocess)으로 나누고, 각 부분 작업들이 서로 다른 명령어 또는 데이터를 대상으로 동시에 수행되도록 함으로써 컴퓨터의 처리 성능을 높이는 기술이다. 이때 각 부분 작업은 세그먼트(segment)라고 불리며, 이 부분 작업 즉, 세그먼트를 거치며 수행되는 전체 처리 작업은 태스크(task)이다. 파이프라인 기술을 적용하는 대표적인 태스크는 CPU가 명령어를 수행하는 것이다. 앞의 8.1절에서 CPU가 한 개의 명령어를 수행하는 과정을 명령어 사이클이라고 하였다.

CPU가 파이프라인 기술을 명령어 사이클 실행에 적용한 것을 명령어 파이프라인이라고 한다. 그림 10.1에 나타낸 것과 같이 중앙처리장치의 명령어 사이클이 네 단계로 구성되어 있다고 가정을 하자. IF로 표시된 명령어 인출은 메모리로부터 수행할 명령어를 읽어 오는 단계이며, ID는 인출한 명령어를 분석하는 단계이다. DF는 명령어에 의해 처리될 데이터를 인출하는 것이며, IE는 인출된 데이터를 대상으로 처리를 하는 것이다. 명령어 사이클에서 각 단계는 명령어 파이프라인의 세그먼트가 되고, 이 네 단계를 거쳐 한 개의 명령어가 실행되는데 이것이 태스크이다.

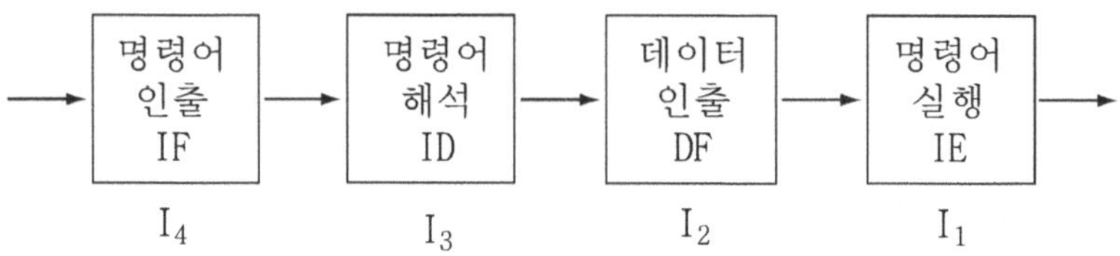

그림 10.1: 네 단계 명령어 파이프라인의 예

명령어 사이클의 각 단계는 상호 독립적으로 수행되기 때문에 이것은 분리될 수 있는 네 개의 세그먼트로 나누어질 수 있고, 각각의 세그먼트는 동시에 처리가 가능하다. 즉 이들 세그먼트의 실행에 병렬성이 존재한다. 파이프라인은 이 세그먼트 사이의 병렬성을 이용하여 명령어 실행의 성능을 높이고 있다. 예를 들어, 명령어 $I1$이 실행 단계에 있을 때, 명령어 $I2$는 데이터 인출 단계에서 처리되고 있으며, $I3$와 $I4$는 각각 명령어 해석 및 명령어 인출 단계에서 명령어 실행을 위한 부분 작업이 수행되고 있다. 표 10.1은 시간 흐름에 따른 파이프라인의 동작 과정을 나타낸 공간-시간(space-time) 표이다. 이 표의 가로 행은 세그먼트를 나타내며, 세로 열은 시간의 흐름을 나타낸다. 시간이 1이 되기 전에는 명령어 파이프라인이 완전히 비어 있다고 가정을 하며, 시간이 1이 되면서 명령어 $I1$이 파이프라인의 IF에서 처리되어 명령어가 인출된다. 시간이 2일 때 $I1$은 그 다음 세그먼트인 ID에서 처리되고, 동시에 $I2$가 세그먼트 IF에 들어온다. 시간이 4가 되면 파이프라인이 완전히 차게 되며, 비로소 첫 번째 명령어 $I1$이 수행된다. $I1$이 수행되는 그때 $I2$는 세그먼트 DF에서 명령어 실행을 위한 준비를 완료하며, 그 다음 시간 즉, 시간 5일 때 $I2$가 실행된다. 물론 이때에는 $I3$가 세그먼트 DF에서 명령어 실행 준비를 완료하기 때문에 그 다음 시간에 $I3$가 실행된다. 이러한 과정이 계속적으로 반복되기 때문에 $I1$이 실행된 후 부터는 시간이 증가될 때마다 명령어 수행이 세그먼트 IE에서 완료된다.

Table 10.1: 명령어 파이프라인을 위한 공간-시간 표

		시간					
		1	2	3	4	5	6
단계	IF	I_1	I_2	I_3	I_4	I_5	I_6
	ID		I_1	I_2	I_3	I_4	I_5
	DF			I_1	I_2	I_3	I_4
	IE				I_1	I_2	I_3

네 단계 명령어 사이클에서 각 단계를 수행하는 시간이 각각 1 단위시간이라고 가정할 때, 한 명령어를 실행학 위해서는 4 단위 시간이 필요하다. 만약 파이프라인 기술을 사용하지 않고 100개의 명령어를 실행한다면 400 단위 시간이 필요하다. 그러나 네 단계의 세그먼트로 구성된 파이프라인 기술을 이용하면 100개의 명령어을 실행하는 것은 103 단위 시간에 완료할 수 있다. 즉, 파이프라인이 완전히 채워지기 전에 실행되는 첫 번째 명령어는 4 단위 시간에 수행이 완료되지만, 파이프라인이 완전히 채워진 후에 수행되는 두 번째 명령어부터는 1 단위 시간이 경과할 때마다 명령어 실행이 완료된다. 즉, 첫 번째 명령어는 시간 4에 완료되지만 그 다음 99개 명령어 실행은 99 단위 시간이 경과된 후 즉, 시간 103에 완료된다. 따라서 100개의 명령어를 파이프라인 기술을 이용하여 실행할 때 필요한 시간은 103 단위 시간이 되고, 이것은 파이프라인 기술을 이용하지 않았을 때 총 실행 시간인 400 단위 시간 대비 약 25.7% 만의 시간으로 실행을 완료하였다.

동일한 수의 명령어를 실행함에 있어 그 실행 시간이 감소하였다는 것은 처리 속도가 향상되었음을 의미한다. 이때 속도 증가율(S, Speed-Up factor)은 파이프라인을 이용하지 않았을 때의 실행 시간 대비 파이프라인을 이용했을 때의 실행 시간을 이용하여 계산한 처리 속도의

향상 정도이다. 속도 증가율을 계산하는 것은 다음과 같다.

$$\begin{aligned} S &= \frac{execution\ time\ without\ pipeline}{execution\ time\ with\ pipeline} \\ &= \frac{400}{103} \\ &= 3.88 \end{aligned}$$

이 계산에 의하면 100개의 명령어를 네 단계 파이프라인을 이용하여 실행했을 때는 파이프라인을 이용하지 않았을 때보다 3.88배의 속도 향상이 있었다.

다음은 속도 증가율 계산을 일반화한 것이다.

$$S = \frac{n \times t_x}{(k+n-1) \times t_s}$$

식에서 n은 수행해야 하는 명령어 수 또는 태스크 수이며, t_x는 한 개의 명령어 또는 태스크를 수행하는데 걸리는 시간이다. 세그먼트 수행 시간 t_s는 k-단계 파이프라인에서 각 세그먼트 수행을 위해 필요한 시간이다. 따라서 파이프라인을 사용하지 않는 경우에 n개의 명령어 실행을 완료하기 위해서는 $n \times t_x$의 단위 시간이 필요하다. 반면 파이프라인이 완전히 채워지기 전에 첫 번째 명령어의 실행은 $k \times t_s$ 단위 시간이 지난 후에 완료되지만, 그 이후의 명령어 실행은 1 단위 시간이 지날 때 마다 완료되기 때문에 k-단계 파이프라인을 이용하여 n개의 명령어 실행을 완료하기 위해서는 $(k+n-1) \times t_s$ 단위 시간이 필요하다.

일반적으로 컴퓨터가 수행하는 명령어의 수 즉, 태스크의 수는 파이프라인 단계의 수 보다 매우 크다. 따라서 n이 충분히 크다면 $n \approx (k+n-1)$의 관계가 성립이 된다. 이것을 속도 증가율을 계산하는 식에 대입을 하면 다음과 같이 간략화 할 수 있다.

$$\begin{aligned} S &= \frac{n \times t_x}{(k+n-1) \times t_s} \\ &= \frac{t_x}{t_s} \\ &= \frac{k \times t_s}{t_s} \\ &= k \end{aligned}$$

이 식에서 $t_x = k \times t_s$가 성립하는 이유는 한 태스크가 k-개의 세그먼트로 되어 있고, 각 세그먼트가 실행되는 시간이 t_s이기 때문에 한 개의 태스크가 수행되는 시간 즉, 한 명령어 실행을 완료하는 시간은 $k \times t_s$가 된다. 이 식은 파이프라인을 이용할 때 이론적 최대 속도 증가율이 파이프라인의 단계 수 즉, 세그먼트 수에 종속적임을 나타내고 있다. 즉, 앞서 가정한 네 단계 파이프라인은 네 개의 세그먼트로 구성되어 있으며, 이론적 최대 속도 증가율은

4가 된다. 하지만 예를 보더라도 속도 증가율은 약 3.88로 이론적 최대 속도 증가율인 4보다 작다. 물론 앞의 예에서는 태스크 수 즉, 명령어 갯수가 100개로 무척 적기 때문이기도 하지만 파이프라인의 실제 속도 증가율이 이론적 최대 속도 증가율에 미치지 못하는 원인들은 다음과 같다.

파이프라인을 위해 태스크를 분할한 각 세그먼트가 수행하는 기능은 각각 다르다. 즉 세그먼트가 그 기능을 수행하는데 필요한 시간이 동일하지 않다. 앞의 명령어 파이프라인에서 명령어를 인출하는 IF는 주기억장치에 접근을 해야 하기 때문에 주기억장치 접근이 필요하지 않은 ID와 IE 단계보다 더 긴 세그먼트 수행 시간이 필요하다. 따라서 세그먼트 간의 동기화를 위해 명령어 파이프라인의 IF 세그먼트처럼 긴 지연시간을 갖는 세그먼트를 기준으로 세그먼트 수행 시간을 결정하여야 한다. 즉, 수행 시간이 짧은 세그먼트는 다른 세그먼트와의 동기화를 위해 대기하는 시간이 필요하다. 앞서의 가정에서는 파이프라인을 이용하지 않고 한 태스크를 처리하는 시간 t_x와 k-단계 파이프라인을 이용하여 한 태스크를 처리하는 시간 $k \times t_s$가 동일하다고 가정을 했지만, 실제로는 $t_x < k \times t_s$의 관계가 있다. 이 관계를 속도 증가율 식에 대입을 해 보면 파이프라인을 통해 얻을 수 있는 실제 속도 증가율은 이론적 최대 속도 증가율에 미치지 못한다.

또한 명령어 파이프라인은 자원 충돌, 분기, 데이터 의존성 때문에 파이프라인의 실제 속도 증가율은 이론적 최대 속도 증가율에 미치지 못한다. 자원 충돌은 파이프라인을 구성하고 있는 세그먼트들이 공유될 수 없는 자원을 동시에 사용하고자 할 경우에 발생한다. 명령어 파이프라인의 세그먼트 중에서 IF 세그먼트와 DF 세그먼트는 주기억장치에 저장되어 있는 명령어와 데이터를 각각 인출하기 위해 주기억장치에 접근을 한다. 그러나 '주기억장치'라는 자원은 두 개의 메모리 접근 요청을 동시에 서비스할 수 있는 자원이 아니기 때문에 메모리 시스템은 명령어 인출을 위한 IF 세그먼트와 데이터 인출을 위한 DF 세그먼트의 메모리 접근 요청을 순서화하여 서비스를 한다. 따라서 메모리 접근 요청에 대한 서비스를 우선적으로 받지 못하는 세그먼트는 대기하여야 한다. 세그먼트의 대기 시간은 전체 파이프라인에 영향을 주어 파이프라인의 효율을 감소시키며, 실제 성능 증가율이 이론적 최대 성능 증가율에 미치지 못하는 원인이 된다. 자원 충돌 문제 특히, 메모리 자원 충돌로 인한 파이프라인 효율 저하를 최소화하기 위한 방안으로는 명령어와 데이터를 저장하는 메모리와 버스를 각각 분리하는 하바드 구조(Harvard architecture)가 있으며, 이 구조를 이용하는 것으로는 Atmel사의 마이크로 컨트롤러인 Atmega 시리즈, ARM사의 Cortex 시리즈 등이 있다.

명령어 파이프라인은 주기억장치에 저장되어 있는 순서대로 명령어들이 수행될 경우에 효율이 가장 좋다. 그러나 분기 명령어는 주기억장치에 저장되어 있는 명령어 순서에 의한 다음 명령어와 분기 명령어 수행 후 다음 수행할 명령어가 같지 않다. 표 10.1의 예에서 시간 4에 IE 세그먼트가 수행해야 할 명령어 I_1이 명령어 I_{100}로 분기하는 명령어라고 가정하면 파이프라인의 각 세그먼트에서 이미 처리 중에 있는 명령어 I_2, I_3, I_4는 수행할 필요가 없는 명령어이며, 이 경우에 파이프라인을 비우고 명령어 I_{100}부터 파이프라인을 다시 채워야 한다. 이 처럼 분기 명령어 실행으로 인한 파이프라인의 효율 감소는 실제 성능 증가율이 이론적 최고 성능 증가율에 미치지 못하는 원인이 된다. 분기 명령어로 인한 파이프라인 효율성 저하를 최소화하기 위한 방안은 무조건 분기 또는조건 분기와 같이 분기 명령어의 종류에 따라 각각 다르다. 무조건 분기 명령어인 경우에는 분기 대상이 되는 명령어를 미리 파이프라인에 채움으로써 파이프라인의 효율 저하를 방지할 수 있다. 조건 분기 명령어인 경우에는 다음 명령어와 분기하여 실행할 명령어를 미리 가져와 분기가 수행될 때까지 저장하여, 조건에 따라 어떤 명령어가 실행되더라도 파이프라인의 효율을 유지할 수 있도록 할 수 있다.

데이터 의존성은 한 명령어의 데이터 처리 결과가 다음 명령어의 데이터 처리에 영향을 주는 경우에 발생한다. 표 10.1의 예에서 시간 4에 세그먼트 IE에 의해 명령어 I_1이 수행되고, 그 결과가 시간 5에 수행될 명령어 I_2에서 사용된다면 시간 4에서 명령어 I_2 실행을 위한 데이터 인출이 되어야 한다. 그러나 명령어 I_2 실행을 위해 시간 4에서 인출되어야 하는 데이터는 동일한 시점에 명령어 I_1이 실행이 완료되어야 그 값이 결정되는 것이다. 즉 명령어 I_1의 실행이 완료된 후에 I_2가 요구하는 데이터가 결정되기 때문에 명령어 I_2를 위한 데이터 인출 세그먼트 DF는 시간 5에 수행되어야 한다. 이처럼 시간 4에 수행되어야 하는 명령어 I_2를 위한 데이터 인출이 시간 5에 수행되도록 지연되기 때문에 파이프라인의 효율을 감소시킨다.

데이터 의존성에 의한 파이프라인 효율성 저하를 방지하기 위한 방법으로는 하드웨어 인터락(hardware inter-lock)과 피연산자 전달(operand forwarding) 기법 등이 있다. 하드웨어 인터락은 파이프라인 내에 있는 어떤 명령어의 피연산자가 파이프라인 앞쪽에 있는 명령어의 결과를 저장할 피연산자와 일치하는 가를 하드웨어적으로 검사하여 데이터 의존성을 갖는 명령어 즉, 파이프라인 뒤쪽에 있는 명령어를 충돌을 회피할 수 있을 만큼 지연시킨다. 피연산자 전달은 파이프라인 내에 있는 두 명령어간에 데이터 의존성을 감지하면 앞쪽 명령어를 수행한 ALU의 결과를 레지스터로 전송하는 대신 뒤쪽 명령어 수행을 위한 ALU 입력으로 연결시킨다.

10.3 산술 파이프라인

파이프라인 기술은 명령어 사이클을 기반으로 한 명령어 파이프라인 뿐만 아니라 연산 수행에 여러 단계가 요구되는 산술연산장치에서도 이용될 수 있다. 예를 들어 부동소수점 수를 덧셈 또는 뺄셈을 하는 경우에 지수의 비교, 가수의 정렬, 가수의 덧셈 또는 뺄셈, 결과의 정규화라는 연산 단계가 필요하다. 이 단계들 각각은 서로 독립적으로 동작할 수 있기 때문에 그림 10.2에 나타낸 것과 산술 파이프라인은 연산에 필요한 각 단계를 하나의 세그먼트로 구성하여 파이프라인을 구성한 것이다. 산술 파이프라인을 구성하는 각 세그먼트의 결과물은 다음 세그먼트의 입력으로 사용되어야 하기 때문에 R로 표시된 레지스터에 임시 저장된다.

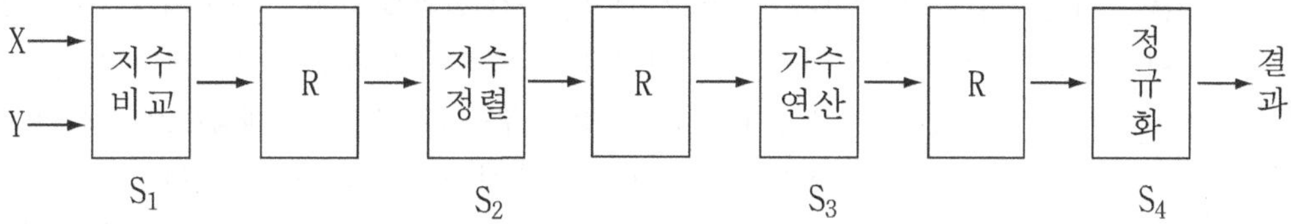

그림 10.2: 산술 파이프라인의 예

예를 들어, 두 부동소수점 수 X, Y가 각각 0.12310^3, 0.45610^2이라고 하자. 이 두 수를 파이프라인을 이용하여 연산하는 과정은 다음과 같다. 파이프라인의 세그먼트 S_1에서 두 수 X, Y의 지수를 비교하며, 그 결과를 세그먼트 S_2에게 전달한다. 두 번째 세그먼트 S_2에서는 지수 비교의 결과를 기반으로 하여 두 수가 같은 지수 값을 갖도록 가수를 조정한다. 세그먼트 S_3에서는 X와 Y의 조정된 가수를 대상으로 덧셈 또는 뺄셈 등의 연산을 수행하며, 세그먼트 S_4에서는 연산 결과를 정규화한다.

한 쌍의 부동소수점을 대상으로 산술 파이프라인을 이용하여 연산을 할 경우에는 세그먼트 단계들간 중간 결과를 레지스터에 저장해야 하는 오버헤드가 있어 파이프파인을 사용한 효과를 볼 수가 없다. 그러나 많은 부동소수점 수 쌍을 대상으로 연산을 할 경우에는 산술 파이프라인이 전체 연산 시간을 감소시키는 데 효과가 있다. 예를 들어, 각 세그먼트의 수행 시간이 레지스터에 중간 결과를 저장하는 오버헤드를 포함하여 5 단위 동작 수행 시간이 필요하다고 가정할 때 100쌍의 부동소수점 수를 연산하는 데 필요한 시간은 다음과 같다. 파이프라인이 비어 있는 상황에서 첫 번째 부동소수점 쌍이 연산 완료되기 위해서는 레지스터에 임시 저장되는 시간을 포함한 네 단계의 세그먼트를 거쳐야하기 때문에 $20(5 \times 4)$ 단위 시간이 필요하며, 첫 번째 부동소수점 쌍의 연산이 완료되는 순간에는 산술 파이프라인이 완전히 채워지기 때문에 두 번째부터 마지막 부동소수점 쌍의 연산은 매 5 단위 시간 뒤에 완료된다. 따라서 100 쌍의 부동소수점 수를 연산 파이프라인을 이용하여 연산하는 것은 515(5*4+5*99) 단위 시간이 필요하다. 반면, 파이프라인을 사용하지 않을 경우에는 한 개의 부동소수점 쌍 연산에 20 단위 시간이 필요하며, 100개의 부동소수점 쌍을 연산하는 것은 2000 단위 시간이 필요하다. 파이프라인을 이용하지 않는 경우는 중간 결과를 레지스터에 저장할 필요가 없기 때문에 한 쌍의 부동소수점 데이터를 대상으로 한 연산은 20 단위 시간보다 짧은 시간에 완료지만 계산의 편의성을 위해 20 단위 시간이 필요하다고 가정하자. 따라서 100쌍의 부동소수점 수를 대상으로 한 연산에 산술 파이프라인을 이용하면 얻을 수 있는 속도 증가율 S는 약 3.88($\approx \frac{2000}{515}$) 이 된다.

만약 각 세그먼트의 처리 시간이 같지 않다고 가정을 할 때 동일한 파이프라인 구성에서 속도 증가율은 다음과 같이 계산된다. 각 세그먼트의 중간 결과를 레지스터에 저장하는 시간을 포함하여 각 세그먼트는 그 수행을 위해 각각 4, 5, 8, 5 단위 시간이 필요하다고 가정을 하자. 이때 산술 파이프라인을 이용하지 않고 한 쌍의 부동소수점 수를 대상으로 연산할 때에는 $22(4+5+8+5)$ 단위 시간이 필요하며, 100 쌍의 부동소수점 수를 연산하기 위해서는 2200 단위시간이 필요하다. 반면 산술 파이프라인을 사용할 경우에는 파이프라인을 구성하는 세그먼트 중에서 가장 긴 수행 시간을 갖는 세그먼트 S_3을 기준으로 동기화해야하기 때문에 세그먼트 수행 시간은 8 단위시간이 된다. 따라서 100쌍의 부동소수점 수를 연산할 때에 첫 번째 부동소수점 쌍의 연산은 32 단위시간이 필요하며, 나머지 99 쌍의 부동소수점 수에 대한 연산은 매 8 단위시간마다 완료된다. 이때 연산의 총 수행 시간은 824 단위 시간이 되어 산술 파이프라인을 사용했을 때 속도 증가율 S는 약 2.67$\approx \frac{2200}{824}$이 된다.

10.4 벡터처리

컴퓨터를 사용하는 응용 분야 중에서 일기 예보, 석유 탐사, 인간 유전자 분석, 이미지 처리 등의 분야는 대량의 데이터를 적정한 시간내에 데이터 처리를 완료해야 하는 분야이다. 이들 분야에 사용되는 컴퓨터는 대량의 데이터를 대상으로 한 대규모 연산을 효율적으로 수행할 수 있어야 한다. 이러한 처리 조건을 만족시키기 위해 벡터 연산, 배열 프로세서 등의 병렬 처리 기법들이 사용된다.

대규모 연산이 요구되는 분야에서 처리되는 데이터들은 일반적으로 실수를 저장하는 벡터 또는 행렬의 형태로 저장되며, 이를 처리하는 처리기는 벡터 또는 행렬에 저장되어 있는 데이터를 효율적으로 처리할 수 있도록 설계되어야 한다. 예를 들어 n개의 실수 데이터를 저장하고 있는 벡터 A와 B를 덧셈하고, 결과를 벡터 C에 저장을 한다고 가정을 하자. 이 벡터를 1차원 배열을 이용하여 표현할 때 순차 수행을 하는 처리기를 위한 프로그램은 다음과 같은 형태를 가진다.

```
for( i=1 ; i ≤ n ; i++ )
    C[i] = A[i] + B[i];
```

순차 처리기는 벡터 A, B의 한 요소를 인출하고 이를 피연산자로 사용하는 연산 명령어를 벡터의 크기만큼 반복하여 실행을 한다. 이 경우에 연산을 수행하는 명령어는 동일하지만 각기 다른 벡터 요소를 대상으로 연산 수행을 반복할 때마다 명령어를 인출하는 과정을 거쳐야하기 때문에 오버헤드가 크다

반면 벡터 처리가 가능한 컴퓨터는 벡터 데이터에 대하여 반복적으로 연산을 수행할 때마다 명령어를 인출하는 오버헤드를 감소시킬 수 있다. 또한 이러한 벡터 처리는 벡터 내 모든 데이터를 대상으로 동일한 연산을 수행하기 때문에 앞서 설명한 연산 파이프라인을 효과적으로 활용할 수 있어 처리 시간을 감소시킬 수 있다. n개의 부동소수점 데이터를 저장하고 있는 벡터 A, B를 덧셈하는 연산을 수행하고, 그 결과를 벡터 C에 저장하는 경우에 다음과 같은 형태로 벡터 연산을 지정할 수 있다. 이 명령어에는 연산을 위한 벡터의 초기 주소, 벡터 길이, 벡터 연산의 종류를 나타내고 있다.

$$\mathrm{C(1{:}n) = A(1{:}n) + B(1{:}n)}$$

이처럼 벡터 데이터를 대상으로 동시 처리를 수행할 수 있는 처리기가 벡터 처리기(vector processor)이다. 이 처리기는 벡터 레지스터, 연산 파이프라인 및 벡터 연산을 위한 하드웨어로 구성되어 있다. 벡터 처리기의 간략화된 구조는 그림 10.3에 나타내고 있다.

그림 10.3: 벡터 처리기의 블록도

벡터 A와 B가 각각 벡터 레지스터 R_A, R_B에 저장되어 있다고 가정을 하자. 산술 파이프라인은 벡터에 저장되어 있는 부동소수점 데이터를 대상으로 연산을 수행하여 그 결과는 벡터 레지스터 R_C에 전송을 한다. 따라서 매 시간 단위 시간마다 벡터 레지스터 R_A, R_B에 저장되어 있는 데이터가 산술 파이프라인에 전송되며, 산술 파이프라인은 전송된 데이터를 대상으로 단계별로 처리를 하여 그 결과를 R_C에 전송을 한다. 이러한 벡터 연산은 파이프라인을 효과적으로 이용할 수 있으며, 연산 시간을 감소시킬 수 있다.

벡터 처리를 위해 벡터 명령어와 파이프라인을 이용한 부동소수점 산술연산을 제공하는 컴퓨터가 수퍼 컴퓨터이다. 수퍼 컴퓨터에도 데이터 전송, 프로그램 제어 명령어, 단일 데이터를

대상으로 한 연산을 위한 보통의 명령어들이 있지만 이 분류에 속하는 컴퓨터들은 부동소수점 벡터 또는 행렬 계산을 효과적으로 수행할 수 있도록 이들 연산에 최적화되어 있다. 따라서 대규모 벡터 데이터 처리가 요구되는 일기 예보, 석유 탐사, 인간 유전자 분석, 이미지 처리 등의 분야에서 수퍼 컴퓨터가 활용되고 있다.

이러한 컴퓨터들의 컴퓨터 성능을 측정하는 척도로 MIPS(Million Instructions Per Second)가 있다. 이것은 1초 동안에 컴퓨터가 실행할 수 있는 명령어의 수를 백만 개 단위로 나타낸 것으로 1 MIPS는 1초 동안에 100만 개의 명령어를 수행할 수 있음을 의미한다. 그러나 벡터 처리기는 한 개의 명령어로 벡터에 저장되어 있는 많은 데이터를 처리하기 때문에 MIPS 처럼 처리기가 수행할 수 있는 명령어의 수를 이용한 성능 평가 방법은 벡터 처리기의 성능을 제대로 평가하지 못한다. 이러한 문제는 처리기가 실행할 수 있는 명령어 수 대신 연산의 수를 성능 평가 척도로 사용함으로써 해결될 수 있다. 즉, 이 방법은 1초에 몇 개의 명령어를 수행하는가를 평가하는 것이 아니라 몇 개의 연산을 수행할 수 있는가를 평가하는 것이다. SISD로 분류될 수 있는 컴퓨터 시스템은 1초에 실행할 수 있는 명령어의 수와 연산을 수가 같을 것이다. 그러나 SIMD로 분류될 수 있는 컴퓨터는 한 개의 명령어 실행으로 많은 데이터를 처리할 수 있기 때문에 1초에 실행할 수 있는 명령어 수보다 연산의 수가 크다.

최근 처리기의 성능 평가 척도로 많이 사용하고 있는 FLOPS(FLoating-point Operations Per Second)는 1초에 실행할 수 있는 부동소수점 연산의 수를 나타내는 것이다. 이 성능 평가 척도는 벡터 처리기와 같이 한 개의 명령어 실행으로 많은 부동소수점 데이터를 처리할 수 있는 컴퓨터 시스템의 실질적인 처리 성능을 나타낼 수 있다. 예를 들어, 최초의 수퍼 컴퓨터인 Cray-1은 파이프라인으로 구성되어 있는 여러 기능 장치들이 많은 레지스터에 저장되어 있는 부동소수점 데이터를 처리하여 매 12.5ns 시간마다 연산의 결과를 산출한다. 이 경우에 Cray-1은 1초 동안에 최대 8,000만개의($= \frac{1\ sec}{12.5\ ns}$) 부동소수점 연산을 수행할 수 있으며, 그 처리 성능은 80 MFLOPS로 나타낼 수 있다. 물론 Cray-1의 80 MFLOPS는 파이프라인이 완전히 채워져 있을 때의 최대 성능이기 때문에 실질적인 성능은 다소 낮을 것이다.

10.5 배열 처리기

배열 프로세서(array processor)는 대규모 데이터 배열에 대해 연산을 수행하는 프로세서로서 그 구조에 따라 연결된 배열 프로세서(attached array processor)와 SIMD 배열 프로세서로 구분될 수 있다. 연결된 배열 프로세서는 호스트 프로세서를 보조하는 보조 프로세서로서 대규모 데이터 배열을 대상으로 수치 연산 작업을 수행함으로써 컴퓨터의 처리 성능을 향상시키는 것이다. 호스트 프로세서와 연결된 배열 프로세서의 연결 구조는 그림 10.4에서 나타내고 있다. 호스트 프로세서와 연결된 배열 프로세서는 IO 인터페이스로 연결되어 있으며, 연결된 배열 프로세서는 주기억장치와 분리된 별도의 지역 메모리를 가지고 있어 데이터 배열 처리에 이용을 한다. 호스트 프로세서는 IO 인터페이스를 통해 연결된 배열 프로세서와 상호작용하기 때문에 연결된 배열 프로세서를 주변장치 중의 하나로 인식한다.

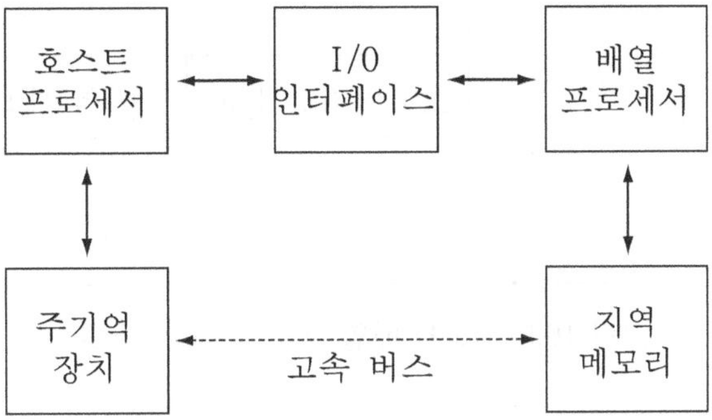

그림 10.4: 연결된 배열 프로세서와 호스트 프로세서

호스트 프로세서는 주기억장치에 저장되어 있는 프로그램을 실행한다. 배열 데이터를 대상으로 하는 벡터 처리 연산이 필요하지 않은 경우에는 이 프로세서는 보통의 프로그램을 실행하는 것과 동일하게 동작을 한다. 만약 고속의 벡터 처리 연산이 필요한 경우에 호스트 프로세서는 주기억장치에 적재되어 있는 데이터 배열을 고속의 버스를 통해 연결된 배열 프로세서의 지역 메모리로 전송을 하고, 벡터 연산 명령어들을 I/O 인터페이스를 통해 배열 프로세서에게 전송을 한다. 연결된 배열 프로세서는 I/O 인터페이스를 통해 수신한 벡터 처리 연산 명령어를 지역 메모리에 적재되어 있는 데이터들을 대상으로 실행한다.

SIMD 배열 프로세서는 여러 개의 처리 장치를 포함하고 있으며, 이들 처리 장치들이 각각의 데이터를 대상으로 동시에 동일한 처리를 수행한다. SIMD 배열 프로세서의 간략화된 구조는 그림 10.5에 나타내었다. 이 프로세서는 주기억장치에서 인출한 명령어를 실행하기 위한 제어 신호를 생성하는 제어장치가 한 개 있으며, 이 제어장치가 생성한 제어 신호는 모든 처리 장치에게 전송된다. 각 처리 장치는 각각 연산장치, 레지스터 등 처리 기능을 수행하기 위한 요소들을 포함하고 있으며, 처리해야 할 데이터를 저장하고 있는 지역 메모리를 갖고 있다. 제어장치가 생성한 하나의 제어 신호를 모든 처리 장치들이 공유하기 때문에 이들은 동일한 연산 처리 기능을 수행한다. 하지만 처리되는 데이터는 각 처리 장치의 지역 메모리에서 인출되기 때문에 SIMD 방식의 처리가 가능하다.

물론 제어 장치가 주기억장치부터 인출한 모든 명령어에 대해 앞서 설명한 방법으로 실행하는 것은 아니다. 인출한 명령어 중에서 일반적인 명령어는 그림에 표시되지 않은 별도의

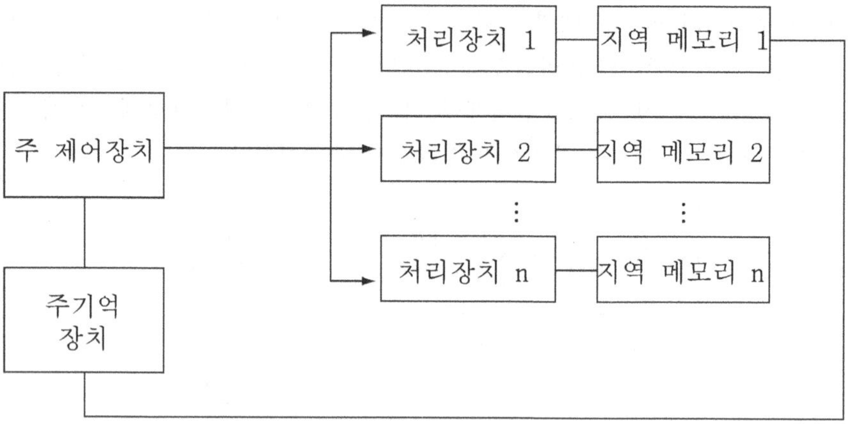

그림 10.5: SIMD 배열 프로세서의 블록도

처리 장치를 통해 실행되며, 벡터 명령어 또는 배열 데이터 처리 명령어는 앞서 설명한 방법으로 실행된다. 예를 들어, n개의 값을 저장하고 있는 배열 A와 B의 각각의 데이터를 덧셈하여 배열 C에 저장하는 경우를 가정하자. 이때 배열 A와 B의 i 번째 데이터인 A_i와 B_i는 지역 메모리 i 에 저장되며, 처리 장치 i는 제어장치의 제어 신호에 따라 이 배열 데이터를 이용하여 연산을 수행하고, 그 결과를 배열 C의 i 번째 데이터인 C_i에 저장한다. 이러한 처리는 모든 처리 장치에 대해 동일하게 수행이 된다. 따라서 배열 데이터들은 처리 장치들에 의해 동시에 처리가 되기 때문에 처리 시간을 단축시킬 수 있다.

SIMD 프로세서는 데이터 배열 또는 벡터 형식으로 저장되어 있는 데이터에 대한 효율적인 처리를 수행할 수 있지만 다른 종류의 계산이나 일반적인 목적을 위한 데이터 처리에는 좋은 성능을 보이지 못해 많이 사용되고 있지는 않았다. 그러나 최근에 컴퓨터 그래픽을 활용하는 분야가 많아지고, 고품질의 그래픽 이미지의 실시간 생성 등에 대한 요구가 많아짐에 따라 그래픽 처리기(GPU, graphics processing unit)의 성능과 기능이 확대되어, 일반적인 처리 목적에도 이용할 수 있게 되었는데, 이 그래픽 처리기는 SIMD 방식으로 데이터를 처리한다.

10.6 다중 프로세서

다중 프로세서 시스템은 여러 개의 프로세서들로 구성된 시스템을 의미하며, 일반적으로 한 문제를 해결하기 이들 프로세서들이 상호작용을 한다. 다중 프로세서 시스템에서 각각의 프로세서들은 하나의 문제를 해결하기 위해 동기화 메커니즘이 있지만 서로 개별적으로 동작을 한다. 이것은 각 프로세서들이 명령어를 독립적으로 주기억장치에서 인출하고, 실행함을 의미한다. 따라서 다중 프로세서는 Flynn의 분류법의 MIMD에 해당된다. 또 서로 이들 프로세서들 간의 상호작용은 하나의 운영체제에 의해 수행되고, 관리된다.

다중 프로세서 시스템은 기본적으로 성능향상을 목적으로 하고 있다. 이 시스템은 대규모 연산이 요구되는 작업을 동시 처리가 가능한 작은 작업으로 분할하고, 각각의 작은 작업을 각 프로세서에 할당하여 처리하도록 함으로써 병렬 처리가 가능하다. 이를 통해 작업의 처리 시간은 단축이 된다. 동시 처리가 가능한 작은 작업 즉, 처리의 병렬성을 찾는 것은 컴파일러가 또는 프로그래머가 수행할 수 있으며, 각각의 작은 작업을 프로세서에 할당하는 것은 프로그래머 또는 운영체제 수준에서 수행할 수 있다. 또 다중 프로세서 시스템은 더 이상 분할할 수 없는 작업들을 프로세서에게 할당하여 처리하도록 함으로써 처리량을 증가시킬 수 있다.

다중 프로세서 시스템 사용의 다른 목적은 처리의 신뢰성 향상에 있다. 한 개의 프로세서로 구성된 단일 프로세서 시스템은 프로세서에 고장이 발생하면 모든 처리가 중단된다. 하지만 다중 프로세서 시스템은 고장이 난 프로세서에서 처리되고 있던 작업을 정상적인 프로세서에게 전달함으로써 중단이 없는 서비스가 가능하다.

10.6.1 다중 프로세서 시스템 분류

다중 프로세서 시스템은 프로세서와 메모리를 구성하는 방법에 따라 공유 메모리 시스템(shared memory system)과 분산 메모리(distributed memory system)으로 분류될 수 있다. 공유 메모리 시스템은 밀 결합 다중 프로세서 시스템(tightly coupled multiprocessor system)이라고도 하며, 그림 10.6에 나타낸 것과 같이 상호 연결망에 모든 프로세서가 공유하는 공유 메모리가 연결되어 있다. 따라서 각 프로세서는 명령어와 데이터를 공유 메모리에서 인출한다.

공유 메모리는 한 번에 하나의 메모리 접근을 서비스할 수 배타적 자원이기 때문에 이를 사용하려는 프로세서들은 공유 메모리 접근을 위해 경쟁을 하게 된다. 따라서 경쟁의 결과로 프로세서들의 메모리 접근 요구들은 순서화되어 공유 메모리에 접근할 수 있다. 이로 인해 프로세서들은 공기 메모리 접근을 위해 대기해야 하며, 프로세서의 대기 시간의 발생은 다중 프로세서의 처리 효율을 감소시킬 수 있다. 이러한 문제는 각 프로세서가 전용으로 사용하는 캐시 메모리를 구성하여 프로세서의 공유 메모리 접근 빈도를 감소시킴으로서 해결할 수 있다.

분산 메모리 시스템은 약 결합 다중 프로세서 시스템(loosely coupled multiprocessor system)이라고도 불리며, 상호 연결망에 연결된 각 프로세서가 각각 자신의 메모리와 캐시 메모리를 가지고 있는 다중 프로세서 시스템이다. 프로세서, 메모리, 캐시 메모리 및 상호 연결망을 위한 인터페이스로 구성되는 처리 유닛(processing unit)은 분산 메모리 시스템을 구성하는 기본 단위이며, 노드(node)라고 한다. 따라서 분산 메모리 시스템은 상호 연결망에 연결된

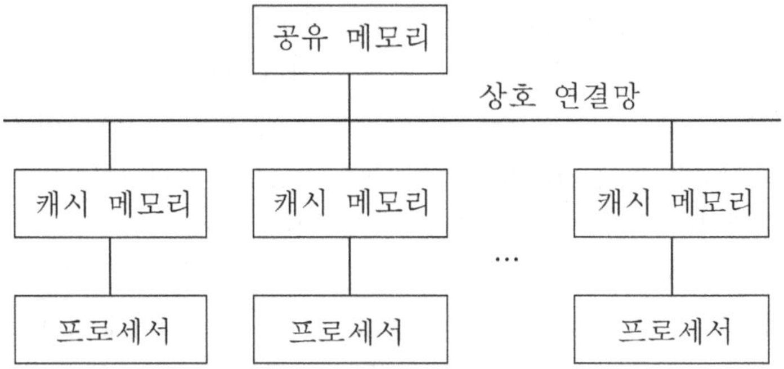

그림 10.6: 공유 메모리 다중 프로세서 시스템

복수 개의 노드들로 구성이 된다. 이때 노드간의 데이터 교환은 상호 연결망을 통해 메시지 패킷을 교환하는 메시지 전달방식을 이용한다.

동시 처리가 가능하도록 분할된 작은 작업들 사이에 상호 작용이 많은 경우에 프로세서간 데이터 전송 오버헤드가 상대적으로 적은 공유 메모리 시스템이 더 효과적이다. 반면 분할된 작은 작업들 간의 상호 작용이 적거나 없는 경우에는 프로세서간 데이터 교환이 적기 때문에 메시지 교환에 따른 오버헤드가 낮아 분산 메모리 시스템이 더 효과적이다.

10.6.2 상호 연결망

다중 프로세서 시스템은 그 종류에 상관없이 프로세서간의 상호작용이 반드시 필요하다. 이를 위한 상호연결망은 프로세서와 공유메모리, 프로세서와 프로세서간의 신호 또는 메시지 교환을 위한 기본적인 메커니즘을 제공하며, 공통 버스, 다중 포트 메모리, 크로스바 스위치, 다단 교환망, 하이퍼큐브 시스템 등이 있다.

공통 버스

단일 프로세서 시스템은 시스템 버스를 통해 프로세서, 주기억장치, IO 프로세서 등을 연결하며, 이를 이용하여 제어신호 및 데이터를 교환하는 것과 같이 공통 버스(common bus)는 다수의 프로세서들이 버스를 통해 상호작용할 수 있는 메커니즘을 제공한다. 그림 10.7은 프로세서들과 IO 프로세서 및 메모리 모듈들이 하나의 버스에 연결되어 있는 공통 버스를 나타낸 것이다. 각 프로세서들은 주기억장치로 부터 명령어 인출 또는 데이터 접근을 위해 공통 버스를 이용한다. 또 IO 프로세서는 입출력할 데이터를 위해 주기억장치 접근이 필요한 경우에 공통 버스를 이용한다.

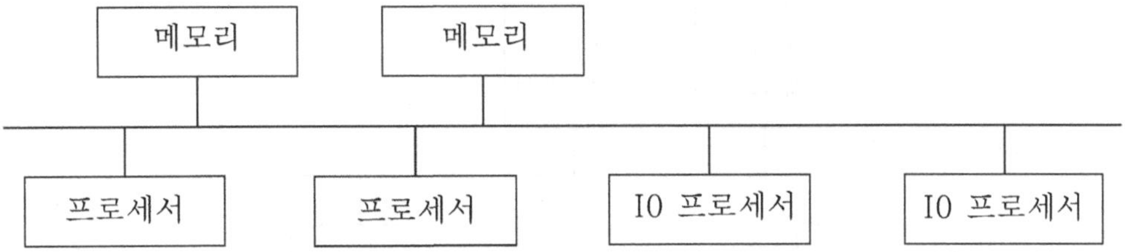

그림 10.7: 공통 버스 시스템

공통 버스는 다수의 프로세서가 연결되어 있지만 임의의 한 시점에는 한 개의 프로세서만 이 버스를 통해 신호를 전송할 수 있다. 만약 두 개이상의 프로세서가 공통 버스를 통해 신호를 동시에 전송하려고 시도를 하면 신호들이 정상적으로 전송될 수 없는 충돌현상이 발생한다. 이러한 충돌 현산은 시스템 성능에 부정적인 영향을 미친다. 버스 중재기(bus arbitrator)는 버스를 사용할 프로세서를 결정하는 것으로 버스 충돌 현상을 제거할 수 있다 공통 버스를 이용하고자 하는 프로세서는 버스 중재기로부터 버스 사용권을 획득한 후 버스를 사용할 수 있다. 공통 버스에 연결되어 있는 많은 프로세서들이 다른 시스템 요소들과 상호 작용을 하기 위해 공통 버스를 이용하려고 할 경우에 버스 사용을 제어하는 버스 중재기에서 병목 현상이 발생할 수 있다.

이를 해결하기 방안은 공통 버스에 연결된 각 프로세서들이 별도의 지역 버스를 두는 다중 버스 시스템이 있다. 그림 10.8은 다중 버스 시스템의 예를 나타낸 것이다. 이 버스 시스템에서 시스템 버스(system bus)는 모든 프로세서들이 공유하는 것으로 이 버스에 공유 메모리 및 IO 프로세서가 연결되어 있다. 또 이 시스템 버스에는 각 프로세서를 위한 버스 제어기(bus controller)가 연결되어 있으며, 버스 제어기는 시스템 버스와 지역 버스를 연결시키는 역할을 수행한다. 지역 버스에는 프로세서와 그 프로세서가 사용하는 지역 메모리 및 IO 프로세서가 연결되어 있다. 프로세서 또는 IO 프로세서가 사용할 명령어 또는 데이터가 지역 메모리에 저장되어 있다면 지역 버스를 통해 접근할 수 있다. 프로세서는 공유 메모리에 접근하거나 공유하는 IO 프로세서와 상호작용을 할 때에만 시스템 버스를 사용한다. 따라서 시스템 버스 사용 빈도를 감소시킬 수 있어 앞서 설명한 공통 버스 특징으로 인한 시스템 성능 감소를 해소할 수 있다.

다중 포트 메모리

공유 메모리 시스템은 프로세서에 비해 상대적으로 많은 클록 사이클이 필요한 메모리 접근을 분산시키기 위해 다수의 메모리 모듈을 사용하고 있다. 하지만 메모리 모듈들이 모두 공통

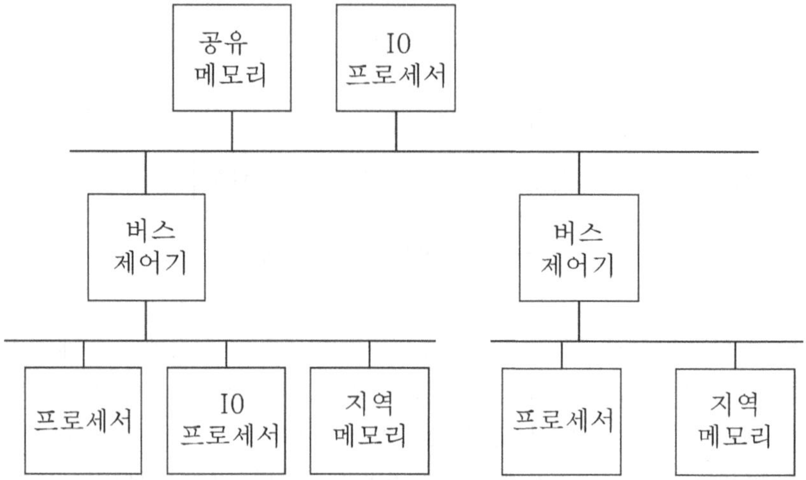

그림 10.8: 다중 버스 시스템

버스 또는 시스템 버스에 연결되어 있기 때문에 한 프로세서가 메모리 모듈 중 한 모듈에 접근하기 위해 버스를 사용하고 있는 동안에는 다른 프로세서들이 대기 상태에 있는 다른 메모리 모듈에 접근할 수 없다. 이러한 문제를 해결하기 위한 방법 중 하나는 다중 포트 메모리를 상호 연결망으로 구성할 수 있다. 다중 포트 메모리는 프로세서 또는 IO 프로세서가 각 메모리 모듈과 연결되는 버스를 각각 별도로 가지는 시스템 구성이다. 그림 10.9은 n개의 프로세서, m개의 IO 프로세서, p개의 메모리 모듈을 갖는 다중 포트 메모리를 나타낸 것이다.

다중 포트 메모리에서 프로세서 1이 자신의 버스를 이용하여 메모리 모듈 1에 접근하고 있는 동안 다른 프로세서들도 자신의 버스를 이용하여 다른 메모리 모듈에 접근하여 동시에 작업을 처리할 수 있다. 따라서 다중 프로세서 시스템이 다중 포트 메모리를 이용하면 p개의 메모리 모듈에 대한 동시 접근이 가능하기 때문에 최대 p 만큼의 메모리 접근 병렬성을 확보할 수 있으며, 이를 통해 시스템의 성능을 향상 시킬 수 있다.

다중 프로세서 시스템이 다중 포트 메모리 상호 연결망을 사용하더라도 여러 프로세서가 한 메모리 모듈에 동시 접근하는 것은 허용되지 않는다. 그림 10.9에서 프로세서 1이 메모리 모듈 1을 사용하고 있다면 다른 프로세서는 메모리 모듈 1에 접근할 수 없다. 이 경우에 다른 프로세서는 프로세서 1이 메모리 모듈 1에 대한 접근을 완료할 때까지 대기하거나 해당 프로그램의 실행을 지체시켜야 한다. 즉, p개의 메모리 모듈이 다중 포트 메모리 시스템을 구성하고 있다고 하더라도 여러 프로세서가 임의의 한 메모리 모듈에 접근하려고 시도할 경우에 각 프로세서의 접근 요구들은 순서화되어야 한다. 따라서 다중 포트 메모리 시스템의 효율을

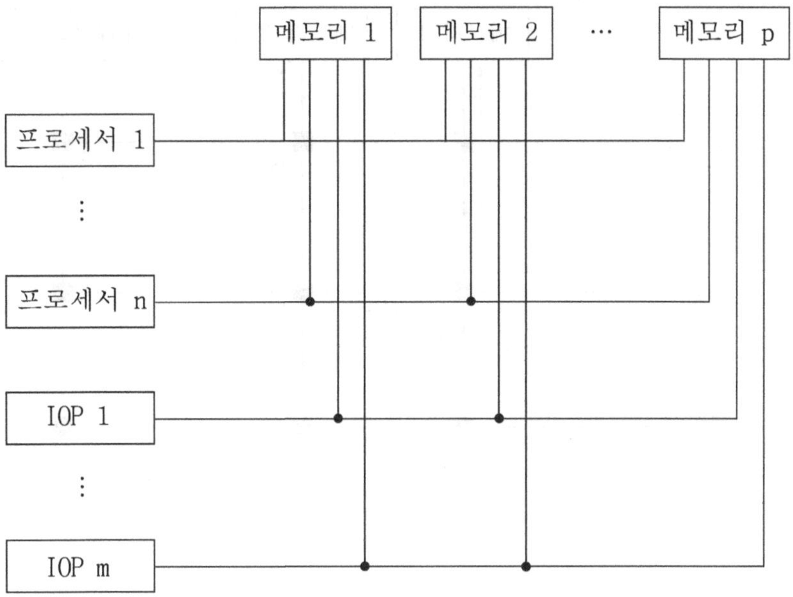

그림 10.9: 다중 포트 메모리 시스템

최대화하기 위해서는 각 프로세서의 메모리 접근을 골고루 분산시킬 수 있어야 하며, 이것은 컴파일러, 운영체제 및 하드웨어 수준에서 고려되어야 한다. 메모리 모듈은 각 프로세서의 버스와 연결되기 위해 버스 수 만큼의 포트를 가져야 하고, 임의의 시점에 각 포트의 사용 여부를 결정하기 위한 제어논리도 가지고 있어야 하기 때문에 구조가 복잡하다는 단점을 가지고 있다.

크로스바 스위치

다중 포트 메모리는 메모리 모듈이 각 프로세서 버스와의 연결을 위해 각 버스에 대응하는 메모리 포트를 가지고 있어 복잡하다는 단점을 가지고 있다. 크로스바 스위치(crossbar switch)는 그림 10.10에 나타낸 것과 같이 메모리 모듈을 모든 프로세서 버스와 연결되어 있으며, 그 교차점에 크로스바 스위치를 두어 제어 신호 및 데이터 흐름을 제어한다. 예를 들어 프로세서 2가 메모리 모듈 2에 접근하기 할 경우에 프로세서는 데이터를 스위치 S_1에 전달하며, S_1은 그것을 S_2로 전달한다. 크로스바 스위치 S_2는 데이터의 목적지가 메모리 모듈 2이기 때문에 그 신호를 S_3로 전달하며, S_3는 메모리 모듈에게 전달한다. 만약 프로세서 n이 메모리 모듈 1에 접근하려 할 경우에는 스위치 S5, S1, S4가 데이터 전송을 위해 사용된다.

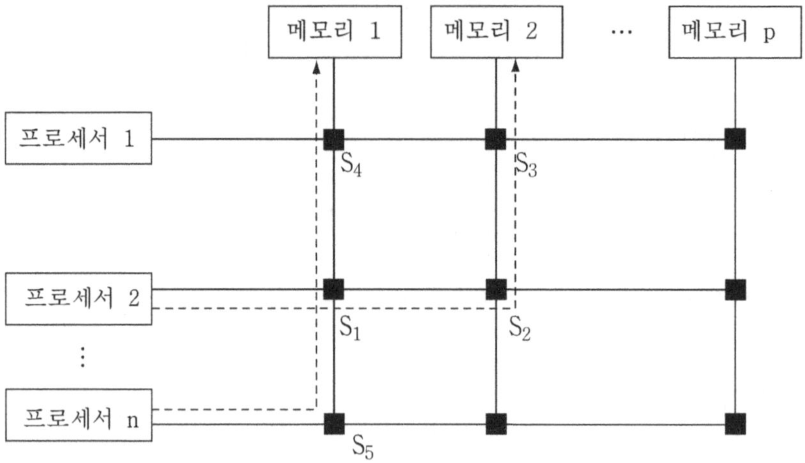

그림 10.10: 크로스바 스위치

크로스바 스위치는 각 메모리 모듈에 대한 접근을 동시에 전달할 수 있기 때문에 메모리 접근의 병렬성을 극대화할 수 있다. 그림 10.10과 같이 p개의 메모리 모듈로 구성되어 있는 크로스바 스위치 시스템은 최대 p개의 메모리 접근 요청을 전달할 수 있기 때문에 메모리 전송율을 극대화할 수 있다. 그러나 다중 포트 메모리 시스템과 같이 한 메모리 모듈에 다수의 프로세서가 접근하려고 할 경우에는 메모리 접근 요청은 순서화되어야 한다. 또 프로세서의 접근 요청을 메모리 모듈까지 전달하기 위한 경로를 결정하는 방법에 따라 시스템 효율이 달라질 수 있으며, 크로스바 스위치의 제어 회로가 복잡하다는 단점을 갖고 있다.

다단 교환망

2개의 입력과 2개의 출력을 가진 상호 교환 스위치는 입력을 두 개의 출력 중 하나로 라우팅할 수 있기 때문에 이를 이용하여 n 단계의 교환망을 구성할 경우에 최초 입력된 신호를 2^n 개의 목적지 중 하나에 전달할 수 있다. 이를 이용하여 프로세서와 메모리 모듈간의 상호연결망을 구성한 것이 다단 교환망이다. 그림 10.11에 나타낸 2×2 상호 교환 스위치로 구성된 3 단계 교환망은 목적지에 해당하는 메모리 모듈이 8개가 될 수 있다.

각 상호 교환 스위치는 목적지의 주소에 따라 두 개의 출력 중 하나를 선택하여 입력과 연결함으로써 신호를 전달한다. 예를 들어 프로세서 P_0가 메모리 모듈 5에 접근하고자 할 경우에 프로세서 P_0가 생성한 신호를 입력으로 받은 스위치 S_1은 입력을 출력 1과 연결한다. 즉, 이 스위치는 출력 1로 신호를 전달하며, 이 신호는 스위치 S_2의 0번 입력이 된다. 스위치 S_2는

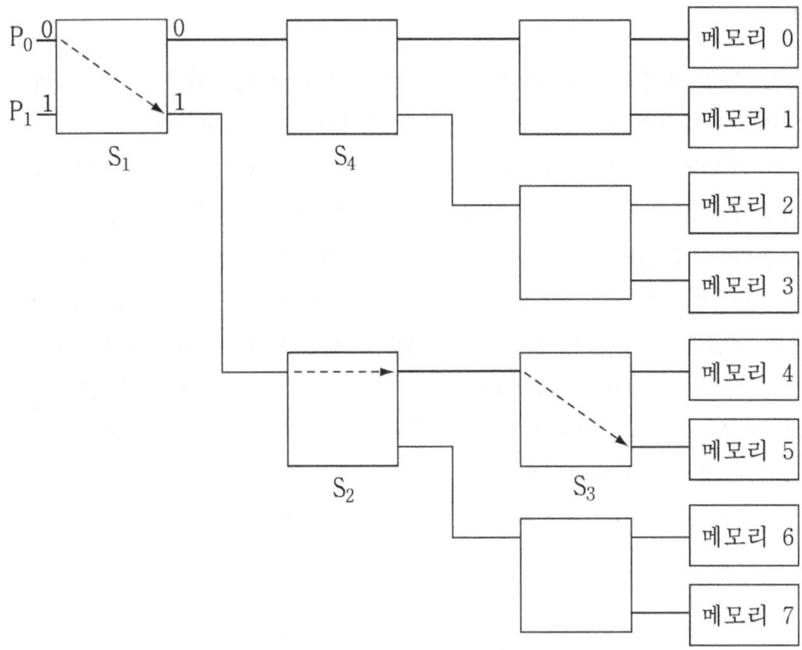

그림 10.11: 2x2 상호 교환 스위치로 구성된 3 단계 교환망

입력 0을 통해 도착한 신호의 목적지를 확인한 후 그 신호를 출력 0으로 연결한다. 스위치 S_3은 입력 0에 도착한 신호를 출력 1에 연결함으로써 프로세서 0이 생성한 신호를 메모리 모듈 5에 전달할 수 있다.

다단 교환망의 기본 요소라고 할 수 있는 2×2 상호 교환 스위치는 비교적 단순하여 다양한 형태의 다단 교환망을 구성할 수 있다. 하지만 프로세서와 그 프로세서가 접근하고자 하는 메모리 모듈이 달라도 신호를 라우팅 과정 중에 중복되는 경로가 있다면 두 신호가 동시에 전송될 수 없다는 문제가 있다. 예를 들어, 그림 10.11에서 프로세서 P_0는 메모리 모듈 0에 접근하려고 하고, 동시에 프로세서 P_1은 메모리 모듈 3에 접근하려는 경우를 가정하자. P_0를 위해 스위치 S_1은 입력 0를 출력 0으로 연결해야 하고, 동시에 P_1을 위해 입력 1을 역시 출력 0으로 연결하여야 한다. 상호 교환 스위치는 두 개의 입력을 동시에 하나의 출력으로 연결할 수 없기 때문에 두 프로세서의 접근은 순서화되어야 한다. 만약 프로세서 0의 신호가 어떤 절차에 따라 선택되어 S_1의 출력에 연결된 경우에 프로세서 1은 다른 모든 스위치들이 휴지 상태에 있어도 다른 스위치와 연결되어 있지 않기 때문에 다른 스위치를 이용하는 대안 경로를 설정할 수 없다.

하이퍼큐브

k-차원 n-큐브 상호 연결망은 n^k 개의 노드들로 구성된 것으로 각 노드마다 k개의 노드들이 인접해 있으며, 각 차원마다 n개의 노드들로 구성되어 있는 형태이다. 또 각 노드마다 k개의 n-진수의 수를 식별자로 갖는다. k-차원 하이퍼큐브는 $n = 2$인 k-차원 n-큐브 상호 연결망의 특별한 형태로서 2^k개의 노드들로 구성된 상호연결망이며, 각 노드는 k개의 이진수로 구성된 식별자를 갖는다. 그림 10.12에 나타낸 3 차원 하이퍼큐브 상호 연결망은 $8(= 2^3)$개의 노드로 구성되어 있으며, 각 노드는 3개의 인접 노드를 갖는다. 또 각 노드는 3개의 이진수 즉, 000 $\sim$ 111을 식별자로 가지며, 인접한 노드와 그 식별자가 한 비트만 다르다. 노드 000와 인접해 있는 노드는 노드 001, 010, 100이며, 인접한 노드와는 각 차원에 해당하는 비트만 그 값이 다르다. 예를 들어, 노드 000과 1-차원 연결을 하고 있는 것은 노드 001이며, 노드 식별자 비트들 중 1차원 식별자에 해당하는 가장 오른쪽 비트만 다르다. 동일하게 노드 000과 노드 010은 노드 식별자의 2차원 식별자에 해당하는 비트만 그 값이 다르다.

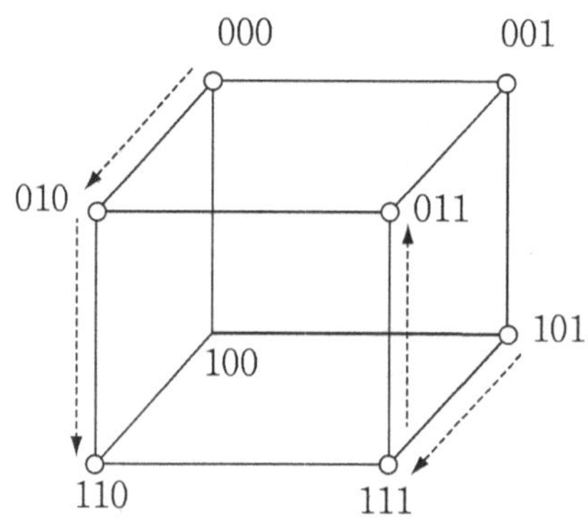

그림 10.12: 3차원 하이퍼큐브 상호 연결망

메시지의 소스 노드에서 도착 노드까지 메시지를 전송하기 위한 라우팅 방법은 다양하게 있으나 가장 간단한 방법은 메시지를 전송하는 노드 또는 경로의 중간에 있는 노드와 메시지의 최종 도착 노드의 식별자를 배타적 논리합(xor)을 한 후 그 결과 값에서 0이 아닌 값을 갖는 첫 번째 차원의 링크를 통해 메시지를 전송하는 것이다. 예를 들어 노드 000이 노드 110에게 메시지를 전송하고자 할 경우에 두 노드의 식별자를 배타적 논리합 연산을 한 결관는 110이 된다. 이 값에서 차원의 값이 0이 아닌 것중 첫 번째 차원은 2차원이므로 노드 000은 2차원 링크를 통해 노드 010에게 메시지를 전송한다. 노드 010은 다음 노드에게 이 메시지를 전달하기 위해 메시지의 최종 도착 노드의 식별자와 자신의 식별자를 이용하여 배타적 논리합 연산을 수행하며, 그 결과는 100이 된다. 이 값에서 차원의 값이 0이 아닌 것은 3차원이므로 노드 010은 3차원 링크를 이용하여 노드 110에게 메시지를 전송한다. 노드 110은 수신한 메시지의 최종 목적지가 자신이므로 노드의 프로세서가 처리할 수 있도록 한다. 노드 101이 노드 011에게 메시지를 전송하는 경우에도 동일하게 수행하여 노드 101이 1차원 링크를 통해 노드 111에게 전송하고, 노드 111은 3차원 링크를 이용하여 노드 011에게 메시지를 전송할 수 있다.

연습문제

1. 어떤 컴퓨터 시스템이 한 명령어를 실행하는데 30ns의 시간이 필요하다고 가정하자. 이 시스템의 성능 향상을 위해 4-단계 명령어 파이프라인을 넣어 설계를 하였다고 하자. 명령어 파이프라인의 각 세그먼트 수행에 각각 10ns의 시간이 필요하다. 이때 100개의 명령어를 실행할 때 얻을 수 있는 속도 증가율을 계산하라

2. n-단계 파이프라인의 이론상 최대 속도 증가율은 이다. 그 이유를 설명하여라.

3. n-단계 파이프라인의 이론상 최대 속도 증가율은 이다. 그러나 실제 운용 환경에서는 의 속도 증가율이 되지 못한다. 그 이유를 설명하라.

4. 그림 10.2의 산술 파이프라인에서 중간 결과를 레지스터에 저장하는 시간을 포함하여 각 세그먼트의 실행 시간이 10ns이라고 하고, 파이프라인을 사용하지 않는 경우에 연산 시간은 35ns라고 가정을 하자. 이때 두 쌍의 데이터를 처리할 때의 속도 증가율과 100 쌍의 데이터를 처리할 때의 속도 증가율을 각각 계산하고, 두 경우의 속도 증가율이 동일하지 않은 이유를 설명하라. 또 이 이유를 이용하여 산술 파이프라인의 이론상 최대 속도 증가율에 근접하기 위한 조건을 제시하여라.

5. 산술 파이프라인 기술을 적극적으로 이용하고 있는 것이 벡터 처리기이다. 벡터 처리기가 대용량 데이터 처리에 좋은 성능을 보이는 이유를 설명하라.

6. 공유 메모리 시스템과 분산 메모리 시스템간의 차이점을 설명하라.

7. 다중 포트 메모리 시스템에서 모든 프로세서가 메모리 모듈 1에 접근하려고 시도할 경우에 어떤 문제가 발생할 수 있으며, 그 문제를 소프트웨어 레벨에서 해결할 수 있다면 그 방법을 논하라.

8. 2×2 상호 교환 스위치를 이용하여 다단 교환망을 구성하고자 한다. 만약 메모리 모듈 16개를 이용하여 메모리 시스템을 구성할 경우에 몇 단계 교환망을 설계하여야 하는가?

9. 그림 10.12의 하이퍼큐브 상호 연결망에서 노드 111이 노드 000에게 메시지를 전송할 때 라우팅하는 방법을 설명하라.

Part Ⅱ

ARM 프로세서 프로그래밍

Chapter 11

ARM 프로세서

Chapter 11

ARM 프로세서

이 장에서는 임베디드 시스템 설계를 할 때 많이 이용되고 있는 ARM 프로세서에 대해 간단히 설명을 하고, 이 프로세서를 이용하여 시스템 설계를 할 때 필요한 개발 환경 설치에 대해 설명을 한다.

11.1 ARM 프로세서 : 첫인상

이제부터 우리는 ARM 프로세서를 이용하여 임베디드 시스템을 설계하는 과정에 대해 설명을 한다. 우리는 무의식중에 많은 임베디드 시스템(embedded system)을 이용하고 있다. 예를 들어, 최근에 판매되고 있는 대부분의 자동차에는 ECU라고 불리는 임베디드 시스템이 장착되어 있어, 이것이 엔진, 변속기, 브레이크 시스템, 에어백, 각종 공조 장치 등을 적절히 제어함으로서 자동차가 '자동차'로서의 기능을 수행할 수 있다. 따라서 동일한 차종이라고 하더라도 ECU가 각종 장치를 제어하는 방법을 달리 하면 엔진 출력, 변속기의 변속 시점 등이 달라져 다른 특성을 갖는 자동차가 될 수 있다. 또, 하나의 IP 주소를 여러 컴퓨터가 공유하기 위해 사용하는 공유기도 대표적인 임베디드 시스템이다. 이 시스템은 공인 IP 주소를 이용하여 수신한 메시지-엄밀히 이야기하면 프로토콜 헤더-를 분석하여 공유기에 연결되어 있는 컴퓨터에게 전달하는 역할을 한다. 이처럼 우리 삶의 전반에 임베디드 시스템이 사용되고 있으며, 약간의 과장을 붙이면 임베디드 시스템이 없다면 우리가 당연하다고 생각하는 많은 일들을 할 수가 없을 것이다.

임베디드 시스템은 '특정한 기능을 효과적으로 수행하는 비교적 소규모 컴퓨터 제어 시스템'이라고 정의할 수 있다. 그림 11.1은 임베디드 시스템의 기본적인 기능을 나타낸 것으로,

임베디드 시스템은 각종 센서 등에 의해 검출된 신호를 입력받아 적절한 처리를 수행한 제어 신호를 생성한다. 예를 들어, 자동차의 에어백을 제어하는 ECU는 충격감지센서가 감지한 충격의 정도를 입력받고, 일정 수준 이상의 충격이 있는 경우에 에어백을 작동시키는 제어신호를 생성한다.

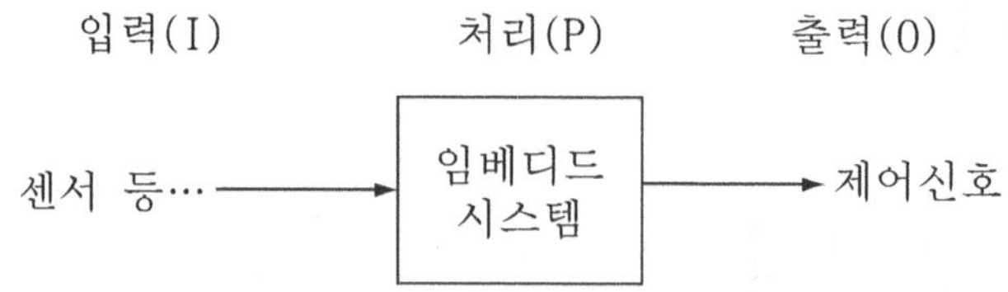

그림 11.1: 임베디드 시스템의 기능

임베디드 시스템을 설계할 때 고려 사항은 응용 분야마다 다르다. 하지만 소형 임베디드 시스템 설계에서는 적은 전력 소모, 작은 크기, 적절한 성능, 많은 기능과 더불어 저렴하기까지 한 마이크로 컨트롤러가 많이 이용된다. 최근에는 많은 임베디드 시스템에 ARM에서 개발한 프로세서 코어(core)를 기반으로 하여 Atmel, STMicroelectronics에서 개발한 마이크로 컨트롤러가 사용되고 있다. 이는 ARM에서는 프로세서 코어만 개발하고, 그것을 여러 반도체 회사에 제공하면, 각 반도체 회사는 ARM의 코어에 각종 주변 장치들을 추가하여 마이크로 컨트롤러를 생산함을 의미한다. 즉, 동일한 ARM 프로세서 코어를 이용하였다 하더라도 각 반도체 회사에서 개발, 생산하는 마이크로 컨트롤러의 기능이 다르다. 따라서 임베디드 시스템 개발자는 설계하고자 하는 대상 시스템의 기능에 따라 적절한 마이크로 컨트롤러를 선택할 수 있다.

ARM 코어를 기반으로 한 임베디드 시스템의 설계를 위해서는 특정한 마이크로 컨트롤러를 정하고, 이를 이용하여 개발하여야 한다. 물론 프로세서 코어가 동일하다면 마이크로 컨트롤러를 제어하는 방법은 그 종류에 관계없이 같은 방법을 사용할 수 있다. 이 책에서는 적은 전력 소모, 작은 크기, 적절한 성능, 많은 기능을 가지면서도 가격까지 저렴한 Atmel사의 마이크로 컨트롤러인 AT91SAM7S256–이하, 마이크로 컨트롤러–를 이용하여 앞서 기술한 컴퓨터구조를 응용하여 시스템을 설계, 프로그래밍 하는 것을 다룬다.

11.2 ARM 프로세서 소개

이 절에서는 마이크로 컨트롤러의 핵심 요소라고 할 수 있는 ARM 프로세서 코어의 특징을 소개한다. 다른 서적 또는 개발사의 사이트(www.atmel.com)에는 해당 코어에 대한 특징들을 많이 소개를 하고 있지만 이 책에서는 최소한의 특징만을 소개한다.

11.2.1 32-비트 RISC 프로세서

ARM 프로세서 코어는 RISC 구조를 갖는 32-bit 프로세서로서 소형, 저전력, 높은 코드 집적도, 하드웨어 디버그 기술 포함 등의 특징으로 다양한 임베디드 시스템에 적용되고 있다. RISC 구조는 기본적이면서 사용 빈도가 높은 명령어만으로 명령어 집합을 구성하여 프로세서의 하드웨어 복잡도를 감소시켰으며, 파이프라인 등의 기술을 이용하여 한 클록에 명령어 한 개를 실행할 수 있도록 한 프로세서 구조이다. 이러한 구조의 프로세서는 상대적으로 많은 수의 레지스터를 두어 상대적으로 많은 시간이 필요한 메모리 접근을 최소화하여 성능을 높이고 있다. 또, 레지스터와 메모리 간의 데이터 전송은 적재와 저장 명령어만을 이용하여 수행함으로써 명령어가 효율적으로 실행되도록 하고 있다.

AT91SAM7S257 마이크로 컨트롤러는 ARM-7 프로세서 코어를 이용하여 설계된 것으로 그림 11.2에 보인 것과 같은 데이터 흐름을 갖는다. 데이터 흐름에 대한 이해는 이 프로세서를 이용하여 임베디드 시스템을 프로그래밍할 때 많은 도움이 된다. 적재 명령어를 이용하여 데이터 버스를 통해 메모리에서 적재되는 값은 기본적으로 32-bit 길이를 갖는다. 만약 그 길이보다 작은 8-bit 또는 16-bit 길이를 갖는 데이터라면 부호 확장기에 의해 32-bit 길이를 갖는 데이터로 변환되어 레지스터 파일에 전송된다. 레지스터 파일은 레지스터들로 구성되어 있는 저장 공간을 의미하는 것으로 '파일'의 일반적 의미와는 차이가 있다. 이 프로세서에는 일반 목적용으로 사용할 수 있는 열여섯 개의 범용 레지스터가 있으며, 각각 R0~R15라는 레지스터 이름으로 레지스터에 접근을 할 수 있다. 연산장치는 레지스터에 저장되어 있는 두 값을 대상으로 산술 연산 또는 논리 연산을 수행하여 그 결과를 주소 레지스터 또는 레지스터 파일에 전송을 한다. 특히 R_m 으로 표시된 연산에 사용되는 두 번째 값은 시프터를 통해 전달되는 것으로 필요에 따라 시프트한 것을 연산에 사용할 수 있다. 이것은 시프트 연산을 포함한 연산 수행을 쉽게 표현하고, 실행할 수 있다. 연산장치는 피연산자를 저장하고 있는 레지스터 R_M, R_N 의 값을 이용하여 연산을 수행한 후 결과는 레지스터 R_D 에 전송을 한다. 이때, $0 \leq M, N, D \leq 15$의 조건을 가진다. 레지스터 파일에 저장되어 있는 데이터는 저장 명령어를 이용하여 데이터 버스를 거쳐 다시 메모리에 저장될 수 있다. 이처럼 이 프로세서는 적재, 저장 명령어를 이용하여 메모리에 접근할 수 있으며, 다른 명령어들은 모두 레지스터 파일에 저장되어 있는 데이터를 대상으로 수행된다.

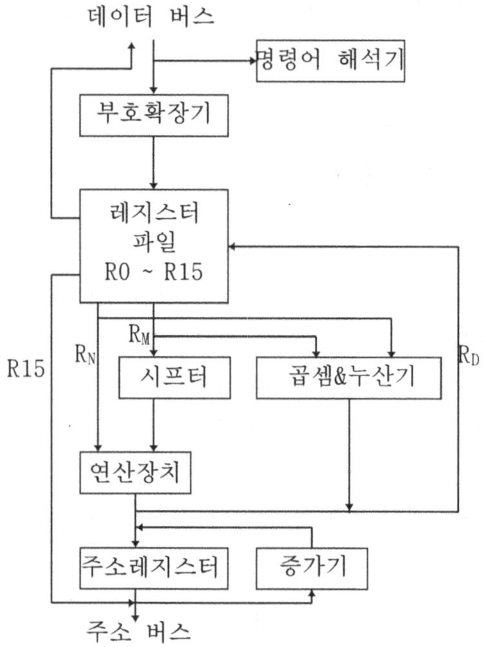

그림 11.2: ARM-7의 데이터 흐름도

11.2.2 프로세서 모드

ARM-7 코어는 대부분의 명령어를 앞서 서술한 데이터 흐름에 따라 실행을 하지만 사용할 수 있는 레지스터 또는 기능에 따라 크게 일반 모드와 특권 모드로 동작을 한다. 대부분의 명령어는 프로세서의 동작 모드와 상관없이 사용될 수 있지만 몇몇 레지스터와 명령어는 특권 모드에서만 사용할 수 있다. 특권 모드에서만 접근할 수 있는 레지스터와 그것을 위한 명령어를 제외한 일반적인 명령어들을 어떤 동작 모드에서 수행시킬 것인가에 대한 구분은 사실상 없다고 할 수 있다. 매우 간단한 기능을 가진 임베디드 시스템의 경우에는 특권 모드에서만 동작을 시킬 수도 있으며, 또 다른 응용에서는 목적에 따라 일반 모드와 특권 모드를 수시로 전환하며 동작을 시킬 수도 있다. 하지만 마이크로 컨트롤러의 기능을 이용하여 좋은 임베디드 시스템을 설계하고 구현하기 위해서는 명령어가 실행되는 목적에 따라 일반 모드와 특권 모드를 구분하여 동작을 시킨다. 임베디드 시스템의 특정 기능을 위해 수행되는 응용 프로그램은 보통 일반 모드에서 동작을 하며, 인터럽트 처리, 태스크 전환 등 임베디드 시스템의 기본 서비스는 특권 모드에서 동작을 한다. 예를 들어, 주기적으로 LED를 깜박이는 임베디드 시스템을 가정하자. 이 시스템에서 LED를 켜거나 꺼는 것은 임베디드 시스템의 특정 기능을 위한 응용이며, 이를 위한 프로그램은 일반 모드에서 동작을 한다. 반면 LED가 점멸하는 주기는 프로세서의 타이머에 의해 생성되며, 이 주기에 따라 LED를 켜거나 꺼는 루틴을 호출하는 서비스 루틴은 특권 모드에서 동작을 한다.

ARM-7 프로세서 코어의 경우에 일반 모드에는 user 모드가 있으며, 특권 모드에는 여섯 가지 모드가 있다. 표 11.1은 ARM 프로세서 모드를 나타낸 것이다. 각 모드의 용도에 대한 것은 이어지는 장들에서 다룬다.

Table 11.1: ARM 프로세서의 모등

<table>
<tr><th colspan="2">프로세서 모드</th><th>설명</th></tr>
<tr><td>일반 모드</td><td>user</td><td>응용 프로그램을 위한 모드</td></tr>
<tr><td rowspan="6">특권 모드</td><td>abort</td><td>메모리 접근에 실패한 경우</td></tr>
<tr><td>FIR</td><td rowspan="2">인터럽트 처리를 위한 모드</td></tr>
<tr><td>IRQ</td></tr>
<tr><td>supervisor</td><td>프로세서 리셋시 기본 모드</td></tr>
<tr><td>system</td><td>user 모드의 특수 버전, 모든 레지스터 접근 가능</td></tr>
<tr><td>undefined</td><td>정의되지 않은 명령어 인출 시</td></tr>
</table>

11.2.3 레지스터

ARM-7 프로세서 코어에는 일반 목적용 연산에 사용될 수 있는 데이터 또는 주소를 저장하는 범용 32-bit 레지스터가 16개가 있다고 하였다. 그러나 표 11.2에 나타낸 것과 같이 ARM-7 프로세서에는 모두 37개의 레지스터가 있다.

User와 System 동작 모드에서는 범용 레지스터인 $R0 \sim R15$ 와 현재의 상태를 저장하는 레지스터인 *CPSR*을 사용할 수 있다. Supervisor 모드에서는 *R13*, *R14*와 각각 뱅크(bank) 되어 있는 *R13_SVC*, *R14_SVC*와 *SPSR* 로 뱅크되어 있는 *SPSR_SVC* 를 사용할 수 있어 모두 18개의 레지스터를 사용할 수 있다. 표 11.2에서 같은 행에 있는 레지스터는 모두 뱅크 레지스터(bank register)로 각 동작 모드에 따라 실제로 사용되는 레지스터가 다름을 의미한다. 예를 들어 Supervisor 모드에서 사용하는 *R13* 은 레지스터 *R13_SVC*이며, User 모드에서 *R13* 과는 별도의 레지스터이다. 따라서 Supervisor 모드에서 *R13* 의 값을 변경하더라도 *R13* 에 뱅크된 *R13_SVC* 의 값이 변경되며, User 모드에서 사용하는 *R13* 의 내용은 유지된다. 물론 Superviosr 모드에서는 User 모드의 *R13* 에 접근할 수는 없다.

Table 11.2: ARM-7 프로세서 레지스터

User & System	Supervisor	Abort	Undefined	IRQ	FIQ
R0					
R1					
R2					
R3					
R4					
R5					
R6					
R7					
R8					*F8_FIQ*
R9					*F9_FIQ*
R10					*F10_FIQ*
R11					*F11_FIQ*
R12					*F12_FIQ*
R13	*R13_SVC*	*R13_ABT*	*R13_UND*	*R13_IRQ*	*R13_FIQ*
R14	*R14_SVC*	*R14_ABT*	*R14_UND*	*R14_IRQ*	*R14_FIQ*
R15					
CPSR					
	SPSR_SVC	*SPSR_ABT*	*SPSR_UND*	*SPSR_IRQ*	*SPSR_FIQ*

동일하게 Abort, Undefined, IRQ 모드에서는 *R13*, *R14*, *SPSR* 에 뱅크되어 있는 레지스터를 사용할 수 있다. FIQ 모드에서는 *R*8 ~ *R*14 가 뱅크되어 있어 해당 레지스터들은 다른 동작 모드와 공유되지 못한다. 반면 뱅크되지 않은 레지스터들은 동작 모드의 변환이 있어도 해당 레지스터의 값을 공유할 수 있다. 예를 들어, User 모드에서 *R0* 에 저장한 값은 동작 모드가 Supervior 모드로 전환되어도 동일한 레지스터에 접근하기 때문에 동작 모드 전환 때에 데이터를 공유할 수 있다.

레지스터 *R*0 ~ *R*15가 범용 레지스터로 사용되지만 *R*13 ~ *R*15 는 범용 레지스터뿐만 아니라 특별한 목적으로 사용된다. 레지스터 *R13* 은 스택 포인터(stack pointer), *R14* 는 반환 주소(return address), *R15* 는 프로그램 카운터(PC, Program Counter) 저장을 위해 사용된다.

레지스터 *CPSR* 과 *SPSR* 는 프로세서의 상태를 저장하는 것으로 ARM-7 프로세서의 내부 동작을 모니터링하거나 제어하기 위한 목적으로 사용된다. 그림 11.3는 상태 레지스터의 각 bit 필드가 가지는 의미를 나타내고 있다. 비트 31의 N 은 명령어 수행의 결과가 양수인지 또는 2의 보수로 표현된 음수인지를 나타내는 것으로 이 비트 필드의 값이 1이면 음수이며, 0 이면 양수임을 의미한다. 비트 30은 명령어 수행의 결과가 0이면 1의 값이 저장되며, 0 아닌 다른 값이라면 0의 값이 저장된다. 비트 29는 명령어 수행의 결과에 자리 올림 수(캐리, carry)의 값을 나타내는 것으로 0이면 '캐리가 없다'라고 표현하며, 1이면 '캐리가 있다'라고 표현을 한다. 비트 28은 연산 명령어를 수행하는 과정에 오버플로 또는 언더플로의 발생 여부를 나타낸다. 이 비트 필드들의 값은 기본적으로 명령어 수행 결과에 따라 자동으로 설정되며, 조건부 명령어 실행을 위해 '조건'을 검사할 때 사용된다.

31	30	29	28		7	6	5	4　　0
N	Z	C	V		I	F	T	mode

그림 11.3: 상태 레지스터의 필드

비트 7, 6은 FIQ와 IRQ 인터럽트 발생 작동 또는 중단을 제어하기 위한 것으로 그 값이 1 이면 각각 FIQ와 IRQ 인터럽트 발생이 중단(disable)된다. 만약 그 값이 0이면 인터럽트 발생이 가능(enable)하게 되어 어떤 사건에 의해 발생한 인터럽트를 처리할 수 있다. 비트 5는 프로세서가 실행하는 명령어의 종류를 나타내는 것으로 32-bit 명령어인 ARM 명령어와 16-bit 명령어인 Thumb 명령어를 나타내는 것으로 이 책에서는 기본 명령어인 ARM 명령어만 사용할 것이다. ARM 명령어를 사용할 경우에 이 비트의 값은 0이며, 프로세서의 기본값이다. 비트 $4 \sim 0$ 은 프로세서의 동작 모드를 모니터링하거나 제어를 위해 사용된다. 즉, 이 비트 필드에 동작 모드에 해당되는 값을 저장함으로써 프로세서의 동작 모드를 전환할 수 있다. 표 11.3 는 프로세서의 동작 모드와 그 모드에 해당되는 모드 비트의 값을 나타내고 있다.

11.3 임베디드 시스템 구조

이 책에서 참조하는 마이크로 컨트롤러 AT9SAM7S256는 그림 11.4에 나타낸 것과 같이 프로세서 코어와 더불어 각종 제어기, 주변장치 및 내부 버스로 구성되어 있다. 제어기는 인터럽트 제어기, 메모리 제어기 등이 있으며, 주변장치는 RTC(Real Time Clock), 직렬 통신을 위한 UART 등이 있다. 마이크로 컨트롤러에 내장되는 주변장치는 그 목적에 따라 매우 다양하다.

Table 11.3: 프로세서 모드와 모드 비트

동작모드	모드 비트
Abort	10111
FIQ	10001
IRQ	10010
Supervisor	10011
System	11111
undefined	11011
user	10000

마이크로 컨트롤러를 구성하는 각종 구성 요소간의 데이터 또는 제어 신호 전송을 위해 사용하는 버스인 AMBA(Advanced Microcontroller Bus Architecutre)는 ARM 프로세서를 위한 버스 구조로서 최근에는 64-bit 또는 128-bit 버스폭을 갖는 AHB(ARM High-Performance Bus)가 사용되고 있다. 물론 임베디드 시스템 설계를 위해 이미 제작되어 있는 마이크로 컨트롤러를 사용하는 개발자들이 버스 구조를 자세하게 참조할 필요는 없지만 대략의 특징을 아는 것만으로도 임베디드 시스템을 설계하는 것에 많은 도움이 된다.

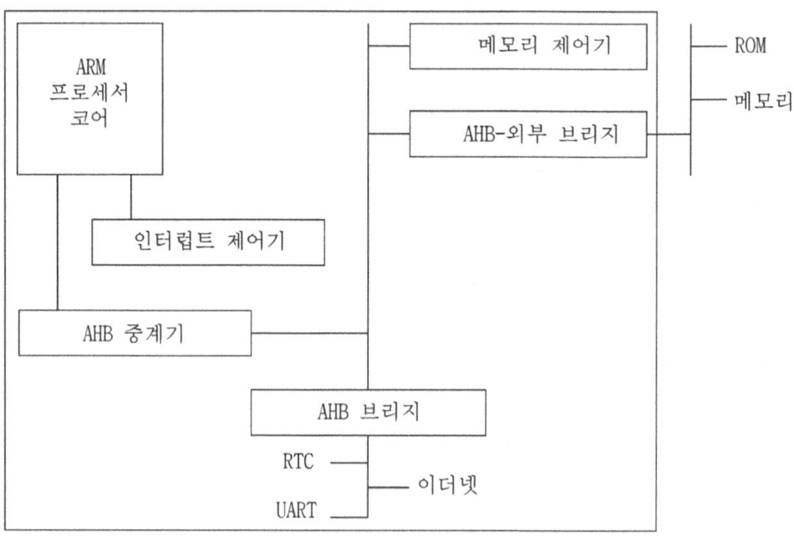

그림 11.4: ARM 코어 기반 마이크로 콘트롤러

Chapter 12

AT91SAM7S256 마이크로 컨트롤러

Chapter 12

AT91SAM7S256 마이크로 컨트롤러

12.1 소개

12.1.1 폰 노이만 구조와 파이프 라인

현재 대부분의 컴퓨터 시스템은 7쪽의 그림1.4에 나타낸 저장된 프로그램 개념 즉, 폰 노이만 구조를 기반으로 설계되고 있다. AT91SAM7S256는 ARM 사의 ARM7TDMI 프로세서 코어를 이용하여 ATmel 사에서 개발, 판매하고 있는 폰 노이만 구조의 마이크로 컨트롤러이다.

ARM 사의 ARM7TDMI 프로세서 코어가 명령어를 실행하는 단계는 다음과 같다. 먼저 제어장치는 메인 메모리에서 명령어를 인출한다. 제어장치는 인출한 명령어를 해석한 후 그 결과에 따라 적절한 제어 신호를 생성하여 명령어에 해당하는 기능을 실질적으로 수행하도록 한다. 즉, 이 프로세서의 명령어 사이클은 인출 단계, 해석 단계, 실행 단계로 구성된다. 이 단계들을 각각 독립적으로 동시에 수행할 수 있기 때문에 ARM7TDMI 코어는 인출, 해석, 실행의 3 단계를 중첩시키는 3-단계 파이프라인을 사용하고 있다. 3-단계 파이프라인 등 명령어를 효율적으로 실행하기 위한 여러 기술을 사용하는 ARM7TDMI 프로세서 코어는 평균적으로 1 클록 펄스에 0.9 개의 명령어를 실행시킬 수 있다. 따라서, 16 MHz의 클록을 사용하는 ARM7TDMI 프로세서 코어는 1 초에 약 14,400,000개의 명령어를 수행할 수 있는 성능을 가지고 있다.

12.1.2 AT91SAM7S256의 구성 요소

AT91SAM7S256는 중앙처리장치에 해당하는 ARM7TDMI 코어뿐만 아니라 메모리 및 입출력 장치를 비롯해 동작에 필요한 주변 장치들을 포함하고 있는 마이크로 컨트롤러이다. 즉, AT91SAM7S256는 플래시 메모리, SRAM 및 USB를 비롯한 많은 주변 장치들을 포함하고 있어, 이를 이용하여 임베디드 시스템을 개발할 경우에 추가해야 하는 외부 장치들의 수를 최소화할 수 있다.

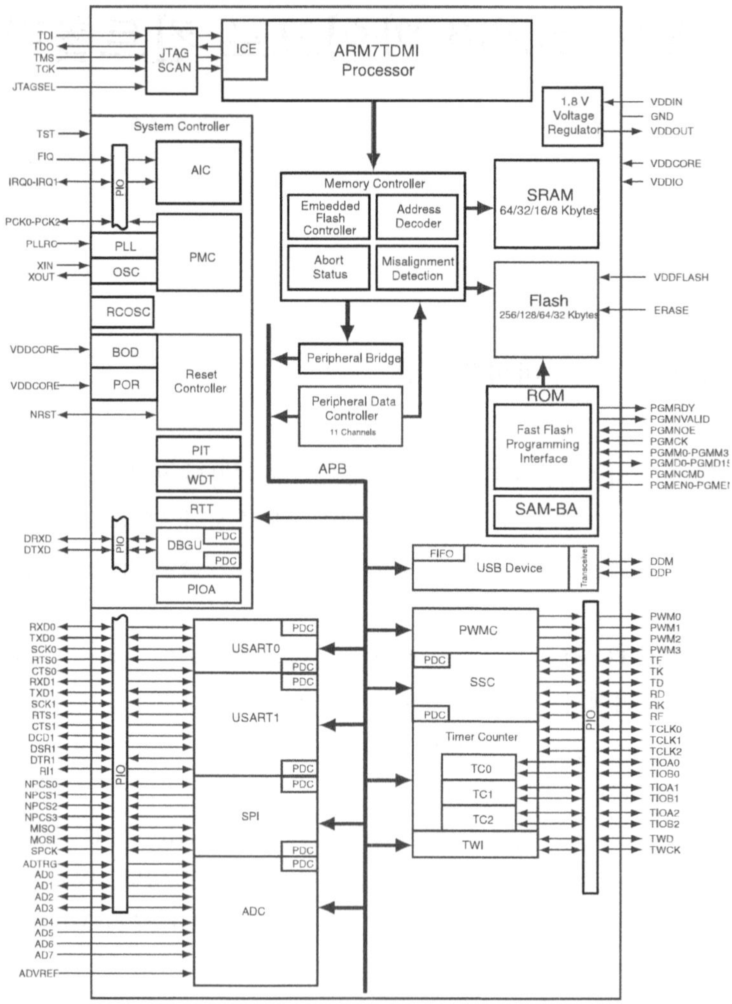

그림 12.1: AT91SAM7S256 마이크로 컨트롤러 블록도

그림 12.1은 AT91SAM7S256 마이크로 컨트롤러의 블록도를 참조 매뉴얼에서 발췌한 것이다. 이 마이크로 컨트롤러는 프로세서 코어, 시스템 제어 요소, 통신 요소, 메모리 요소로 구성되어 있다. 프로세서 코어는 ARM 사에서 개발한 ARM7TDMI 코어이며, 시스템 제어 요소는 이 마이크로 컨트롤러에서 사용할 클록 신호, 인터럽트, 디버깅 회로 등을 포함하고 있다. 통신 요소는 마이크로 컨트롤러 외부 장치와 통신을 하기 위한 장치들로 구성되어 있으며, 직렬 통신, USB 통신을 위한 회로 등을 포함하고 있다. 메모리 요소는 플래시 메모리, SRAM 및 메모리 제어기를 포함하고 있으며, 프로세서 코어가 실행할 프로그램 및 데이터를 저장하고 있다. 이 블록도는 AT91SAM7S256의 단순화된 구조뿐만 아니라 제공하는 기능에 대한 정보를 제공하기 때문에 개발자들이 임베디드 시스템을 설계할 때 시스템 구현을 위해 필요한 기능을 마이크로 컨트롤러가 제공하는 가에 대한 정보를 획득할 수 있다.

12.2 메모리

12.2.1 AT91SAM7S256의 메모리 주소 공간

AT91SAM7S256은 기본적으로 256 KB의 플래시 메모리와 64 KB의 SRAM을 내장하고 있다. 플래시 메모리는 전원 공급이 중단되어도 저장된 내용을 유지하는 비휘발성 메모리이다. AT91SAM7S256에 포함되어 있는 것은 평균 10,000번을 기록할 수 있으며, 한번 기록된 내용은 전원 공급이 없이 10년 동안 유지할 수 있다. 이러한 특징 때문에 펌웨어(firmware)와 같은 임베디드 시스템의 기본 소프트웨어는 플래시 메모리에 저장된다. SRAM은 전원 공급이 중단되면 저장된 내용이 모두 소실되는 휘발성 메모리이지만 메모리 접근 속도가 플래시 메모리보다 빠르다. 전원 공급 또는 초기화되면 AT91SAM7S256는 기본적으로 플래시 메모리에 저장되어 있는 프로그램을 실행하는데, 이것은 플래시 메모리에 저장되어 있는 임베디드 소프트웨어를 SRAM으로 복사를 한 뒤 SRAM에서 실행될 수 있도록 하는 것이 보통이다.

AT91SAM7S256–이하 프로세서–는 256 KB의 플래시 메모리와 64 KB의 SRAM을 포함하고 있지만 프로세서 코어는 32-bit 주소를 생성한다. 따라서 이 프로세서가 생성할 수 있는 주소의 범위 즉, 주소 공간은 4 GB($=2^{32}$ byte)이다. 주소 공간은 프로세서가 생성할 수 있는 주소의 범위를 의미하는 것으로 주소 공간의 크기와 물리적으로 설치된 메모리 용량과는 관련이 없다. 보통의 경우에 주소 공간의 크기보다 적은 용량의 메모리를 설치하여 사용을 한다. 이 프로세서는 주소 공간의 최하위 주소로 $0x00000000 (= 00000000_{16})$–이하, 16진수는 0x로 시작하는 수로 표현한다–을 생성할 수 있으며, 최상위 주소로 $0xFFFFFFFF$를 생성할 수 있다. 이 프로세서의 주소 공간은 각기 다른 목적을 위해 세 개의 영역으로 나누어 사용을 하고 있다.

- 내부 메모리(internal memory)
- 시스템 제어기(system controller)
- 주변장치(peripheral)

그림 12.2은 메모리 주소 공간에 세 영역이 할당되어 있는 것을 나타내고 있다. 메모리 주소 공간 중 내부 메모리는 256 MB의 메모리 공간 중 최하위 일부 영역에 할다ㅇ되어 있으며 'INTNL'로 표시되어 있으며, 시스템 제어기는 최상위 64 KB에 매핑되어 있다. 또 주변장치를 제어하기 위한 영역은 시스템 제어기가 매핑되어 있는 영역의 아래쪽 5개의 64 KB 영역에 매핑되어 있다. 이처럼 AT91SAM7S256의 주소 공간은 4 GB이지만 실제로 매핑되어 사용되고 있는 공간은 전체적으로 1 MB가 되지 않고, 대부분의 주소 공간은 기본적으로 매핑되어 있지 않다. 많은 메모리 공간이 필요한 임베디드 시스템을 설계할 경우에는 매핑되어 있지 않은 주소 공간에 외부 메모리 시스템을 구성하여 사용할 수 있어 임베디드 응용 소프트웨어를 위한 메모리 확장에 유연성을 제공하고 있다.

12.2.2 내부 메모리 매핑

AT91SAM7S256에 있는 내무 메모리는 앞서 서술한 것과 같이 256 KB의 플래시와 64 KB의 SRAM으로 이들 메모리는 그림 12.2에서 'INTNL'로 표시한 최하위 256 MB 크기의 메모리 공간에 매핑되어 있다. 그림 12.3는 내부 메모리가 메모리 주소 공간에 매핑되어 있는 것을 나타내고 있다. 두 메모리는 각각 0x00100000와 0x00200000의 주소로 시작하는 영역에 256 KB와 64 KB 공간만큼 매핑되어 있으며, 나머지 대부분의 공간은 매핑되어 있지 않다.

주소 *0x00000000* 로 시작하는 영역은 필요에 따라 플래시 또는 SRAM으로 매핑될 수 있다. 마이크로 컨트롤러에 전원 공급이 되거나 초기화되는 경우에는 기본적으로 플래시 메모리로 매핑되어 있지만 메모리 제어기를 이용한 재매핑을 할 경우에 이 영역은 SRAM으로 매핑된다. 즉, 재매핑되기 전에는 주소 *0x00000000* 와 *0x00100000* 는 플래시 메모리의 첫 번째 워드에 접근할 수 있는 주소이다. 재매핑이 되면 주소 *0x00000000* 와 *0x00200000* 를 이용하여 SRAM의 첫 번째 워드에 접근할 수 있다.

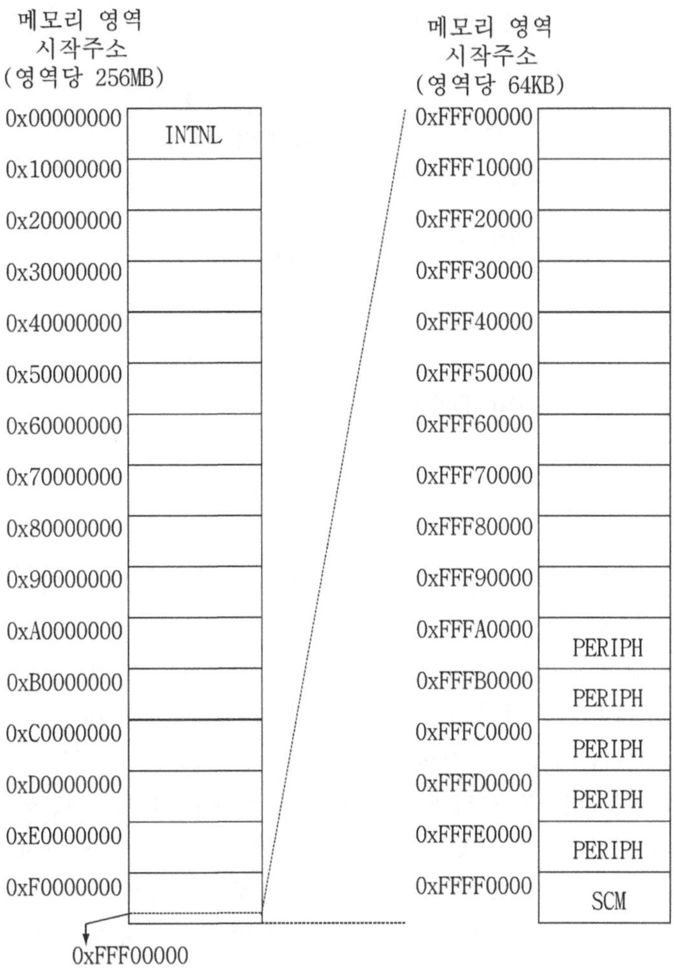

그림 12.2: 메모리 주소 공간의 할당

12.2.3 인터페이스와 메모리 맵형 I/O

앞의 126 쪽의 6.1절에서 기술한 것과 같이 인터페이스는 프로세서와 주변 장치를 연결해주는 역할을 하는 것으로 단순화한 개념은 127 쪽의 그림 6.2에 나타내었다. 프로세서는 입출력 기능 수행과 관련된 요구를 버스를 통해 인터페이스에게 전송한다. 인터페이스는 프로세서의 요구를 서비스하기 위해 관련 제어 신호를 생성하여 주변 장치에게 전송하며, 주변 장치는 그 제어 신호에 따라 적절한 동작을 수행한다.

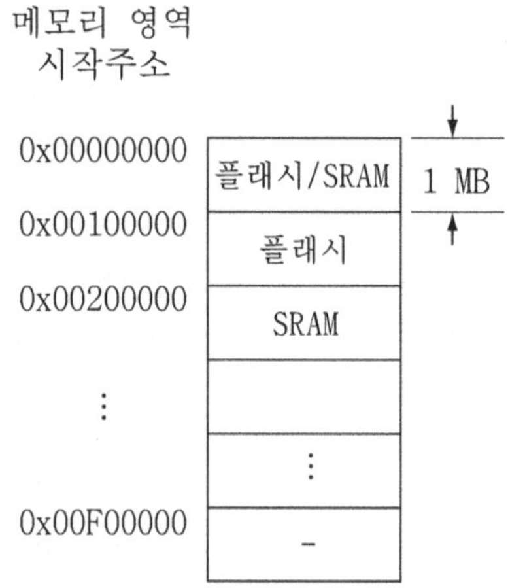

그림 12.3: 내부 메모리 매핑

프로세서가 인터페이스를 통해 주변 장치와 상호 작용하는 이유는 다음과 같다. 첫째, 인터페이스는 프로세서와 주변 장치의 속도 차이를 일정 부분 해소하여 프로세서가 효율적으로 동작할 수 있도록 한다. 둘째, 프로세서와 주변 장치가 사용하는 데이터 포맷 또는 길이가 다른 경우에 인터페이스가 데이터 간의 변환 동작을 수행한다. 셋째, 인터페이스는 프로세서가 주변 장치 사용하거나 제어함에 있어 추상화를 제공한다. 즉, 프로세서는 주변 장치에 대한 자세한 제어 방법을 알지 못하더라도 인터페이스에게 기능에 대한 요구를 전달하면, 인터페이스가 기능 수행을 위한 제어 신호를 주변 장치에게 전달한다. 따라서 주변 장치가 동일한 기능을 갖는 다른 것으로 교체되어도 교체된 주변 장치 하드웨어에 대한 제어 절차는 인터페이스가 수행하기 때문에 프로세서의 관점에서는 제어 방법을 변경할 필요가 없다.

주변 장치 하드웨어에 대한 자세한 제어 절차는 인터페이스가 담당을 한다면 프로세서는 기능 수행에 대한 요구를 인터페이스에게 전달하여야 한다. 이것은 프로세서가 인터페이스에 있는 레지스터에 기능 요구와 관련된 값을 전송함으로 수행할 수 있다. 그림 6.2에서 프로세서는 버스를 통해 기능 요구와 관련된 값을 인터페이스의 레지스터에 전송하여 저장을 하고, 인터페이스는 자신의 레지스터에 저장되어 있는 값에 따라 주변 장치에게 제어 신호를 생성하여 전송한다.

앞에서 기술한 것과 같이 버스에 다수의 인터페이스가 연결되어 있고, 각 인터페이스마다 여러 개의 레지스터를 포함하고 있다면 각각의 레지스터를 구분하는 방법이 필요하다. 이를 위해 프로세서는 각 레지스터에 주소 공간의 주소를 할당하는 메모리 맵형 I/O를 사용한다. 예를 들어, 버스에 연결된 인터페이스의 레지스터 1은 주변 장치를 제어하기 위한 목적으로 사용되며, 이는 메모리 주소 공간의 주소 0xF0000000에 매핑이 되어 있다고 가정을 하자. 또, 주변 장치의 상태를 모니터링하기 위한 레지스터 2는 주소 0xF0000004에 매핑이 되어 있다. 이때 프로세서가 인터페이스에 연결된 주변 장치의 특정 기능을 이용하려면 메모리 접근하는 방법과 동일하게 주소 0xF0000000에 기능 수행과 관련된 값을 저장하면 된다. 즉 인터페이스의 레지스터 1에 이 값이 저장되며, 이는 주변장치의 특정 기능을 수행하는데 사용된다. 또 인터페이스에 연결된 주변 장치의 상태를 모니터링하고자 할 경우에는 주변 장치의 상태를 저장하고 있는 레지스터 2에 매핑되어 있는 주소 0xF0000004에 접근하면 된다.

AT91SAM7S256도 메모리에 매핑된 IO 방법으로 시스템 기능과 주변 장치들의 동작을 제어할 수 있다. 그림 12.2에 나타낸 것과 같이 *0xFFFA0000* 부터 *0xFFFEFFFF* 까지 주소 공간의 일부가 주변 장치를 제어하기 위한 레지스터에 매핑되어 있으며, *0xFFFF0000* 으로 시작하는 64 KB 주소 공간의 일부가 시스템 제어를 위한 레지스터에 매핑되어 있다.

12.2.4 시스템 제어기 매핑

앞에서 주변 장치 또는 시스템 제어를 위해 메모리 주소 공간에 매핑되어 있는 레지스터가 이용된다는 것을 설명하였다. AT91SAM7S256의 경우 메모리 주소 공간에 내부 메모리, 시스템 제어기, 주변 장치가 매핑되어 사용된다고 하였는데, 앞서 설명한 메모리에 매핑된 I/O를 이용하는 것은 시스템 제어기와 주변 장치이다.

시스템 제어기는 마이크로 컨트롤러의 상태를 모니터링 하거나 기능 제어를 위해 사용하는 것으로 그림 12.2에서 'SCM'으로 표시된 64 KB 블록의 마지막 4 KB에 매핑되어 있다. 이 블록에 매핑되어 있는 것은 AIC(Advanced Interrupt Controller), DBGU(Debug Unit), PIOA(PIO Controller A), PMC(Power Management Controller), RSTC(Reset Controller), RTT(Real-time Timer), PIT(Periodic Interval Timer), WDT(Watchdog Timer), VREG(Voltage Regulator Mode Controller), MC(Memory Controller)이다. 그림 12.4은 'SCM'으로 표시된 메모리 주소 공간의 상위 4 KB의 영역에 시스템 제어기가 매핑되어 있는 것을 나타내고 있다. 각 영역에 매핑되어 있는 레지스터들을 이용하는 방법 및 각 레지스터가 저장하고 있는 값의 의미는 각각 뒤에서 다룬다.

레지스터 사용과 관련된 예를 들면 다음과 같다. 제 14 장에서 LED를 제어하는 간단한 임베디드 시스템을 구현할 예정인데 이를 위해 *PIO Controller A*가 제어하는 32개의 I/O 포트 중 하나를 이용한다. 이 제어기에는 29개의 레지스터가 있고, 이들 레지스터들은 주소 *0xFFFFF400* 에서 시작되는 512 바이트 영역의 일부에 매핑되어 있다. 이 제어기에 있는 29개의 레지스터 각각은 이 영역의 각기 다른 주소에 매핑이 되어 있다. 예를 들어, *PIO_PER*(PIO

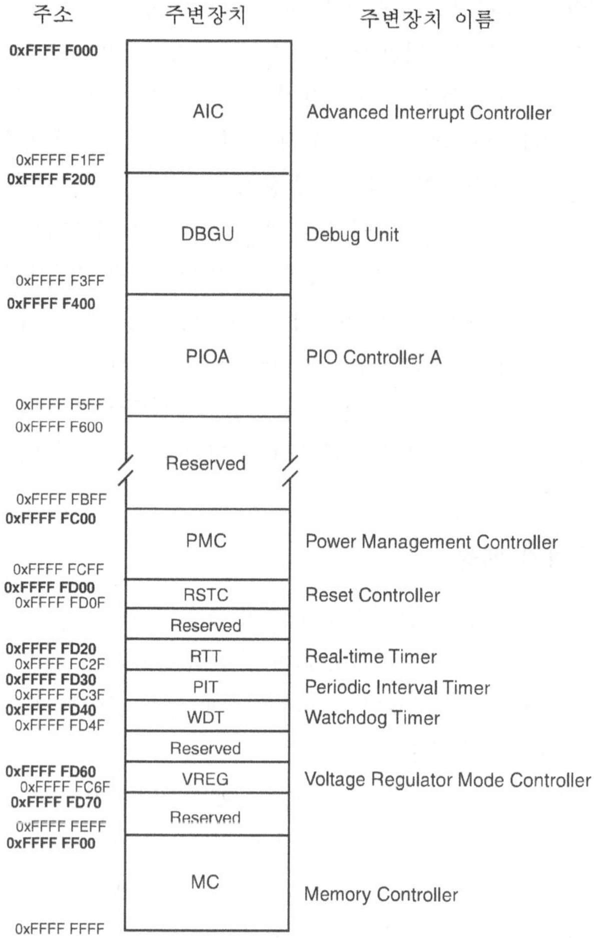

그림 12.4: 시스템 제어기의 주소 공간 매핑

Enable Register)이라는 이름의 32 비트 레지스터는 각 비트와 연계되어 있는 32개 I/O 포트 각각에 대해 PIO를 제어하는 목적으로 사용되며, 이 레지스터는 주소 *0xFFFFF400* 에 매핑되어 있다. 이 레지스터와 반대의 기능을 갖는 *PIO_PDR*(PIO Disable Register)은 주소 *0xFFFFF404* 에 매핑되어 있다. 즉, 프로세서는 주소 *0xFFFFF400* 또는 *0xFFFFF404* 에 알맞은 값을 저장함으로써 32개의 I/O 포트들의 PIO 기능을 활성화 또는 비활성화 할 수 있다.

12.2.5 주변장치 매핑

시스템 제어기에 있는 레지스터가 메모리 주소 공간에 매핑되어 사용된다는 기본 개념은 주변장치를 위한 레지스터에 동일하게 적용된다. 그림 12.2에서 'PERIPH'로 표시된 다섯 개의 64 KB 블록의 주소 공간 영역에는 주변 장치 제어를 위한 레지스터들이 매핑되어 있으며, 그림 12.5은 그 영역에 매핑되어 있는 주변 장치들을 나타내고 있다.

Timer/Counter–이하, TC– 주변장치에 매핑되어 있는 주소 공간을 사용하는 예는 다음과 같다. AT91SAM7S256는 세 개의 TC 채널을 제공하고 있으며, 각 채널 제어를 위해 각각 10개의 레지스터가 사용되고, 전체 TC 제어를 위해 2개의 레지스터가 사용되어, 모두 32 개의 레지스터가 있다. 이들 레지스터는 *0xFFFA0000* 로 시작하는 16 KB 크기의 주소 공간에 매핑되어 있다. 예를 들어, TC 채널 0의 *TC_CCR*(Channel Control Register)는 주소 *0xFFFA0000* 에 매핑되어 있으며, TC 채널 1의 *TC_CCR*은 주소 *0xFFFA0400* 에 매핑되어 있다. 따라서 프로세서가 *0xFFFA0000* 와 *0xFFFA0400* 에 동일한 값을 넣으면, 각각 TC 채널 0과 1을 제어하는 의미를 갖는다.

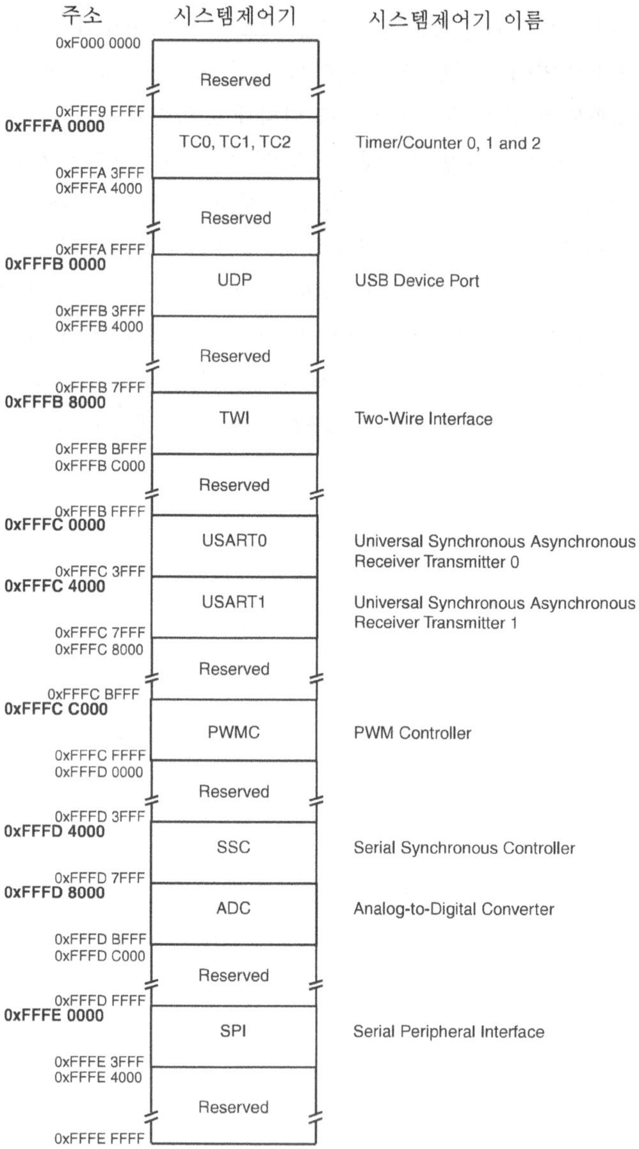

그림 12.5: 주변 장치의 메모리 주소 공간 매핑

Chapter 13

ARM 어셈블리어 프로그래밍

Chapter 13

ARM 어셈블리어 프로그래밍

13.1 개요

13.1.1 왜 어셈블리어 인가?

임베디드 시스템을 비롯한 컴퓨터 시스템들을 이용하여 의미가 있는 어떤 기능을 수행하기 위해서는 그 기능을 위한 프로그램이 메모리에 적재되어야 한다. 프로그램은 어떤 기능 수행을 위해 프로세서가 실행해야 하는 명령어들을 나열한 것으로, 이때 사용할 수 있는 명령어와 작성 방법 등을 정의한 것이 프로그래밍 언어이다.

프로그래밍 언어에는 Java, C언어, 어셈블리어 등이 있다. 일반적인 응용 프로그램을 작성할 때에는 개발의 용이성 및 효율성 등을 고려하여 Java와 같은 고급 언어를 이용한다. 하지만 임베디드 시스템을 개발할 경우에는 하드웨어를 제어하는 프로그램 작성에 적합한 C언어와 어셈블리어가 많이 사용된다. 특히 레지스터 레벨에서 하드웨어를 제어하는 루틴이나 기능은 어셈블리어를 이용하여 개발된다.

이 책에서는 AT91SAM7S256 마이크로 컨트롤러를 이용한 임베디드 시스템 개발을 어셈블리어를 이용하는 목적은 다음과 같다. 먼저 어셈블리어를 이용하여 임베디드 시스템을 개발할 경우에 타겟의 동작 방법에 대한 이해가 필요하고, 이것은 효과적 개발의 밑거름이 된다. 예를 들어, 앞서 설명한 Memory-Mapped I/O에 대한 이해는 임베디드 시스템을 개발할 때 어떤 기능을 이용하기 위해 특정 주소에 값을 넣은 이유와 방법을 알게 하며, 이것은 타겟 시스템이 변경되더라도 효과적으로 개발을 할 수 있다.

또 어셈블리어를 이용한 개발은 임베디드 시스템에 부착되어 있는 각종 하드웨어 자원을 효과적으로 제어, 이용할 수 있게 한다. 물론 C언어를 이용하여 하드웨어를 제어할 수 있지만 하드웨어 구성요소간의 정밀한 타이밍 또는 동기화가 필요한 경우에는 이를 이용한 제어에는 한계가 있다. 또 가장 기본적이면서 필수적인 자료구조인 스택의 구현 서브루틴-또는 함수-를 호출 및 반환과 태스크 간의 전환 등 C언어를 이용하여 효과적으로 구현하기 힘든 부분은 어셈블리어를 이용하여 개발하여야 한다. 이 책에서 어셈블리어를 주로 다루는 또 다른 이유는 어셈블리어를 이용하여 임베디드 응용 프로그램을 작성하면서 마이크로 컨트롤러의 기본 동작 방법을 이해하기 적절한 기능과 복잡도를 AT91SAM7S256이 제공하기 때문이다.

13.1.2 어셈블러와 개발 도구는 왜 필요한가?

우리 앞에 놓여 있는 AT91SAM7S256을 이용한 개발 보드에 어떤 기능을 넣기 위해 어셈블리어를 이용하여 프로그램을 작성하기로 하였다. 어셈블리어(assembly language)는 그 기능을 더 이상 분리할 수 없으면서 프로세서가 수행하는 최소 단소 단위의 기능을 표현하는 심볼을 이용하여 프로그램을 작성하는 언어이다. 예를 들어, 프로세서가 수행하는 '덧셈' 기능을 표현하기 위한 심볼을 'ADD'로 정하고, 이를 이용하여 프로그램을 작성한 것이 어셈블리어 프로그램이다.

앞서 표현한 "그 기능을 더 이상 분리할 수 없으면서 프로세서가 수행하는 최소 단소 단위의 기능"을 나타내는 비트들의 조합을 기계어(machine language)라고 하고, 프로세서는 그 기계어만을 실행할 수 있다. 반면 어셈블리어는 그 기능을 표현하는 심볼이기 때문에 이 언어로 작성된 프로그램을 프로세서가 실행할 수 없다.

그림 13.1에서 'ADD R0, R0, R1'은 레지스터 *R0* 와 *R1* 의 내용을 덧셈하여 레지스터 *R0* 에 그 결과값을 저장하는 어셈블리어 명령어이다. 'ADD'라는 심볼을 보면 '덧셈' 기능임을 쉽게 알 수 있지만, 프로세서-ARM7TDMI 프로세서 코어-는 '11100000100000000000000000000001'로 표현된 기계어만을 실행할 수 있다. 따라서 어셈블리어로 작성된 프로그램을 기계어 프로그램으로 변환해야 실행할 수 있다. 이 기능을 수행하는 것은 어셈블러(assembler)이다.

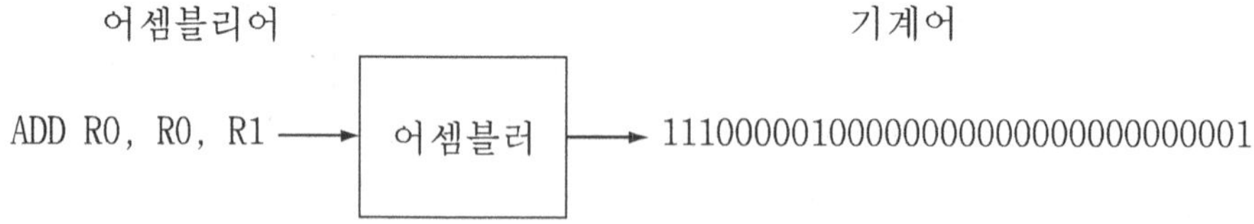

그림 13.1: ARM 어셈블러의 기능

어셈블리어를 이용하여 임베디드 시스템을 개발하는 과정은 다음과 같다. 먼저 편집기를 이용하여 어셈블리어 프로그램을 작성하고, 그것을 어셈블러를 이용하여 기계어로 번역한다.

기계어로 번역된 것을 임베디드 시스템에 다운로드하여 실행할 수 있다. 개발 툴은 이러한 과정을 자동화시켜 준다.

13.2 어셈블리어 프로그램

어셈블리어로 작성되는 프로그램은 수행해야 할 어떤 기능을 나타내는 명령문(statement)으로 구성되어 있으며, 그 형식은 다음과 같다.

```
{레이블} directive { ; 설명문 }
{레이블} instruction { ; 설명문 }
{레이블}  { ; 설명문 }
```

형식에서 ‘’와 ‘’ 쌍의 내부에 있는 요소는 생략할 수 있음을 나타낸다. 레이블은 각 명령문을 위한 이름을 붙인 것으로 해당 명령문을 참조하기 위해 사용되며, 기계어 코드로 변환되지 않는다. 이것은 해당 명령문의 의미를 잘 나타낼 수 있도록 영문자와 숫자를 조합하여 만들어야 하며, 반드시 줄의 첫 번째 칸부터 넣어야 한다. 의미를 잘 나타낼 수 있는 레이블은 프로그램 작성 및 분석의 효율성을 높일 수 있다.

설명문은 문자 ‘;’ 뒤에 나오는 문자열로서 명령문이 있는 줄의 끝까지가 설명문에 해당된다. 설명문도 기계어로 변환되지 않는다. 충분한 설명문이 있는 소스 코드는 향후에 분석을 하거나 수정할 경우에 많은 도움이 되기 때문에 전문적인 개발자들은 자신이 개발한 소스 코드에 설명문을 효과적으로 넣기 위한 방안들을 개발한다.

명령문의 주요 요소로는 어셈블러 지시어와 어셈블리어 명령어가 있다. 지시어(directive)는 상수 정의, 코드의 영역 정의, 심볼 정의 등과 같이 어셈블러가 명령어를 기계어로 번역하여 오브젝트 코드를 생성할 때 필요한 지시 사항을 기술하는 것으로 기계어로 번역되지는 않는다. 즉, 소스 코드의 번역과 관련하여 어셈블러에게 제시되는 지시 사항이 지시어이다. 반면 명령어(instruction)는 어셈블러에 의해서 기계어로 번역되며, 프로세서 코어에 의해 실행되는 것이다.

그림 13.2는 명령문의 예를 나타낸 것이다. 줄번호 1은 명령문 형식에서 모두 생략한 것으로 비어 있는 줄이다. 비어 있는 줄은 기계어 코드로 변환되지 않기 때문에 비어 있는 줄의 수에 따라 변환된 기계어 코드의 크기가 변경되지는 않는다. 빈 줄을 적절히 사용을 하면 소스 코드의 가독성을 높일 수 있다. 줄번호 2는 레이블 ‘print’와 설명문으로 구성되어 있으며, 레지블과 설명문으로 되어 있기 때문에 기계어 코드로 번역되지 않는다. 줄번호 3에는 레이블,

지시어, 설명문이 모두 포함되어 있으며, 다음 13.3 절에서 서술할 지시어는 어셈블러에게 프로그램을 기계어로 번역할 때 필요하는 정보 또는 지시를 위한 것이기 때문에 이 줄도 기계어 코드로 번역되지 않는다. 줄번호 4에는 레이블, 명령어, 설명문이 있다. 줄번호 5는 명령어만 있으며, 줄번호 6과 7은 각각 설명문과 레이블만으로 명령문을 구성하고 있다. 따라서 일곱 줄로 구성된 어셈블리어 프로그램이지만 어셈블러에 의해 기계어로 번역되는 것은 4, 5번 줄의 명령어이다.

```
1
2 print          ; output
3 PIO_BASE EQU 0xFFFFF400 ; BASE address
4 AGE      LDR R1,[R0]  ;; age
5          STR R1, [R0]
6 ; only comment
7 LOOP
```

그림 13.2: 명령문의 예

13.3 기본 어셈블러 지시어

이 절에서는 주요 지시어에 대해 설명을 한다. 지시어는 앞서 설명한 것과 같이 기계어 코드로 변환되지 않으며, 어셈블러가 어셈블리어 프로그램을 기계어 코드로 변환하는 과정에 필요한 지시 사항을 표현하기 위한 것이다.

영역표시 - AREA

초원에 있는 여러 종류의 동물들은 각자의 영역을 정해 놓고 살아가고 있는 것과 같이 어셈블리어 프로그램은 다양한 목적과 특성을 가진 영역들로 구성되어 있다. 즉, 명령어들로만 구성되어 있는 영역이 있는가 하면, 데이터 저장을 위한 목적으로 만들어진 영역도 있다. 데이터 저장을 위한 영역들 중에서는 읽기만 가능한 영역 또는 읽기/쓰기가 모두 가능한 것도 있다. 이처럼 다양한 목적으로 영역을 사용하게 된다.

어셈블리어 프로그램의 소스 코드 내에 영역을 구분하는 것이 아니라 이 프로그램이 적재될 메모리 공간에서 적절하게 영역이 구분된다. *AREA*는 영역을 정의하는 지시어이며, 이 지시어를 사용하는 형식은 다음과 같다.

형식 :	AREA name {, attr_1} {, attr_2} ···
name :	영역의 이름
attr_* :	속성 정의
	CODE - 명령어 영역/읽기 전용
	DATA - 데이터 영역
	NOINIT - 데이터 영역, 초기화하지 않음
	READONLY - 읽기만 가능한 영역
	READWRITE - 읽기/쓰기 가능
	ALIGN=n - 이 영역은 메모리의 2^n 바이트 정렬

예 :

```
AREA    reset, CODE, READONLY
AREA    array, DATA, NOINIT
```

각 영역은 이름을 가지고 있으며, 그 영역의 목적을 잘 표현할 수 있는 이름을 사용하는 것이 좋다. 영역 이름에 특수 문자가 포함될 경우에는 '|' 문자 쌍으로 묶어야 한다. 예를 들어, .data와 같은 영역 이름은 허용되지 않지만 |*.data*| 는 사용할 수 있는 영역의 이름이다. 여러 개의 소스 코드를 포함하고 있는 프로젝트인 경우 동일한 이름을 가지고 있는 영역들이 존재할 수 있으며, 이러한 영역들은 어셈블러에 의해 하나의 영역으로 합쳐진다. 물론 한 소스 코드 내에 동일한 이름의 영역들이 복수개가 있는 경우도 어셈블러에 의해 하나의 영역으로 합쳐진다.

CODE 속성은 영역이 프로세서에 의해 실행될 명령어 코드가 저장되어 있으며, 기본적으로 읽기만 가능함을 나타낸다. *DATA* 속성은 데이터 저장을 위한 영역임을 나타내고 있으며, 이 영역의 내용을 수정할 수 있는가에 따라 *READONLY* 또는 *READWRITE* 속성을 추가 설정하여야 한다. *DATA* 영역이지만 초기화를 하지 않을 경우에는 NOINIT 속성을 사용하면 된다.

ALIGN 속성은 메모리의 워드 길이와 관련이 있다. AT91SAM7S256의 경우에 워드의 길이는 32 bit 즉, 4 byte이다. 따라서 어떤 워드의 주소가 a라면 그 다음 워드의 주소는 (a+4)가 된다. 만약 마이크로 컨트롤러가 주소 (a+3) 번지의 워드를 접근하고자 할 경우를 가정해 보자. 마이크로 컨트롤러는 4의 배수 단위로 주소를 생성하기 때문에 (a+3) 번지의 워드를 접근하고자 할 경우에는 주소 a 번지의 워드와 (a+4) 번지의 워드를 읽어 첫 번째 워드의 한

바이트와 두 번째 워드의 세 바이트를 조합하여야 한다. 즉, 두 번의 메모리 접근이 필요하며, 이것은 메모리 접근의 효율성을 감소시킨다. 이러한 이유 때문에 영역이 (a+3) 번지부터의 메모리 공간에 할당된다면 영역의 워드를 접근하는 것이 매우 비효율적이 된다. *ALIGN* 속성은 영역의 시작 위치를 조정하여 한 번의 메모리 접근으로 4 바이트 데이터를 읽을 수 있도록 한다. 즉, 이 속성은 영역을 메모리에 할당할 때 영역의 시작 주소가 2^n 의 배수가 되도록 조정을 하는 것이다.

프로그램 진입 - ENTRY

어셈블리어 프로그램은 1개 이상의 영역들이 존재하는데 이들 영역 중에서 마이크로 컨트롤러에 전원이 공급되거나 리셋된 후 최초로 진입하는 영역을 지정하여야 한다. *ENTRY* 지시어는 전원 공급 후 또는 리셋된 후 최초로 실행하는 진입 영역을 지정하기 위한 것이다. 이 지시어를 사용하는 형식은 다음과 같으며, 함께 사용할 수 있는 속성은 없다.

형식 : ENTRY

소스 코드 끝 - END

END 지시어는 어셈블러에게 더 이상 명령문이 없기 때문에 어셈블하는 것을 완료해야 함을 알리기 위한 것이다. 따라서 프로그램 소스 파일에 마지막에 반드시 이 지시어를 넣어야 한다. 이 지시어 다음에 명령문들이 있어도 이들 명령문들은 기계어로 번역되지 않는다. 왜냐면 END 지시어가 있는 곳에서 기계어로 변환하는 어셈블 과정을 완료하였기 때문이다. 이 지시어의 사용 형식은 다음과 같으면 추가적인 속성은 없다.

형식 : END

심볼 값 정의 - EQU

어셈블리어 프로그램을 작성할 경우에 수 또는 메모리 워드의 주소를 많이 사용하게 된다. 이때 수 또는 주소를 위한 심볼을 정의하고 이용하면 그 의미를 표현할 수 있고, 기억하기도 수월하다. 또 수 또는 주소를 변경해야 할 경우에도 정의된 심볼의 값을 변경하면 되기 때문에 프로그램의 수정도 쉽게 할 수 있다. 이처럼 어떤 값 또는 주소를 위한 심볼을 정의하는 지시어가 EQU이며, 사용 형식은 다음과 같다.

형식 :	name EQU expr
	name : 심볼의 이름
	expr : 심볼의 값

예 :	age	EQU	20
		EQU	0x000000FF
	PIO_BASE	EQU	0xFFFFF400

데이터 공간 확보 - DCC, DCW, DCD, DCI, DCQ, SPACE

데이터 저장을 위한 메모리 공간을 확보하기 위한 지시어들이며, 확보하고자 하는 메모리 공간의 크기에 따라 각각의 지시어를 사용하면 된다. EQU와 이들 지시어와의 차이점은 해당 값을 위한 메모리 공간을 할당하는 가에 있다. EQU 지시어는 단순히 특정 값에 대한 심볼을 정의할 뿐 메모리를 할당하지는 않는다. 반면 이들 지시어는 실제로 메모리 공간을 할당하고, 지정된 값으로 초기화를 한다. 따라서 EQU로 정의된 심볼의 값은 변경이 불가능하지만 이들 지시어로 할당된 메모리 공간은 저장된 값을 변경할 수 있다. 각 지시어의 사용 형식은 다음과 같다.

형식 :	{name} DCB | DCW| DCD| DCI| DCQ expr	
	name :	메모리 공간위한 이름이며 생략 가능
	DC* :	DCD - 1 바이트
		DCW - 2 바이트
		DCD, DCI - 4 바이트
		DCW - 8 바이트
	expr :	초기값

예 :	age	DBC	20
		DCD	0x000000FF
	score	DCW	12345
	hello	DCB	“hello”,0

DC로 시작되는 지시어는 각각 정의된 바이트 만큼 할당되고, 값으로 초기화되지만 *SPACE* 지시어는 배열 등과 같이 비교적 많은 메모리 공간을 확보하고자 할 경우에 사용되며, 할당된 메모리 공간은 0으로 초기화된다. 이 지시어의 사용 형식은 다음과 같다.

형식 :	{name} SPACE expr	
	name :	메모리 공간위한 이름이며 생략 가능
	expr :	메모리 공간의 크기(바이트 단위)
예 :	Stack_Mem SPACE 1024	

13.4 어셈블리어 명령어

어셈블러 지시어는 어셈블러에 의해서 기계어로 번역되지 않으며, 따라서 타겟의 마이크로 컨트롤러에 의해 실행되는 것이 아니다. 반면 어셈블리어 명령어(instruction)은 기계어로 번역이 되어 마이크로 컨트롤러에 의해 실행되는 것이다. 이 절에서는 AT91SAM7S256에서 사용가능한 명령어를 설명한다. 이 프로세서 코어의 명령어는 수행하는 기능에 따라 데이터 처리 명령어, 분기 명령어, 로드-스토어 명령어, 소프트웨어 인터럽트 명령어, 프로그램 상태 레지스터 명령어로 구분될 수 있다.

13.4.1 데이터 처리 명령어

데이터 처리 명령어는 덧셈 또는 뺄셈과 같이 레지스터에 저장되어 있는 데이터 또는 상수를 대상으로 연산을 수행하는 명령어이다. 앞서 1장에서 AT91SAM7S256와 같은 RISC 프로세서는 많은 레지스터를 보유하고 있고, 데이터 처리는 레지스터에 저장되어 있는 데이터를 대상으로 수행된다고 서술한 바가 있다. 이절에서 설명하는 데이터 처리 명령어도 레지스터 $R0 \sim R15$에 저장되어 있는 데이터 또는 명령문에 있는 상수를 대상으로 연산을 수행한다. 데이터 처리 명령어도 그 기능에 따라 데이터 이동, 산술 연산, 논리 연산, 비교, 곱셈 연산 명령어로 구분된다.

이 책의 본문을 통해 명령문과 명령어라는 용어를 사용하고 있는데, 이 책에서는 다음과 같이 구분을 한다. 명령어는 프로세서가 수행해야 하는 기능을 나타내는 심볼이고, 명령문은 명령어와 그 명령어 수행에 필요한 데이터를 나타내는 프로그램 코드 상의 한 줄을 의미한다. 물론 명령어와 명령문을 구분없이 사용하는 책이 있긴 하지만 이 책에서는 명령어와 명령문은 구분한다.

데이터 처리 명령문 형식

어셈블리어 프로그램에서 사용하는 데이터 처리 명령문의 형식은 다음과 같다. 명령어문 형식에서 {조건}은 해당 명령어의 실행 여부를 결정하는 것으로 명시된 조건이 참(true)인 경우에 명령어가 실행되며, 거짓(false)인 경우에는 실행되지 않다. 조건 검사는 CPSR의 해당 비트 값을 이용하며, 명령어 뒤에 조건을 명시하는 심볼을 덧붙여 조건을 표현한다. 표 13.1는 조건을 표현하는 조건 심볼이다. 표에서 *!*는 해당 비트의 값이 0일 때 조건이 참이 됨을 의미한다.

형식 :	{label} 명령어 {조건}{S} R_d, {R_n} N
label :	명령문의 위치를 참조하기 위한 레이블
명령어 :	기능 수행을 표현하는 심볼.예를 들어, ADD, SUB 등
조건 :	해당 명령어의 실행 여부를 결정하느 조건
S :	명령어 실행의 결과로 CPSR 내용을 수정
R_d :	명령어 수행 결과를 저장할 레지스터, $(0 \le d \le 15)$
R_n:	명령어 수행을 위한 피연산자 레지스터, $(0 \le d \le 15)$
N :	피연산자로서 상수 또는 레지스터

예 :

```
stmt1   LDR    R0, =idata
stmt2   LDR    R1,[R0]
        ...
idata   DCB    0x80
```

예를 들어, 명령어의 '{조건}'으로 *EQ* 를 사용한 경우에 프로세서는 레지스터 *CPSR* 의 'Z' 비트 필드의 값을 평가하여 명령어를 실행할 것인지를 결정한다. 즉, 이 비트의 값이 1인 경우에 명령어를 실행하며, 그렇지 않은 경우에는 명령어를 실행하지 않고 건너 뛴다. 또 명령어의 '{조건}'으로 *HI* 를 사용하였다면 레지스터 *CPSR* 의 'Z', 'C' 비트 필드의 값을 평가하여 그 값이 각각 0, 1인 경우에 명령어를 실행한다.

레지스터 *CPSR* 의 각 비트 필드의 값은 가장 최근에 'S' 옵션을 붙여 실행한 명령어에 의해 설정이 된다. 예를 들어, 덧셈 명령어 *ADD* 는 덧셈을 실행하고 결과를 레지스터에 저장을 하지만 *CPSR* 레지스터의 비트들을 변경하지 않지만, 'S'를 붙인 덧셈 명령어인 *ADDS* 는 *ADD* 명령어와 동일하게 연산을 수행하지만 연결 결과에 따라 *CPSR* 레지스터의 비트들을 적절하게 변경한다. 또한 명령어 중에서 'S' 옵션을 붙일 수 있는 명령어라면 그 종류에 관계없이 명령어 뒤에 'S'를 붙여 실행한 명령어는 그 결과에 따라 상태 레지스터 *CPSR* 의 값이 변경하고, '{조건}'의 포함하고 있는 다음 명령어는 이 레지스터의 각 비트 필드를 조합하여 조건을 검사한다.

Table 13.1: 명령문의 조건을 위한 심볼

심볼	의미	관련 CPSR 비트
EQ	같다	Z
NE	같지 않다	!Z
CS, HS	캐리의 값이 1	C
CC, LO	캐리의 값이 0	!C
MI	음수	N
PL	양수	!N
VS	오버플로 발생	V
VC	오버플로 아님	!V
HI	부호없는 큰 값	$!Z \cdot C$
LS	부호없는 같거나 작은 값	$Z+!V$
GE	크거나 같음(부호있음)	$N \cdot V+!N \cdot !V$
LT	작음(부호있음)	$N \cdot !V+!N \cdot V$
GT	큰 값(부호있음)	$N \cdot !Z \cdot V+!N \cdot !Z \cdot V$
LE	작거나 같음(부호있음)	$Z + N \cdot !V+!N \cdot V$
AL	항상 참	

다음의 간단한 예를 보자.

```
예 :  stmt1  ADD    R0, R1, R2
      stmt2  ADDAL  R0, R1, R2
      stmt3  ADDEQ  R0, R1, R2
      stmt4  ADDS   R0, R1, R2
```

stmt1 명령문은 명령어에 조건 심볼이 없기 때문에 조건에 상관없이 *ADD* 명령어를 실행한다. *stmt2* 명령문은 *ADD* 명령어 뒤에 조건 심볼 *AL*이 덧붙어 있으며, 이 조건은 항상 참이기 때문에 이 명령어도 역시 실행이 된다. 하지만 *stmt3*의 경우에 조건 심볼 *EQ*가 있으며,

이것은 레지스터 *CPSR*의 Z 비트를 검사하여 그 값이 1인 경우에 *ADD* 명령어가 실행된다. 만약 Z bit 값이 0인 경우에는 명령어가 실행되지 않고, 다음 명령문으로 실행 흐름을 이어 나간다.

조건에 따라 명령문의 명령어 실행 여부를 결정할 때 레지스터 *CPSR*의 상태 비트들을 사용하는데 이 비트들을 어떻게 결정되는가 하는 의문이 남는다. 사실 이 비트들은 명령어 실행의 결과에 따라 자동으로 결정이 되지만 명령어가 실행될 때마다 이들 비트의 값이 결정되는 것은 아니다. 명령어 실행 결과에 따라 레지스터 *CPSR*의 상태 비트들의 값을 변경하기 위해서는 앞서 명령문 형식에 나타낸 것과 같이 명령어 뒤에 S를 붙여야 한다. 즉, *stmt1*는 덧셈을 수행하지만 그 결과에 따라 *CPSR*의 상태 비트들의 값을 변경하지는 않는다. 반면에 *stmt4*는 덧셈을 수행한 후 그 결과에 따라 *CPSR*의 상태 비트 값을 변경한다. 예를 들어, 덧셈 수행 결과가 0이라고 하면, 명령어 *ADD*를 실행하여도 *CPSR*의 상태 비트들은 변경되지 않지만, 명령어 *ADDS*를 실행하면 Z 비트 값이 1로 변경된다.

데이터 이동 명령문

데이터 이동 명령문은 레지스터에 저장되어 있는 값 또는 상수를 목적 레지스터에 저장하는 것으로 기본적으로는 데이터 값이 그대로 목적 레지스터에 저장된다. 이 명령문의 형식은 다음과 같다. 예에서 *stmt1* 의 명령문은 *R1*의 값을 *R0*로 전송하며, 그 다음 명령문은 상수 0xFF 값을 *R0*에 전송을 한다. *stmt2* 의 명령문은 *R0*에 0xFFFFFFFF 값을 전송하는 효과를 준다.

형식 :	{label} MOV | MVN {조건}{S} R_d, N	
	MOV :	N의 값을 R_d로 전송, $(0 \le d \le 15)$
	MVN :	N의 보수값을 R_d로 전송, $(0 \le d \le 15)$
	R_d :	명령어 수행 결과를 저장할 레지스터,
	N :	피연산자로서 상수 또는 레지스터

예 :	stmt1	MOV	R0, R1	;; $R0 \leftarrow R1$
		MOV	R1, #0xFF	;; $R0 \leftarrow 0xff$
	stmt2	MVN	R0, #0	; $R0 \leftarrow 0xFFFFFFFF$

데이터 이동 명령문은 기본적으로 저장된 값을 그대로 목적 레지스터에 저장을 한다. 하지만 값을 이 명령문은 전송할 값에 시프트 연산을 수행한 결과를 목적 레지스터에 전송할

수도 있다. 앞 258 쪽의 그림 11.2에 나타낸 프로세서 코어의 데이터 흐름을 보면 연산장치에 전달되는 두 값 중에 R_m 으로 표시된 값은 시프터를 거쳐서 전달될 수 있다. 이를 위해 데이터 이동 명령문 뒤에 시프트와 관련된 추가 동작을 지정할 수 있으며, 그 형식은 다음과 같다. 예의 *stmt1* 명령문은 *R1* 에 저장되어 있는 값을 2 비트 왼쪽 시프트를 한 후 *R0*에 전송하는 것을 나타내며, *stmt2*는 레지스터 *CPSR*의 C 비트를 포함하여 *R2*의 값을 오른쪽으로 1 비트 회전 시프트한 결과를 *R0*에 저장을 한다. *RRX*는 1 bit 회전 시프트만 가능하기 때문에 시프트할 비트 수를 지정하지 않는다.

형식 :	{label} MOV | MVN {조건}{S} R_d, R_n, Sh n
R_m :	R_d로 전송할 값을 저장하는 레지스터, $(0 \leq d \leq 15)$
Sh :	시프트 기능을 지정
	LSL - 왼쪽 논리 시프트
	LSR - 오른쪽 논리 시프트
	ASR - 오른쪽 산수 시프트
	ROR - 오른쪽 회전 시프트
	RRX - CPSR의 C 비트를 포함한 확장 회전 시프트
n :	시프트할 비트 수. 상수(1 ~ 31) 또는 레지스터

예 :

```
stmt1    MOV    R0, R1, LSL #2
stmt2    MVN    R0, R2, RRX
```

산술 명령문

산술 명령문은 레지스터 또는 상수를 대상으로 덧셈 또는 뺄셈 연산을 수행한 후 그 결과를 목적 레지스터에 전송한다. 산술 명령문의 형식은 다음과 같다. 명령문에서 조건에 따른 명령어 실행 여부, 명령어 실행 후 *CPSR* 레지스터의 상태 bit 수정 및 시프트 기능의 이용과 관련된 내용은 데이터 이동 명령문에서 설명한 것과 동일하다. 덧셈 명령어 *ADC* , *ADD* 는 레지스터에 저장된 값과 레지스터 또는 상수 값을 대상으로 덧셈 연산을 수행하는 것은 동일하지만 *ADC* 명령어는 캐리를 저장하는 *CPSR* 레지스터의 'C' 플래그 비트를 포함하여 덧셈을 수행한다. 이것은 기본 32 비트 덧셈 연산을 확장하여 64 비트 이상의 덧셈을 수행하고자 할 때 사용할 수 있다. 만약 두 개의 64 비트 정수를 덧셈할 경우에 먼저 하위 32 비트를 대상으로 덧셈을 수행한 후 상위 32 비트 데이터를 대상으로 덧셈을 수행할 때 하위 32 비트 연산시 발생한 캐리를 포함하여 연산을 수행하면 64 비트 덧셈을 수행할 수 있다. 뺄셈 명령어 *SUB* , *SBC* 도 두 값에 대한 뺄셈과 빌림수(borrow bit)를 포함한 뺄셈을 각각 실행하는 것이다. 뺄셈의 빌림수는 별도의 플래그 비트를 사용하지 않고 캐리(C)를 이용하여 표현한다.

stmt 명령문은 *CSPR* 레지스트의 Z 비트의 값이 1일 때 *R2*에 저장된 값을 왼쪽으로 2 비트 시프트한 값과 *R1*에 저장된 값을 더하여 그 결과값을 *R0* 에 저장을 한다. 이때 결과값에 따라 *CPSR*의 상태 비트들을 수정한다. 만약 *CSPR* 레지스트의 Z 비트의 값이 0이면 이 명령어는 실행되지 않는다.

형식 : {label} 명령어 {조건}{S} R_d, R_n, N { Sh n}

명령어 :
- ADC - 캐리를 포함한 덧셈, $R_d \leftarrow R_n + N + C$
- ADD - 덧셈, $R_d \leftarrow R_n + N$
- RSB - 역 뺄셈 , $R_d \leftarrow N - R_n$
- RSC - 캐리를 고려한 역 뺄셈 , $R_d \leftarrow N - R_n - !C$
- SBC - 캐리를 고려한 뺄셈, $R_d \leftarrow R_n - N - !C$
- SUB - 뺄셈, $R_d \leftarrow R_n - N$

R_d : 명령어 수행 결과를 저장할 레지스터, $0 \le d \le 15$

R_n : 명령어 수행을 위한 피연산자 레지스터, $0 \le n \le 15$

N : 피연산자로서 상수 또는 레지스터(시프트 기능 이용)

예 :

```
        SUB      R0, R1, R2
stmt    ADDEQS   R0, R1, R2, LSL #2
```

논리 명령문

논리 명령문은 레지스터 또는 상수의 대응되는 비트들 간에 논리 연산을 수행한 후 그 결과를 목적 레지스터에 전송한다. 논리 명령문의 형식은 다음과 같으며, 조건, *CPSR*의 상태 비트 수정 및 시프트 기능 이용의 내용은 앞서 설명한 것과 동일하다. 명령문 *AND*, *OR*, *EOR* 은 각각 논리곱, 논리합, 배타적 논리합 연산을 수행하는 것으로 피연산자의 각각의 비트와 그 비트에 대응하는 비트 간에 연산을 수행하는 비트에 관한 연산(bit-wise operation)이다. 명령문 *BIC*는 레지스터 *Rm* 의 32 비트 중에서 *N* 에서 선택한 비트만 0으로 소거하는 연산이다.

만약 레지스터 *Rm*에 0xFFFFFFFF가 저장되어 있다고 가정하고, *N*의 값이 0xFFFF0000이라고 한다면, 이를 대상으로 *BIC* 명령어를 실행한 결과인 0x0000FFFF는 *Rd* 에 저장이 된다. 즉 *N*의 32 비트 중 그 값이 1이 되는 비트와 대응하는 위치에 있는 *Rm*의 비트 값을 0으로 하는 것이다. 예의 두 명령문은 *AND* 명령어를 수행하지만 *stmt* 명령문은 조건에 따라 명령어의 수행 여부가 결정되며, 명령어 수행 결과는 *CPSR*의 상태 비트를 수정한다.

형식 : {label} 명령어 {조건}{S} R_d, R_n, N { Sh n}

명령어 :	AND - 32 비트 논리곱 연산 수행, $R_d \leftarrow R_n \wedge N$
	ORR - 32 비트 논리합 연산 수행, $R_d \leftarrow R_n \vee N$
	EOR - 32 비트 배타적 논리합 연산 수행, $R_d \leftarrow R_n \oplus N$
	BIC - 비트 클리어 논리 연산, $R_d \leftarrow R_n \wedge !N$
R_d :	명령어 수행 결과를 저장할 레지스터, $0 \le d \le 15$
R_n :	명령어 수행을 위한 피연산자 레지스터, $0 \le n \le 15$
N :	피연산자로서 상수 또는 레지스터(시프트 기능 이용)

예 :

```
        AND       R0, R1, R2
stmt    ANDEQS    R0, R1, R2, LSL #2
```

비교 명령문

비교 명령문은 두 피연산자의 값을 비교하여 *CPSR*의 상태 비트들을 수정한다. 이를 통해 다른 명령문들이 조건에 따라 명령어 수행 여부를 결정할 수 있다. 두 피연산자를 비교하기 위해 덧셈, 뺄셈, AND 연산, XOR 연산을 수행하지만 그 결과를 저장하지 않고, 다만 *CPSR*의 상태 비트들을 수정한다. 비교 명령문의 형식은 다음과 같다. 명령어 *CMP* 는 뺄셈을 수행하지만 결과를 레지스터에 저장을 하지는 않으며, 명령어 뒤에 'S' 옵션을 붙이지 않아도 *CPSR* 의 해당 비트 값을 변경한다. 이 명령어를 수행한 결과를 이용하여 다음 명령어를 수행할 때 표 13.1에서 표시한 조건 심볼에 따라 명령어 실행 여부를 결정한다. 명령어 *TST* 는 *CMP* 와 다르게 논리곱 연산을 수행하며, 상태 레지스터의 값을 변경한다.

형식 :	{label} 명령어 {조건} R_d, R_n, N { Sh n}
명령어 :	CMN - $R_n + N$
	CMP - $R_n - N$
	TEQ - $R_n \oplus N$
	TST - $R_n \wedge N$
R_n :	명령어 수행을 위한 피연산자 레지스터, $0 \leq n \leq 15$
N :	피연산자로서 상수 또는 레지스터(시프트 기능 이용)
예 :	TST R1, R2 CMPEQ R1, R2, LSL #2

곱셈 명령문

두 레지스터에 저장되어 있는 값을 곱셈하여 32 비트 또는 64 비트 결과값을 레지스터에 저장을 한다. AT91SAM7S256에는 64 비트 레지스터가 없기 때문에 두 개의 레지스터를 조합하여 64 비트 결과 값을 저장한다. 곱셈 명령문의 형식은 결과값이 32 비트인 경우와 64 비트인 경우가 다르다. 다음은 32 비트 결과값을 위한 곱셈 명령문 형식이다. 앞의 258 쪽의 그림 11.2에 나타낸 내용을 참고하면 곱셈기가 연산장치와 별도로 존재하며, 이것은 시프터와 연결되어 있지 않기 때문에 곱셈 명령문에서는 시프터의 기능을 사용할 수 없다.

형식 :	{label} 명령어 {조건}{S} R_d, R_m, R_s {,R_n }
명령어 :	MUL - $R_d \leftarrow R_m \times R_s$
	MLA - - $R_d \leftarrow R_m \times R_s + R_n$
R_n :	MLA 명령문에서만 사용됨
예 :	MUL R0, R1, R2 MLA R0, R1, R2, R3

다음은 두 개의 32 비트 레지스터의 값을 곱셈하여 64 비트의 결과를 얻고자 할 경우에 사용할 수 있는 곱셈 명령문 형식이다. 32 비트 결과를 생성하는 곱셈은 부호를 고려하지 않고

곱셈을 하지만 64 비트 결과를 생성하는 곱셈은 부호를 고려하는 것(signed)과 부호를 고려하지 않는 것(unsigned)로 나누어 별도의 명령어가 있다. 다음은 64 비트 결과값을 생성하는 곱셈 명령문의 형식이다. 이 형식에서 *RdHi*와 *RdLo*는 64 비트의 결과값에서 상위 32 비트와 하위 32 비트 결과값을 각각 저장하는 레지스터를 의미한다. 즉, *RdHi*와 *RdLo*로 지정된 두 개의 레지스터를 이용하여 64 비트 결과값을 저장한다.

형식 : {label} 명령어 {조건}{S} $RdLo$, $RdHi$, R_m, R_s

명령어 :
- SMUL - $[RdHi, RdLo] = R_m \times R_s$, 부호고려
- SMLAL - $[RdHi, RdLo]+ = R_m \times R_s$, 부호고려
- UMUL - $RdHi, RdLo] = R_m \times R_s$, 부호 고려하지 않음
- UMLAL - $[RdHi, RdLo]+ = R_m \times R_s$, 부호 고려하지 않음

예 :

```
SMUL   R0, R1, R2, R3
SMLAL  R0, R1, R2, R3
```

13.4.2 분기 명령어

보통의 실행 흐름은 소스 코드에 나열되어 있는 순서에 따라 명령문이 실행되는 것이다. 즉, n 번째 명령문이 실행되었다면 그 다음은 보통의 경우에 *(n+1)* 번째 명령문이 실행된다. 그러나 조건에 따라 실행해야 하는 명령문이 다르다면 보통의 실행 흐름을 변경할 수 있어야 한다. 실행 흐름을 변경할 수 있는 명령문이 분기 명령문이다. 실행 흐름을 변경하는 것이 서브루틴 호출과 같이 해당 명령문들을 수행한 후 복귀해야 하는 것이라면 복귀 주소도 저장을 해야 한다. 분기 명령문의 형식은 다음과 같다.

형식 : {label} 명령어 {조건} target_label

명령어 :
- B - 실행 흐름을 target_label로 옮김
- BL - 현재의 PC 값을 LR에 저장한 후 target_label로 분기

예 :

```
        BEQ   print
stmt1   ADD   R0, R1, R2
print   SUB   R1, R2, #1
```

예에서 레지스터 *CPSR*의 상태 비트의 값이 EQ 조건에 맞으면 명령어 *B*가 실행되어 *print* 라는 레이블이 있는 뺄셈 명령문으로 실행 흐름이 변경된다. 이 경우에 덧셈 명령어를 포함하고 있는 *stmt1* 은 실행되지 않는다.

다음의 예에서는 *BL* 명령어가 실행되며, 이 명령어는 레지스터 *PC*가 현재 저장하고 있는 값 즉, *BL*의 다음 명령문인 덧셈 명령문의 주소를 *LR*(link register)에 저장한 후 실행 흐름을 *hello* 라는 레이블이 있는 뺄셈 명령문으로 변경한다. 이 명령문이 수행된 후 *LR*의 값을 *PC*로 전송하였는데 *LR*에는 *stmt2* 명령문의 주소가 저장되어 있기 때문에 이 전송은 *stmt2* 명령문으로 복귀하는 효과를 낼 수 있다. 그 다음 *loop* 레이블을 갖는 명령문은 계속적으로 자신의 주소로 분기하기 때문에 무한 루프가 형성된다.

```
        BL     hello
stmt2   ADD    R0, R1, R2
예 : loop    B      loop
hello   SUB    R1, R2, #1
        MOV    PC, LR          ;; return
```

13.5 로드/스토어 명령문

RISC 구조의 AT91SAM7S256 프로세서 코어는 많은 레지스터를 보유하고 있으며, 레지스터에 저장되어 있는 데이터를 대상으로 데이터 처리 명령어를 수행한다. 이를 위해서는 메모리에 저장되어 있는 데이터를 레지스터에 저장하는 것과 레지스터에 저장되어 있는 데이터를 메모리에 저장하는 것을 수행할 수 있는 명령어가 필요하다. 메모리에 저장되어 있는 데이터를 레지스터로 전송하는 것은 적재 또는 로드 명령문을 이용하고, 반대로 레지스터에 저장되어 있는 데이터를 메모리로 전송하는 것은 저장 또는 스토어 명령문을 이용한다. 이처럼 메모리와 레지스터 사이의 데이터 전송을 담당하는 명령문의 종류에는 전송되는 데이터의 개수에 따라 단일 레지스터 전송 명령문, 데이터 교환 명령문, 다중 레지스터 전송 명령문이 있다.

단일 레지스터 전송 명령문

단일 레지스터 전송 명령문은 하나의 1 byte, 2 byte, 또는 4 byte 데이터를 메모리와 레지스터 간의 데이터 전송하는 명령문이다. 이 명령문의 형식은 다음과 같다. 명령문 형식에서 크기 SB 또는 SH는 메모리에 저장되어 있는 8 bit 또는 16 bit 값을 32 bit 레지스터로 전송할 때 부호를 고려하여 확장된 형태, 즉 동일한 부호를 갖도록 확장하여 전송한다.

형식 :	{label} 명령어 {조건}{크기} R_d, addr
명령어 :	LDR - 메모리의 내용을 레지스터로 전송
	STR - 레지스터의 내용을 메모리로 전송
크기 :	B/SB - 1 바이트/부호 확장(SB)
	H/SH - 2 바이트/부호 확장(SH)
R_d :	전송에 사용될 레지스터, $0 \leq n \leq 15$
addr :	전송에 사용도리 메모리 데이터의 주소

다음의 예에서 명령문 stmt1에서는 메모리에 저장되어 있는 8 비트 데이터를 그대로 레지스터 *R0* 에 전송을 하였기 때문에 *R0*에는 0x00000080가 저장된다. 반면 명령문 *stmt2* 에서는 메모리에 저장되어 있는 8 비트 데이터의 부호가 확장되어 *R0* 에는 0xFFFFFF80가 저장된다. 단, *STR* 명령어는 *SB* 또는 *SH*와 같은 부호 비트를 확장하여 메모리에 저장하는 것은 없다. 참고로 AT91SAM7S256는 음수 표현을 위해 2의 보수를 이용하기 때문에 수의 가장 왼쪽 비트가 부호 비트 역할을 한다.

예 :

```
stmt1   LDRB    R0, i8
stmt2   LDRSB   R0, i8
        ...
i8      DCB     0x80
```

명령문 형식에서 addr로 표현된 메모리 주소는 메모리 공간 확보를 할 때 사용한 레이블, 레지스터 간접 주소, 인덱스(index) 주소로 나타낼 수 있다. 레이블을 이용한 메모리 주소 표현은 레이블의 목적인 참조를 위한 위치 정보 즉, 주소이기 때문에 사용할 수 있으며 위의 예에서 명령문 *stmt1* 과 *stmt2* 의 *i8*이 레이블을 이용한 가장 간단한 주소 표현이다.

레지스터 간접 주소는 레지스터에 저장되어 있는 값이 접근하고자 하는 메모리 주소이며, *[R0]* 와 같이 대괄호를 이용하여 표현한다. 레지스터 *R0* 는 이 레지스터에 저장되어 있는 값을 이용하고자 하는 것이며, *[R0]* 은 레지스터 *R0* 에 저장되어 있는 값을 유효주소로 하여 메모리에 접근한 한 워드의 내용을 의미한다. 다음은 레지스터 간접 주소를 사용한 예이다. 명령문 *stmt1*에서는 레이블 *idata*의 주소를 *R0*에 적재하는 것이며, *stmt2*에서 *[R0]*는 *R0*에 저장되어 있는 데이터를 유효주소로 하여, 해당 주소에 저장되어 있는 워드의 내용을 레지스터

*R1*에 적재하는 명령문이다. 즉, 레이블 *idata* 이 있는 명령문은 0x80 값을 메모리에 적재하고, 그 위치를 *idata* 라는 이름으로 표시하며, *stmt1* 이 있는 명령문은 레지스터 *R0* 에 *idata* 라는 이름으로 표시되어 있는 곳의 주소를 적재하는 것이다.

예 :

```
stmt1   LDR   R0, =idata
stmt2   LDR   R1,[R0]
        ...
idata   DCB   0x80
```

인덱스 주소는 레지스터에 저장되어 있는 주소를 베이스 주소 또는 시작 주소로 하여 상수 또는 레지스터에 저장된 값을 오프셋(변위)으로 하여 주소를 표현하는 방법이다. 인덱스 주소를 이용하는 것은 프리 인덱스(pre-index), 자동 인덱스(auto index), 포스트 인덱스(post index)가 있으며 사용하는 형식은 다음과 같다.

형식 :	[Rb, N{,Sh n}]	- 프리 인덱스
	[Rb, N{, Sh n}]!	- 자동 인덱스
	[Rb],N{,Sh n}	- 포스트 인덱스
	Rb :	베이스 주소를 저장하고 있는 레지스터
	N :	오프셋을 위한 상수 또는 레지스터, 음수 가능.

프리 인덱스는 베이스 레지스터 *Rb* 가 저장하고 있는 주소와 오프셋 *N* 을 덧셈한 것이 메모리 접근을 위한 주소 즉, 유효주소가 된다. 즉, *Rb+N* 이 유효주소가 되며 *Rb* 의 값은 변경되지 않는다. 자동 인덱스에서 유효 주소는 프리 인덱스와 동일하지만, 메모리 접근 후 베이스 레지스터 *Rb* 의 값이 사용된 유효주소로 변경된다. 즉, 메모리 접근 후 $Rb \leftarrow Rb+N$ 이 된다. 포스트 인덱스에서 유효주소는 *Rb* 의 값이 되며, 이 주소를 이용하여 메모리에 접근한 후 *Rb* 의 값은 *Rb+N* 으로 변경된다. 인덱스 주소를 이용한 메모리 접근의 예는 다음과 같다.

```
        i32     DCD   0x7A7A7A7A
                DCD   0xFFFFFFFF
                DCD   0x11110000
                ...
예 :    stmt1   LDR   R0, =i32
        stmt2   LDR   R1, [R0]
        stmt3   LDR   R2, [R0, #4]
        stmt4   LDR   R3, [R0, #4]!
        stmt5   LDR   R4, [R0], #4
```

명령문 *stmt1* 을 수행하면 *R0*에는 베이스 주소로 사용할 레이블 *i32*로 표시된 워드의 주소가 적재된다. 이 주소를 *addr* 이라고 하자. *stmt2*에서는 레지스터 간접 주소에 따라 *R0* 에 저장되어 있는 주소를 이용하여 메모리의 내용을 *R1* 에 전송을 하며, 이때 *addr* 번지에 있는 내용인 0x7A7A7A7A가 *R1* 에 적재된다. *stmt3*은 프리 인덱스로서 유효주소는 R0의 내용과 상수 4를 더한 *addr+4* 번지 이다. 따라서 이 명령문은 *R2* 에 *addr+4* 번지의 내용인 0xFFFFFFFF가 적재되며, 레지스터 *R0* 의 값은 변경되지 않는다. *stmt4* 는 자동 인덱스로서 유효주소는 *R0* 와 상수 4를 더한 *addr+4*이며, 이것을 이용하여 메모리의 내용 0xFFFFFFFF를 *R3* 에 적재한 후 *R0* 의 값은 *addr+4* 로 바뀐다. *stmt5* 는 포스트 인덱스로서 유효 주소는 현재 *R0* 에 저장되어 있는 것이다. 따라서 *R4* 에는 *a+4* 번지의 내용인 0xFFFFFFFF가 적재되며, 레지스터 *R0* 의 내용은 다시 4가 증가된 *addr+8* 로 변경된다.

오프셋을 지정할 때 시프트 기능을 사용하는 예는 다음과 같다. 레지스터 *R0* 에는 *i32* 로 표시되어 있는 메모리의 주소를, *R1* 에는 값 *1* 을 각각 적재하였다. 명령문 *stmt1* 은 레지스터 R1 에 적재되어 있는 값 0x00000001을 대상으로 *stmt1* 명령문에서 3 비트 왼쪽으로 시프트한 값 즉, 0x00000008과 *R0* 에 저장되어 있는 유효주소에 더하여 메모리에 접근을 하고 있다. 따라서 명령문 *stmt1*은 *i32* 로 표시되어 있는 워드를 기준으로 두 워드 다음에 있는 워드 즉, 0x11110000를 저장하고 있는 워드에 접근하는 것이다. 이 명령문 실행의 결과는 레지스터 *R2* 에 0x11110000이 적재되는 것이다.

예 :

```
        i32     DCD     0x7A7A7A7A
                DCD     0xFFFFFF
                DCD     0x11110000
                LDR     R0, =i32
                MOV     R1, #1
        stmt1   LDR     R2,[R0,R1,SHL #3]
```

데이터 교환 명령문

데이터 교환 명령문은 레지스터가 저장하고 있는 값과 메모리의 워드에 저장되어 있는 값을 서로 맞바꾸는 명령문으로 그 형식은 다음과 같다. 이 명령어를 사용하기 전에 레지스터 Rn에는 유효주소가 적재되어 있어야 한다. 교환 명령문이라는 분류로 인해 레지스터의 값과 메모리 워드의 내용을 교환하는 것으로 될 수 있지만 실제로는 메모리의 워드의 내용이 레지스터에 적재됨과 동시에 다른 레지스터의 내용이 그 메모리 워드에 저장이 되는 것이다 . 즉, 이 명령문은 $R_d \leftarrow [Rn], [Rn] \leftarrow R_m$으로 표현할 수 있다.

SWP 와 같은 명령어가 지원이 되지 않을 경우에 이를 구현하기 위해서는 두 개 이상의 명령문이 필요한데 운영체제의 세마포어와 같이 동기화를 구현하기에는 적절하지 않다. 따라서 이 명령어는 세마포어 등을 구현할 때 유용하게 사용할 수 있다.

형식 : {label} SWP{B}{조건} Rd , Rm, [Rn]

명령어 :	SWP는 워드 교환 /SWPB는 바이트 교환
Rd :	[Rn]으로 지정된 메모리 워드 내용이 적재됨
Rm :	레지스터의 내용이 메모리 [Rn]에 저장됨

예 : SWP R0, R1, [R2]

다중 레지스터 전송 명령문

단일 레지스터 전송 명령문이 레지스터와 메모리간 한 워드(32 bits)를 전송하는 것이라면 다중 레지스터 전송 명령문은 여러 워드를 전송할 수 있는 명령문이다. 다음은 이 명령문의 형식이다.

형식 :	{label} 명령어 {조건} ad_type Rn{!}, reg_list	
	명령어 :	LDM - 메모리의 워드들을 레지스터들에 전송 STM - 레지스터의 내용을 메모리 워드들에 전송
	ad_type :	Rn에 저장되어 있는 주소를 사용하는 방법 지정. IA - 주소사용 후 증가 IB - 주소사용 전 증가 DA - 주소사용 후 감소 DB - 주소사용 전 감소
	Rn :	전송에 사용될 첫 번째 메모리 워드의 주소를 저장하고 있는 레지스터. 심볼 !을 붙이면 Rn의 값이 변경
	reg_list :	전송에 사용될 레지스터 리스트. {reg1, reg2}의 형태 또는 {reg1-reg2}와 같이 레지스터 범위지정.
예 :	STMIA R0!, {R1-R3} LDMDB R0!, {R4-R6}	

이 명령문에서 *ad_type* 으로 표시된 메모리 워드의 주소지정 방법은 네 가지가 있다. 각 방법에 따라 전송대상이 되는 워드의 범위가 달라질 수 있기 때문에 사용 목적에 따라 잘 선택을 하여야 한다. 그림 13.3는 레지스터 *Rn* 에 주소가 저장되어 있고 2 워드를 전송하고자 할 경우에 각 *ad_type*에 따른 전송 워드의 범위 및 전송 완료 후 최후 주소를 나타내고 있다. 이 주소는 명령문 형식에서 *Rn!* 으로 사용할 경우에 명령문 수행 완료 후 *Rn* 의 값이 된다.

*ad_type*이 IA(Increment After)인 경우에 *Rn*에 저장되어 있는 주소를 사용한 후 즉, 메모리 워드의 내용을 레지스터로 전송 또는 레지스터의 내용을 메모리 워드로 전송한 후 주소를 증가. 1 워드가 4 바이트이므로 주소는 4씩 증가시키기 때문에 전송에 사용되는 메모리 워드의 범위는 그림 13.3에 나타낸 두 워드가 된다. 그리고, 명령문 실행 후 주소는 최후 주소로 표시된

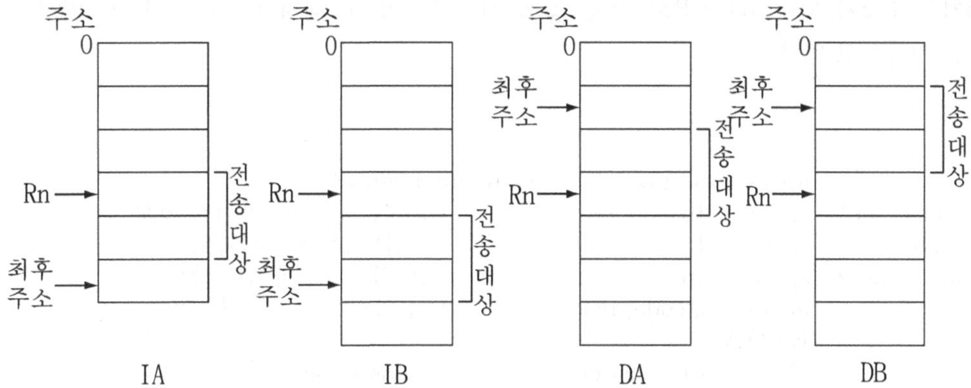

그림 13.3: 주소 지정 방식에 따른 다중 전송 워드 및 주소 변화

것이며, 명령문에서 *Rn!* 과 같이 심볼 !를 사용하면 최후 주소가 *Rn* 에 저장된다. 만약 심볼 !를 사용하지 않았다면 *Rn* 의 값은 수정되지 않는다. 나머지 IB, DA, DB도 주소 지정방식에 따라 동일하게 동작을 한다.

그림 13.4는 다중 레지스터 전송을 위한 간단한 프로그램이다. 레이블은 대소문자를 구분하지만 명령어와 레지스터 명칭은 대소문자를 구분하지 않기 때문에 소문자로 각각 나타내었다. 이 프로그램은 두 개의 영역으로 구성되어 있으며, 그 중 하나는 데이터 저장을 위한 데이터 영역이며 그 이름은 'datasection'이다. 또 프로그램을 저장하는 코드 영역이 있으며 그 이름은 'reset'이다. 데이터 영역은 총 33 워드를 저장하기 위한 메모리 공간을 정의하고 있다. 데이터 영역은 8번지(= 2^3) 단위의 주소로 조정되어 있으며, 데이터를 저장하거나 읽을 수 있도록 선언되어 있다.

코드 영역의 명령어들이 실행하는 것은 다음과 같다. 레지스터 *R0* 에 데이터 영역에 있는 *center* 로 표시되어 있는 워드의 위치 즉, 주소를 적재한다. 이 주소를 *addr* 이라고 하자. 그리고, R1 과 R2 에 각각 0xA70000A8과 0x7A00008B를 적재를 하였다. 명령어 *STM*과 함께 사용된 주소 사용방법이 'IA'은 메모리 접근을 위해 주소를 사용한 후 다음 워드 접근을 위해 주소를 자동으로 증가시키는 것이다. 따라스, *STMIA* 명령어은 레지스터 *R1* 과 *R2* 의 값을 메모리의 *addr*, *addr+4* 번지에 저장을 하고, 유효주소를 저장하고 있는 *R0* 의 값은 *addr+8* 이 된다. 다음 명령어 *LDM* 과 함께 사용된 *DB*는 메모리 접근을 위해 주소를 사용하기 전에 주소를 한 워드 이전의 주소로 감소시키는 것이다. 따라서 *LDMDB* 명령어는 *R0* 에 적재되어 있는 주소 *addr+8* 에서 한 워드 이전의 주소인 *addr+4* 로 감소시킨 후 메모리 접근을 한다. 이 명령어를 실행한 후 *R0* 에 적재되어 있는 주소는 데이터 영역의 *center*로 표시되어 있는 위치의 주소가 되며, R1과 R3는 같은 값을 저장하고 있다. 레지스터 R2와 R4도 역시 같은 값을 저장하고 있다.

```
            area datasection, data, readwrite, align=3
memspace1   space   16                  ; 16 워드 즉, 64 바이트 확보
center      space   1                   ; 1 워드, 4 바이트 확보
memspace2   space   16                  ; 16 워드, 64 바이트 확보
            area reset, code, readonly  ; 이 영역은 Flash 메모리에 저장됨
            ENTRY
            ldr     r0, =center         ; datasection 영역의 center의 위치
            ldr     r1, =0xA70000A8     ; R1과 R2에 값을 넣음.
            ldr     r2, =0x7A00008B     ; 다른 값을 넣어도 됨.
            stmia   r0!, r1, r2         ; R1, R2의 값이 center, center+4
                                        ; 번지에 저장됨. R0← center+8
            ldmdb   r0!, r3, r4         ; 앞서 메모리에 저장한 데이터를
                                        ; R3와 R4에 다시 전송.
                                        ; 따라서 R1=R3, R2=R4임.
            stmda   r0!, r3, r4         ; 똑같이 생각하면 됨.
            ldmib   r0!, r5, r6         ; 결국 R1=R3=R5이고, R2=R4=R6임.
            loop
            b       loop                ; 더 할게 없어 무한 루프.
            end
```

그림 13.4: 다중 레지스터 전송 예제 어셈블리 프로그램

동일하게 명령어 *STMDA*는 R0 에 저장되어 있는 주소를 이용하여 메모리 접근을 한 후 주소를 이전 워드의 주소로 감소시킨다. 따라서 데이터 영역의 *addr* 번지에 레지스터 *R3*가 저장하고 있는 값이 저장되며, *addr-4* 번지에는 레지스터 *R4* 가 저장하고 있는 값이 저장된다. 또 *R0*는 주소 *addr-8* 이 저장된다. 명령어 *LDMIB* 는 메모리 접근을 위해 *R0*의 주소를 사용하기 전에 다음 워드의 주소로 증가시킨 후 메모리 접근을 한다. 따라서 *addr-4* 번지에 저장되어 있는 데이터는 *R6*에, *addr* 번지의 데이터는 *R5*에 각각 저장이 된다.

이때 주의해야 할 것은 주소가 증가되는 방향인 경우에는 레지스터가 나열된 순서대로 메모리 접근을 하지만, 주소가 감소되는 경우에는 레지스터가 나열된 역순으로 메모리 접근이 이루어 진다는 것이다. 예를 들어, 명령문 *STMIA R0!, R1, R2*은 주소가 증가되는 경우이기 때문에 메모리 addr 번지에 R1의 값이 저장되며, 그 다음 addr+4 번지에 R2의 값이 저장되는 것처럼 주소가 증가되는 순서와 동일하게 레지스터가 나열된 순서대로 사용된다. 반면 명령문

LDMDB R0!, R1, R2 은 주소가 감소되는 경우이기 때문에 *R0* 에 *addr+8*이 저장되어 있다고 가정하면 *addr+4* 번지의 내용이 레지스터 순서상 뒤에 있는 *R2*에 적재되며, 그 다음 *addr* 번지의 내용은 *R1*에 저장이 된다. 이처럼 주소의 증가 또는 감소에 따라 나열된 레지스터가 사용되는 순서가 다른 것은 이 명령어들을 이용하여 스택을 쉽게 구현할 수 있기 때문이다. 스택과 관련된 내용은 제 16 장에서 다룬다.

13.6 프로그램 상태 레지스터 명령어

AT91SAM7S256에는 프로그램 상태 레지스터(Program Status Register)로 CPSR과 각 동작 모드에 대응하는 SPSR들이 있다. 프로그램 상태 레지스터 명령어는 이들 레지스터에 값을 적재하거나 저장된 값을 범용 레지스터로 전송하고자 할 경우에 사용된다. 다음은 이 명령문의 형식이다.

형식 :	{label} MRS {조건} Rd, psr
명령어 :	MRS - 상태 레지스터의 내용을 레지스터로 전송 STM - 레지스터의 내용을 메모리 워드들에 전송
Rd :	상태 레지스터의 값을 저장할 레지스터
psr :	CPSR 또는 SPSR. SPSR은 동작 모드에 따라 뱅크되어 있는 레지스터가 사용됨

형식 :	{label} MSR {조건} psr_fields, Rm
명령어 :	MSR - 레지스터의 값을 상태 레지스터로 전송
psr :	CPSR 또는 SPSR
fields :	수정하고자 하는 상태 레지스터 필드 c - 제어필드 x - 확장 부분 s - 상태 필드 f - 플래그
Rm :	전송할 값을 저장하고 있는 레지스터

MSR 명령어는 수정하려는 상태 레지스터의 특정 필드를 지정하여야 하는데 그림 13.5은 상태 레지스터를 구성하고 있는 필드를 나타낸 것이다.

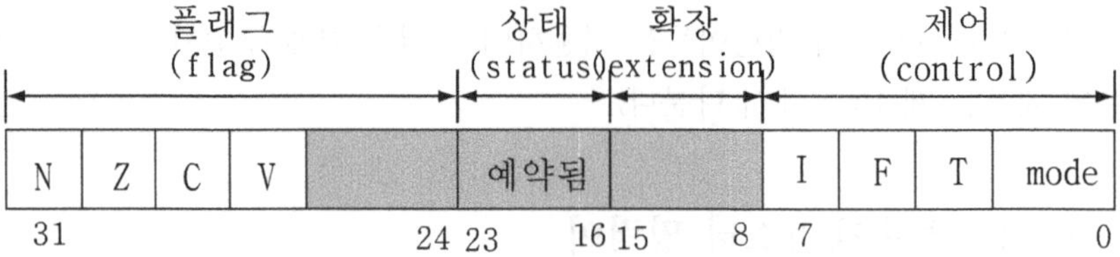

그림 13.5: 상태 레지스터 CPSR의 필드

Chapter 14

LED 제어

Chapter 14

LED 제어

이 장에서는 마이크로 컨트롤러를 이용하여 LED를 켜거나 끄는 임베디드 소프트웨어를 작성한다. 단순히 LED를 켜거나 끄는 것을 설명하지만 이것은 모든 범용 I/O(general-purpose I/O)를 이용한 출력에 적용되기 때문에 이 장에서 다루는 내용을 기반으로 다양한 형태의 입출력 장치들을 이용할 수 있다. 범용 I/O를 이용한 입력에 대한 내용은 인터럽트를 설명하는 제 17 장에서 다룬다.

14.1 PIO 제어기 사용

AT91SAM7S256는 한 개의 PIO(parallel I/O) 제어기를 포함하고 있으며, 이것은 32개의 I/O 라인을 제어한다. 앞의 264 쪽의 그림 12.1에 나타낸 블록 다이어그램에서 'PIO'라는 이름을 갖는 구성요소는 시스템 컨트롤러 내에 두 개, USART 등과 연결된 것, 또 PSMC 등과 연결된 것 등 네 곳에 있다. 이것들을 위해 각각 제어기가 있는 것은 아니고 한 개의 PIO 제어기가 모두 제어를 하고 있다.

PIO 제어기와 연결되어 있는 라인들은 그 기능에 따라 이름이 부여되어 있는데 모두 55 개의 라인이 다이어그램에 표시되어 있다. 그러나 PIO 제어기는 PIO_PER 또는 PIO_PDR 레지스터를 이용하여 32 개의 I/O 라인을 제어할 수 있다. 따라서 PIO 제어기 제어하는 32 개의 I/O 라인은 USART0, AIC, ADC 등과 같은 주변 장치와 다중화(multiplexing) 되어 있다. 그림 14.1은 AT91SAM7S256의 참조 매뉴얼에 있는 내용으로 PIO 제어기의 의해 사용되는 32개의 PIO 라인과 USART, PWM, 타이머/카운터와 같은 주변장치가 각 I/O 라인을 다중화하여 사용하고 있는 것을 나타내고 있다.

PIO Controller A			
I/O Line	Peripheral A	Peripheral B	Comments
PA0	PWM0	TIOA0	High-Drive
PA1	PWM1	TIOB0	High-Drive
PA2	PWM2	SCK0	High-Drive
PA3	TWD	NPCS3	High-Drive
PA4	TWCK	TCLK0	
PA5	RXD0	NPCS3	
PA6	TXD0	PCK0	
PA7	RTS0	PWM3	
PA8	CTS0	ADTRG	
PA9	DRXD	NPCS1	
PA10	DTXD	NPCS2	
PA11	NPCS0	PWM0	
PA12	MISO	PWM1	
PA13	MOSI	PWM2	
PA14	SPCK	PWM3	
PA15	TF	TIOA1	
PA16	TK	TIOB1	
PA17	TD	PCK1	AD0
PA18	RD	PCK2	AD1
PA19	RK	FIQ	AD2
PA20	RF	IRQ0	AD3
PA21	RXD1	PCK1	
PA22	TXD1	NPCS3	
PA23	SCK1	PWM0	
PA24	RTS1	PWM1	
PA25	CTS1	PWM2	
PA26	DCD1	TIOA2	
PA27	DTR1	TIOB2	
PA28	DSR1	TCLK1	
PA29	RI1	TCLK2	
PA30	IRQ1	NPCS2	
PA31	NPCS1	PCK2	

그림 14.1: PIO와 주변장치의 I/O 라인 다중화

I/O 라인 *PA0*는 1 비트 입출력을 위한 범용 I/O로서 LED 또는 스위치를 연결하여 사용되거나 그림 12.1에 표시된 PWMC가 제어하는 *PWM0* 또는 타이머 카운터의 *TIOA0*로 사용할 수 있음을 의미한다. 이 I/O 라인을 어떤 목적으로 사용할 것인지 또는 부가 회로를 연결할 것인가는 이 프로세서를 이용하여 응용 보드를 설계하는 설계자에 따라 달라 질 수 있

다. 예를 들어, 그림 14.2는 N 사에서 개발하여 판매하고 있는 응용보드인데 화살표로 표시된 I/O 핀이 PA0에 해당하며, 이 I/O 라인에 LED가 연결되어 있다. 따라서 이 I/O 라인을 LED 제어를 위한 범용 I/O로 사용할 경우에는 PWM0 출력 등으로 사용할 수 없다.

그림 14.2: AT91SAm7S256 프로세서를 장착한 응용 보드

이 장에서는 PIO 제어기가 제어하는 32개의 I/O 라인 중 한 개에 LED를 연결하여 켜거나 끌 수 있는 임베디드 소프트웨어를 작성할 것이므로 I/O 라인을 범용 I/O로 사용한다. 이 책에서 사용하는 참조 보드의 경우에 *PA0*에 LED가 연결되어 있기 때문에 LED 연결을 위한 별도의 작업이 필요하지는 않지만, 구입한 타겟 보드에 LED가 없는 경우에는 타겟 보드의 *PA0*라고 표시된 핀에 LED와 적절한 저항을 연결하면 된다.

14.2 LED 연결 회로도 확인

PA0 라인에 직접 LED를 연결하는 경우에는 문제가 없지만 구입한 타겟 보드에 LED가 연결되어 있는 경우에는 해당 라인에 '1'이 출력되면 LED가 켜지는지 또는 '0'이 되어야 켜지는지를 확인하여야 한다. 여기서 '1'이 출력된다는 이야기는 PIO 제어기가 관할하는 32개의 I/O 라인의 값을 결정하는 레지스터에서 *PA0*에 대응하는 비트의 값이 1이 됨을 의미한다. 이때 *PA0* 라인은 5V 출력이 되며, 16 mA의 전류가 흐를 수 있다. 32개의 I/O 라인 중에서 $PA0 \sim PA3$은 16mA, 다른 I/O 라인은 최대 8mA까지 전류가 흐를 수 있다. 각 I/O 라인에 흐를 수 있는 전류의 양은 응용 보드마다 다를 수 있기 때문에 각 응용 보드의 설명서를 확인하여야 한다.

그림 14.3 은 I/O 라인과 LED를 연결하는 예를 보이고 있다. 그림 14.3a에 나타낸 것과 같이 캐소드(cathode) 쪽이 I/O 라인에 연결되어 있다면 I/O 라인의 출력이 '1'이면 LED에 전류가 흐르지 않는다. 반면 그림 14.3b에 나타낸 것과 같이 애노드(anode) 쪽이 I/O 라인에 연결되어 있다면 I/O 라인의 출력이 '1'이 되면 전류가 흘러 LED가 켜진다. 어떤 방법으로

연결할 것인가는 임베디드 하드웨어의 목적에 따라 개발자가 결정하는 것이기 때문에 어떤 연결 방법이 좋은가를 판단할 수 없으며, 응용 보드를 사용하는 경우에는 설명서를 통해 LED에 전류가 흐르기 위해 I/O 라인에 출력해야 하는 값이 무엇인가를 확인하여야 한다.

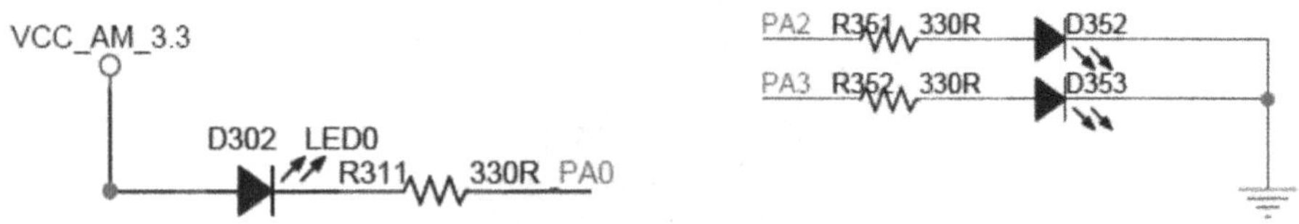

(a) 캐소드와 I/O 라인 연결 (b) 애노드와 I/O 라인 연결

그림 14.3: I/O 라인과 LED 연결 방법

14.3 PIO 제어

제 12 장에서 각종 장치들을 제어하기 위해 프로세서 코어는 해당 장치의 인터페이스의 레지스터에 접근하여 값을 저장하거나 읽어야 한다. 각 레지스터들은 메모리 주소 공간의 일부에 매핑되어 있고, 메모리에 맵된(memory-mapped) I/O 방법으로 접근됨을 설명하였다. 이 장에서 설명하고자 하는 PIO 제어기는 시스템 제어기 중의 하나이며, 이 제어기를 위한 레지스터를 이용하여 32개의 I/O 라인을 제어할 수 있다.

앞의 267 쪽의 그림 12.2 에 나타낸 메모리 주소 공간의 매핑에서 시스템 제어기가 매핑되어 있는 주소 공간은 0xFFFF0000로 시작되는 64 KB 영역에 매핑되어 있다. 이 영역은 다시 시스템 제어기 종류에 따라 할당되어 있는 세부 매핑 영역은 그림 12.4에 나타내었다. 이 주소 공간 매핑 영역 중에서 PIO 제어기의 레지스터에 할당되어 있는 영역은 주소 0xFFFFF400에서 시작하는 영역이며, 이 주소 공간에 PIO 제어기를 위한 29개의 32 bit 레지스터가 할당되어 있다. 각 레지스터 마다 이 영역 내의 주소가 할당되어 있으며, 프로세서 코어는 각 레지스터에 할당된 주소를 이용하여 관련 데이터를 저장하거나 읽어서 PIO 제어기를 사용할 수 있다.

그림 14.4는 참조 매뉴얼에 있는 내용을 가공하여 나타낸 PIO 제어기의 레지스터의 매핑 내용이다. PIO 제어기는 메모리 주소 공간의 0xFFFFF400에 매핑되어 있기 때문에 그림 14.4에 표시된 오프셋 값은 이 주소에 대한 오프셋이다. 예를 들어, 오프셋이 0x0004인 *PIO_PDR* 이라는 레지스터는 주소 0xFFFFF404(= $0xFFFFF400 + 0x0004$) 번지에 매핑되어 있으며, 프로세서는 이 주소를 이용하여 PIO 제어기의 *PIO_PDR* 레지스터에 값을 넣을 수 있다.

Offset	Register	Name
0x0000	PIO Enable Register	PIO_PER
0x0004	PIO Disable Register	PIO_PDR
0x0008	PIO Status Register [1]	PIO_PSR
0x000C	Reserved	
0x0010	Output Enable Register	PIO_OER
0x0014	Output Disable Register	PIO_ODR
0x0018	Output Status Register	PIO_OSR
0x001C	Reserved	
0x0020	Glitch Input Filter Enable Register	PIO_IFER
0x0024	Glitch Input Filter Disable Register	PIO_IFDR
0x0028	Glitch Input Filter Status Register	PIO_IFSR
0x002C	Reserved	
0x0030	Set Output Data Register	PIO_SODR
0x0034	Clear Output Data Register	PIO_CODR
0x0038	Output Data Status Register[2]	PIO_ODSR
0x003C	Pin Data Status Register[3]	PIO_PDSR
0x0040	Interrupt Enable Register	PIO_IER
0x0044	Interrupt Disable Register	PIO_IDR
0x0048	Interrupt Mask Register	PIO_IMR
0x004C	Interrupt Status Register[4]	PIO_ISR
0x0050	Multi-driver Enable Register	PIO_MDER
0x0054	Multi-driver Disable Register	PIO_MDDR
0x0058	Multi-driver Status Register	PIO_MDSR
0x005C	Reserved	
0x0060	Pull-up Disable Register	PIO_PUDR
0x0064	Pull-up Enable Register	PIO_PUER
0x0068	Pad Pull-up Status Register	PIO_PUSR
0x006C	Reserved	
0x0070	Peripheral A Select Register[5]	PIO_ASR
0x0074	Peripheral B Select Register[5]	PIO_BSR
0x0078	AB Status Register[5]	PIO_ABSR
0x007C - 0x009C	Reserved	
0x00A0	Output Write Enable	PIO_OWER
0x00A4	Output Write Disable	PIO_OWDR
0x00A8	Output Write Status Register	PIO_OWSR
0x00AC - 0x00FC	Reserved	

그림 14.4: PIO 제어기 레지스터의 매핑

앞서 PIO 제어기는 32개의 I/O 라인을 제어하며, PIO 제어기의 각 레지스터는 32 bit 이다. 즉 레지스터의 각 bit는 각각의 I/O 라인에 대응된다. 레지스터의 비트 0은 I/O 라인 *PA0*와 대응된다. 따라서 레지스터에 값을 설정할 경우에 각 비트들이 대응되는 I/O 라인의 기능 또는 값을 결정한다.

그림 14.1에 나타낸 것과 같이 32개의 I/O 라인을 범용 I/O 라인으로 사용할 것인지 또는 주변 장치로 사용할 것인지를 결정하는 레지스터는 *PIO_PER* 과 *PIO_PDR* 이다. 해당 I/O 라인을 범용으로 사용하고자 할 경우에는 레지스터 *PIO_PER* 의 해당 비트의 값을 1로 설정하면 된다. 이 레지스터에 0으로 설정되는 비트들은 I/O 라인의 기능 설정에 영향을 주지 못한다. 반면 해당 I/O 라인을 주변장치 제어기로 사용하고자 할 경우에는 *PIO_PDR* 레지스터에 I/O 라인에 대응되는 비트의 값을 1로 설정하면 된다. 이 경우에도 0으로 설정한 값은 I/O 라인의 기능 결정에 영향을 주지 않는다. 이 두 레지스터는 각 I/O 라인의 기능 설정을 위해 사용되는 것이기 때문에 쓰기만 가능하다. 각 I/O 라인의 현재 기능은 *PIO_PSR* 레지스터를 이용하여 알 수 있다. 이 레지스터의 비트 값이 0이면 대응하는 I/O 라인은 주변장치 제어기에 의해 사용되며, 1이면 범용 I/O로 사용된다.

예를 들어, 응용 보드의 *PA0* 와 *PA1* 을 범용 I/O, *PA2* 와 *PA3* 을 주변장치 제어기가 사용하도록 설정하는 코드는 다음과 같다. 주변 장치로 사용할 *PA2*와 *PA3*을 어떤 주변장치 제어기가 사용할 것인가는 *PIO_ASR* 또는 *PIO_BSR* 레지스터를 이용하여 추가적인 설정이 필요하다. 먼저 *PA0* 와 *PA1* 을 범용 I/O로 사용하기 위한 방법은 *PIO_PER* 레지스터의 비트 0과 1의 값을 1로 변경하여야 한다. 따라서 이 레지스터에 0x0003을 적재하면 비트 0과 1의 값이 1이 되어 *PA0* 와 *PA1*은 범용 I/O를 위해 사용될 수 있다. *PA2* 와 *PA3* 을 주변장치에서 사용하도록 하기 위해서는 *PIO_PDR* 레지스터의 비트 2와 3의 값이 1이 되어야 한다. 이를 위해 이 레지스터에 0x000C 값을 적재하였는데 이 값은 비트 2와 3의 값이 1이다.

예 :

```
PIO_BASE  equ   0xFFFFF400
PIO_PER   equ   PIO_BASE + 0x0000
PIO_PDR   equ   PIO_BASE + 0x0004
          LDR   R0, = RIO_PER
          LDR   R1, #0x0003
          STR   R1, [R0]
          LDR   R0, = PIO_PDR
          LDR   R1, #0x000C
          STR   R1, [R0]
```

I/O 라인을 범용 I/O로 사용할 경우에 해당 라인을 입력으로 사용할 것인지 또는 출력으로 사용할 것인지를 설정해 주어야 한다. 만약 스위치를 연결할 경우에는 입력으로 설정을

해야 하며, LED를 연결할 경우에는 출력으로 설정해 주어야 한다. 이를 위해 사용하는 레지스터로는 *PIO_OER* , *PIO_ODR*가 있으며, 현재의 설정은 *PIO_OSR*을 이용하여 알 수 있다. 범용 I/O로 사용하는 라인 중에서 출력으로 사용할 라인은 *PIO_OER* 레지스터의 대응하는 비트의 값을 1로 설정하면 된다. 이 레지스터에 0으로 설정되는 비트에 대응하는 I/O 라인의 설정에는 영향을 주지 않는다. 반면 I/O 라인을 입력으로 사용하고자 할 경우에는 *PIO_ODR*에 해당 비트의 값을 1로 설정을 하면 된다. 이 경우에도 0으로 설정한 값은 I/O 라인의 입력 또는 출력 설정에 영향을 주지 않는다. 이 두 레지스터는 쓰기만 가능하다. I/O 라인이 입력 또는 출력 라인으로 설정되어 있는 가는 *PIO_OSR* 레지스터를 이용하여 알 수 있다. 이 레지스터의 비트 값이 0이면 대응하는 범용 I/O 라인이 입력으로, 1이면 출력으로 사용되도록 설정되어 있음을 나타낸다.

다음의 예제 코드는 *PA0*는 출력, *PA1*은 입력으로 설정하는 것이다. 물론 *PA0*와 *PA1* 라인은 PIO 제어기가 범용 I/O로 사용하는 것으로 설정되어 있어야 한다. 먼저 *PA0* 을 출력으로 사용하기 위해서는 *PIO_OER* 레지스터의 비트 0의 값이 1이 되도록 설정하여야 한다. 따라서 이 레지스터에 0x0001의 값을 적재하면 된다. PA1 을 입력으로 사용하기 위해서는 *PIO_ODR* 레지스터의 비트 1의 값이 1이 되도록 설정하여야 하며, 이를 위해 이 레지스터에 0x0002의 값을 적재하였다.

예 :

```
PIO_BASE   equ   0xFFFFF400
PIO_OER    equ   PIO_BASE + 0x0010
PIO_ODR    equ   PIO_BASE + 0x0014
           LDR   R0, =PIO_OER
           LDR   R1, #0x0001
           STR   R1, [R0]
           LDR   R0, =PIO_ODR
           LDR   R1, #0x0002
           STR   R1, [R0]
```

이제 출력으로 설정된 I/O 라인에 출력할 값을 설정해야 한다. 해당 I/O 라인에 '1'의 값, '0'의 값을 출력하기 위해서는 각각 *PIO_SODR* 와 *PIO_CODR* 레지스터를 이용한다. 출력 I/O 라인으로 설정된 라인 중에 '1'의 값을 출력하기 위해서는 *PIO_SODR*의 해당 비트 값을 1로 설정하면 되고, '0'의 값을 출력하기 위해서는 *PIO_CODR* 의 해당 비트 값을 1로 설정하면 된다. I/O 라인의 값이 '1'로 설정이 되면 그 라인은 논리 1의 상태가 되며, 약 5V의 전압이 출력된다. I/O 라인에 현재 설정되어 있는 값은 *PIO_ODSR* 레지스터를 이용하여 알 수 있다.

다음의 예는 *PA0* 라인의 값을 '1'과 '0'으로 설정하는 것이다. *PA0* 의 출력으로 '1'이 되기 위해서는 *PIO_SODR* 레지스터의 비트 0의 값을 1로 설정하여야 한다. 이를 위해 이 레지스터에 0x0001의 값을 적재하였다. 동일한 방법으로 이 I/O 라인의 출력을 '0'으로 하기 위해서는 *PIO_CODR* 레지스터의 비트 0의 값을 1로 설정하여야 하며, 이를 위해 이 레지스터에 0x0001의 값을 적재하였다.

예 :

```
PIO_BASE   equ    0xFFFFF400
PIO_SODR   equ    PIO_BASE + 0x0030
PIO_CODR   equ    PIO_BASE + 0x0034
           LDR    R0, =PIO_SODR
           LDR    R1, #0x0001
           STR    R1, [R0]
           LDR    R0, =PIO_CODR
           LDR    R1, #0x0001
           STR    R1, [R0]
```

I/O 라인의 출력값을 결정할 때 *PIO_SODR*와 *PIO_CODR* 레지스터를 이용하는 것 대신 *PIO_ODSR* 레지스터를 이용하여 한 번에 각 I/O 라인의 값을 '1' 또는 '0'으로 설정할 수 있다. 그러나 이 레지스터는 기본적으로 읽기만 가능한 것으로 설정되어 있어 이를 이용하여 I/O 라인의 값을 설정할 수 없다. 따라서, *PIO_ODSR* 레지스터를 읽기 또는 쓰기가 가능하도록 제어하는 것이 *PIO_OWER* 레지스터이다. 이 레지스터의 비트 값이 1인 I/O 라인은 그 값을 *PIO_ODSR* 을 이용하여 출력 값을 설정할 수 있다. 또 *PIO_ODSR* 을 이용하여 직접 I/O 라인의 값을 변경할 수 없도록 설정하는 레지스터가 *PIO_OWDR* 이다. *PIO_ODSR* 을 이용한 I/O 라인의 값 설정 여부에 대한 현재의 설정 상태는 *PIO_OWSR* 을 이용하여 알 수 있다.

다음의 예는 *PA0* 라인에 '1'의 값으로 설정하는 것이다. *PIO_OWER* 의 값이 설정되기 전까지는 읽기만 가능한 *PIO_ODSR*에 값은 적재하는 것은 오류 처리가 되지는 않지만 그 내용에 영향을 주지 않는다. 하지만 *PIO_OWER* 에 해당 비트 값을 1로 설정하면 *PIO_ODSR* 은 읽기 또는 쓰기가 가능하며, 이를 이용하여 I/O 라인의 값을 직접 설정할 수 있다.

예 :

```
PIO_BASE  equ   0xFFFFF400
PIO_ODSR  equ   PIO_BASE + 0x0038
PIO_OWER  equ   PIO_BASE + 0x00A0
          LDR   R0, =RIO_OWER
          LDR   R1, #0x0001
          STR   R1, [R0]
          LDR   R0, =PIO_ODSR
          LDR   R1, #0x0001
          STR   R1, [R0]
```

14.4 PIO 예제

이 절에서는 I/O 라인을 이용한 출력 즉, LED를 켜거나 끄기 위해 각 레지스터에 값을 설정하는 프로그램의 예를 다룬다. 그림 14.5은 LED를 제어하기 위한 예제 프로그램을 나타낸 것이다. 이 예에서는 LED가 *PA0*과 *PA2*에 연결되어 있으며, 연결되어 있는 방법은 각각 그림 14.3a와 그림 14.3b와 같다고 가정을 하자. 즉, *PA0* 는 '0'으로 설정되어야 그 I/O 라인과 연결되어 있는 LED가 켜지며, *PA2* 는 '1'로 설정되어야 LED가 켜진다.

프로그램의 줄 번호 1번부터 5번까지는 LED가 연결되어 있는 I/O 라인을 PIO로 제어하기 위한 PIO 레지스터 주소를 각각 정의한 것이다. 앞서 서술한 것과 같이 PIO 제어기에 할당된 주소는 0xFFFFF400 번지 부터이며, 이 제어기의 각종 레지스터들은 이것을 베이스로 하여 각각 주소가 할당되어 있다. 이 프로그램은 'RESET'이라는 이름을 갖는 한 개의 영역으로 구성되어 있으며, 이 영역에는 프로그램을 위한 명령어들이 저장된다. 줄 번호 10번부터 12번까지는 *PA0* 과 *PA2* 를 범용 I/O로 사용하기 위해 *PIO_PER* 레지스터의 값을 설정하는 것으로 이 레지스터에 적재되는 값은 0x05이다. 이 값은 비트 0과 2의 값이 1이기 때문에 32개의 I/O 라인 중에 0 번과 2 번 즉, *PA0*과 *PA2* 를 범용 I/O로 사용하기 위해 설정하는 것이다.

줄번호 14번과 15번은 두 I/O 라인을 출력으로 사용하기 위해 *PIO_OER* 레지스터의 값을 설정하는 것으로 비트 0과 2의 값이 1인 0x05를 이 레지스터에 전송을 했다. 줄번호 17번과 18번은 두 I/O 라인의 출력값을 *PIO_ODSR* 레지스터를 이용하여 결정하기 위해 *PIO_OWER* 레지스터의 값을 설정하는 것으로 *R1* 에 저장된 값을 전송하고 있다. *R1*에는 11번 줄에서 0x05를 적재한 후 변경되지 않았기 때문에 비트 0과 2가 1인 값이 *PIO_OWER* 레지스터에

```
1  PIO_BASE equ 0xFFFFF400
2  PIO_PER equ PIO_BASE + 0x0000
3  PIO_OER equ PIO_BASE + 0x0010
4  PIO_ODSR equ PIO_BASE + 0x0038
5  PIO_OWER equ PIO_BASE + 0x00A0
6
7      area RESET, code, readonly
8      ENTRY
9
10     ldr     r0, = PIO_PER
11     mov  r1, #0x05
12     str     r1, [r0]
13
14     ldr     r0, = PIO_OER
15     str     r1, [r0]
16
17     ldr     r0, = PIO_OWER
18     str     r1, [r0]
19
20     ldr     r0, = PIO_ODSR
21     mov  r1, #0x04
22     str     r1, [r0]
23
24     mov  r1, #0x01
25     str     r1, [r0]
26
27 loop
28     b  loop
29
30     end
```

그림 14.5: LED를 제어하는 프로그램

전송되었다.

20번 줄부터 22번 줄까지의 명령문은 *PA0*와 *PA2*에 연결되어 있는 LED를 모두 켜기 위한 것으로 *PIO_ODSR* 레지스터에 0x04를 적재하였다. 0x04는 비트 0은 0, 비트 2는 1의 값을 갖는데 이것은 앞에서 기술한 것과 같이 *PA0* 는 0이 출력되어야 연결된 LED가 켜지며, *PA2* 는 1이 출력되어야 켜지기 때문에 이 값을 *PIO_ODSR* 에 적재하였다. 동일한 이유로 24번과 25번 줄은 두 LED를 끄기 위해 *PIO_ODSR* 에 0x01 값을 전송하였다.

Chapter 15

서브루틴 호출과 반환

Chapter 15

서브루틴 호출과 반환

대부분의 프로그래밍 언어들은 C언어의 함수 호출(function call)과 같이 반복적으로 사용하는 기능 또는 처리를 위한 코드를 작성하여 필요할 때 호출할 수 있는 메커니즘을 가지고 있다. 이 장에서는 ARM 어셈블리어에서 서브루틴 호출/반환 방법에 대해 설명한다.

15.1 서브루틴

C 언어의 함수, Visual Basic의 함수와 서브루틴(subroutine)이라고 불리는 것은 반복적으로 사용되는 코드를 별도로 작성한 후 필요할 때에 호출하여 사용한다는 공통적인 개념을 가지고 있다. 함수와 서브루틴을 구분하는 Visual Basic이나, 둘을 구분하지 않는 C 언어도 있지만 호출과 반환이라는 기본적인 메커니즘은 동일하게 가지고 있다. ARM 어셈블리어에도 호출과 반환 메커니즘을 위한 명령어를 제공하고 있으며, 이런 메커니즘에 따라 호출되는 코드 부분을 서브루틴이라고 한다.

15.1.1 서브루틴의 호출과 분기

서브루틴은 프로그램에서 반복적으로 사용되는 코드의 일부분이라고 하였다. 이 서브루틴 호출과 분기 명령문은 명령문이 프로그램에 나열된 순서대로 실행되는 순차 실행 흐름을 다른 곳으로 옮긴다는 점에서는 동일하다. 그림 15.1은 호출과 분기의 실행 흐름을 나타낸 것이다. 서브루틴 호출 및 반환은 그림 15.1a에서 나타내었다. 호출 명령문은 실행 흐름을 서브루틴으로 옮기고, 실행 흐름에 따라 서브루틴에 나열된 명령문들이 순차적으로 실행된다. 서브루틴의 마지막 명령문인 반환 명령문은 실행 흐름을 호출 명령문의 다음 명령문으로 옮기고, 이 명령문부터 순차적으로 실행된다. 실행 흐름에 따라 명령문이 실행하는 동안에 서브루틴 호출 명령문이 다시 나오게 되면 동일한 방법으로 서브루틴으로 실행 흐름이 옮겨진 후 최종적으로 호출 명령문의 다음 명령문으로 실행 흐름이 되돌아온다. 이러한 메커니즘에 따라 서브루틴 호출 명령문이 소스 코드 상에 여러 번 나와도 서브루틴 수행 완료 후 서브루틴 호출 명령문의 바로 다음 명령문으로 실행 흐름이 되돌아온다.

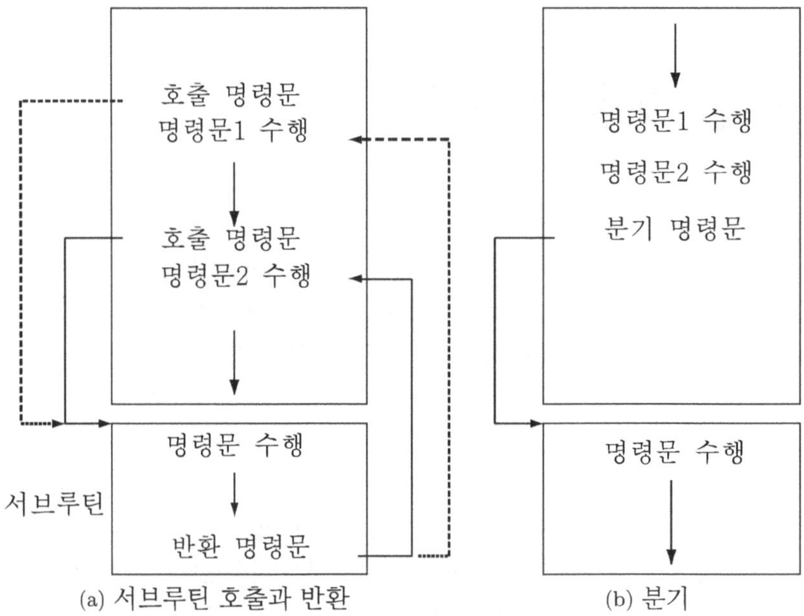

그림 15.1: 서브루틴 호출과 분기의 실행 흐름

반면 그림 15.1b에 나타낸 분기 명령문은 서브루틴과 달리 실행 흐름이 변경된 지점으로 되돌아가는 것을 고려하지 않고 실행 흐름을 완전히 변경하는 것이다. 따라서 실행 흐름을 변경한 분기 명령문 다음에 나열된 명령문들은 실행되지 않을 수도 있다.

15.2 호출과 반환 명령어

실행 흐름을 서브루틴으로 옮기는 것을 호출(call)이라고 하고, 실행 흐름을 서브루틴에서 호출한 곳으로 되돌려 놓는 것을 반환(return)이라고 한다. 호출할 때에는 서브루틴의 주소를 알아야 한다. 이 주소는 서브루틴의 시작 위치에 레이블을 정의하고, 이 레이블을 서브루틴 호출 명령문에서 사용하면 된다.

반환할 때에는 실행 흐름이 되돌아갈 위치, 즉 호출 명령문의 다음 명령어의 위치가 필요하다. 실행 흐름이 되돌아갈 위치를 반환 주소(return address)라고 한다. 이 반환 주소는 호출 명령문의 위치에 따라 달라지기 때문에 호출 명령문과 같이 정의된 레이블을 이용할 수 없다. 예를 들어, 그림 15.1a의 첫 번째 호출 명령문과 두 번째 호출 명령문에서 호출된 서브루틴의 반환 명령문이 사용할 반환 주소는 호출 명령문의 다음 명령문이며, 각각 다르다. 따라서 서브루틴 호출할 때 반환 명령문에서 사용할 반환 주소는 정해진 곳에 저장되어야 하고, 저장된 반환 주소를 반환 명령문에서 사용하면 서브루틴 호출 명령문의 위치에 상관없이 프로그램 코드에서 호출 명령문 다음에 나열된 명령문으로 실행 흐름을 옮길 수 있다.

ARM 프로세서 코어는 반환 주소를 레지스터 *R14* 에 저장을 하며, 이를 링크 레지스터라고 한다. 서브루틴을 호출할 때 반환 주소를 링크 레지스터, 즉 레지스터 *R14* 에 저장을 하고 서브루틴으로 실행 흐름을 옮기는 명령어는 *BL* 명령어 이다. *BL* 명령문의 형식은 다음과 같다.

형식 : {label} BL target_label

명령어 : BL - 현재의 PC 값을 LR에 저장한 후 target_label로 실행 흐름을 옮김.

ARM7TDMI 코어에서는 다른 프로그래밍 언어의 'return' 또는 'ret'와 같이 실행 흐름을 서브루틴에서 호출한 곳으로 되돌리기 위한 반환 명령문이 없다. 하지만 반환 주소가 *R14* (링크 레지스터)에 저장되어 있고, *R15* (PC 레지스터)는 프로세서 코어가 수행할 다음 명령어의 주소를 저장하기 때문에 *R14* 값을 *R15* 로 전송하는 것으로 반환 명령어를 대치할 수 있다.

15.3 서브루틴 호출과 반환 예제

그림 15.2은 서브루틴 호출과 반환 예제를 나타낸 것이다. 이 예제에서 서브루틴은 'adder'로 정의된 레이블 다음에 나오는 두 개의 명령문으로 구성되어 있으며, 이것의 기능은 레지스터 *R0* 와 *R1* 에 저장되어 있는 값을 덧셈하여 *R0* 에 넣는 것이다. 물론 이 서브루틴이 매우 간단하지만 서브루틴 호출과 반환의 메커니즘은 모두 포함하고 있다. 이 코드가 보드에 다운로드되어 실행되면, 명령문들이 코드에 나열되어 있는 순서에 따라 순차적으로 실행된다. 7번 줄의 *BL* 명령문이 실행되면 반환 주소는 9번 줄의 명령문 *mov r0, #4*의 주소가 되며, 이 주소는 *R14* 에 저장된 후 실행 흐름은 레이블 'adder'이 있는 위치 즉, 17번 줄의 명령문으로 실행 흐름을 옮기게 된다. 17번 줄의 명령문이 실행된 후 18번 줄의 명령문 *mov r15, r14*가

실행되는데 이 명령문은 *R14*가 저장하고 있는 반환 주소를 *R15* 즉, *PC*에 전송하는 것이다. 따라서 이 명령어가 반환 명령어 역할을 한다.

이러한 과정은 다시 *BL* 명령어가 나오는 11번 줄의 경우에도 동일하게 수행된다. 단, 이 경우에 링크 레지스터에 저장되는 반환 주소는 9번 줄의 명령문 주소가 아니라 14번 줄의 명령문 주소이다. 따라서 서브루틴에서 반환할 때 14번 줄의 명령어로 실행 흐름이 되돌아온다.

```
1          area reset , code , readonly
2          entry
3
4  main
5          mov      r0 , #1
6          mov      r1 , #2
7          bl       adder
8
9          mov      r0 , #4
10         mov      r1 , #5
11         bl       adder
12
13 loop
14         b        loop
15
16 adder
17         add      r0 , r0 , r1
18         mov      r15 , r14
19
20         end
```

그림 15.2: 서브루틴 호출과 반환 예제

15.4 파라미터 전달

서브루틴을 호출할 때 파라미터를 전달하거나 서브루틴에서 호출한 루틴에게 결과 값을 전달해야 할 필요가 있다. 예를 들어 그림 15.2의 예에서 서브루틴 *adder* 을 호출할 때 덧셈을 할 두 값이 파라미터인데, 이것은 레지스터 *R0* 와 *R1* 을 통해 전달을 하였다. 그리고, 덧셈된 결과 값은 *R0* 에 저장하여 호출한 루틴에서 그 값을 사용할 수 있도록 하였다. 이것인 반환 값이 된다.

파라미터와 결과 값을 전달하는 방법이 서브루틴마다 다르다면 호출하는 서브루틴에 맞도록 파라미터를 전달하거나 결과 값을 받아야 한다. 이것은 프로그램 작성의 효율성을 감소시키고, 코드 분석의 어려움을 가중시킨다.

ARM 사는 이러한 문제를 해결하기 위해 서브루틴 호출, 반환할 때 파라미터와 결과 값을 전달하는 방법에 대한 표준인 APCS(ARM Procedure Call Standard)을 만들었다. APCS에 의하면 서브루틴의 처음 4개의 정수 파라미터는 레지스터 $R0 \sim R3$ 을 이용하여 전달하며, 그 이상의 파라미터는 제 16 장에 설명할 스택을 이용하여 전달하며, 그 방법도 그 장에서 설명한다. 서브루틴이 수행한 결과 값은 *R0* 에 저장하여 호출한 루틴에 결과 값을 반환한다. 그림 15.2의 예제도 APCS에 따라 두 개의 파라미터를 *R0* 와 *R1* 을 통해 전달받았으며, 연산한 결과 값은 *R0* 에 저장함으로써 호출한 루틴에게 그 계산 결과를 전달하였다.

레지스터 $R0 \sim R3$ 을 통하여 파라미터를 전달받은 서브루틴은 이를 이용하여 어떤 연산을 수행하고, 연산 수행 과정 중에 파라미터를 저장하고 있는 레지스터의 값이 변경될 수도 있다. 따라서 호출하는 루틴에서는 파라미터 전달을 위해 사용된 레지스터의 값이 서브루틴에서 반환된 뒤에도 유지된다는 가정을 하여서는 안 된다. 만약 서브루틴의 호출, 반환 뒤에도 그 값이 유지되어야 하는 값이라면 파라미터 전달을 위해 사용하는 레지스터가 아닌 다른 레지스터에 저장을 하여야 한다. 앞의 예에서는 *R0* 와 *R1* 이 파라미터 전달을 위해 사용되었고, 이 레지스터의 값은 서브루틴 호출, 반환 과정에 변경이 될 수 있기 때문에 변경되면 안 되는 데이터는 다른 레지스터에 저장을 하고, 그 레지스터의 값을 *R0* 또는 *R1* 으로 전송을 한 후 서브루틴을 호출하면 된다.

동일하게 서브루틴에서는 파라미터 전달을 위해 사용되는 레지스터의 값은 연산 수행 중에 필요하다면 변경할 수 있지만 그 외의 레지스터의 값을 변경하면 안 된다. 왜냐면 파라미터 전달을 위해 사용한 레지스터를 제외한 나머지 레지스터의 내용은 보존된다는 것을 서브루틴 호출하는 루틴에서 가정하기 때문이다. 만약 연산 또는 기능 수행을 위해 서브루틴이 파라미터 전달을 위해 사용된 레지스터보다 더 많은 레지스터가 필요하다면 해당 레지스터를 다음 장에서 설명할 스택에 보관을 한 후 사용하고, 서브루틴에서 반환하기 전 스택에서 그 값을 원래대로 복원을 하여야 한다.

정수형 데이터를 파라미터 또는 결과 값으로 전달할 경우에는 앞서 설명한 것과 같이 하면 되지만 8 바이트 길이를 갖는 long형 정수를 파라미터로 전달하고자 할 경우에는 연속한 두 개의 레지스터를 이용한다. 결과 값의 경우에는 *R0* 와 *R1* 을 이용하여 long형 정수를 반환한다. APCS를 이용한 파라미터와 결과 값 전달 방법은 ARM 프로세서를 위한 C언어 컴파일러도 사용하기 때문에 이를 따르는 어셈블리어 루틴을 C언어 코드에서 호출하여 사용할 수 있다.

15.5 다른 소스 파일의 서브루틴 호출

15.5.1 다중 소스 파일의 프로그램

프로젝트의 규모가 증가하게 되면 소스 코드의 규모가 커지게 되고, 이 경우에 모든 소스 코드를 한 개의 파일에 넣어 작성하는 것은 여러 가지 면에서 비효율적이 된다. 많은 양의 소스 코드를 담고 있는 한 개의 큰 소스 파일을 분석하는 것보다는 소스 코드를 여러 기준에 따라 분류하고 각각을 별도의 소스 파일에 저장함으로써 상대적으로 분석이 쉬워지고, 수정하고자 할 경우에 비교적 쉽게 수정을 할 수 있다.

그림 15.3은 두 개의 소스 파일로 구성된 프로그램의 예를 나타낸 것이다.

```
        area reset, code, readonly
        entry
main
        mov     r0, #1
        mov     r1,#2
        bl      adder
        mov     r0, #4
        mov     r1, #5
        bl      adder
loop
        b       loop
        end
```

(a) caller.s 소스 파일

```
        area reset, code, readonly
adder
        add     r0,r0, r1
        mov     r15, r14

        end
```

(b) callee.s 소스 파일

그림 15.3: 두 개의 소스 파일로 구성된 프로그램의 예

두 개의 소스 코드에는 이상이 없는 것으로 보이지만 이것을 어셈블하여 하나의 실행 프로그램을 생성할 때 어셈블러는 오류를 출력한다. 오류는 'caller.s'의 소스 코드에서 *bl addr* 명령문에서 발생한 것이다. 명령문 사용에 문제가 없어 보이는 이 명령문에서 오류가 생긴 원인은 다음과 같다.

그림 15.3a의 소스 코드에서 '*bl adder*' 명령문을 수행하기 위해서는 *adder* 로 표시된 레이블의 위치를 알아야 하는데 이 소스 코드에는 이 레이블이 정의되어 있지 않아 어셈블러가 그 위치를 알 수 없어 오류를 표시한 것이다. 물론 그림 15.3b의 소스 파일 'callee.s'에 레이블 *adder* 이 있지만 어셈블러는 이 레이블이 'callee.s'에서 정의되어 있음을 알지 못한다. 왜냐하면 어떤 소스 파일에 정의되어 있는 심볼과 레이블이 사용될 수 있는 범위 즉, 이 레이블

또는 심볼을 참조할 수 있는 범위는 기본적으로 그 소스 파일 내부로 한정되어 있기 때문이다. 따라서 여러 소스 파일에 동일한 심볼– 또는 레이블 –이 정의되어 있어도 각 심볼이 참조될 수 있는 범위는 해당 파일로만 한정되기 때문에 각 심볼이 같은 이름을 갖고 있지만 다른 심볼이다. 따라서 'callee.s'의 소스 코드에 정의되어 있는 *adder* 레이블은 그 소스 파일 내에서만 참조될 수 있기 때문에 다른 소스 파일인 'caller.s'에서는 이 레이블을 참조할 수 없다.

그러나 여러 개의 소스 파일로 구성된 프로그램을 작성하는 경우에 다른 소스 파일에서 정의된 심볼을 참조해야 할 필요성이 있다. 따라서 대부분의 어셈블러는 다른 소스 파일에 정의되어 있는 심볼을 참조할 수 있는 지시어를 제공하고 있다. 다른 소스 파일에 정의되어 있는 심볼을 참조할 수 있도록 ARM 어셈블러는 *EXPORT*, *IMPORT*, *EXTERN* 지시어를 제공하고 있다.

15.5.2 심볼 참조 범위 확장 지시어

이 절에서는 한 소스 파일에 정의되어 있는 심볼의 참조 범위를 확장하여 다른 소스 파일에서 그 심볼을 참조할 수 있도록 지원하는 지시어를 다룬다.

참조 범위 확장 지시어 - EXPORT

어떤 소스 파일에서 정의된 심볼 또는 레이블은 기본적으로 그 파일 내에서만 참조가 가능하다. 그러나 그 참조의 범위를 다른 소스 파일로 확장할 수 있는 지시어가 EXPORT이며, 이것은 해당 심볼을 다른 소스 파일에서 접근할 수 있도록 공개한다는 의미를 갖는다. 이 지시어의 사용 형식은 다음과 같다.

형식 : EXPORT name {WEAK}

name :	참조의 범위를 확장하려는 심볼
WEAK :	해당 name을 사용할 수 없어도 오류를 하지 않음

예 :

```
EXPORT    adder
EXPORT    PIO_BASE
```

위의 예에서 심볼 *adder* , *PIO_BASE* 에 접근할 수 있는 범위는 이 심볼이 정의된 소스 파일로 한정하는 것이 아니라 다른 소스 파일에서도 접근이 가능하도록 확장이 되었다. 물론 이 지시어를 이용하여 심볼에 접근할 수 있는 범위가 확장되었다고 하더라도 다른 소스 파일에서는 아무런 조치없이 바로 그 심볼에 접근할 수 있는 것은 아니다. 즉 다른 소스 파일에 정의되어 있는 심볼에 접근하고자 할 경우에는 다음의 지시어를 사용하여야 한다.

심볼 참조 지시어 - IMPORT, EXTERN

심볼이 *EXPORT* 지시어에 의해 그 참조 범위가 확장되었다고 하더라도 다른 소스 파일에서 그 심볼을 바로 사용할 수는 없다. 왜냐면 앞서 설명한 것과 같이 어셈블러는 프로그램의 명령문에서 어떤 심볼을 참조하려고 할 경우 그 심볼을 그 소스 파일에서 찾으려고 하기 때문이다. 그 심볼이 다른 소스 파일에서 *EXPORT* 지시어를 이용하여 참조 범위를 확장하였다고 하더라도 어셈블러는 명령문에서 사용한 심볼이 그 소스 파일에 정의되어 있지 않으면 오류 처리를 해 버린다. 따라서 사용하려는 명령문에서 사용한 심볼이 다른 소스 파일에서 *EXPORT*로 참조 확장이 된 심볼임을 어셈블러에게 알려줄 방법이 필요하다. 이를 위해 *IMPORT* 또는 *EXTERN* 지시어를 사용하며, 그 사용 형식은 다음과 같다.

형식 : EXTERN name {WEAK}

IMPORT name {WEAK}

name : 다른 소스 파일에서 *EXPORT* 된 심볼

WEAK : 해당 name을 사용할 수 없어도 오류를 하지 않음

예 :

```
EXTERN    adder
IMPORT    PIO_BASE
```

위의 예는 심볼 *adder* , *PIO_BASE* 이 다른 소스 파일에 정의되어 있는 심볼임을 명시적으로 나타낸 것이며, 프로그램의 명령문에서 이 심볼을 접근할 때 그 소스 파일에 이 심볼들이 정의되어 있지 않아도 어셈블러는 오류를 출력하지 않는다. 왜냐면, 어셈블러는 명령문에서 접근을 하려는 이 심볼이 비록 그 소스 파일에는 정의되어 있지 않지만 다른 소스 파일에 정의되어 있다는 가정하여 어셈블을 실행하며, 최종 실행 파일을 생성할 때 각 심볼에 대한 위치를 기반으로 주소를 결정하여 조정을 하기 때문이다.

*EXPORT*와 *EXTERN* 지시어 사용 예

그림 15.4은 앞의 그림 15.3 에서 *EXPORT* 와 *EXTERN* 지시어를 이용하여 정상적으로 실행될 수 있도록 수정된 것이다. 그림 15.4b의 'callee.s'에 추가된 *EXPORT adder* 은 *adder*

레이블의 참조 범위를 파일 'callee.s'만이 아닌 전체로 확장하는 것이다. 물론 그 참조 범위를 확장하였다 하더라도 그림 15.4a의 'caller.s'에서 바로 그 레이블을 사용할 수는 없으며, 그것을 사용하기 위해서는 *EXTERN* 지시어를 사용하여야 한다. 이를 위해 'caller.s'에 *EXTERN adder* 지시어가 추가되었다. 이 지시어로 인해 어셈블러는 *adder* 레이블을 'caller.s'에서 찾지 못했지만 다른 파일에서 그 레이블을 찾는다.

```
        area reset, code, readonly
        entry
        EXTERN      adder
main
        mov         r0, #1
        mov         r1,#2
        bl          adder
        mov         r0, #4
        mov         r1, #5
        bl          adder
loop
        b           loop
        end
```

(a) *EXTERN*을 포함한 caller.s

```
        area reset, code, readonly
        EXPORT      adder
adder
        add         r0,r0, r1
        mov         r15, r14

        end
```

(b) *EXPORT*를 포함한 callee.s

그림 15.4: 두 개의 소스 파일로 구성된 프로그램의 예

Chapter 16

스택

Chapter 16

스택

스택(stack)은 LIFO(Last-In First-Out)으로 마지막에 저장된 데이터가 먼저 나오는 자료구조라고 간단히 정의하기에는 매우 중요한 것이다. 왜냐하면 이 자료구조는 컴퓨터 시스템의 다양한 부분에서 사용되기 때문이다. 예를 들어, 앞서 설명한 서브루틴 호출, 반환에서 반환주소 저장, 파라미터 전달, 다음에 설명할 인터럽트 처리를 위한 상태 저장 등 많은 부분에서 스택이 사용된다. 이 장에는 이러한 스택을 AT91SAM7S256 마이크로 컨트롤러에서 생성하고, 이용하는 방법을 다룬다.

16.1 스택의 구현

스택을 구현하는 방법은 프로세서에 따라 다를 수 있다. 하지만 현재 사용되고 있는 대부분의 프로세서들은 스택을 메모리에 구현을 한다. 스택을 메모리에 구현하는 것이 스택을 위해 특별히 제작된 메모리가 장착되어 있음을 의미하는 것이 아니다. 스택은 주기억장치의 일부영역일 뿐이다. 이 책에서 사용하는 ARM7TDMI 프로세서 코어는 스택 구현을 위해 SRAM을 사용한다. 제 12 장에서 기술한 AT91SAM7S256의 특징으로 64KB의 SRAM을 포함하고 있고, 이 메모리는 267쪽의 그림 12.2에 나타낸 것과 같이 메모리 주소 공간의 0x00200000 번지에 매핑되어 있다. 이 영역의 일부를 스택 구현을 위해 사용한다.

그림 16.1는 스택의 기본적 개념을 나타내고 있다. *SP*는 현재 스택에 저장되어 있는 데이터의 최상위의 위치를 의미하며, 이 위치를 기준으로 스택의 성장 방향(stack growth direction)과 반대쪽에는 데이터가 저장되어 있으며, 성장 방향 쪽에는 스택을 위한 메모리 공간이 확보되어 있지만 아직 데이터가 저장되지 않아 비어있는 공간이다. 스택과 관련된 두 개의 연산은

PUSH와 POP이다.

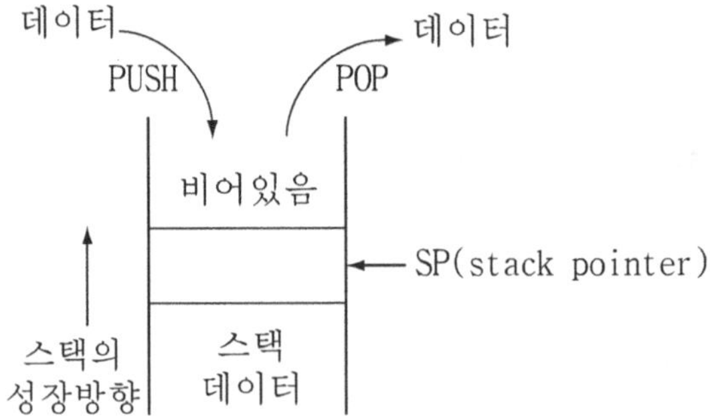

그림 16.1: 스택의 개념

PUSH는 스택에 저장되어 있는 최상위 데이터–이것을 스택의 톱(top)이라고 함– 위에 데이터를 저장하는 것으로 *SP* 를 스택 성장 방향으로 이동시킨다. 반대로 POP은 스택의 최상위 데이터를 이용하기 위해 스택으로부터 제거하는 것으로 *SP*를 스택 성장 방향과 반대 방향으로 이동시킨다. *SP* 아래에 스택 데이터가 없는 경우 즉, 스택에 저장된 데이터가 없는 경우를 스택이 '비어있다'라고 표현하며, *SP* 위로 비어 있는 공간이 없는 경우 즉, 스택에 할당된 모든 메모리 공간이 데이터 저장을 위해 사용되고 있는 경우를 스택이 '차있다'라고 표현을 한다.

스택을 실제로 구현을 할 때 스택 성장 방향이 높은 메모리 주소 쪽인지 또는 낮은 메모리 주소 쪽인지에 따라 다르며, 또 *SP* 의 위치에 데이터가 있는가 또는 비어있는가에 따라 다를 수 있다. 따라서 스택을 구현하는 방법은 모두 네 가지가 있으며, 그림 16.2에 각각을 나타내었다.

그림 16.2a과 16.2b은 스택의 성장 방향이 상위 메모리 주소 쪽이기 때문에 PUSH 연산을 수행할 경우에 *SP* 가 저장하고 있는 주소가 증가되며, 이를 'ascending stack'이라 한다. 그림 **??**와 16.2d은 스택의 성장 방향이 하위 메모리 주소 쪽이기 때문에 PUSH 연산을 수행할 경우에 *SP* 가 저장하고 있는 주소가 감소되며, 이렇게 스택을 구현한 것을 'descending stack'이라고 한다. 또, 그림 16.2a 와 16.2c 와 같이 *SP* 가 가리키고 있는 위치에 스택의 최상위 데이터가 저장되어 있는 스택을 'full stack'이라고 하며, 그림 16.2b 와 16.2d와 같이 SP가 가리키고 있는 위치에는 비어있고, 그 아래에 스택의 최상위 데이터가 저장되어 있는 스택을 'empty stack'이라고 한다. 이것을 조합하여 네 가지 스택 구현방법이 있다.

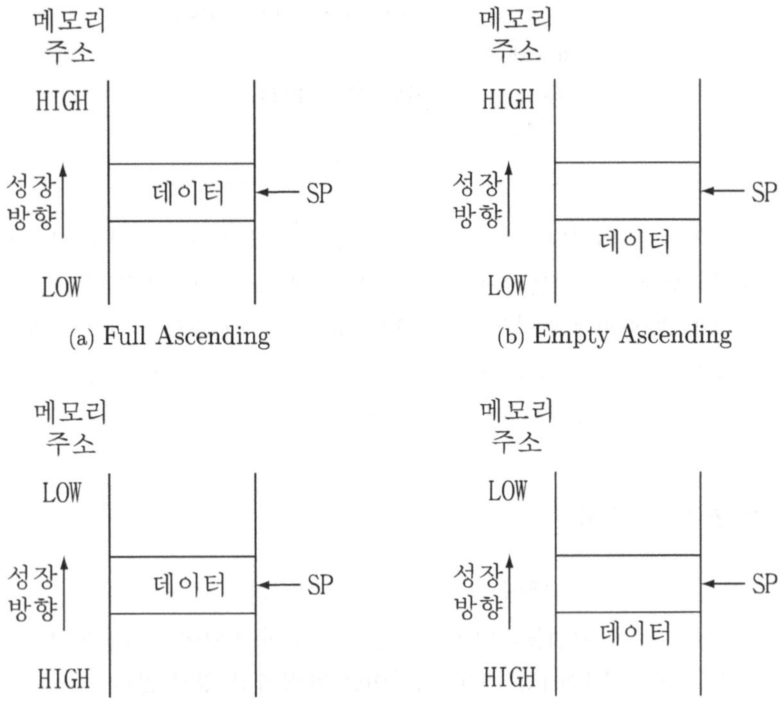

(a) Full Ascending (b) Empty Ascending

(c) Full Descending (d) Empty Descending

그림 16.2: 구현방법에 따른 스택의 종류

16.2 스택 메모리 할당

앞서 스택은 메모리의 일부 영역을 미리 할당하여 사용한다고 하였다. 또 스택에 데이터를 저장하기 위해서는 그 메모리 영역이 읽기/쓰기가 모두 가능하여야 한다. 따라서 AT91SAM7S256에 포함되어 있는 64 KB 용량의 SRAM 영역은 읽기/쓰기가 가능하기 때문에 SRAM의 일부 영역을 스택으로 사용한다.

스택을 위한 메모리 공간을 확보하는 것은 279 쪽에서 설명한 *SPACE* 지시어를 이용하면 된다. 즉, 스택 영역 확보를 위해 특별한 명령어 또는 지시어가 있는 것은 아니며, 스택을 구현하기 위한 메모리 공간을 확보하는 것이다. 이를 위한 예는 다음과 같다.

예 :

```
                area stack, data, readwrite
stacklow
stackspace      SPACE     1024
stackhigh
```

스택은 명령어가 아닌 데이터를 저장하기 때문에 읽기/쓰기가 가능한 데이터 영역을 정의하고, 이 영역에 SPACE 지시어를 이용하여 1024 바이트 크기의 메모리 공간을 확보하였다. 만약 이 영역이 0x00200000에 할당이 되었다면 *stacklow* 레이블의 위치는 0x00200000이고, *stackhigh* 레이블의 위치는 0x00200400가 된다. 즉, *stacklow* 는 스택을 위해 확보한 메모리 공간의 하위 메모리 주소이며, *stackhigh* 는 상위 메모리 주소이다.

16.3 스택 명령어 구현

스택에 데이터를 저장하거나 스택에 저장되어 있는 데이터를 읽어오는 것을 각각 PUSH와 POP이라고 하며, 대부분의 어셈블리언어에서는 이를 위한 명령어를 제공한다. 하지만 ARM 어셈블리어에서는 별도의 PUSH와 POP 명령어를 제공하고 있지 않다. 대신 13.5절의 293 쪽에서 소개한 다중 레지스터 전송 명령문을 이용하여 다른 어셈블리어의 PUSH와 POP보다 더 효율적으로 스택에 데이터를 저장하거나 읽어올 수 있다.

293 쪽에서 소개한 다중 레지스터 전송 명령문에서 *IA*, *IB*, *DA*, *DB*뿐만 아니라 *FA*, *FD*, *EA*, *ED*도 *STM* 또는 *LDM* 명령어와 함께 *ad_type* 으로 사용할 수 있다. *STM* 명령어는 스택에 데이터를 저장(push)하기 위해 사용하며, *LDM* 명령어는 스택에 저장되어 있는 데이터를 읽어(pop)오기 위해 사용할 수 있다.

FA 를 *ad_type*으로 사용하면 스택은 그림 ??에 나타낸 방법으로 구현된다. *FD*, *EA*, *ED* 를 *ad_type*으로 사용하면 스택은 각각 그림 16.2c, 16.2c, 16.2d에 나타낸 방법으로 구현될 수 있다. 표 16.1는 스택을 구현하는 방법에 따른 push와 pop 기능을 위한 STM/LDM 명령어를 나타내었다. 각 명령어 다음에 있는 괄호속의 명령어는 동일한 동작을 수행하는 명령어이다. 예를 들어, FA 스택의 경우에 push 기능은 *SP*의 주소를 증가시킨 후 그 주소에 데이터를 저장하기 때문에 *STMFA*와 *STMIB*는 동일한 기능을 수행한다.

스택 명령어를 사용하기 전에 우선 설정되어야 하는 것은 *SP* 레지스터이다. 최초에는 스택이 비어있는 상태이기 때문에 이 레지스터에 앞서 확보한 스택의 시작 주소를 적재하여야 한다. ARM 프로세서 코어의 경우에 레지스터 *R13*이 *SP* 레지스터이기 때문에 이 레지스터에

Table 16.1: 스택 연산을 위한 STM/LDM 명령어

스택 구현 방법	POP 연산	PUSH 연산
Full Ascending	LDMFA(=LDMDA)	STMFA(=STMIB)
Full Descending	LDMFD(=LDMIA)	STMFD(=STMDB)
Empty Ascending	LDMEA(=LDMDB)	STMEA(=STMIA)
Empty Descending	LDMED(=LDMIB)	STDED(=STMDA)

스택의 시작 주소를 적재하면 된다. 앞의 예와 같이 스택 영역을 할당한다면 *R13*에는 *stacklow* 레이블이 있는 주소 또는 *stackhigh* 레이블이 있는 주소가 적재되어야 한다. 'Ascending' 스택을 사용하는 경우에는 스택의 시작 주소는 *stacklow*가 되며, 'Descending' 스택을 사용하는 경우에는 *stackhigh*가 스택의 시작 주소가 된다. 이를 위한 예는 다음과 같다.

예 :
```
ldr    r13, =stacklow     ; ascending stack
ldr    r13, =stackhigh    ; descending statck
```

ARM 프로세서 코어를 위한 호출 표준 APCS에서는 Full-Descending 스택을 사용하는 것으로 정하고 있기 때문에, 이 책에서도 그림 16.2c와 같은 방법으로 스택을 구현한다. 그림 16.3 은 레지스터 $R0 \sim R2$의 값을 스택에 push한 후 $R3 \sim R5$에 pop을 하는 예제를 나타낸 것이다. 이를 위해 스택 영역을 미리 할당한 후 *SP*에 스택의 시작 주소를 설정하며, push와 pop을 위한 명령어 사용에 대한 것은 모두 포함하고 있다.

그림 16.3의 예에서 스택 구현을 위한 메모리를 할당하기 위해 *stack_area* 라는 이름의 데이터 영역을 정의하였으며, 이 영역은 'readwrite' 속성을 설정하였기 때문에 SRAM이 매핑되어 있는 메모리 영역에 할당된다. 이 영역에 *space* 지시어를 이용하여 1024 바이트의 메모리를 할당하고, *stack_base* 레이블이 있는 위치가 Full-Descending 스택의 시작 위치가 된다. 첫 번째 명령문은 *SP* 에 스택의 시작 위치를 설정하는 것으로 소스 코드의 설명문에 **S1**으로 표시를 하였다. *SP* 의 값을 설정하는 **S1** 명령문이 실행된 후 *R13*의 값이 0x00200400으로 설정이 된다. 이것은 SRAM이 매핑되는 0x00200000에서 1024 바이트가 할당되어 스택의 최상위 주소가 0x00200400임을 의미한다. **S2**로 표시된 세 개의 명령문은 *R0*, *R1*, *R2*에 각각 상수 값을 설정하였으며, **S3**으로 표시된 명령문은 이들 레지스터들의 값을 Full-Descending 스택에 push하는 것으로 세 개의 32 비트 레지스터가 저장하고 있는 값을 스택에 저장하기 때문에 *R13(SP)*은 12 바이트 이전의 주소인 0x002003F4인 주소를 저장하게 된다. **S4**로 표

```
    area stack_area , data, readwrite
stack_mem space 1024
stack_base

    area reset , code, readonly
    entry
main
    ldr   r13, =stack_base ; S1
    mov   r0, #0x0F    ; S2
    mov   r1, #0xF0    ; S2
    mov   r2, #0xFF    ; S2
    stmfd r13!,{r0-r2}; S3
    ldmfd r13!,{r3-r5}; S4
loop
    b loop
end
```

그림 16.3: 스택을 이용한 레지스터 간 데이터 전송의 예

시된 명령문은 스택에서 세 개의 워드를 pop하여 각각 *R3*, *R4*, *R5*에 저장하며, 이 명령문을 수행한 결과로 *R13* 에는 원래 초기값으로 저장이 되었던 주소인 0x00200400을 저장한다.

스택에 데이터를 push 또는 pop을 위해 *STM*과 *LDM* 명령어를 사용할 때 주의해야 할 것은 스택 포인터로 사용하는 *R13*의 값이 이 명령어 수행 후에 변경될 수 있도록 레지스터 뒤에 반드시 !를 붙여야 한다는 것이다.

16.4 서브루틴 호출, 반환에 스택 사용

서브루틴을 호출할 때 반환 주소는 *R14(LR)*에 자동으로 저장되며, 실행 흐름을 반환할 때 이 레지스터에 저장되어 있는 반환 주소를 이용한다. 그러나 반환 주소를 *R14*에 저장하는 것은 그림 16.4에 나타낸 것과 같이 호출된 서브루틴에서 다시 다른 서브루틴을 호출하는 경우에 실행 흐름이 정상적으로 반환되지 못한다. 그림 16.4에서 가장 왼쪽에 표시된 주 루틴에서 서브루틴A를 호출할 경우 반환 주소인 명령문A의 주소가 *R14(LR)*에 자동으로 적재된다. 호출된 서브루틴A에서 다신 서브루틴B를 호출하면 *R14(LR)*에 반환 주소로서 명령문B의 주소가 자동으로 적재된다. 서브루틴B에 포함된 명령문들의 수행이 완료된 후 반환 명령문은 *LR*에 적재되어 있는 반환 주소를 이용하여 정상적으로 반환된다. 그런데, 현재 *LR* 에는 반환 주소로 명령문B의 주소가 적재되어 있기 때문에 서브루틴A를 수행 완료 후 주루틴으로 반환

하려고 할 때 실행 흐름이 주루틴으로 옮겨지지 않다. 이러한 문제는 호출된 서브루틴이 *LR*에 저장되어 있는 반환 주소를 스택에 저장하고, 반환할 때 스택에 저장되어 있는 반환 주소를 이용함으로써 해결할 수 있다.

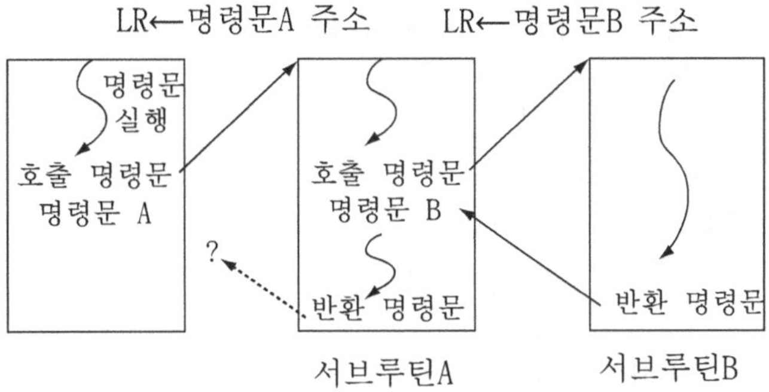

그림 16.4: LR에 반환 주소를 저장할 경우 중첩 호출의 문제점

그림 16.5에 보인 소스 코드는 반환 주소를 스택에 저장하여 그림 16.4과 같이 호출이 중첩되어도 정상적으로 실행 흐름이 반환되도록 수정한 것이다. 이 예제에서 15번 줄에 보인 서브루틴 'sub1'의 첫 번째 명령문 *stmfd r13!,{r14}*은 *R14*의 값을 스택에 저장하는 것이다. *R14*에는 'main' 루틴으로 반환하기 위한 주소가 적재되어 있기 때문에 이 명령문은 스택에 반환 주소를 push하는 것이다. 스택에 저장되는 반환 주소는 'sub'이 10번 줄의 명령어 실행에 의해 호출되었기 때문에 10번 줄에 있는 명령어의 다음 명령어인 12번 줄의 명령어 주소가 된다. 즉, 서브루틴 'sub1'의 실행을 완료하고 반환할 때 실행 흐름은 12번 줄의 명령어로 되돌아 와야 한다.

서브루틴 'sub1'의 17번 줄의 명령어는 서브루틴 'sub2'를 호출하고 있다. 이때 'sub2'에서 'sub1'으로 실행 흐름이 반환될 때 사용할 반환 주소 즉, 18번 둘의 명령어 주소가 *R14*에 적재되어, *R14*에 저장되는 값이 'sub1'에서 'main'으로의 반환 주소에서 'sub2'에서 'sub1'으로의 반환 주소로 변경되지만 스택에 반환 주소를 보관해 두었기 때문에 'sub1'에서 'main'으로 반환하는 것은 문제가 없다. 스택에 저장되어 있는 반환 주소를 이용하여 실행 흐름을 옮기는 것은 18번 줄과 23번 줄의 명령문 *ldmfd r13!,* {*pc*}에 의해 수행된다. 이 명령문의 의미는 스택에서 pop한 데이터를 *PC*에 적재하는 것이지만 이 데이터가 서브루틴에서의 반환 주소라면 그 주소로 실행 흐름이 옮겨진다. 따라서 이 명령문은 서브루틴에서 반환하는 효과를 줄 수 있다.

```
    area stackarea , data, readwrite
stackmem space 1024
stackbase
    area reset , code, readonly
    entry
main
    ldr   r13, =stackbase
    mov   r0, #1
    bl    sub1
loop
    b     loop
sub1
    stmfd r13!,{r14}
    add   r0, r0, #1
    bl    sub2
    ldmfd r13!,{pc}
sub2
    stmfd r13!,{r14}
    add   r0,r0,#2
    ldmfd r13!,{pc}
    end
```

그림 16.5: 스택을 이용한 레지스터 간 데이터 전송의 예

16.5 파라미터 전달을 위한 스택 이용

서브루틴에 파라미터를 전달할 때 레지스터 $R0 \sim R3$을 이용한다. 그러나 네 개 이상의 파라미터를 서브루틴에 전달해야 하는 경우에는 스택을 이용한다. 예를 들어, 일곱 개의 파라미터를 서브루틴에 전달을 해야 한다면 처음 네 개는 레지스터를 이용하고, 나머지 세 개는 스택을 통해 전달할 수 있다. 그림 16.6은 세 개의 파라미터가 스택에 저장되어 있을 때 이들에 접근하기 위한 주소를 나타내고 있다. 스택을 이용하여 전달되는 파라미터 중 마지막 파라미터인 파라미터7은 스택의 꼭대기(top)에 저장이 되고, 파라미터 6는 그 아래에 저장이 된다. 우리는 앞서 Full-Descending 스택 구현을 사용하기로 하였기 때문에 스택의 톱에 저장되어 있는 파라미터7의 주소는 SP 이고, 그 아래에 저장되어 있는 파라미터6의 주소는 $SP+4$ 가 된다.

그림 16.7은 스택을 이용하여 파라미터를 전달하는 예를 나타낸 것이다. 이 예제는 스택을 이용한 파라미터 전달을 보이기 위해 세 개의 파라미터를 스택을 이용하여 전달하며, 서브루틴에서는 SP에 저장된 주소를 이용하여 각 파라미터에 접근을 한다.

그림 16.8는 그림 16.7의 명령문을 실행할 때 스택의 상태를 나타낸 것이다. 소스 코드의

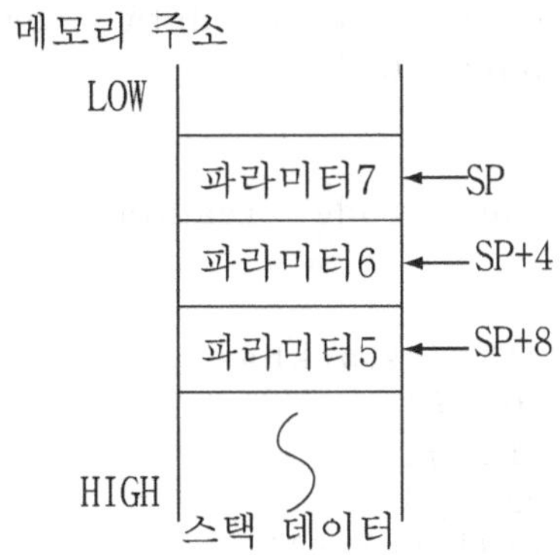

그림 16.6: 스택을 이용한 파라미터 전달

14번 줄의 설명문은 서브루틴에 전달할 파라미터를 스택에 push하는 것으로 레지스터 *R0*, *R1*, *R2*의 값을 스택에 저장을 하였다. 이 명령문을 실행한 후 스택의 상태는 그림 16.8a와 같다. 이 명령문을 수행한 후 서브루틴 'sum'을 호출한다. 서브루틴 'sum'이 호출되면 *R14*에 저장되어 있는 반환 주소를 스택에 저장하기 위해 23번 줄의 명령어 *stmfd r13!,{r14}*가 실행되며, 이때 스택의 상태는 그림 16.8b가 된다.

스택에 저장되어 있는 파라미터에 접근하기 위해서는 각 파라미터가 저장되어 있는 주소가 필요한데, 예제에서는 *R1*을 파라미터 주소 저장을 위한 목적으로 사용한다. 첫 번째 파라미터는 스택의 톱 바로 아래에 있기 때문에 26번 줄의 명령문은 첫 번째 파라미터의 주소를 *SP*를 이용하여 계산한 후 *R1*에 저장하며, 그림 16.8c에 표현을 하였다. Full-Descending 스택을 이용하기 때문에 첫 번째 파라미터의 주소는 *SP* 에 저장된 주소보다 4 번지 높은 주소이다.

예제의 28번, 31번, 34번 줄의 명령문은 포스트 인덱스 기법을 이용하여 파라미터 1, 2, 3의 내용을 각각 R2에 적재하여 각각 다음 명령문에서 그것을 계산에 사용하고 있다. 37번 줄의 명령문은 스택에 저장된 반환 주소를 이용하여 호출한 곳으로 실행 흐름을 반환하는 것으로 이 명령문을 수행한 뒤의 스택 상태는 그림 16.8d와 같다. 서브루틴 'sum'에서 반환된 후 실행되는 명령문은 18번 줄에 있는 것이며, 이 명령문은 스택에 저장된 파라미터를 제거하기 위한 것으로 LDM 명령어를 사용할 수 있지만, 제거될 데이터의 길이에 해당되는 값을 *SP* 에 더하여 스택에서 제거하는 효과를 얻는다. 이 경우에는 세 개의 4 바이트 데이터를 제거해야 하기 때문에 이 명령문에서는 *SP(R13)* 에 12(0x0C)를 더하여 스택에서 데이터를 제거하였다. 이 명령문을 수행한 후의 스택 상태는 그림 16.8e에 나타낸 것과 같다.

```
        area stackarea , data , readwrite
stackmem space 1024
stackbase

    area reset , code , readonly
    entry
main
    ldr   r13 , =stackbase
    mov   r0 , #1
    mov   r1 , #2
    mov   r2 , #3
    stmfd r13!,{r0-r2}
    bl    sum
    add   r13 , r13,#0x0c
loop
    b     loop

sum
    stmfd r13!,{r14}
    mov   r0,#0
    add   r1,r13,#4
    ldr   r2,[r1],#4
    add   r0,r0,r2
    ldr   r2,[r1],#4
    add   r0,r0,r2
    ldr   r2,[r1],#4
    add   r0,r0,r2
    ldmfd r13!,{pc}
    end
```

그림 16.7: 스택을 이용한 파라미터를 전달하는 예

16.6 스택과 서브루틴 호출을 이용한 LED 제어 예제

서브루틴 호출의 반환 주소를 스택에 저장을 하고, LED를 켜거나 끄는 것의 제어는 파라미터를 통해 서브루틴에 전달을 하는 예제는 그림 16.9에 보인 것과 같다. 이 코드는 두 개의 소스 파일로 구성되어 있으며, caller.s에 있는 서브루틴 호출자는 LED를 켜거나 꺼는 것을 결정하는 값을 파라미터로 하여 'ledON' 서브루틴에게 전달을 한다. LED 켜거나 꺼는 것을 위한 파라미터가 한 개이기 때문에 *R0*을 이용하여 파라미터를 서브루틴에 전달한다.

'ledON' 서브루틴은 반환 주소를 스택에 저장한 후 *PA0* 라인을 *PIO* 제어기를 사용할

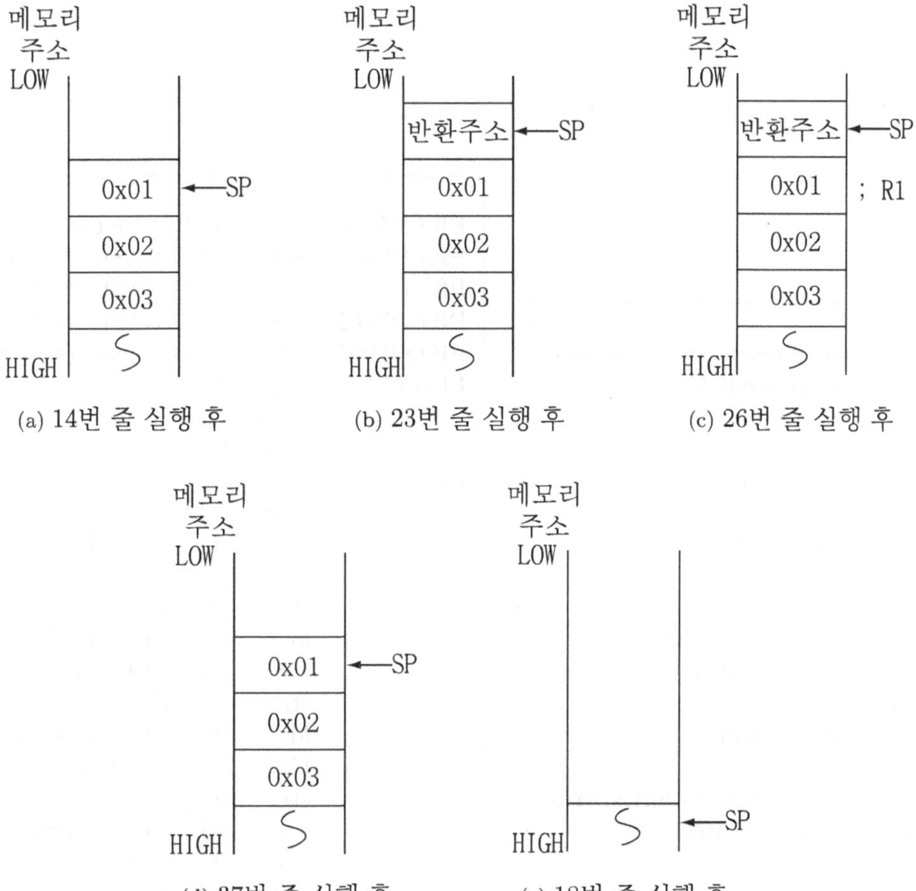

(a) 14번 줄 실행 후 (b) 23번 줄 실행 후 (c) 26번 줄 실행 후

(d) 37번 줄 실행 후 (e) 18번 줄 실행 후

그림 16.8: 각 명령문 실행 후 스택의 상태

수 있는 상태로 전환한 후 파라미터로 전달된 *R0*의 값을 0x00값과 비교한다. 이 값이 0x00이라면 LED를 끄고, 그렇지 않으면 LED를 켠다. 서브루틴의 수행을 완료한 후 반환할 때 스택에 저장해 둔 반환 주소를 *PC*에 전송함으로써 호출한 곳으로 반환한다.

```
        area reset, code, readonly
        importledON
        entry

        ldr     r13,=stackbase

        mov     r0,#0x1
        bl      ledOn

        mov     r0,#0x0
        bl      ledOn
loop
        b       loop

        area stack, data,readwrite
stackmem space 1024
stackbase
        end
```

(a) caller.s

```
PIO_BASE   equ    0xFFFFF400
PIO_PER    equ    PIO_BASE+0x0000
PIO_OER    equ    PIO_BASE+0x0010
PIO_OWER   equ    PIO_BASE+0x00a0
PIO_ODSR   equ    PIO_BASE+0x0038
LED_0      equ    0x01
           AREA ledon,code,readonly
           export ledOn
ledOn
           stmfd  r13!,{r14}
           ldr    r1, = PIO_PER
           ldr    r2, = LED_0
           str    r2,[r1]
           ldr    r1, = PIO_OER
           ldr    r2, = LED_0
           str    r2,[r1]
           ldr    r1, = PIO_OWER
           ldr    r2, = LED_0
           str    r2,[r1]
           ldr    r1, = PIO_ODSR
           cmp    r0, #0x00
           moveq  r2, #0x01
           movne  r2, #0x00
           str    r2,[r1]
           ldmfd  r13!, {pc}
           end
```

(b) callee.s

그림 16.9: 두 개의 소스 파일로 구성된 프로그램의 예

Chapter 17

예외와 인터럽트

Chapter 17

예외와 인터럽트

17.1 예외와 핸들러

예외(Exception)는 어떤 원인 때문에 명령문들의 정상적인 실행 흐름을 중단해야 하는 상황이다. 지금까지는 이러한 상황을 무시하거나 정상적인 실행 흐름 대신에 의미가 없는 어떤 명령문들을 실행하거나 프로세서가 비정상적으로 동작하기도 하였다. 그러나 정상적인 실행 흐름을 중단해야 하는 예외 상황이 임베디드 시스템에게 부정적인 영향만을 주는 것은 아니다. 발생한 예외 상황의 원인을 찾고, 그에 따라 적절히 처리함으로써 임베디드 시스템은 외부에서 발생한 여러 가지 상황들을 인지하고 그에 따라 적절한 반응을 할 수 있다. 예를 들어, 자동차의 에어백을 제어하는 임베디드 시스템의 경우에 '충돌'이라는 외부 상황이 예외가 될 수 있으며, 이를 감지한 시스템이 적절한 압력으로 에어백을 팽창시킬 수 있다.

AT91SAM7S256 마이크로 컨트롤러에 포함되어 있는 ARM 코어에서 지원하는 예외는 표 17.1에 나타내었다.

Table 17.1: ARM 코어에서 지원하는 예외의 종류와 동작 모드

예외	동작모드	설명
FIQ	FIQ	Fast Interrupt Request, 고속 인터럽트
IRQ	IRQ	Interrupt Request, 일반 인터럽트
memory abort	Abort	메모리 접근 오류
undefined instruction	Undefined	정의되지 않은 명령어 실행 시도
SWI, Reset	Supervisor	소프트웨어 인터럽트

핸들러(handler)는 예외 상황이 발생했을 때 그 원인에 따라 처리를 하는 소프트웨어 루틴을 의미한다. 즉, 프로세서가 메모리에 적재되어 있는 프로그램을 정상적인 실행 흐름에 따라 명령문들을 실행하고 있는 동안에 어떤 원인에 의해 예외가 발생하면 그 예외를 처리할 수 있는 핸들러로 실행 흐름을 옮겨 간다. 따라서 핸들러가 예외 처리를 완료할 때까지 원래 수행 중에 있었던 정상적인 실행 흐름은 중단된다. 실행 흐름을 다른 곳으로 옮긴다는 점에서는 분기 또는 서브루틴 호출과 예외가 동일하지만 분기 또는 서브루틴 호출에 따른 실행 흐름의 변경은 개발자의 의도에 따라 이루어지는 것이지만 예외로 인한 실행 흐름의 변경은 사전에 예측할 수 없다는 점에서 차이가 있다.

내부 또는 외부의 여러 원인으로 인해 예외가 발생하면 프로세서 코어는 기본적으로 발생한 예외의 종류에 따라 동작 모드를 변경하고, 정상적인 실행 흐름이 중단된 위치 즉, 핸들러가 예외를 처리한 후 실행 흐름을 반환하는 위치를 동작 모드에 뱅크되어 있는 *R14* 에 저장하고, 핸들러가 예외 처리를 시작한다. 핸들러의 처리가 완료되면 해당 동작 모드에서 사용된 *SPSR* 과 *R14* 의 값을 이용하여 *CPSR*과 원래의 실행 흐름으로 반환한다. 예를 들어, 어떤 주변 장치가 입출력 동작과 관련하여 인터럽트를 발생시켰다면 동작모드는 자동으로 *IRQ* 모드로 변경되며, 해당 인터럽트를 처리하는 핸들러를 수행한다. 이때 핸들러는 *R13* , *R14* , *SPSR* 에 뱅크되어 있는 *R13_IRQ* , *R14_IRQ* , *SPSR_IRQ* 를 사용하게 된다.

17.2 벡터 테이블

앞에서 예외가 발생하면 그것을 처리하기 위해 핸들러가 실행된다고 하였다. 다섯 가지 종류의 예외와 Reset을 포함하여 모두 여섯 개의 핸들러가 필요하며, 이 핸들러도 각각 예외 처리를 위한 루틴이다. 따라서 핸들러 루틴의 시작 주소를 알고 있어야 예외가 발생했을 때 그 예외를 위한 핸들러 루틴으로 실행 흐름을 옮길 수 있다. 예외는 'Reset'과 같이 마이크로 컨트롤러를 구성하는 각종 구성 요소들이 초기화되기 전에도 발생할 수 있기 때문에 예외 처리를 위한 핸들러 루틴은 미리 정해진 있는 위치에 있어야 한다. 보통은 메모리 주소 공간의 최하위 영역에 예외 처리를 위한 핸들러를 가진 테이블을 넣어두는데 이 테이블을 벡터 테이블이라고 한다. AT91SAM7S256는 벡터 테이블은 각 예외 처리를 위한 한 개의 명령어를 가진 32 바이트 크기의 테이블이다. 그림 17.1는 예외 처리를 위해 메모리의 하위 주소 영역에 저장되어 있는 벡터 테이블을 나타내고 있다.

벡터 테이블이 프로세서 코어에 의해 사용되는 것은 다음과 같다. 전원 공급이 되거나 리셋 버튼이 눌러지면 'Reset' 예외 상황이 되며, 이때 프로세서는 이 예외를 처리하기 위해 0x00000000로 실행 흐름을 옮긴다. 이 주소에는 예외를 처리하기 위한 명령어가 있다. 벡터

메모리 주소	
0x0000001C	FIR로 분기
0x00000018	IRQ로 분기
0x00000014	-
0x00000010	Dabt로 분기
0x0000000C	Pabt로 분기
0x00000008	SWI로 분기
0x00000004	Und로 분기
0x00000000	Reset으로 분기

그림 17.1: 벡터 테이블

테이블에 있는 각 예외당 한 개의 명령문으로는 발생한 예외를 처리할 수 없기 때문에 일반적으로 벡터 테이블에는 예외 처리를 하는 루틴으로 실행 흐름을 옮기는 분기 명령어가 온다. 예를 들어, 주변 장치에서 인터럽트를 한 경우에 프로세서는 IRQ 예외를 처리하기 위한 핸들러로 0x00000018의 명령어를 실행하며, 이 명령어는 IRQ 핸들러로 분기하는 명령어가 있기 때문에 핸들러로 분기를 하여 그 루틴에서 IRQ 예외를 처리한다.

그림 17.10에 보인 예제는 예외 처리를 위한 벡터 테이블이 포함되는 프로그램의 일반적인 형태이다. 이것은 'vectortable.s'와 'reset.s' 소스 파일로 구성되어 있으며, 'vectortable.s'에는 예외처리를 위한 벡터 테이블이 포함되어 있다. 이 벡터 테이블은 진입 지점에 있는 최초 여덟 개의 명령어로 구성되어 있으며, 예외가 발생하면 해당 명령문이 실행된다.

예를 들어, 마이크로 컨트롤러에 전원이 공급되거나 리셋 버튼을 눌러 'Reset' 예외가 발생하면 벡터 테이블의 첫 번째 명령문이 실행된다. 이 명령문은 *b resetHandler* 이며, 이것은 'Reset' 예외를 처리하는 *resetHandler* 루틴으로 분기를 한다. 이 루틴은 'reset.s'에 있으며, 보통은 마이크로 컨트롤러와 그것에 연결되어 있는 각종 외부 주변장치들을 최기화하지만 이 예제에서는 스택 사용을 위해 *SP*에 스택 시작 주소를 넣고, 지금까지 한 것과 같이 LED를 켜는 것으로 'Reset' 예외를 처리하였다. 만약 IRQ 예외가 발생하면 벡터 테이블의 0x00000018 번지에 있는 *b irqHandler* 을 실행하며, 이 명령어에 따라 레이블 *irqHandler* 의 표시가 있는

b undHandler 명령문을 실행한다. 이 예제는 'Reset' 예외를 제외한 다른 예외들이 발생하면 *b undHandler* 명령문을 수행하도록 되어 있다.

```
        area stackarea,data,readwrite
        export stackbase
stackmem space 1024
stackbase
        extern resetHandler
        area reset, code, readonly
        entry
        b       resetHandler
        b       undHandler
        b       swiHandler
        b       pAbtHandler
        b       dAbtHandler
        nop
        b       irqHandler
        b       fiqHandler
undHandler
swiHandler
pAbtHandler
dAbtHandler
irqHandler
fiqHandler
        b       undHandler
        end
```

(a) caller.s

```
PIO_BASE    equ 0xFFFFF400
PIO_PER     equ PIO_BASE+0x00
PIO_OER     equ PIO_BASE+0x10
PIO_OWER    equ PIO_BASE+0xa0
PIO_ODSR    equ PIO_BASE+0x38
        area resetarea,code,readonly
        export resetHandler
        extern stackbase
resetHandler
        ldr     r13,= stackbase
        ldr     r0, = PIO_PER
        mov     r1, #0x0F
        str     r1, [r0]
        ldr     r0, = PIO_OER
        str     r1, [r0]
        ldr     r0, = PIO_OWER
        str     r1, [r0]
        ldr     r0, = PIO_ODSR
        mov     r1, #0x0E
        str     r1, [r0]
loop
        b       loop
        end
```

(b) callee.s

그림 17.2: 벡터 테이블을 이용한 소스 코드 예제

17.3 인터럽트 처리

ARM7TDMI에서 사용할 수 있는 여섯 가지 종류('Reset' 포함)의 예외 중에서 'Reset'을 제외한 나머지 예외들의 처리 방법은 비슷하기 때문에 이 절에서는 인터럽트(*IRQ*) 예외만을 다룬다.

17.3.1 인터럽트 제어기

ARM7TDMI 프로세서 코어는 인터럽트 수신을 위해 FIQ와 IRQ라는 인터럽트 라인을 가지고 있어 단 두 가지 종류의 인터럽트만을 처리할 수 있다. 특히, 이 절에서 설명하는 인터럽트를 위해서는 단 한 개의 IRQ 라인이 사용된다. 하지만 이 코어를 이용하는 AT91SAM7S256 마이크로 컨트롤러는 장착된 각종 주변 장치의 상태 변화를 여러 인터럽트를 통해 처리를 하고 있다. 따라서 여러 주변 장치에서 발생하는 각종 인터럽트를 한 개의 IRQ 라인을 이용하여 프로세서 코어에게 전달을 할 수 있는 방법이 필요하다. 264 쪽 그림 12.1의 블록 다이어그램에서 시스템 제어기내 AIC라고 이름이 붙어 있는 것이 있는데, 이것이 여러 주변 장치에서 발생하는 각종 인터럽트를 한 개의 IRQ 라인을 통해 프로세서 코어에게 알려 처리할 있도록 하는 역할을 수행한다.

그림 17.3은 AT91SAM7S256의 참조 메뉴얼에 있는 AIC(Advanced Interrupt Controller)의 블록 다이어그램을 나타낸 것이다. AIC는 ARM 프로세서 코어와 두 개의 인터럽트 라인으로 연결되어 있고, 마이크로 컨트롤러 외부에서 발생하는 인터럽트를 위해 FIQ와 여러 개의 IRQ 라인–AT91SAM7S256는 IRQ0, IRQ1으로 이름이 붙은 두 개의 IRQ 라인–들을 가지고 있다. 또, AIC는 타이머 카운터, PIO 제어기 등 인터럽트를 발생시키는 마이크로 컨트롤러 내부의 주변 장치들과도 연결이 되어 있다. 따라서 AIC는 이러한 주변 장치들이 발생시킨 FIQ, IRQ 신호를 프로세서 코어의 FIQ, IRQ 라인을 통해 전달한다.

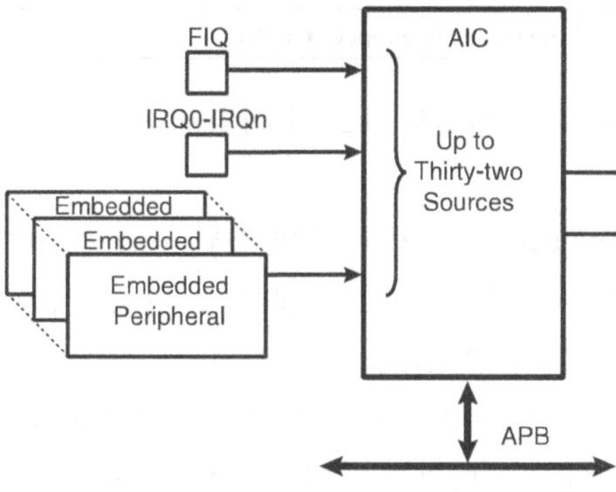

그림 17.3: AIC의 블록 다이어그램

인터럽트를 발생 시키는 장치를 인터럽트 소스(interrupt source)라고 하는데, AIC는 최대 32개의 인터럽트 소스를 가질 수 있다. 따라서 이들 인터럽트 소스에서 발생한 인터럽트를 한 개의 IRQ 라인을 통해 프로세서에게 알리기 때문에 AIC는 각 인터럽트 소스를 구분할 수 있어야 한다. 이를 위해 AIC는 인터럽트 소스를 위한 식별자를 그림 17.4과 같이 정하여 사용하고 있다.

Peripheral ID	Peripheral Mnemonic	Peripheral Name	External Interrupt
0	AIC	Advanced Interrupt Controller	FIQ
1	SYSIRQ(1)	System Interrupt	
2	PIOA	Parallel I/O Controller A	
3	Reserved		
4	ADC(1)	Analog-to Digital Converter	
5	SPI	Serial Peripheral Interface	
6	US0	USART 0	
7	US1	USART 1	
8	SSC	Synchronous Serial Controller	
9	TWI	Two-wire Interface	
10	PWMC	PWM Controller	
11	UDP	USB Device Port	
12	TC0	Timer/Counter 0	
13	TC1	Timer/Counter 1	
14	TC2	Timer/Counter 2	
15 - 29	Reserved		
30	AIC	Advanced Interrupt Controller	IRQ0
31	AIC	Advanced Interrupt Controller	IRQ1

그림 17.4: 인터럽트 소스의 식별자

이 장에서는 제 14 장에서 설명한 PIO 제어기 라인에 스위치를 연결하여 스위치 연결 상태의 변화에 따라 LED를 켜거나 끄는 임베디드 소프트웨어 작성을 소개한다. 이를 위한 PIO 제어기는 식별자 2번으로 정의되어 있다. 또 AIC는 각 인터럽트마다 8 단계의 우선순위를 부여하여 우선순위에 따른 인터럽트 처리를 지원하고 있다. 즉, 낮은 우선순위의 인터럽트를 처리하고 있는 동안에 높은 우선순위의 인터럽트가 발생하면, 높은 우선순위의 인터럽트가 우선 처리될 수 있도록 지원을 한다. 이때 우선순위 0은 가장 낮은 우선순위이고, 7은 가장 높은 우선순위이다.

AIC를 이용한 인터럽트 처리 과정은 다음과 같다. 이를 위해 PIO 제어기가 인터럽트를 발생시킨다고 가정한다. 그림 17.3 에 'Embedded Peripheral'이라고 표시되어 있는 여러 주변장치 중에 하나가 PIO 제어기이다. PIO 제어기는 그것과 연결되어 있는 I/O 라인 중 입력으로 사용하는 라인에서 값의 변화를 감지하면 AIC와 연결된 라인을 통해 인터럽트 신호를 전달한다. 이에 AIC는 인터럽트를 발생시킨 PIO 제어기를 위한 핸들러의 주소를 특정 레지스터에 적재를 한 후 IRQ 라인을 통해 ARM 프로세서 코어에게 인터럽트가 발생하였음을 알린다. 이 신호에 따라 프로세서 코어는 AIC의 레지스터에 저장되어 있는 인터럽트 핸들러의 주소를 이용하여 핸들러로 실행 흐름을 옮겨 발생한 인터럽트를 처리한다. AIC의 인터럽트 처리 과정에 대한 이해는 인터럽트 처리를 위한 코드 작성에 많은 도움을 준다. 또한, 제 14 장에서 설명한 PIO 제어기의 레지스터를 이용한 것처럼 PIO 제어기의 기능을 이용한 것처럼 AIC도 그 레지스터의 값을 설정하거나, 값을 읽어옴으로 그 기능을 이용할 수 있다.

17.3.2 AIC 제어

시스템 제어기 중의 하나인 AIC를 사용하기 위한 레지스터는 그림 12.2 에 나타낸 메모리 주소 공간의 매핑에서 주소 0xFFFF0000로 시작하는 64 KB 영역에 매핑되어 있다. 그림 12.4 에 나타낸 것과 같이 시스템 제어기에도 많은 종류가 있고, 각 제어기마다 별도의 매핑 영역을 가지고 있는데 AIC의 레지스터들은 0xFFFFF000에서 시작하는 영역에 할당되어 있다. 이 영역에는 총 48개의 AIC 레지스터들이 매핑되어 있으며, 그 내용은 그림 17.5에 나타내었다. 각 레지스터의 실제 주소는 AIC 레지스터에 할당된 영역의 시작 주소인 0xFFFFF000에서 오프셋을 더한 것이다.

앞서 AIC는 최대 32개의 인터럽트 소스를 가질 수 있으며, 각각은 그림 17.4 과 같은 식별자를 가지고 있다고 기술하였다. 그림 17.5 에 표현된 AIC 레지스터에 할당된 주소 중 오프셋 $0x00 \sim 0x7C$ 는 레지스터 $AIC_SMR0 \sim AIC_SMR31$에 할당되어 있으며, 모두 32개이다. 또한 오프셋 $0x80 \sim 0xFC$는 레지스터 $AIC_SVR0 \sim AIC_SVR31$에 할당되어 있다. 이것은 하나의 인터럽트 소스에 대해 AIC_SMR과 AIC_SVR 등 두 개의 레지스터가 관련이 있음을 의미한다. 즉, 인터럽트 소스의 식별자는 두 레지스터에 대한 일종의 색인(index) 역할을 한다. 식별자가 2인 PIO 제어기는 레지스터 AIC_SMR2 와 AIC_SVR2 를 사요한다. 이 레지스터들이 매핑된 실제 메모리 주소는 각각 0xFFFFF008, 0xFFFF088이다.

AIC_SMR 레지스터는 그 레지스터에 대응되는 인터럽트의 우선순위와 인터럽트 신호의 발생 조건을 정한다. 그림 17.6 는 AIC_SMR 레지스터의 필드들을 나타내고 있다. 'PRIOR' 필드는 해당 인터럽트의 우선순위를 설정하는 것으로 0에서 7사이의 값을 갖는다. 이 필드의 값으로 0과 7은 각각 가장 낮은 우선순위와 가장 높은 우선순위를 의미한다. 'SRCTYPE' 필드는 신호의 변화에 따른 인터럽트 발생의 조건을 명시하는 것으로 마이크로 컨트롤러 내부에 있는 장치들은 그 값에 영향을 받지 않는다. 하지만 외부 장치는 설계 조건에 따라 'SRCTYPE'

Offset	Register	Name	Access
0000	Source Mode Register 0	AIC_SMR0	Read/Write
0x04	Source Mode Register 1	AIC_SMR1	Read/Write
---	---	---	---
0x7C	Source Mode Register 31	AIC_SMR31	Read/Write
0x80	Source Vector Register 0	AIC_SVR0	Read/Write
0x84	Source Vector Register 1	AIC_SVR1	Read/Write
---	---	---	---
0xFC	Source Vector Register 31	AIC_SVR31	Read/Write
0x100	Interrupt Vector Register	AIC_IVR	Read-only
0x104	Fast Interrupt Vector Register	AIC_FVR	Read-only
0x108	Interrupt Status Register	AIC_ISR	Read-only
0x10C	Interrupt Pending Register	AIC_IPR	Read-only
0x110	Interrupt Mask Register	AIC_IMR	Read-only
0x114	Core Interrupt Status Register	AIC_CISR	Read-only
0x118	Reserved	---	---
0x11C	Reserved	---	---
0x120	Interrupt Enable Command Register	AIC_IECR	Write-only
0x124	Interrupt Disable Command Register	AIC_IDCR	Write-only
0x128	Interrupt Clear Command Register	AIC_ICCR	Write-only
0x12C	Interrupt Set Command Register	AIC_ISCR	Write-only
0x130	End of Interrupt Command Register	AIC_EOICR	Write-only
0x134	Spurious Interrupt Vector Register	AIC_SPU	Read/Write
0x138	Debug Control Register	AIC_DCR	Read/Write
0x13C	Reserved	---	---
0x140	Fast Forcing Enable Register	AIC_FFER	Write-only
0x144	Fast Forcing Disable Register	AIC_FFDR	Write-only
0x148	Fast Forcing Status Register	AIC_FFSR	Read-only

그림 17.5: AIC 레지스터의 매핑

필드의 값을 적절하게 설정하여야 한다. 표 17.2 는 'SRCTYPE' 필드의 내용을 나타내었다.

AIC_SVR 레지스터는 인터럽트가 발생했을 때 그것을 위한 핸들러의 주소를 저장하는 32 bit 레지스터이다. PIO 제어기의 인터럽트를 처리하려면 이를 위한 핸들러의 주소를 *AIC_SVR2*에 미리 적재하여야 한다. 메모리 주소 0xFFFFF100에 매핑되어 있는 *AIC_IVR* 레지스터는 발생한 인터럽트 핸들러 주소가 저장되는 것으로 인터럽트 처리를 위해 프로세서

31	30	29	28	27	26	25	24
–	–	–	–	–	–	–	–
23	**22**	**21**	**20**	**19**	**18**	**17**	**16**
–	–	–	–	–	–	–	–
15	**14**	**13**	**12**	**11**	**10**	**9**	**8**
–	–	–	–	–	–	–	–
7	**6**	**5**	**4**	**3**	**2**	**1**	**0**
–	SRCTYPE		–	–	PRIOR		

그림 17.6: AIC_SMR 레지스터의 필드

코어가 핸들러로 실행 흐름을 옮길 때 이 레지스터의 주소를 이용한다.

AIC_IVR 레지스터의 핸들러 주소는 AIC가 적재하는 것으로 이를 이용한 PIO 제어기에서의 인터럽트 처리를 위해 핸들러가 호출되는 과정은 다음과 같다. 개발자는 PIO 제어기의 인터럽트를 위한 핸들러 주소를 *AIC_SVR2* 레지스터에 미리 적재한다. 그 후 PIO 제어기에서 인터럽트가 발생하면 AIC는 인트럽트 소스의 식별자 2의 *AIC_SVR* 레지스터인 *AIC_SVR2* 레지스터의 내용 즉, 핸들러의 주소를 *AIC_IVR*에 전송한다. 다음 단계로 AIC는 프로세서 코어에게 IRQ 라인을 이용하여 인터럽트 발생 사실을 통지하게 되며, 이것을 수신한 프로세스 코어는 *AIC_IVR* 레지스터에 저장되어 있는 주소를 이용하여 핸들러로 실행 흐름을 옮길 수 있다.

이런 과정이 필요한 이유는 인터럽트가 발생했을 때 ARM 코어는 하나의 IRQ 라인을 통해 인터럽트 발생을 통보받기 때문에 코어는 어떤 장치에서 인터럽트를 발생시켰는가를 알지 못한다. 따라서, ARM 코어는 인터럽트를 발생시킨 주변장치의 종류에 상관없이 *AIC_IVR* 레지스터에 저장되어 있는 주소를 이용하여 인터럽트 처리 루틴을 호출하여 인터럽트를 처리한다. 인터럽트가 발생했을 때 인터럽트를 발생시킨 주변장치를 인식하는 것은 AIC이다. 따라서 AIC는 인터럽트를 발생시킨 주변장치를 위한 인터럽터 처리 루틴의 주소 즉, *AIC_SVR* 레지스터에 저장되어 있는 인터럽트 처리 루틴의 주소를 *AIC_IVR* 에 적재시켜 ARM 코어가 인터럽트를 처리할 수 있도록 해야 한다.

Table 17.2: AIC_SMR 레지스터의 SRCTYPE 필드

SRCTYPE	인터럽트 발생 시점
0 0	신호의 값이 0
0 1	신호의 하강 에지
1 0	신호의 값이 1
1 1	신호의 상승 에지

인터럽트 처리를 위해 주변장치에 대응하는 *AIC_SMR*, *AIC_SVR* 에 적절한 값을 설정하였다하더라도 주변장치의 인터럽트를 AIC가 모두 허용하는 것은 아니다. 레지스터 *AIC_IECR*는 주변장치의 인터럽트 허용 여부를 제어하며, 이 레지스터에서 인터럽트를 허용한 주변장치만 AIC에 의해 인터럽트 처리과정을 거쳐 처리될 수 있다. AIC에 연결될 수 있는 최대 32개의 주변장치 각각에 대한 인터럽트 허용 여부는 그 장치의 식별자에 대응하는 *AIC_IECR* 레지스터의 비트 값에 따라 결정된다. 즉, *AIC_IECR* 레지스터의 2번 비트의 값을 1로 설정한다면 식별자 2번에 해당하는 PIO 제어기의 인터럽트를 허용한다는 의미를 갖는다. 레지스터 *AIC_IDCR*(Interrupt Disable Command Register)는 *AIC_IECR*과 반대로 값이 1인 비트 번호에 대응하는 장치의 인터럽트를 허용하지 않도록 설정하는 것이다.

레지스터 *AIC_ISR*(Interrupt Status Register)는 인터럽트 신호가 있을 때 그것을 생성한 장치의 식별자를 하위 5 비트에 저장하는 것으로 이를 통해 인터럽트 소스의 식별자를 알 수 있다. 인터럽트가 발생하면 *AIC_IVR* 레지스터에 저장되어 있는 주소를 이용하여 핸들러를 호출하기 때문에 인터럽트 소스의 식별자를 이용하여 *AIC_SVR* 레지스터를 결정하는 과정이 필요가 없다. 따라서 특별한 목적이 있지 아니하면 *AIC_ISR*를 사용하지는 않는다.

레지스터 *AIC_ICCR*(Interrupt Clear Command Register)는 값이 1인 비트 번호에 대응하는 장치의 인터럽트를 실제 처리 여부와 관계없이 처리한 것(interrupt clear)으로 설정한다. 그러나 인터럽트 처리를 위해 *AIC_IVR*의 값을 이용하면 자동적으로 '처리(clear)'된 것으로 변경되기 때문에 이 레지스터를 직접 사용하는 경우는 많지 않다.

그림 17.7은 PIO 제어기의 인터럽트를 처리하기 위해 AIC의 레지스터 값을 설정하는 예를 나타낸 것이다. 이 코드에는 'aio_pio_int_en' 서브루틴이 정의되어 있으며, *R0* 에 핸들러 주소를 적재한 후 호출하면 된다. 식별자가 2인 PIO 제어기를 위한 AIC 레지스터는 *AIC_SVR2*와 *AIC_SMR2* 이며, 이를 이용하여 인터럽트 우선순위와 핸들러 주소를 설정한다. 그리고, PIO 제어기의 인터럽트를 허용하기 위해 PIO 제어기에 대응하는 비트인 2번 비트의 값을 1로 하여 *AIC_IECR*에 값을 적재하였다. *AIC_EOICR*은 인터럽트 처리가 완료되면 핸들러는 이 레지스터에 임의의 값을 넣어 AIC에게 인터럽트 처리가 완료되었음을 알려야 한다.

17.3.3 PMC

AIC에 인터럽트와 관련된 설정만으로 인터럽트를 사용할 수 있지는 않다. 인터럽트는 주변장치가 감지한 상황의 변화에 대응하기 위한 방법으로 사용되기 때문에 상황 변화를 감지하는 것과 인터럽트와 관련된 신호를 교환하는 각종 장치들간의 동작을 동기화시킬 필요가 있다. 즉, 인터럽트와 관련된 모든 제어기와 장치들은 클록 펄스을 이용하여 동기화를 하고 있다.

```
AIC_BASE   equ 0xFFFFF000
AIC_SMR2   equ AIC_BASE+0x008
AIC_SVR2   equ AIC_BASE+0x088
AIC_IVR    equ AIC_BASE+0x100
AIC_IECR   equ AIC_BASE+0x200
AIC_ICCR   equ AIC_BASE+0x128
AIC_EOICR  equ AIC_BASE+0x130

    include sys.inc

    area aio_area, code, readonly
    export aic_pio_int_en
    export AIC_EOICR

aic_pio_int_en
    stmfd   sp!,{r2-r3,lr}
    ldr     r2,=AIC_SMR2
    mov     r3,#0x64
    str     r3,[r2]

    ldr     r2,=AIC_SVR2
    str     r0,[r2]

    ldr     r2,=AIC_ICCR
    mov     r3,=PIO_BIT
    str     r3,[r2]

    ldr     r2,=AIC_IECR
    ldr     r3,=PIO_BIT
    str     r3,[r2]

    ldmfd   sp!,{r2-r3,pc}
    end
```

그림 17.7: PIO 제어기 인터럽트를 위한 AIC 프로그램

프로세서가 동작하기 위해서는 클록 펄스가 반드시 필요하기 때문에 마이크로 컨트롤러에 전원이 공급됨과 동시에 클록 펄스 생성기는 정해진 주파수에 맞게 클록 펄스를 생성하여 시스템을 구성하는 모든 장치에 공급을 한다. 그런데 모든 장치에 클록 펄스를 제공하는 것은 전력 소모가 상대적으로 증가하기 때문에 AT91SAM7S256와 같은 저전력 마이크로 컨트롤러는 기능 유지를 위해 클록 펄스가 반드시 제공되어야 하는 프로세서 코어와 같은 구성 요소만

클록 펄스를 기본적으로 제공하고, PIO 제어기와 같이 특정 기능을 사용하기 위해 선택적으로 클록 펄스가 필요한 장치들은 기본적으로 클록 펄스를 제공하지 않는다.

이처럼 주변장치들에게 공급할 클록 펄스를 생성하고, 이를 장치들에게 제공하는 것을 제어 역할을 수행하는 것이 PMC(Power Management Controller)이다. 270 쪽의 그림 12.4에 나타낸 것과 같이 PMC는 시스템 제어기의 일종으로 16개의 레지스터들은 메모리 주소 공간의 0xFFFFFC00 번지부터 매핑되어 있다. 그림 17.8은 PMC 레지스터들이 매핑되어 있는 것은 나타낸 것이다. 각 레지스터의 값을 설정하는 것은 약간의 계산이 필요하며, 클록 펄스에 대한 이해가 다소 필요한 내용이고, 무엇보다도 이 장의 내용 범위를 벗어나기 때문에 자세한 설명은 생략을 한다. 물론 약간의 계산이 필요하다고 하였지만 마이크로 컨트롤러의 참조 매뉴얼이 관련된 값을 제시하고 있기 때문에 보통은 그 값들을 그냥 이용하여도 된다.

PMC와 관련된 레지스터 중에서 *PMC_PCER*(Peripheral Clock Enable Register)는 그림 17.4에 나타낸 인터럽트 소스인 장치들에게 클록을 제공할 것인가를 제어하는 레지스터이다. 이 레지스터의 각 비트는 그 비트 번호에 대응하는 장치에게 클록을 제공할 것인가를 결정하는 것으로 PIO 제어기에게 클록을 제공하기 위해서는 이 레지스터의 2번 비트의 값을 1로 설정하여야 한다. 특정 장치에 클록 제공을 중단하는 것은 레지스터 *PMC_PCDR*(Peripheral Clock Disable Register)를 이용하여 설정할 수 있다. PIO 제어기에 클록을 제공하기 위한 예제는 344 쪽의 그림 17.9에 제시하였다. 이 코드에는 'pmc_init'와 'pmc_pio_en' 루틴을 포함하고 있는데 'pmc_init'는 PMC를 설정하기 위한 것으로 각 값들의 의미는 참조 매뉴얼을 참고하기 바란다. 'pmc_pio_en' 루틴은 PIO 제어기에게 클록을 제공하기 위해 설정하는 것이다.

17.3.4 PIO 제어기 라인을 이용한 입력

앞에서 LED를 켜거나 끄기 위해 PIO 제어기 라인을 출력으로 설정하고 *PIO_ODSR* 레지스터를 이용하여 출력값을 설정하였다. 이 절에서는 PIO 제어기 라인을 입력으로 설정하고, 이 라인에 입력되는 신호의 변화에 따라 인터럽트가 발생하고, 이를 핸들러에서 처리하는 과정을 설명한다.

PIO 제어기 라인을 입력으로 사용하기 위해 *PIO_PER*, *PIO_ODR*, *PIO_IFER*, *PIO_IER* 레지스터를 이용한다. 레지스터 *PIO_PER*은 앞서 설명한 것과 같이 입력을 사용하고자 하는 라인을 PIO 제어기가 사용할 수 있도록 설정하는 것이다. 개발 보드에 스위치가 장착되어 있다면 그 보드의 매뉴얼 또는 회로도를 참고하여 그것이 연결되어 있는 PA 라인을 찾는다. 만약, 개발 보드에 스위치가 장착되어 있지 않다면 간단히 전선 한 가닥을 준비하고, 사용하고 있지 않는 라인을 적절히 선택한다. 이 절에서는 PA4를 입력으로 사용한다고 가정하자. 레지

Offset	Register	Name
0x0000	System Clock Enable Register	PMC_SCER
0x0004	System Clock Disable Register	PMC_SCDR
0x0008	System Clock Status Register	PMC _SCSR
0x000C	Reserved	–
0x0010	Peripheral Clock Enable Register	PMC _PCER(1)
0x0014	Peripheral Clock Disable Register	PMC_PCDR(1)
0x0018	Peripheral Clock Status Register	PMC_PCSR(1)
0x001C	Reserved	–
0x0020	Main Oscillator Register	CKGR_MOR
0x0024	Main Clock Frequency Register	CKGR_MCFR
0x0028	Reserved	–
0x002C	PLL Register	CKGR_PLLR
0x0030	Master Clock Register	PMC_MCKR
0x0038	Reserved	–
0x003C	Reserved	–
0x0040	Programmable Clock 0 Register	PMC_PCK0
0x0044	Programmable Clock 1 Register	PMC_PCK1
...	...	...
0x0060	Interrupt Enable Register	PMC_IER
0x0064	Interrupt Disable Register	PMC_IDR
0x0068	Status Register	PMC_SR
0x006C	Interrupt Mask Register	PMC_IMR
0x0070 - 0x00FC	Reserved	–

그림 17.8: 주소 공간에 할당된 PMC 레지스터의 주소

스터 *PIO_PER*의 4번 비트의 값을 1로 설정하는 것은 그 라인을 범용 입출력으로 사용하는 것으로 설정하는 것이다.

레지스터 *PIO_PER*를 이용하여 PA 라인을 범용 입출력으로 사용하는 것으로 설정한 후에 그 PIO 라인을 입력으로 사용하기 위해서는 *PIO_ODR* 레지스터의 라인에 대응하는 비트 값을 1로 설정하면 된다. PA4를 입력으로 사용할 경우에는 이 레지스터의 4번 비트의 값을 1로 설정하면 된다. PIO 라인을 입력으로 사용할 경우에 전기적인 잡음 등이 원인이 되어 입력 라인의 값이 순간적으로 변경되는 경우가 있다. 이것도 입력 라인 값의 변화에 해당되기

```
PMC_BASE   equ 0xFFFFFC00
PMC_SCER   equ PMC_BASE+0x0000
PMC_PCER   equ PMC_BASE+0x0010
CKGR_MOR   equ PMC_BASE+0x0020
CKGR_MCFR  equ PMC_BASE+0x0024
PMC_MCKR   equ PMC_BASE+0x0030
PMC_SR     equ PMC_BASE+0x0068
    include sym.inc
    area pmcarea,code,readonly
    export pmc_init
    export pmc_pio_en
pmc_init
    stmfd sp!,{r4-r5,lr}
ckgr_mor_data equ 0x201
    ldr   r4,=CKGR_MOR
    ldr   r5,=ckgr_mor_data
    str   r5,[r4]
ckgr_pllr_data equ 0x70802
    ldr   r4,CKGR_PLLR
    ldr   r5,=ckgr_pllr_data
    str   r5,[r4]
    ldr   r4=PMC_MCKR
    mov   r5,#0x00F
    str   r5,[r4]
    ldr   r4,=PMC_SR
mckrdy_chk
    ldr   r5[r4]
    ands  r5,r5,#0x08
    beq   mckrdy_chk
    ldr   r4,=PMC_SCER
    mov   r5,#0x01
    str   r5,[r4]
    ldmfd sp!,{r4-r5,pc}
pmc_pio_en
    stmfd sp!,{r4-r5,lr}
    ldr   r4,=PMC_PCER
    ldr   r5,=PIO_BIT
    str   r5,[r4]
    ldmfd sp!,{r4-r5,pc}
    end
```

그림 17.9: PIO 제어기 동작을 위한 클록 제공 PMC 예제 프로그램

때문에 입력으로서 처리가 된다.

이러한 문제를 해결하기 위해 순간적인 값의 변화를 필터링하고, 입력 신호의 변화가 일정 시간이상 유지될 때에만 정상적인 입력으로 처리할 수 있도록 PIO 제어기는 입력 필터링 기능을 가지고 있다. 이 필터링 기능을 활성화하기 위해 *PIO_IFER* 레지스터에서 라인에 대응하는 비트의 값을 1로 설정하면 된다. 입력 라인에 값의 변화가 감지될 때 PIO 제어기는 인터럽트를

생성하여야 하는데 입력 값의 변화에 따른 인터럽트 생성 여부는 *PIO_IEN* 레지스터를 이용하여 제어한다. 이 레지스터의 특정 비트 값을 1로 설정하였다면, 그 비트에 대응하는 PIO 제어기 라인에 입력 값의 변화가 감지되면 인터럽트를 발생시킨다. PA4를 스위치 입력으로 사용하기 위해서는 *PIO_IEN*의 4번 비트 값을 1로 설정하여야 한다.

다음의 소스 코드는 'pio_input_en'과 'pio_int_en' 루틴을 나타내고 있다. 'pio_input_en' 루틴은 PIO 제어기 라인을 입력으로 설정하는 루틴이다. 이 루틴을 호출할 때에는 입력으로 사용할 라인에 대응하는 비트의 값을 1로 설정한 것을 레지스터 *R0* 에 적재하여 파라미터로 전달한다. 만약 4번 PA 라인을 입력으로 사용할 경우에 *R0* 의 값으로 0x00000010를 적재하여 이 루틴을 호출하여야 한다. 'pio_int_en' 루틴은 라인에서 발생한 입력 값의 변화에 대한 인터럽트를 허용하는 것이다. 파라미터는 *R0*를 통해 전달되며, 4번 라인에서 발생하는 입력 값의 변화에 인터럽트를 사용하려면 *R0* 에 0x00000010를 적재하여 이 루틴을 호출하면 된다.

```
pio_input_en
        stmfd  sp!,{r4,lr}
        bl     pmc_pio_en
        ldr    r4,=PIO_PER
        str    r0,[r4]
        ldr    r4,=PIO_ODR
        str    r0,[r4]
        ldr    r4,=PIO_IFER
        str    r0,[r4]
        ldmfd  sp!,{r4,pc}
```

(a) pio_input_en 루틴의 코드

```
pio_int_en
        stmfd  sp!,{r4,lr}
        ldr    r4,=PIO_ISR
        ldr    r5,[r4]
        ldr    r4,=PIO_IER
        str    r0,[r4]
        ldmfd  sp!,r4,pc
```

(b) pio_int_en 루틴의 코드

그림 17.10: 벡터 테이블을 이용한 소스 코드 예제

17.3.5 인터럽트 핸들러

인터럽트를 처리하기 위해서는 핸들러를 벡터 테이블에 등록을 하여야 한다. 그림 17.10에 나타낸 소스 코드는 매우 간단한 형태의 벡터 테이블을 나타내고 있는데, 이 테이블에 의하면 PIO 제어기에서 인터럽트가 발생하면 프로세서는 벡터 테이블에서 IRQ를 위한 0x00000018 번지에 있는 명령문을 수행하게 된다. 이 예제에서는 단순히 *b irqHandler* 라는 명령문을 이 주소의 메모리 워드에 두었고, 인터럽트가 발생하면 이 명령문의 수행 결과로 *irqHandler* 루

틴이 호출되고, 이 루틴은 실제 인터럽터 핸들러의 주소를 AIC의 *AIC_IVR*에서 읽어와 그 주소로 분기를 하게 된다.

인터럽트 제어를 위해 AIC를 사용하는 AT91SAM7S256에서는 더 좋은 방법이 있다. 이 마이크로 컨트롤러를 개발한 Atmel 사에서는 IRQ를 위한 명령문으로 *LDR PC, [PC, #-0xF20]* 를 벡터 테이블에 넣기를 권고하고 있다. 왜 *#-0xF20*일까? 이 명령문은 0x00000018 번지에 있고, 이 명령문이 수행될 때 PC의 값은 0x0000001C가 된다. 그런데 ARM7TDMI 프로세서 코어는 처리 속도 향상을 위해 파이프라인을 사용하고, 이 때문에 PC의 값은 현재 실행되고 있는 명령문보다 두 번째로 뒤에 있는 명령문의 주소이다. 따라서, 0x00000018 번지의 명령문을 수행할 때 실제 PC의 값은 0x00000020이다. 물론 파이프라인에 의한 PC의 값에 대한 보정은 프로세서 코어가 자동으로 하기 때문에 개발자가 특별히 고려해야 할 사항은 없다. 명령어의 *[PC, #-0xF20]* 은 현재 PC의 값에 0xF20을 감한 주소에 있는 내용을 PC에 전송하는 명령이고, PC에 전송하는 것은 곧 실행 흐름의 변경을 의미한다. 현재 PC의 실질적인 값은 0x00000020이고, 이 값에 #0xF20을 부호없는 뺄셈을 하면 0xFFFFF100이 된다. 즉, *LDR PC, [PC, #-0xF20]* 명령문은 0xFFFFF100 번지에 저장되어 있는 주소로 분기를 하는 것이다. 이 주소는 사실 *AIC_IVR* 레지스터가 매핑되어 있다. 이 레지스터에는 발생한 인터럽트를 처리하기 위한 핸들러의 주소가 AIC에 의해 적재되어 있기 때문에 이 주소를 이용하여 분기하는 것은 핸들러로 분기하는 효과를 낼 수 있다.

예를 들어, PIO 제어기가 인터럽트를 발생하였다면 AIC는 이 레지스터에 *AIC_SVR2*에 적재되어 있는 PIO 제어기를 위한 핸들러 주소를 *AIC_IVR* 에 전송을 하며, 이 레지스터(0xFFFFF100에 매핑되어 있음)에 저장되어 있는 주소로 분기를 하기 때문에 PIO 인터럽트를 처리할 수 있다. 그림 17.11에 보인 예제 소스 코드는 앞의 내용을 반영한 벡터 테이블을 포함하고 있는 코드이다. 이것은 그림 17.10에 제시한 'vectortable.s' 의 내용을 수정한 것이다.

인터럽트가 발생하면 프로세서 코어는 다음의 과정을 거치게 된다.

$$\text{SPSR\_irq} \leftarrow \text{CPSR}$$
$$\text{R14\_irq} \leftarrow \text{PC}$$
$$\text{PC} \leftarrow \text{0x18}$$

IRQ 모드로 전환.

핸들러 수행을 완료한 뒤 원래대로 되돌아갈 주소인 *PC* 값을 *R14_irq* 에 저장을 하게 되는데, *PC* 에는 현재 수행하고 있는 명령어 뒤에 있는 두 번째 명령어의 주소이다. 'BL' 과 같은 분기 명령어는 반환 주소를 *LR*(*R14*)에 적재할 때 *PC* 값에서 보정된 즉, 4를 감소한 주소를 넣어주지만 인터럽트의 경우에는 그렇지 않다. 따라서, *R14_irq*에 저장되어 있는

```
    area stacks ,data ,readwrite
    export irqstackbase
    export svcstackbase
    export usrstackbase
irqstack space 0x100
irqstackbase

svcstack space 0x100
svcstackbase

usrstack space 0x100
usrstackbase

    extern resetHandler
    extern irqHandler
    extern tc0_irq_handler

    area reset , code, readonly
    entry
    b resetHandler
    b undHandler
    b swiHandler
    b pAbtHandler
    b dAbtHandler
    nop
    LDR PC, [PC, #-0xF20]
    b fiqHandler

undHandler
swiHandler
pAbtHandler
dAbtHandler
fiqHandler
    b undHandler
    end
```

그림 17.11: 수정된 벡터 테이블을 포함한 코드

주소에서 4를 감소시켜야 정확한 인터럽트 핸들러에서의 반환 주소가 된다. *PC* 에는 0x18 이 적재되는데 이것은 벡터 테이블에 등록되어 있는 *LDR PC, [PC, #-0xF20]* 를 수행하게 된다. 이 명령문의 수행에 따라 인터럽트를 처리할 실질적인 핸들러로 분기를 하게 된다.

인터럽트 핸들러는 일반적으로 다음의 절차에 따라 인터럽트를 처리한다:

1. 먼저 인터럽트 핸들러 수행을 완료한 뒤 되돌아갈 주소가 *R14_irq* 에 저장되어 있으므

로, 주소를 보정한 후 스택에 저장을 한다. 또 인터럽트가 발생할 당시의 *CPSR* 의 값이 *SPSR_irq* 에 저장되었기 때문에 이 레지스터도 스택에 저장을 하여 핸들러가 완료될 때 복구될 수 있도록 한다.

2. 만약 우선순위에 의한 인터럽트 처리를 지원하기 위해서는 현재의 *CPSR* 의 비트 I을 0으로 설정하여 인터럽트가 발생할 수 있도록 해야 한다.

3. 인터럽트 핸들러가 수행 중에 사용할 레지스터의 내용을 저장하여야 한다. 이것은 핸들러의 수행이 완료되었을 때 스택에 저장해 둔 것을 이용하여 각 레지스터의 값을 인터럽트가 발생하기 직전의 상태를 그대로 복원하여 인터럽트 발생 유무와 상관없이 수행되고 있었던 응용 프로그램의 결과가 동일하게 나올 수 있도록 한다.

4. 인터럽트 처리를 위한 루틴을 수행한다. PIO 제어기의 입력 라인에서 입력 값을 읽어와 특정한 처리를 하는 등의 처리를 수행한다.

5. 현재의 *CPSR* 의 비트 I을 1로 설정하여 인터럽트가 발생할 수 없도록 하여야 한다. 이후 과정은 인터럽트가 발생하기 전의 상태로 복원하기 위한 것으로 이 과정 중에 인터럽트가 다시 발생하면 원래의 상태로 복원하기가 어렵다.

6. 핸들러가 인터럽트 처리를 완료했음을 AIC에게 알리기 위해 *AIC_EOICR* 레지스터에 임의의 값을 적재한다. 그 값이 어떤 의미를 갖는 것은 아니며 이 레지스터에 값을 넣은 동작이 AIC에게는 처리 완료됨을 알리는 것이다.

7. 3번 과정에서 스택에 저장해 두었던 것을 이용하여 각 레지스터의 값을 원래대로 복원을 한다. *SPSP_irq* 의 내용 및 *R14_irq* 의 내용도 복원을 하되, *R14_irq*의 내용은 *PC*로 복원을 해야 인터럽트 발생 당시에 실행하고 있었던 프로그램으로 되돌아 갈 수 있다.

그림 17.12는 앞의 절차에 따라 PIO 제어기의 입력 라인에서의 입력 값 변화로 인해 발생한 인터럽트를 처리하는 루틴이다. 이 예제에서는 단순히 LED을 켜거나 끄는 것으로 인터럽트 처리를 완료하고 있다.

소스 코드의 2번 줄은 인터럽트 처리를 완료한 후 반환 주소를 보정하는 것이며, 3번과 5번 줄은 사용할 레지스터, 반환 주소 및 *SPSR* 레지스터의 내용을 스택에 보관하는 명령문이다. 7번에서 9번 줄까지의 명령문은 인터럽트를 사용가능하게 함으로써 더 높은 우선순위를 갖는 인터럽트가 처리될 수 있도록 하고 있다. 11번 줄부터 14번 줄까지는 인터럽트를 처리하는 것으로 LED를 켜거나 끄는 것으로 인터럽트 처리를 완료한다. 16번 줄이후의 명령문들은

```
pio_irq_handler
    sub   r14, r14,#4
    stmfd sp!,{r0,r4-r5,r14}
    mrs   r4,spsr
    stmfd sp!,{r4}

    mrs   r4,cpsr
    bic   r4,r4,#PSR_I
    msr   cpsr_c,r4

    ldr   r4,=PIO_ISR
    ldr   r5,[r4]
    mov   r0,#0x01
    bl    led_onoff

    mrs   r4,cpsr
    orr   r4,r4,#PSR_I
    msr   cpsr_c, r4

    ldr   r4,=AIC_EOICR
    str   r5,[r4]

    ldmfd sp!,{r4}
    msr   spsr_cfx,r4

    ldmfd sp!,{r0,r4-r5,pc}^
```

그림 17.12: PIO 제어기의 인터럽트 핸들러

스택에 보관한 각종 레지스터의 내용을 원래대로 복구를 한 뒤에 인터럽트가 발생하기 전에 실행하고 있던 프로그램으로 복귀한다.

17.3.6 스위치 입력에 따라 LED 켜고 끄기

임베디드 시스템에 전원이 공급되면 'RESET' 예외가 발생하고, 이 예외를 처리하는 핸들러에서는 각종 장치들을 초기화하고, 필요한 루틴들을 호출한다. 그림 17.13에 보인 소스 코드의 'resetHandler' 가 이 역할을 수행한다.

```
    include system.inc
    area rstarea,code,readonly
    export resetHandler
    extern irqstackbase
    extern svcstatckbase
    extern led_onoff
    extern aic_pio_int_en
    extern pio_input_en
    extern pio_output_en
    extern pmc_init
    extern pio_int_en
    extern pio_irq_handler
resetHandler
    mrs     r0,cpsr
    bic     r0,r0,#0x1f
    orr     r0,r0,#PMODE_IRQ
    msr     cpsr_c,r0
    ldr     r13,=irqstackbase
    mrs     r0,cpsr
    bic     r0,r0,#0x1f
    orr     r0,r0,#PMODE_SVC
    msr     cpsr_c,r0
    ldr     r13,=svcstackbase

    bl      pmc_init

    mov     r0,#0x0f
    bl      pio_output_en
    mov     r0,#0x10
    bl      pio_input_en

    mov     r0,#0x10
    bl      pio_int_en

    ldr     r0,=pio_irq_handler
    bl      aic_pio_int_en

    mrs     r0,cpsr
    bic     r0,r0,#PSR_I
    msr     cpsr_c,r0
loop
    b       loop
    end
```

그림 17.13: 스위치로 LED를 켜고 끄는 프로그램

Index

■ 저자소개

구본근 한국교통대학교 컴퓨터공학과 교수

김영택 경성대학교 컴퓨터공학부 교수

박진섭 대전대학교 컴퓨터공학과 교수

이화민 순천향대학교 컴퓨터소프트웨어공학과 교수

컴퓨터 구조와 ARM 프로세서 프로그래밍

인　　쇄 : 2016년 3월 5 일
초판발행 : 2016년 3월 10일
저　　자 : 구본근　김영택　박진섭 이화민
발 행 처 : 도서출판 한산
서울시 서대문구 수색로6길 43번지 105-602호
TEL : (02)304-3504　FAX : (02)304-3505
발 행 인 : 김 기 영
등록번호 : 제 10-1745 호
I S B N : 978-89-89215-98-1　　93560

파본 및 낙장본은 교환하여 드립니다.
이 책의 일부 혹은 전체 내용을 저자와 한산 출판사의 허락없이 복사 · 전재하는 것은 저작권법에 저촉됩니다.

정가. 24,000원